"十三五"国家重点图书出版规划项目

《中国经济地理》丛书

孙久文 总主编

云南经济地理

武友德 王源昌 陈长瑶 杨旺舟 李灿松 曹洪华 李正◎著

图书在版编目（CIP）数据

云南经济地理/武友德，王源昌，陈长瑶等著. —北京：经济管理出版社，2018.5
ISBN 978-7-5096-5550-4

Ⅰ.①云… Ⅱ.①武… ②王… ③陈… Ⅲ.①经济地理—云南 Ⅳ.①F129.974

中国版本图书馆 CIP 数据核字（2017）第 312343 号

组稿编辑：申桂萍
责任编辑：侯春霞
责任印制：黄章平
责任校对：雨　千

出版发行：经济管理出版社
　　　　　（北京市海淀区北蜂窝 8 号中雅大厦 A 座 11 层　100038）
网　　址：www. E-mp. com. cn
电　　话：(010) 51915602
印　　刷：三河市延风印装有限公司
经　　销：新华书店
开　　本：720mm×1000mm/16
印　　张：20.5
字　　数：345 千字
版　　次：2018 年 5 月第 1 版　2018 年 5 月第 1 次印刷
书　　号：ISBN 978-7-5096-5550-4
定　　价：79.00 元

·版权所有　翻印必究·
凡购本社图书，如有印装错误，由本社读者服务部负责调换。
联系地址：北京阜外月坛北小街 2 号
电话：(010) 68022974　邮编：100836

《中国经济地理》丛书

顾　　问：宁吉喆　刘　伟　胡兆量　胡序威　邬翊光　张敦富

专家委员会（学术委员会）

主　　任：孙久文
副 主 任：安虎森　张可云
秘 书 长：付晓东
专家委员（按姓氏笔画排序）：
　　　　邓宏兵　付晓东　石培基　吴传清　吴殿廷　张　强　李国平
　　　　沈正平　陈建军　郑长德　金凤君　侯景新　赵作权　赵儒煜
　　　　郭爱君　高志刚　曾　刚　覃成林

编委会

总 主 编：孙久文
副总主编：安虎森　付晓东
编　　委（按姓氏笔画排序）：
　　　　文余源　邓宏兵　代合治　石培基　石敏俊　安树伟　朱志琳
　　　　吴传清　吴殿廷　吴相利　张　贵　张海峰　张　强　张满银
　　　　李二玲　李　红　李敏纳　杨　英　沈正平　陆根尧　陈　斐
　　　　孟广文　武友德　郑长德　周国华　金凤君　洪世键　胡安俊
　　　　赵春雨　赵儒煜　赵翠薇　涂建军　高志刚　曾　刚　覃成林
　　　　薛东前

总　序

今天，我们正处在一个继往开来的伟大时代。受现代科技飞速发展的影响，人们的时空观念已经发生了巨大的变化：从深邃的远古到缥缈的未来，从极地的冰寒到赤道的骄阳，从地心游记到外太空的探索，人类正疾步从必然王国向自由王国迈进。

世界在变，人类在变，但我们脚下的土地没有变，土地是留在心里不变的根。我们是这块土地的子孙，我们祖祖辈辈生活在这里。我们的国土有960万平方公里之大，有种类繁多的地貌类型，地上和地下蕴藏了丰富多样的自然资源，14亿中国人民有五千年延绵不绝的文明历史，经过近40年的改革开放，中国经济实现了腾飞，中国社会发展日新月异。

早在抗日战争时期，毛泽东主席就明确指出："中国革命斗争的胜利，要靠中国同志了解中国的国情。"又说："认清中国的国情，乃是认清一切革命问题的基本根据。"习近平总书记在给地理测绘队员的信中指出："测绘队员不畏困苦、不怕牺牲，用汗水乃至生命默默丈量着祖国的壮美山河，为祖国发展、人民幸福作出了突出贡献。"李克强总理更具体地提出："地理国情是重要的基本国情，要围绕服务国计民生，推出更好的地理信息产品和服务。"

我们认识中国基本国情，离不开认识中国的经济地理。中国经济地理的基本条件，为国家发展开辟了广阔的前景，是经济腾飞的本底要素。当前，中国经济地理大势的变化呈现出区别于以往的新特点。第一，中国东部地区面向太平洋和西部地区深入欧亚大陆内陆深处的陆海分布的自然地理空间格局，迎合东亚区域发展和国际产业大尺度空间转移的趋势，使我们面向沿海、融入国际的改革开放战略得以顺利实施。第二，我国各区域自然资源丰裕程度和区域经济发达程度的相向分布，使经济地理主要标识的区内同一性和区际差异性异常突出，为发挥区域优势、实施开发战略、促进协调发展奠定了客观基础。第三，以经济地理格局为依据调整生产力布局，以改革开放促进区域经济发展，以经济发达程度和市场发育程度为导向制定区域经济政策和区域规划，使区域经济发展战略上升为国家重大战略。

因此，中国经济地理在我国人民的生产和生活中具有坚实的存在感，日益发挥出重要的基石性作用。正因为这样，编撰一套真实反映当前中国经济地理现实情况的丛书，就比以往任何时候都更加迫切。

在西方，自从亚历山大·洪堡和李特尔之后，编撰经济地理书籍的努力就一直没有停止过。在中国，《淮南子》可能是最早的经济地理书籍。近代以来，西方思潮激荡下的地理学，成为中国人"睁开眼睛看世界"所看到的最初的东西。然而对中国经济地理的研究却鲜有鸿篇巨制。中华人民共和国成立特别是改革开放之后，中国经济地理的书籍进入大爆发时期，各种力作如雨后春笋。1982年，在中国现代经济地理学的奠基人孙敬之教授和著名区域经济学家刘再兴教授的带领和推动下，全国经济地理研究会启动编撰《中国经济地理》丛书。然而，人事有代谢，往来成古今。自两位教授谢世之后，编撰工作也就停了下来。

《中国经济地理》丛书再次启动编撰工作是在2013年。全国经济地理研究会经过常务理事会的讨论，决定成立《中国经济地理》丛书编委会，重新开始编撰新时期的《中国经济地理》丛书。在全体同人的努力和经济管理出版社的大力协助下，一套全新的《中国经济地理》丛书计划在2018年全部完成。

《中国经济地理》丛书是一套大型系列丛书。该丛书共计39册：概论1册，"四大板块"共4册，34个省市自治区及特别行政区共34册。我们编撰这套丛书的目的，是为读者全面呈现中国分省区的经济地理和产业布局的状况。当前，中国经济发展伴随着人口资源环境的一系列重大问题，复杂而严峻。资源开发问题、国土整治问题、城镇化问题、产业转移问题等，无一不是与中国经济地理密切相连的；京津冀协同发展、长江经济带战略和"一带一路"倡议，都是以中国经济地理为基础依据而展开的。我们相信，《中国经济地理》丛书可以为一般读者了解中国各地区的情况提供手札，为从事经济工作和规划工作的读者提供参考资料。

我们深感丛书的编撰困难巨大，任重道远。正如宋朝张载所言"为往圣继绝学，为万世开太平"，我想这代表了全体编撰者的心声。

我们组织编撰这套丛书，提出一句口号：让读者认识中国，了解中国，从中国经济地理开始。

让我们共同努力奋斗。

孙久文
全国经济地理研究会会长
中国人民大学教授
2016年12月1日于北京

目 录

第一篇 条件与资源

第一章 经济地理环境与发展条件 ·· 3

    第一节 经济地理环境 ·· 3

    第二节 自然资源禀赋 ··· 14

    第三节 社会经济基础 ··· 19

    第四节 发展条件分析 ··· 22

第二章 行政区划演化、现状与特点 ·· 24

    第一节 行政区划的演化过程 ··· 24

    第二节 现状与特点 ··· 34

第三章 存在问题与开发利用方向 ·· 44

    第一节 主要问题 ··· 44

    第二节 开发战略调整与方向 ··· 54

第二篇 产业与经济

第四章 经济概况 ··· 63

    第一节 开发历史与阶段 ··· 63

    第二节 国民经济发展与特征 ··· 74

第三节 现代产业体系 ······ 80

第五章 产业发展 ······ 90

   第一节 产业结构与空间布局 ······ 90
   第二节 产业发展判定与主要类型 ······ 101
   第三节 县域经济与特色产业 ······ 112
   第四节 产业园区建设与区域经济 ······ 122

第六章 沿边开放与区域合作 ······ 138

   第一节 沿边经济发展概况 ······ 138
   第二节 大湄公河次区域（GMS）经济合作 ······ 148
   第三节 孟中印缅经济走廊 ······ 160

第七章 乡村经济发展 ······ 174

   第一节 发展现状与特点 ······ 175
   第二节 发展趋势 ······ 183

第三篇 区域与城乡

第八章 区域经济差异与协调发展 ······ 191

   第一节 区域经济差异 ······ 191
   第二节 综合经济区划 ······ 199
   第三节 区域经济协调发展 ······ 211

第九章 基础设施与公共服务体系建设 ······ 221

   第一节 基础设施体系建设概况 ······ 221
   第二节 综合交通运输体系 ······ 224
   第三节 能源保障网 ······ 231
   第四节 水网建设 ······ 234
   第五节 通信网 ······ 239

第六节　基本公共服务体系 …………………………………………… 242

第十章　新型城镇化建设与城乡统筹发展 ………………………………… 249

第一节　城市的兴起与城镇化概述 …………………………………… 249
第二节　新型城镇化建设现状 ………………………………………… 252
第三节　新城新区建设与城市群体系优化 …………………………… 256
第四节　新农村建设与小城镇发展 …………………………………… 259

第十一章　生态建设与可持续发展 ………………………………………… 266

第一节　生态建设的现状和问题 ……………………………………… 266
第二节　主体功能区建设 ……………………………………………… 269
第三节　保护坝区与"城镇上山" ……………………………………… 274
第四节　六大流域生态屏障建设 ……………………………………… 278

第四篇　战略与展望

第十二章　发展战略、措施与保障 ………………………………………… 285

第一节　发展战略与目标 ……………………………………………… 285
第二节　发展措施 ……………………………………………………… 295
第三节　保障措施 ……………………………………………………… 308

第十三章　展　望 …………………………………………………………… 311

后　记 ………………………………………………………………………… 314

· 3 ·

第一篇

条件与资源

第一章　经济地理环境与发展条件

云南省经济地理环境多样、独特。突出表现为地貌、气候类型多样，地势高差大，立体气候特点显著，水资源、土地资源空间分异明显。地理环境的多样性使得云南动植物种类繁多，是我国生物多样性的天然宝库。成矿地质条件优越，矿产资源尤其是有色金属矿产储量丰富。云南是我国少数民族、特有民族、跨境民族最多的省份，地域文化多样而独特。在这种特殊的经济地理环境背景下，发展的有利因素和限制因素并存。有利条件主要是生物资源、水能资源、矿产资源、自然和人文旅游资源丰富以及毗邻南亚、东南亚国家的地缘优势。限制因素主要反映在山地面积比重大、部分地区生态环境脆弱、人口文化素质偏低等方面。

第一节　经济地理环境

一、区位条件

（一）自然区位

云南省地处我国西南地区，位于东经 97°31′~106°11′，北纬 21°8′~29°15′。地处中国与东南亚、南亚地区的结合部，与东盟的越南、老挝、缅甸三个国家接壤，陆地边境线 4061 平方千米，占全国陆地边境线的近 1/5。西北部与西藏自治区相连，北部以金沙江为界线与四川省隔江相望，东部与广西壮族自治区、贵州省毗邻。全境东西最大横距 864.9 平方千米，南北最大纵距 900 平方千米，北回归线横贯南部。

(二) 经济区位

云南省经济区位优势明显，拥有8个边境市（州）、25个边境县（市），13个国家一类口岸、7个国家二类口岸，是我国通往南亚、东南亚的重要门户，具有连通太平洋、印度洋，连接南亚、东南亚的独特地缘优势。随着国家"一带一路"倡议的推进，建设面向南亚、东南亚的辐射中心，对于云南省参与中国—东盟自由贸易区、孟中印缅经济走廊、中国中南半岛经济走廊建设，融入国家长江经济带建设和"泛珠三角"区域合作，提升对内对外开放水平，具有重大意义。

二、自然环境

(一) 地势地貌

云南省属山地高原地貌。在全省土地总面积中，山地占84%，高原、丘陵占10%，盆地、河谷仅为6%。全省除昆明市五华、盘龙两个城区外，其余县（区、市）山地面积比重均在70%以上；境内海拔高度差异较大，最高点为梅里雪山主峰卡格博峰（海拔6740米），最低点为南溪河与元江交汇处（海拔76.4米），两地相对高差超过6000米；全省地势西北高、东南低，自西北向东南逐级下降，大致分为三大阶梯（见图1-1）。滇西北地区为第一级阶梯，滇中高原为第二阶梯，南部、东南和西南部为第三阶梯。地貌类型多样，地域分异明显，大致以元江谷地和云岭山脉南段的宽谷为界，分为滇东高原和滇西横断山系纵谷中山高山两大地貌区。

1. 滇西横断山系纵谷中山高山区

在上述分界以西，高山峡谷相间，相对高差较大。可划为三个亚区：①横断山系北部纵谷高山亚区。该区南北向褶皱和深大断裂平行排列，为横断山脉的主要部分。高黎贡山、怒江、怒山（碧罗雪山）、澜沧江、云岭、金沙江从西向东相间排列。山脉主体海拔高度一般在4000米左右，而谷底海拔仅1000~2300米，河谷深切，分水岭狭窄。②横断山系南部中山峡谷宽谷亚区。保山—大理附近以南，因构造线向南辐散展开，山脉与河流也逐渐展开，形成帚状山系和水系，但仍大体保持山谷平行纵列的总轮廓。山峰海拔多在3000米以上，谷底海拔在1000~2000米。高原面经过解体，大多成为比较破碎的山原，仅局部存在有谷间高原。澜沧江以东层状地貌发达，中山、盆地、峡谷相间。阿墨江与元江之间主要是哀牢山系，山体较为高大，切割较深，地势起伏较大。澜沧江以西至怒江之

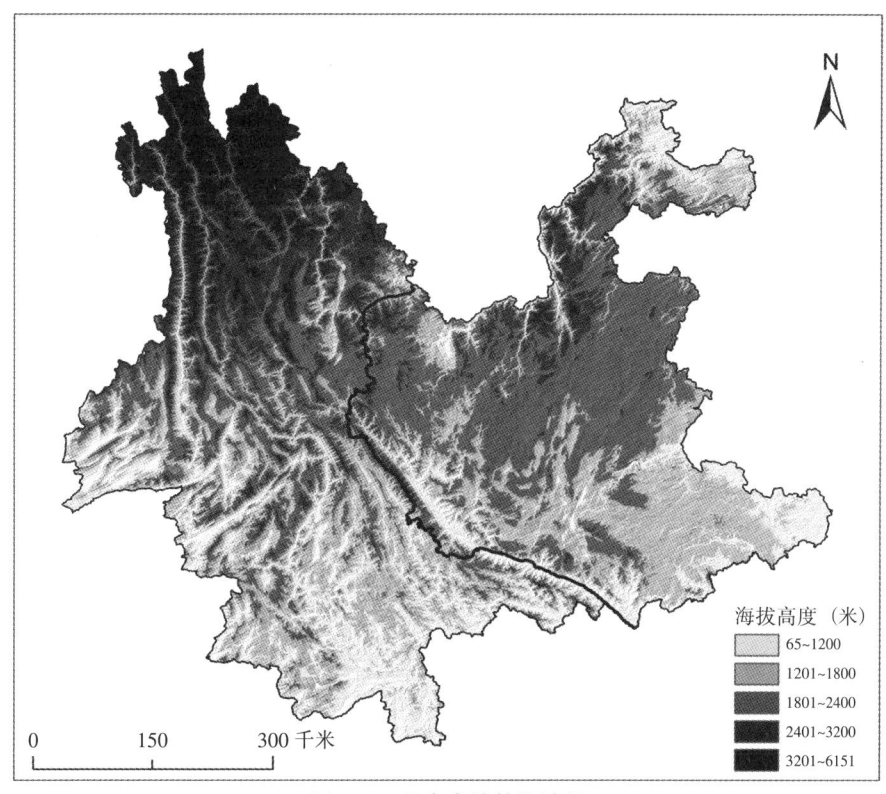

图 1–1 云南省地势和地貌

资料来源：根据云南省测绘局影像图分析达到。本章其余图资料来源同此。

间，地貌以中山山原为主，其间分布有深谷和盆地。③高黎贡山中山宽谷盆地亚区。怒江以西，该区属伊洛瓦底江支流大盈江、龙川江（瑞丽江）流域，东倚高黎贡山，地势东高西低、北高南低。发育成东北—西南向的纵谷，宽谷盆地与中山相间。谷地海拔700~900米，山地海拔从东部与北部的3000米下降至西南部的1300米左右。

2. 滇东高原区

上述分界线以东，又称云南高原区。平均海拔2000米左右，该区分布着全省2/3的坝子（盆地）。系云贵高原组成部分，属扬子准地台的西南部分，构造线比较零乱，山岭通常较为短小，脉络不甚清晰，走向变化较多。该区处于金沙江、元江、南盘江和北盘江的分水岭部位，区内大范围为丘陵状高原，坡降不及滇西剧烈，河流对高原面的切割也不及滇西显著，高原面解体程度不深，地势起伏和缓，多有山间盆地分布。虽也有高山深谷，但范围较小。尤其在北纬25°—

线两侧，丘陵状高原形态保存较为完好，范围较广，成为滇东高原的主体与核心。滇东高原区又可分为四个亚区：①滇中红层高原盆地区。大致是昆明、石屏一线以西部分。该区地势起伏相对较小，中部地区较为平整，以丘陵状高原面、山间盆地为主。②滇东岩溶高原湖盆区。大致是滇中红层高原盆地区以东，石林—陆良一线以北，曲靖、宜良附近区域。该区大多由岩溶峰林、构造溶蚀盆地构成，断陷湖盆、石林、石芽、断陷溶蚀盆地、洼地广泛分布，山间盆地较为发达，地势起伏相对和缓。③滇东北山原峡谷盆地区。滇东高原的东北部，主要包括昭通地区。该区金沙江峡谷从西向北环绕，小江深断裂带东侧南北向的排列延伸着大药山、牯牛寨山等高大山脉，以东有五莲山、乌蒙山等山地。高原面受到金沙江及其南侧支流牛栏江、洛泽河等河谷的明显分割，地势起伏较大，各种地貌类型交错分布。仅昭通市、鲁甸县一带，高原形态还较为明显。北部地势下降，切割加剧，东部与黔西北的岩溶高原相连接。④滇东南岩溶山原区。滇东高原的东南部，分布于石林—陆良以南、宜良—开远—河口以东，主要包括文山州所辖地区。石山、土山相间的山原和溶蚀盆地交错分布。从蒙自以东经砚山、西畴至丘北与广南之间，为比较平整的高地，海拔约1800米，是岩溶化的丘陵状高原面，构成南盘江水系与元江水系的分水岭。在该分水岭南侧，地层较为复杂，石灰岩山地陡峭，河流切割较为剧烈，地形破碎。

(二) 气候环境

云南省地处低纬高原，北回归线从南部穿过，地形地貌复杂，地势垂直高差大，气候类型多样，立体气候特点显著，同时具有寒、温、热（包括亚热带）三带气候。自南向北分布着北热带、南亚热带、中亚热带、北亚热带、南温带、中温带和高原气候七个气候类型。其中，北热带位于南端的河口、金平、江城以及西双版纳等地，海拔高度在1000米以下。另外有两块北热带飞地，一块是在楚雄的元谋，另一块是保山的潞江坝。年平均气温在20℃以上，热量充足，常年无冬，基本无霜，雨量充沛，是云南省热带作物分布区。南亚热带位于西南部，海拔高度在1400米以下，年平均气温在18~20.5℃，基本无冬。中亚热带分布在东部海拔1200~1450米、西部海拔1400~1700米的区域，年平均气温在16~18℃，年均降水量多在900~1000毫米。包括中部的红塔、新平及西部的巍山、弥渡、凤庆、施甸，以及东南部的广南、文山、马关、麻栗坡等地区。北亚热带包括西部、东部两个区域，年均气温在14~16℃。西部为海拔1700~2100米的楚雄、大理南部、保山及怒江部分地区。东部为海拔1400~1900米的昆明、玉溪东部、曲靖南部、文山北部以及昭通大关等地区。南温带和中温带包括昭通南部、曲靖北部、丽江、大理北部及怒江部分县市。其中，东部分布在海拔1900~2800米的地区，西部主要分布在海拔2100~3000米的地区。南温带年均气温在12~14℃，中温带年均气温在7~12℃；高原气候区分布在东北、西北部海拔高度在2800米以上的高寒山区，主要集中在昭通大山包、德钦、香格里拉、维西等地，年均气温在7℃以下。

云南省气候特点主要表现为：

（1）受纬度和海拔因素的影响，气温随地势高低垂直变化异常明显。由于地势北高南低，南北之间高差悬殊达6663.6米，若按照理论值计算，两地年均气温相差近40℃，超过了我国南北纬度所造成的温度差异。这种低海拔与低纬度相一致、高海拔与高纬度相结合，使各地的年平均温度，除金沙江河谷和元江河谷外，大致呈由南向北递减的趋势，南北气温相差达19℃左右（见图1-2）。≥10℃积温也基本与该趋势相一致（见图1-3），西双版纳、元江和金沙江、怒江河谷区等为积温高值区，其中元江达8700℃。滇西北、滇东北山区积温较少，一般在2000℃以下，其中德钦最少，仅1000℃。

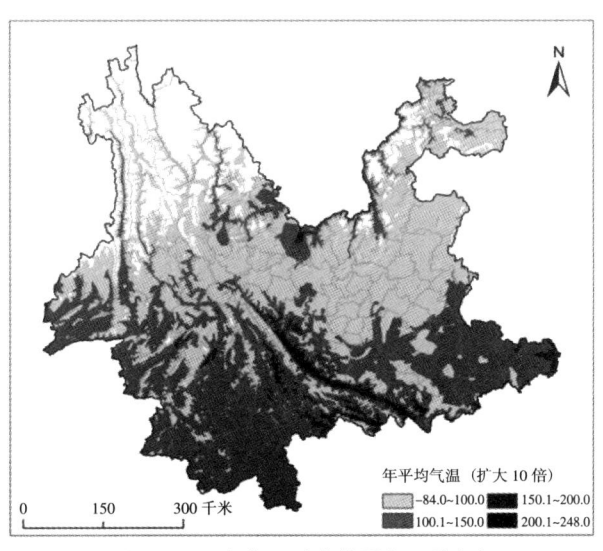

图1-2 云南省1千米格网年平均气温

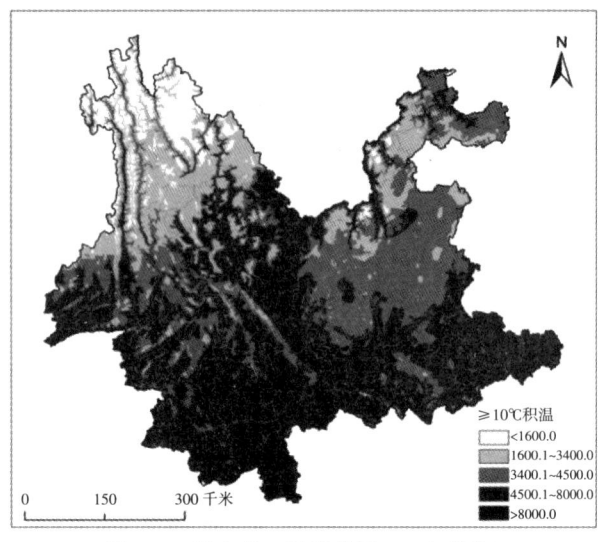

图1-3 云南省1千米格网≥10℃积温

（2）干湿季节分明，降水充沛，干湿空间分布不均。全省大部分地区年均降水量在1000毫米以上，但由于冬、夏两季受不同大气环流的影响和控制，降水量在季节与地域（时空）上的分配极不均匀。全年降水量的85%集中在5~10月的雨季，其中60%集中在6~8月。11月至次年4月为旱季，降水量仅占全年的15%。由于地理位置的不同和海拔高度的变化，降水的空间分布差异大。从年平均降水量总体来看，云南省西部、西南部和东南部年降水量较多，中部和北部的干热河谷区的降水量较少，呈由南向北、由外围向内部递减的趋势。中西部元谋、大姚、姚安、祥云、宾川、剑川、洱源、鹤庆，东北部鲁甸、昭通，以及滇西北香格里拉、德钦等县降水较少（见图1-4）。云南省的干燥度受降水和气温的影响，地域分异明显。楚雄州西部、大理州东部、玉溪市南部、红河州北部干燥度较大，出现宾川、元谋、元江、开远等几个干燥中心（见图1-5）。

（3）光照条件好，无霜期长。光照充足，年均光照为90~150千卡/平方厘米，在全国仅次于西藏、青海和内蒙古。无霜期长，南部边境全年无霜。南部地区的蒙自、文山、临沧、思茅、德宏等地无霜期为300~330天，中部地区的昆明、玉溪、楚雄等约250天，北部地区的昭通、迪庆也达到210~220天。

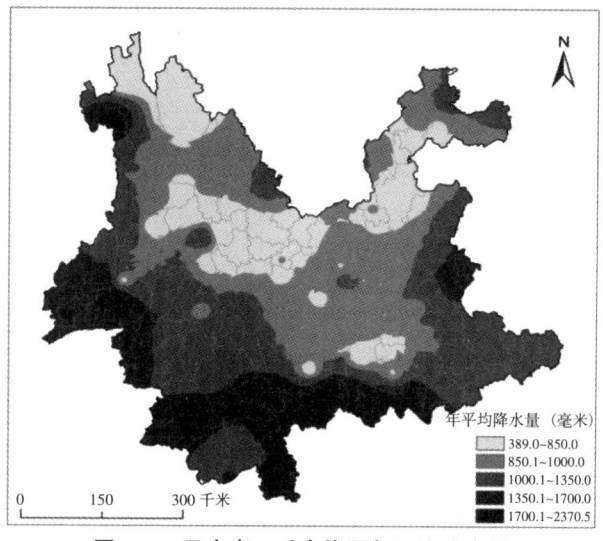

图 1-4 云南省 1 千米格网年平均降水量

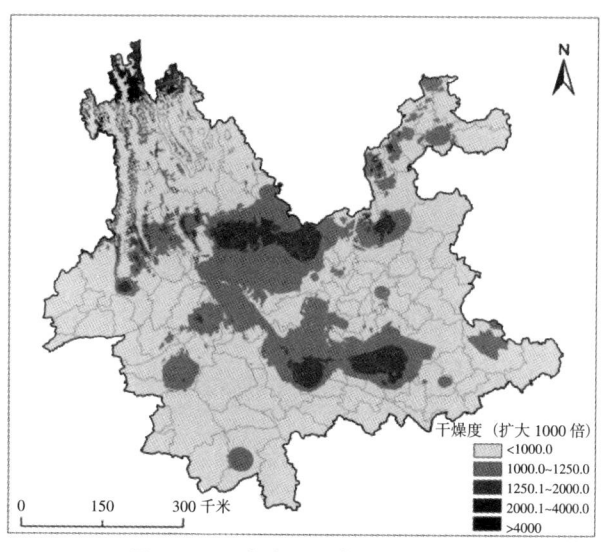

图 1-5 云南省 1 千米格网干燥度

(三) 植被状况

云南省森林种类繁多,是全国三大林区之一,中华人民共和国成立初期森林覆盖率在50%以上。20世纪50年代后期起,云南省成为主要的木材输出地,加上其他不合理的利用方式和大量采伐,森林覆盖率大幅度下降,生物多样性减少,生态功能衰退,环境退化。20世纪90年代以来,云南省实施了天然林保护、退耕还林等生态保护工程，森林面积和资源蓄积量持续增加，森林覆盖率由24.9%提高到49.91%。目前，全省森林面积1501.50万公顷，约占全国总面积的10%，居全国第4位。活立木总蓄积量15.48亿立方米，占全国总量的近1/8。但是，部分地区森林植被还处于破坏后的恢复期，加之造林树种、林种单一，生态功能脆弱，森林资源总体质量还有待进一步提高。

云南省有林地主要分布在云南省西部的滇西北、滇西南地区，其中以北部横断山、百草岭及南部无量山、哀牢山地区分布最为集中（见图1-6）。灌木林地则主要分布于东部地区（见图1-7）。高覆盖度草地主要分布于东部地区，西部的大理、保山、临沧等部分地区分布相对集中（见图1-8）。中覆盖度草地主要分布在曲靖、保山、临沧部分地区，滇西北迪庆、丽江地区分布也较为集中（见图1-9）。

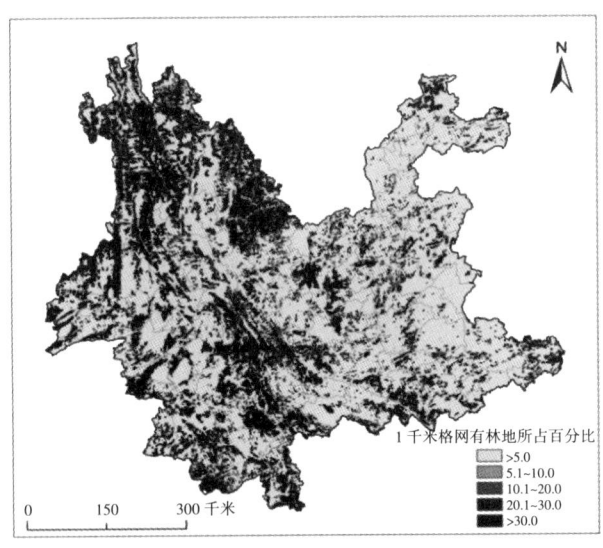

图1-6　云南省1千米格网有林地

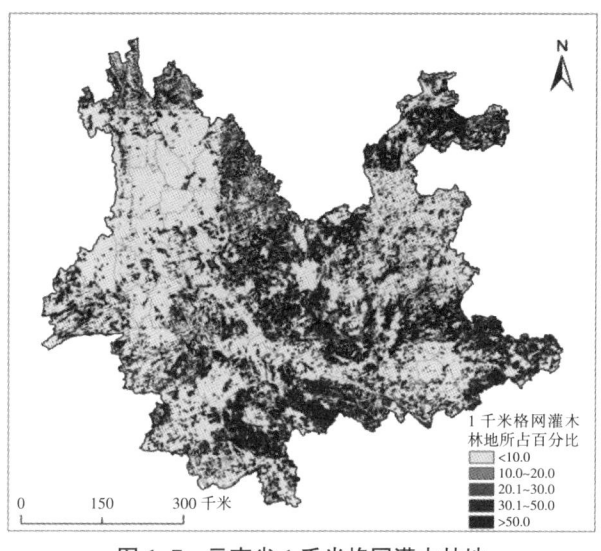

图 1-7 云南省 1 千米格网灌木林地

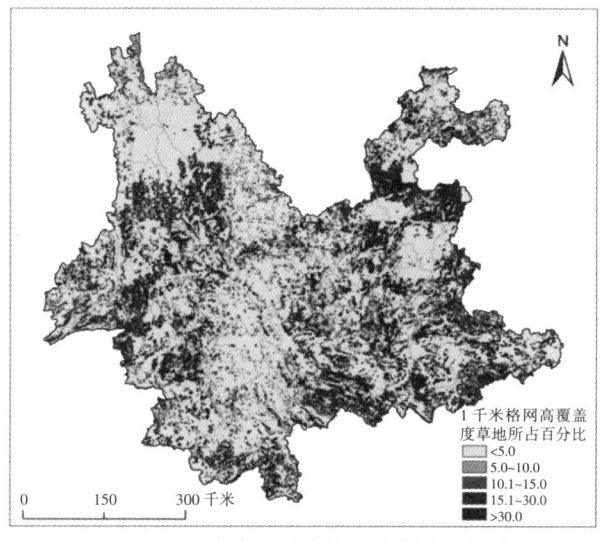

图 1-8 云南省 1 千米格网高覆盖度草地

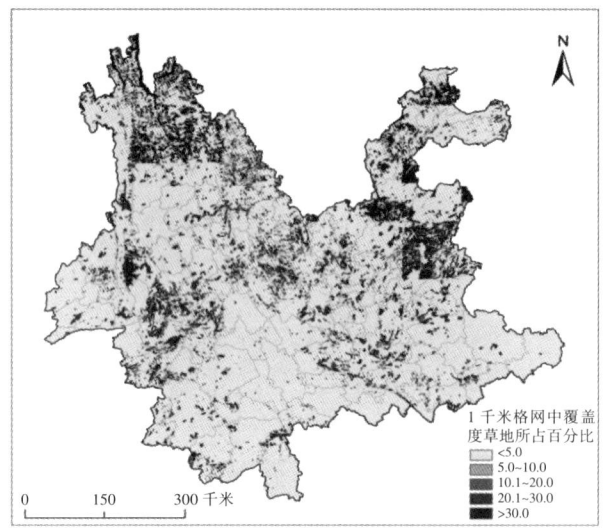

图1-9 云南省1千米格网中覆盖度草地

（四）土壤类型

云南省因气候、生物、地质、地形等复杂多样，形成了多种土壤类型，土壤垂直分布特征明显。全省共有16个土类，占全国土类的1/4。其中，红壤占全省土地面积的50%，是省内分布最广的土壤资源，故云南省有"红土高原"之称。水稻土壤可细分为50多种，其中，大的类型有10多种。成土母质多为冲积和湖积物，部分为红壤性和紫色性水稻土，大部分呈中性和微酸性，氮磷养分含量比旱地高。山区旱地土壤约占全省的64%，主要为红壤和黄壤。坝区旱地土壤大约占17%，主要为红壤。旱地土壤分布比较分散，土壤肥力较低，加之水土流失的影响，有机质普遍比水田低。

（五）自然灾害

云南省具有灾害种类多、发生频率高、分布地域广和灾害损失重等特点，是我国自然灾害最为严重的省份之一，尤其是山洪、泥石流和滑坡等灾害较为严重。

1. 气象灾害

云南气候地域差异显著，垂直变化剧烈，干湿季分明，多种气象灾害交替发生，灾害种类多、频率高、易成灾。据统计，气象灾害造成的直接经济损失相当于全省GDP的3%~5%，特别是20世纪90年代以来，以全球变暖为主要特征的气候变化影响更加显著，气象灾害呈明显上升趋势，对经济社会发展的影响日益加剧。全省主要气象灾害有干旱、洪涝、低温、霜冻等灾害。①干旱。干旱是最主要的气象灾害。旱灾出现频率高、影响范围广、持续时间长、危害最严重。干旱灾害四季均会出现，其中最多的是春夏连旱，占干旱的52%。金沙江河谷的大理州北部、楚雄州北部、昆明市的东川区是旱灾发生频率最高的地区。20世纪90年代以来，曲靖市北部、昭通市的干旱有加剧趋势。②洪涝。洪涝灾害主要发生在雨季（5~10月），灾害分布广。20世纪80年代以来，洪涝多发区主要分布在普洱、红河、文山、玉溪等州市，以及大理州、丽江市东部、楚雄州西北部，滇东北的昭通市、曲靖市北部。③低温和霜冻。低温灾害主要发生在春季和夏季，表现为春季"倒春寒"和夏季低温对农业生产及热带作物造成危害。霜冻灾害主要发生在冬季和春季，高海拔地区霜冻较重。哀牢山以东和以北地区是低温、霜冻灾害高发区，尤其是滇东北的昭通市、曲靖市北部和昆明市东川区，滇西北的迪庆州、丽江市西部和大理州北部地区。

2. 地质灾害

云南省由于地处印度洋板块和欧亚板块碰撞带东侧，构造运动强烈，地势高差较大，地质地貌条件复杂。全省有较大规模的活动断裂带38条，其中，深大断裂有红河、小江和澜沧江、怒江等断裂带。同时，降水充沛，雨季降水量集中，容易形成暴雨。特殊的自然环境，导致坡面流水侵蚀和重力侵蚀强烈，崩塌、滑坡、泥石流等地质灾害频繁发生，分布普遍。

全省滑坡、泥石流高发区主要分布于元江（红河）、澜沧江、怒江、金沙江、小江等深大断裂区域。迪庆州西北部、丽江市中东部、昭通市、昆明市北部、曲靖市西北部以及德宏州、保山市西部、滇东北的昭通市是全省滑坡、泥石流灾害的多发区。20世纪80年代以来，平均每年有2次较大的滑坡、泥石流灾害。1951~2007年，全省共发生规模较大的崩塌、滑坡、泥石流灾害近1000起，因灾死亡人数约1万人，造成直接经济损失近100亿元。2007年，全省近50个县城，近9000个自然村，80多万人口，360千米铁路，2417千米公路，1000余座水电站、水库，150个大中型矿山直接受到泥石流、滑坡的威胁或危害。

第二节 自然资源禀赋

一、水资源

云南省邻近印度洋和太平洋，受西南暖湿气流和东南暖湿气流的共同影响，水汽充足、降水量丰富。全省年均降水量为 1278.8 毫米，折合水量 4900 亿立方米。全省年均地表水资源量为 2210 亿立方米，约占全国的 1/13。多年平均径流量为 576.7 毫米，多年平均产水模数为每年每平方千米 57.7 万立方米，约为全国平均水平的 2 倍。由于自然地理条件和气候类型复杂多样，地表水资源空间分布差异很大。年均地下水资源量为 771.5 亿立方米，地下水资源量约为全国地下水资源总量的 9.54%。全省多年平均地下水产水模数为每年每平方千米 20 万立方米。地下水资源的空间分布差异也很大，基本呈南多北少、西多东少的分布态势，变化趋势与地表水资源量的空间分布基本一致。

二、土地资源

云南省第二次全国土地调查数据显示，2009 年，全省耕地为 624.39 万公顷，其中，25 度以上陡坡耕地为 90.76 万公顷；园地 165.37 万公顷；林地 2306.93 万公顷；草地 302.83 万公顷。全省土地资源分布不均，土地利用差异大，耕地比重小，水田少，旱地多，坡地比重大，后备资源有限（见图 1-10、图 1-11）。水田主要集中分布在滇中地区、滇西南德宏和保山地区、滇西北大理洱海盆地周围。旱地分布相对均衡，但滇东北、临沧地区较为集中。滇西北的迪庆、怒江地区耕地少，尤其水田分布少。

三、生物资源

云南省地理环境多样，为各种动植物提供了多样的生境类型，使得动植物种类繁多，生物多样性优势明显，是我国动植物资源的天然宝库。全省有自然保护区 152 个，其中，国家级 16 个，省级 45 个，州市级 55 个，县级 36 个，总面积

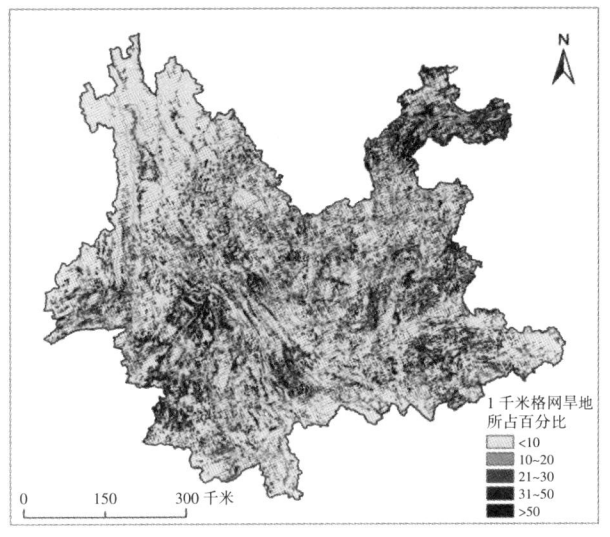

图 1-10 云南省 1 千米格网旱地

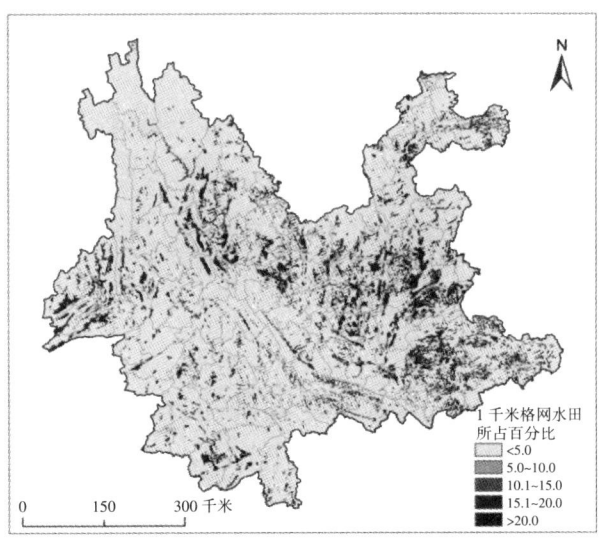

图 1-11 云南省 1 千米格网水田

285.3 万公顷，占全省面积的 7.23%。

(一) 植物资源

云南省是全国植物种类最多的省份，热带、亚热带、温带、寒温带等植物类型均有分布，古老、特有以及外来的植物种类和类群较多，被誉为"植物王国"。据相关资料显示，全省共有 12 个植物类型，34 个植被亚型，169 个植物群系，

209个群丛。有高等植物426科，2592属，近1.7万种，其科、属、种的数量分别占全国的88.4%、68.7%和62.9%，列入《国家重点保护野生植物名录》的有64科158种。种子植物特有属108个，占全国的52.9%。

云南省有大量的材用树木、经济林木、药用植物、香料植物、观赏植物等，具有较大的潜在经济优势。材用树木以云南松、思茅松、云杉等树种的蓄积量为多；经济林木以茶叶、橡胶、核桃、咖啡、芒果等为主，并具有一定规模，茶叶、橡胶、核桃已形成较大规模的产业；各种林副产品和山林特产资源也比较丰富；中草药有2000多种，三七、天麻、云木香、云黄连、云茯苓等在传统中药中享有很高的声誉；香料植物种类较多，已知的有69科400余种。

（二）动物资源

由于地理环境复杂多样，云南动物种类数为全国首位，特有物种、珍稀濒危种类多，素有"动物王国"之称。有脊椎动物1737种，占全国的58.9%；鸟类849种，占全国的63.7%；兽类309种，占全国的51.1%；鱼类366种，占全国的45.7%；爬行类163种，占全国的37.6%；两栖类121种，占全国的46.4%。全国2.5万种昆虫中，云南有1万余种。云南珍稀动物种类多，亚洲象、亚洲野牛、滇金丝猴、灰叶猴、熊狸等兽类以及黑颈鸬鹚、双角犀鸟、棕颈犀鸟、绿孔雀、剑嘴鹛等鸟类在国内为云南所特有。在《国家重点保护野生动物名录》中，云南有58科228种。

四、矿产资源

云南省地跨哀牢山断裂、扬子准地台、华南加里东褶皱三个成矿构造单元，成矿地质条件优越，矿产资源尤其是有色金属矿产储量丰富，被称为"有色金属王国"。全省共发现各类矿产142种，占全国已发现矿种的83.04%，其中，有29种金属矿产、32种非金属矿产的保有储量居全国前10位。储量居全国前三位的有铅、锌、锡、磷、铜、银等25种。资源分布广，大型矿床相对集中。在黑色金属矿产中，铁矿保有储量35.69亿吨，居全国第5位；锰矿保有储量9215.71万吨，居全国第3位。有色金属矿产资源丰富，点多面广、矿种齐全、品位较高。铜矿保有量1043.13万吨，仅次于江西、西藏，居全国第3位；铅锌矿保有储量708.53万吨，居全国第1位；锡矿保有储量104.86万吨，居全国第1位；铝土矿保有储量9735.10万吨，居全国第5位。在贵金属矿产中，金矿保有储量

363.40 吨，居全国第 4 位；银矿保有储量 14056 吨，居全国第 3 位；稀有、稀土、分散元素金属矿产有铌、钽、锆、锶、锗、镓、铟、铊、镉、硒等 13 种，铟、铊、镉储量居全国第 1 位，锗、锶储量居全国第 3 位，锆储量居全国第 4 位。化工原料和非金属矿产分布集中、规模大、质量好、开采条件好。其中，磷、盐类矿藏主要分布在滇中地区，交通方便，便于开发。磷矿保有储量 40.28 亿吨，居全国第 1 位；盐矿保有储量 143.33 亿吨，居全国第 3 位；钾盐矿保有储量 1649.20 万吨，居全国第 4 位；硫铁矿保有储量 47619.16 万吨，居全国第 5 位。建筑材料非金属矿产资源十分丰富，矿种齐全，已查明资源储量的矿种 31 种，有 20 种居全国前 10 位，有 5 种居全国前 3 位，遍布全省各地。

五、能源资源

（一）水能资源

云南省降水丰富，地势相对高差大，水能资源优势明显。水能资源蕴藏量达 1.04 亿千瓦，占全国水能资源总量的 15.3%，居全国第 3 位，仅次于西藏和四川。全省经济可开发装机容量约 0.9 亿千瓦，占全国可开发量的 20.5%，居全国第 2 位，仅次于西藏。水能资源主要分布于北部地区和西部地区，东部地区和南部地区次之，中部地区较少。滇西北的怒江、澜沧江、金沙江三大水系占全省水能资源总量的 82.5%。金沙江水能资源蕴藏量最大，占全省水能资源总量的 38.9%。水能资源分布集中，工程量相对较小，水库淹没损失少，可开发的大型和特大型水电站比例高，资源开发条件优越。

（二）煤炭资源

云南省基本没有油气，能源矿产主要为煤炭。全省共有矿区 357 处，探明储量 271.07 亿吨，居全国第 7 位，是我国西南地区的重要煤炭产区。煤炭资源主要分布在滇东北曲靖市、昭通市和滇东南红河州。无烟煤分布于滇东的镇雄、富源；烟煤分布于曲靖、富源、宣威和禄丰；褐煤主要分布于昭通、开远、宜良等地。

（三）地热资源

云南省地热资源丰富，开发潜力大。有出露的天然温泉、热泉约 700 处，居全国之冠。全省 124 个县（市）有温泉分布，多以热水型热储为主，水温最低为 25℃，最高达 100℃。年出水量约 3.6 亿立方米，年释放热量相当于 118.77 万吨标准煤。地热资源储量位居我国前列，开发利用前景广阔。

地热资源以红河—金沙江断裂一线为界，分为东、西两大区域。西部区域为藏滇池热带的向南延伸带，是滇西高温水热活动区和全省的高温泉主要分布区，分布着高黎贡山—腾冲高温地热带、景洪—临沧高温带、孟连—保山中低温地热带、剑川—下关—金平高温带和兰坪—普洱低温带。有高于25℃的水热活动区559处，其中温度高于95℃的沸泉群有17处，泉水总流量为0.84×10^8立方米/年。其中，腾冲—梁河地区属过热水—高温热水带，热储温度145~200℃，基础深度600~800米，是我国少数地热资源富集区之一。地热资源以腾冲地区最为集中。东部区域为滇东中低温水热活动区，水温相对较低（均低于90℃），但流量较大。共有地热泉263处，其中，水温25~40℃的有186处，占总数的71%；40~60℃的有63处，占总数的24%；60~90℃的有14处，占总数的5%。

（四）太阳能资源

云南省地处高原，全年日照时数长、太阳高角度大，是我国太阳能资源较丰富的省份之一，仅次于西藏、青海、内蒙古等省区。全省年日照时数在1000~2840小时，年太阳辐射总量为3620~6682兆焦耳/平方米，大部分地区年太阳总辐射量达5000兆焦耳/平方米。太阳能资源呈现出西多东少的空间分布态势。丽江地区、大理州、楚雄州、德宏州、保山地区和红河州的中北部为太阳能资源丰富区，年太阳辐射量在5800兆焦耳/平方米以上。其中，楚雄州北部永仁一带，全年日照时数大于2800小时，年太阳辐射总量大于150千卡/平方厘米，是全省太阳能资源最为丰富的地区；怒江州北部、昭通地区北部、滇东南边境地区为太阳能资源欠丰富区，年太阳辐射总量小于4600兆焦耳/平方米；滇东北与四川、贵州接壤的地区全年日照时数仅1000小时左右，年太阳辐射总量约90千卡/平方厘米，为全省最少的地区。

（五）风能资源

云南省风能资源总储量为1.23亿千瓦，风能资源可利用区（年均风能密度大于50瓦/平方米）面积为4.52万平方千米，占全省土地总面积的11.48%，风能资源储量为2832万千瓦，约占全省风能资源储量的23.04%。欠缺区（年均风能密度小于50瓦/平方米）面积为34.88万平方千米，占全省土地总面积的88.52%，风能资源储量为9459万千瓦，占全省风能资源储量的76.96%。

风能资源地区分布东多西少，山区风能资源丰富，坝区风能资源较为贫乏。

第一章 经济地理环境与发展条件

哀牢山以东多数地区有效风能密度在 75 瓦/平方米以上,有效利用时数在 2000 小时以上。山区有效风能密度可达 160 瓦/平方米以上,有效利用时数可达 6000 小时,接近全国风能最丰富区的水平。全省风能资源丰富的地区在曲靖市东部、红河州中南部、大理州中部等地,坝区年平均风能密度可达 100 瓦/平方米,有效时数在 2500 小时以上;周围山区年平均风能密度可达 180 瓦/平方米,有效时数在 3500 小时以上;哀牢山以西多数地区的有效风能密度在 60 瓦/平方米以下,有效利用时数在 1500~2000 小时以下,多数地区平均风速在 3 米/秒以下,除个别山区外,风能已无开发利用价值。云南省风能开发的最佳区域有三个,即玉溪南部至红河州中南部的泸西—通海—开远—蒙自—个旧—建水—红河—元江一带,曲靖市东部的会泽—宣威—富源—沾益—马龙一带,大理州与楚雄州交界的下关—祥云—姚安—大姚一带。

第三节 社会经济基础

一、人口和人口素质

依据 2010 年第六次人口普查数据,云南省人口和人口素质呈现如下特点:

(一) 总人口增长幅度明显高于全国平均水平,人口压力依然较大

全省总人口为 4596.6 万人,人口总量居全国第 12 位,占全国人口总量的 3.43%。与第五次全国人口普查相比,共增加了 308.7 万人,增长 7.20%。年均增加 30.9 万人,年均增长率 0.70%。与全国增长率 5.84% 和年均增长率 0.57% 相比,增长幅度明显偏高。

(二) 低年龄人口减少,老年人口增多,人口老龄化进程加快

在全省总人口中,0~14 岁的人口为 952.8 万人(占 20.73%),15~59 岁的人口为 3135.1 万人(占 68.20%),60 岁及以上人口为 508.7 万人(占 11.07%),其中 65 岁及以上人口为 350.6 万人(占 7.63%)。与第五次全国人口普查相比,0~14 岁人口的比重下降了 5.23 个百分点,60 岁及以上人口的比重上升了 1.90 个百分点,65 岁及以上人口的比重上升了 1.54 个百分点。

(三) 人均受教育年限明显提高，但人口文化素质依然偏低

与第五次全国人口普查相比，每10万人中具有大学文化程度的人口由2013人上升为5778人，具有高中文化程度的人口由6563人上升为8376人。人均受教育年限明显提高，由6.32年提高到7.60年。15周岁及以上人口中，文盲人口为277.0万人，减少205.3万人，文盲率由11.39%下降为6.03%，下降了5.36个百分点。但与全国平均水平相比，人口文化素质依然偏低。主要表现在：全省具有大专以上（大学专科、大学本科、研究生）文化程度的人口仅占6周岁及以上人口的6.21%；文盲率高于全国平均水平的4.08%；每10万人中具有大学文化程度的人数低于全国平均水平的8930人，在全国31个省（区、市）中排第29位；每10万人中具有高中文化程度的人数低于全国平均水平的14032人。

二、民族和地域文化

(一) 民族构成

1. 少数民族构成多样

在全国55个少数民族中，云南省就有51个。依据2010年第六次人口普查数据，少数民族人口占全省总人口的33.37%。由于特殊的地理位置，云南省成为我国南北民族交叉的区域。云南省地表崎岖、相互隔离的地貌环境，不利于各民族间的交流融合，却有利于民族的分化、变异。加之唐宋后苗族和瑶族、元朝蒙古族和回族以及清朝满族的迁入，使云南省少数民族构成多样。

2. 特有民族分布最多

傈僳族、怒族、独龙族、纳西族、普米族、白族、傣族、佤族、拉祜族、哈尼族、基诺族、布朗族、景颇族、阿昌族、德昂族15个民族为云南所特有，占全省总人口的14.52%。其中，景颇族、独龙族、怒族、普米族、布朗族、基诺族、阿昌族、德昂族等人口较少的民族（总人口在30万人以下）有8个（见表1-1）。

3. 跨境民族种类分布最多

怒族、独龙族、傈僳族、彝族、苗族、傣族、佤族、壮族、瑶族、布依族、布朗族、拉祜族、哈尼族、景颇族、阿昌族、德昂族16个跨境民族，跨越中国和越南、老挝、泰国、缅甸等国家国境线两侧相邻而居。

4. "直过民族" 特征典型

景颇族、傈僳族、独龙族、怒族、德昂族、佤族、布朗族、基诺族和部分拉

祜族、哈尼族、瑶族、布依族、阿昌族等少数民族，中华人民共和国成立后从原始社会末期或已进入阶级社会（封建领主土司制）但阶级分化不明显，跨越几个社会历史阶段，直接过渡到社会主义，被称为"直过民族"。

表1-1 云南省15个特有少数民族的人口数量及占全省人口的比重

单位：万人，%

民　族	人口数量	占全省比重	民　族	人口数量	占全省比重
白　族	156.49	3.40	景颇族	14.30	0.31
哈尼族	162.95	3.54	布朗族	11.66	0.25
傣　族	122.28	2.66	普米族	4.20	0.09
阿昌族	3.81	0.08	怒　族	3.18	0.07
傈僳族	66.83	1.45	德昂族	2.02	0.04
佤　族	40.08	0.87	独龙族	0.64	0.01
拉祜族	47.50	1.03	基诺族	2.28	0.05
纳西族	30.99	0.67	合　计	669.21	14.52

资料来源：《云南省2010年人口普查资料（上册）》。

（二）地域文化

1. 地域文化多样而独特

与其他省份相比，云南地域文化多样性极为突出。首先，云南省是我国少数民族、特有民族最多的省份，多民族聚居。其次，立体垂直、复杂多样的特殊地理环境，形成多样的地形、气候和物产格局，加上地表分割而导致空间相对孤立，对各民族的生产和生活方式、家庭组织、社会结构、民族心理、民族建筑等的形成及发展产生了重要影响。最后，云南省文化处于三大文化地带的交汇点，即青藏文化的东南边缘、东南亚小乘佛教文化的北部边缘和中原汉文化的西南边缘。上述多种文化交汇叠合的特殊环境，使云南省地域文化丰富多样、各具特色。

2. 民族文化绚丽多彩

云南省复杂的自然条件、民族分布、语言族属、宗教信仰、生活方式、生产方式和民俗民风，不仅从形式上影响着各民族的物质文化活动，而且从内涵上、功能上以及心理上深刻地影响着各民族的精神文化生活，使各个地区呈现出不同的农耕文化、饮食文化、服饰文化、语言文化、宗教文化、节日文化等文化景观。在国务院2006~2014年公布的四批国家级非物质文化遗产名录和非物质文化遗产代表性项目名录中，云南省的苗族服饰、纳西族东巴画、洞经音乐、傣族象脚鼓舞、傈僳族民歌、布朗族民歌、弥渡民歌、姚安坝子腔、苗族花山节和司岗里民间文学等100多项被收入名录。

第四节 发展条件分析

一、有利条件

（一）光热条件优越、生物资源特别丰富

云南省大部分地区光热条件优越。立体气候明显，与各种自然要素综合作用，形成复杂多样的生态环境，使云南省成为我国生物资源十分丰富的地区，为云南省发展高原特色农业提供了优越条件。

（二）水能资源储量大且开发条件较好

云南雨量丰富，河流众多，山高谷险，水能资源丰富。水能资源储量大，分布广，且相对集中（集中在金沙江、澜沧江、怒江三大流域），具备开发条件优越、淹没损失少等有利条件。这为云南省成为我国西部地区重要的水电基地提供了基础。

（三）太阳能、风能、地热资源较为丰富

清洁能源和绿色低碳能源开发潜力大。

（四）矿产资源多样且开采条件相对较好

云南矿产资源蕴藏丰富，矿种繁多，品位高，埋藏浅，分布集中，开采条件好。特别是有色金属资源的综合优势度居全国各省（市、区）首位，而且与水电资源的地域组合较好。

（五）绚丽多彩的自然和人文旅游资源

云南省境内生物多样性突出，拥有雪山、峡谷、湖泊、温泉、热带雨林、喀斯特地貌等多种自然景观。云南省多民族聚居，是我国少数民族种类最多的省份，民族文化丰富多样而独特。独具魅力的民族文化和独特丰富的自然景观相互交融，形成了独特、多样、丰富的旅游资源。旅游资源种类多、分布广、规模大、品位高。这是云南省建设旅游经济强省的优势所在。

(六) 毗邻南亚、东南亚国家的地缘优势

有利于发挥云南省作为我国通往东南亚、南亚的重要陆上通道的优势,深化与东南亚、南亚和大湄公河次区域等的交流合作,提升对外开放的质量和水平,将云南建设成为我国面向西南开放的重要桥头堡。

二、限制因素

(一) 部分地区生态环境脆弱,地质灾害分布广

云南省海拔相差大,地表起伏较大,山地多、平地少,部分地区生态环境脆弱。特殊的自然环境导致坡面流水侵蚀和重力侵蚀强烈,崩塌、滑坡、泥石流等地质灾害频繁发生,分布普遍,对经济社会发展产生了较大的制约。

(二) 平地面积比重小,制约着现代农业的发展

农业基础设施投入较大,制约着农业机械化的推广,不利于规模化生产和标准化基地建设,土地产出率和劳动生产率难以大幅提高,制约着现代农业的发展。

(三) 交通制约依然明显,阻碍着区内、区外的交流

由于云南省地表起伏较大,交通基础设施建设难度大、成本高。交通基础设施建设滞后,公路等级偏低,交通制约依然明显,增加了原料、产品等的物流成本,阻碍了云南与外界的经济交流和合作。

(四) 人口文化素质偏低,影响着生产效率和创新

劳动者文化素质整体偏低,高素质人才偏少,对先进技术的掌握和应用、劳动生产率提高、产业结构转型升级和区域创新能力提升等产生了不利影响。

参考文献

[1] 杨一光. 云南省综合自然区划 [M]. 北京:高等教育出版社,1991.

[2] 王声跃,张文. 云南地理 [M]. 昆明:云南民族出版社,2002.

[3] 高昆谊,朱慧贤. 云南生物地理 [M]. 昆明:云南科技出版社,2008.

[4] 《云南省情》编委会. 云南省情(2008年版)[M]. 昆明:云南人民出版社,2009.

[5] 张怀渝,毕道霖,李宏国等. 云南省经济地理 [M]. 北京:新华出版社,1988.

[6] 王宇等. 云南省农业气候资源及区划 [M]. 北京:气象出版社,1990.

[7] 中国科学院,云南热带生物资源综合考察队. 云南省农业气候条件及其分区评价 [M]. 北京:科学出版社,1964.

[8] 谢应齐,杨子生. 云南省农业自然灾害区划 [M]. 北京:中国农业出版社,1995.

[9] 王四代,王子华. 云南民族文化概要 [M]. 成都:四川大学出版社,2006.

第二章 行政区划演化、现状与特点

行政区划是国家为了行使行政管理的职能,发展各地的经济,按自然地理、经济联系、人口和民族分布、历史传统及军事防御等条件对国土区域进行的划分。其所划分的各级区域称为行政区。行政区划是在一定的历史条件下产生的,属于一定的历史范畴。在不同的历史时期,行政区划有所不同,行政区域也相应地有所变动。在长期的发展中,云南省行政区划经历了古代、近现代和当代等历史时期,其行政区划不断调整,主要表现出区域民族自治特征显著、边疆政治安全重点考量、沿边开发开放优先布局、重点区域发展促进行政区划优化等特征。

第一节 行政区划的演化过程

云南行政区划可追溯到公元前841年以前的夏、商、周时期。秦汉时期设置郡县,唐朝设立节度、都督、府、郡、州、县、赕等,宋代设立府、郡,元朝时建立路、府、州、县建制,明朝设有19府、2"御夷"府、40州、3"御夷"州、30县,清朝在行政建制上基本沿袭明朝,在边远地区仍保留了土司制度,民国时期废除府、厅、州制,全省设立若干道,并增设县治,中华人民共和国成立之初,云南行政区划调整较大,改革开放以来总体趋于稳定。

一、古代历史时期

(一) 战国至隋代时期

据《尚书·禹贡》记述,夏、商、周时期,云南属"梁州"之域。春秋战国时期，云南的东北部和北部归属蜀国，西北部受巴国控制[①]，巴蜀两国灭亡后，归秦统治。战国末期，楚国派庄蹻入滇，建立了滇王国。秦始皇统一中国后，为强化中央集权和统治，在云南设置郡县。西汉时期，在西南夷地区先后建立了犍为郡、牂柯郡、越嶲郡和益州郡。东汉时期，在滇西增设了辖区辽阔的永昌郡。蜀汉时期，在西南夷地区（即"南中地区"）设郡县，将原来的益州郡改为建宁郡，建立了7郡，其中，"云南"作为行政区划由县扩大到郡。西晋时期，把原7郡中的建宁、兴古、云南、永昌4郡单独设置为宁州，云南成为中央王朝直接统治的19个州之一，这是中央王朝把云南作为一个行政区划来设置的开始。宁州的建立使云南与四川、贵州分开，成为地方一级政区。东晋时期，宁州由原来的8郡增至17郡。南北朝时期较混乱，宁州郡县变化很大。隋朝初期，建立了"南宁州总管府"，并设立恭州（今永善县、昭阳区一带）、协州（今彝良县、镇雄一带）、昆州（今昆明市）统治云南各地，后又设越析州（今宾川县一带）。

（二）唐宋时期

唐朝时期，将全国分为10道，云南属剑南道。在大唐帝国衰落时，大唐扶持的南诏国统治云南，历经247年的统治，其疆域远大于今云南，疆域东接贵州，西抵伊洛瓦底江，南达西双版纳，北接大渡河，东南接越南，西南至骠国（今缅甸中部），西北与吐蕃（今剑川）为邻，东北达戎州（今四川宜宾）。行政区划先后建置11节度、2都督、4府、10郡、6州、3县、25贱，隶属于城镇的42部落、30城。

公元960年，宋朝建立，此时是大理段氏统治云南，大理国的疆域基本继承了南诏国的版图。在行政区划上，废除了南诏的节度、都督等军事管制区，保留了府、郡建制，共设置了8府、4郡、37部、4镇。

唐宋时期是南诏国、大理国统治云南的重要时期，这一时期的大理是全省的政治中心，鄯阐城（今昆明）不断发展为滇中地区最繁盛而重要的城池。

（三）元明清时期

公元1253年，忽必烈举兵入滇，灭大理国。1255年，在云南各地逐渐设立万户府、千户所、百户所进行统治。1276年，元朝在云南设立行中书省，作为

[①] 明月，代安锋，熊兴军. 云南地区行政建制及城镇历史沿革解析[J]. 价值工程，2014（30）：160-162.

全国11个行省之一,建立路、府、州、县建制。据《元史·地理志》记载,云南诸路行中书省,路37、府2、属府3、属州54、属县47。"云南"从此正式成为省一级行政区名称,行政中心从大理迁至中庆(今昆明)。

1381年,朱元璋用兵云南,攻克昆明,灭元朝梁王,次年统一云南。随即设立云南布政使司(行政)、都指挥使司(军事)、提刑按察使司(司法)3司机构[1]。三江之内基本上设府、州、县3级建制,三江之外的边远民族地区则设立土司制度,主要设有19府、2"御夷"府、40州、3"御夷"州、30县,另外还有宣慰司、宣抚司、安抚司、长官司、"御夷"长官司等。[2]明朝期间的云南,其管辖范围要比元朝时小,其北部和东北部的部分地区隶属四川和贵州。

1644年,清王朝建立。在行政建制上基本沿袭明朝,省下设府、州、县3级,在省与府之间设有分守道、分巡道等[3],后又增设了厅的建制。这种行政建制为府、州、厅、县,在边远地区仍保留了土司制度。

二、近代历史时期

自鸦片战争爆发至清末,基本保持清朝的统一行政区划,至清末宣统三年(公元1911年),全省共设置15府、18厅、32州、41县,另有18个土司区。清朝时期,清政府将原属四川的东川、乌蒙、镇雄3地划归云南,使云南的疆域较明朝时期扩大。

1911年辛亥革命推翻了清王朝在云南250多年的统治,建立了大中华民国云南军都督府。1912年"中华民国"建立,云南行政建制随之进行了调整。1913年根据中央政府规定,废除府、厅、州制,全省设立滇中道、蒙自道、普洱道、腾越道,并增设县治,共辖县级行政建制97个。[4]同年思普沿边地区设置思普沿边行政总局于景德(即景洪),下辖8个行政分局,管理边疆事务;河口、麻栗坡设置河口对汛督办及麻栗坡对汛督办,办理涉及该地区的国防、外交、诉讼、缉私等事务。1928年改设云南省政府,废除滇中道、蒙自道、普洱道、腾

---

[1] 明月,代安锋,熊兴军.云南地区行政建制及城镇历史沿革解析[J].价值工程,2014(30):160-162.
[2][3] 李和.元明清时期入迁云南的外来少数民族移民研究[D].云南大学博士学位论文,2015.
[4] 李慧慧,吴国健.民国时期生态环境与乡村经济初探——以滇中、滇东北为例[J].历史教学问题,2012(6):73-79.

第二章 行政区划演化、现状与特点

越道,取消思普沿边行政总局及 8 个行政分局,各县及后设的设置局均直接由省领导。1932 年开始在土司制度仍存在的地区设置设治区(局),相当于准县级。同年在省与县之间增设了行政督察区,在各行政督察区设置行政督察专员公署。行政督察专员公署既是省政府的派出机构,代表省政府督察所属各县,又是一级地方政权机构。地方行政机构由省、县 2 级,演变为省、区、县 3 级。至 1949 年 12 月 9 日云南和平解放时,全省设有 1 个省辖市、13 个行政督察区、112 个县、16 个设治区(局)、2 个对汛督办区。

三、1949 年至今

(一) 1949~1978 年

该阶段是云南行政区划调整相对频繁的时期,主要表现在:省辖区域变动相对其他时段较频繁;专区逐步改为地区,并建立了新专区级市和自治州;根据云南少数民族多的特殊情况,推行民族区域自治制度,开创了云南行政区划工作的地方民族特色,行政区划经历了曲折的发展。在此阶段,中共中央针对云南的特殊情况提出了"团结第一,工作第二"的方针,并落实在行政区划与民族自治地区的建立等重大政策上,如 1970 年宪法草案将专区改为地区,但"文化大革命"对已经初具雏形的社会主义政权体系和行政区划体制造成极大的冲击与破坏。至 1978 年,云南省共有 7 个地区、8 个自治州、2 个地级市、2 个县级市、106 个县、15 个自治县、1 个县级区、4 个市辖区、1 个县级镇。

1. 省辖区域变化

中华人民共和国成立以后,云南省界进行过调整,省辖区域发生了变化,按时间顺序其变动的情况是:1952 年 9 月,经内务部批准,云南省巧家县第二区(淌塘区)金沙江北岸上段区域划归西康省会理县;巧家县第一区金沙江北岸下段区域划归西康省宁南县。1954 年 10 月 20 日,经云南省人民政府批复,云南省威信县第五区水田乡飞地木瓦房村划归四川省古蔺县(现叙永县)。1960 年,中国和缅甸两国政府签订《中缅边界条约》,片马、古浪、岗房地区由缅甸归还中国,1961 年 6 月 4 日完成交接手续,划归云南省泸水县。1965 年 8 月 9 日,根据中共中央、国务院的决定,将云南省永仁县的仁和区、大田区、平地区的大跃进水库及华坪县的和平、布得、新华、平江、少义、福田 6 个公社,划归四川省渡口市(今攀枝花市)。1966 年 4 月 8 日,经内务部批准,云南省宣威县的白果、选脉、松树（不包括黑田生产队）3个公社划归贵州省盘县特区。1974年7月1日，经国务院批准，四川省宜宾县的安富、水东、水河3个公社划至云南省绥江县，执行时未划归绥江县，设立水富区，由昭通行署直接领导。1974年11月8日，经国务院批准，云南省永仁县平地公社（有3个生产队除外）、大龙潭公社合计15个大队，151个生产队，划入四川省渡口市（今攀枝花市）。1974年以后，云南省省界没有调整，省辖区域没有发生变化。

2. 省内行政建制变化

中华人民共和国成立后，云南行政建制进行了调整，分为地区、县、乡3级，但各级行政区的名称和区域范围多次变更。

（1）昆明市：1949年12月9日昆明市解放，1950年云南省人民政府成立，昆明市（地级）是云南省省会。到1978年，全市辖盘龙、五华、西山、官渡四区，安宁、晋宁、富民、呈贡四县。

（2）东川市：1958年，会泽县与东川矿区合并，改设东川市（地级市）。

（3）曲靖地区：1950年，设立曲靖专区，专署驻曲靖县，辖曲靖、沾益、宣威、平彝、马龙、嵩明、寻甸7县。1970年，曲靖专区改为曲靖地区。1978年，辖12县、1自治县，即曲靖、马龙、沾益、宣威、富源、罗平、师宗、陆良、会泽、寻甸、宜良、嵩明和路南县（彝族自治县）。

（4）玉溪地区：1951年1月，成立滇中专员公署，3月改称玉溪专区，辖玉溪、江川、通海、河西、澄江、易门、峨山、新平、华宁、昆阳、晋宁、呈贡12县。1970年，玉溪专区改称玉溪地区。1978年，辖8县、1自治县，即玉溪、江川、澄江、通海、华宁、易门、新平、元江和峨山县（彝族自治县）。

（5）楚雄彝族自治州：1950年，楚雄州分属楚雄、武定两个专区，划出弥渡、祥云县归大理专区。1953年，楚雄、武定专区合并称楚雄专区，辖楚雄、双柏、镇南、牟定、姚安、大姚、盐丰、永仁、禄丰、广通、盐兴、武定、安宁、罗茨、富民、禄劝、元谋17县。1978年，辖楚雄、双柏、牟定、南华、姚安、大姚、永仁、元谋、武定、禄丰、禄劝11县。

（6）昭通地区：1950年，设立昭通专区，辖昭通、巧家、大关、永善、威信、会泽、鲁甸、彝良、盐津、绥江、镇雄11县。1970年，昭通专区改称昭通地区。1978年，辖10县、1区，即昭通、鲁甸、巧家、盐津、大关、永善、绥江、镇雄、彝良、威信和水富（区）。

第二章 行政区划演化、现状与特点

（7）文山壮族苗族自治州：1949年6月1日成立滇东南专员公署，后改为文山专员公署，1950年成立文山专区，辖文山、丘北、马关、富宁、砚山、西畴、广南7县及麻栗坡市。1965年，更名为文山壮族苗族自治州。1978年，辖8县，即文山、砚山、西畴、马关、丘北、广南、富宁、麻栗坡。

（8）红河哈尼族彝族自治州：1950年3月，在建水成立滇南专员公署，4月专员公署移至蒙自，改称蒙自专区，辖蒙自、屏边、开远、个旧、金平、建水、石屏、曲溪、元江、红河、新民11县和河口市、龙武设治局。1978年，州府驻个旧市，辖1市、10县、2自治县，即个旧（市）、开远、蒙自、建水、石屏、弥勒、泸西、元阳、红河、金平、绿春和河口县（瑶族自治）、屏边县（苗族自治）。

（9）思茅地区：1949年11月，成立思普临时人民行政委员会。1950年，改称宁洱专区，驻宁洱、思茅、六顺、车里、佛海、南峤、镇越、澜沧、景谷、景东、镇沅、墨江、江城、沧源14县和宁江设治局。1970年，思茅专区改为思茅地区。1978年，地区政府驻普洱县，辖5县、4自治县，即普洱、景东、景谷、镇沅、墨江和澜沧（拉祜族自治）、江城（哈尼族、彝族自治）、西盟山（佤族自治）、孟连（傣族、拉祜族、佤族自治）县。

（10）西双版纳傣族自治州：1950年，西双版纳属宁洱专区，1953年成立西双版纳自治区，自治区政府驻景洪，辖12个版纳（区级行政单位）和3个自治区，1955年改为西双版纳傣族自治州。1957年，撤销12个版纳和3个自治区，改设5个县级版纳。次年，版纳景洪、版纳勐海、版纳勐腊改称景洪县、勐海县、勐腊县。1978年，州政府驻景洪县，下辖景洪、勐海和勐腊3县。

（11）临沧地区：1950年，现境内的镇康、耿马、双江县属于保山专区，临沧、凤庆、云县属于大理专区，沧源属于宁洱专区。1952年，由大理专区划入缅宁县，由保山专区划入双江、耿马县，由普洱专区划入沧源县，建立了缅宁专区。1952年，保山专区镇康县划入缅宁专区。1954年缅宁专区改称临沧专区，1970年临沧专区改称临沧地区。1978年，地区政府驻临沧县，辖6县、2自治县，即临沧、凤庆、云县、永德、镇康、双江和耿马（傣族、佤族自治）、沧源（佤族自治）县。

（12）大理白族自治州：1950年，成立大理专区，专署驻大理县，辖大理、邓川、宾川、祥云、凤仪、弥渡、蒙化、云县、缅宁、顺宁、永平、漾濞、云

· 29 ·

龙、洱源14县和下关区。1956年，撤销大理专区，成立大理白族自治州。1978年，州政府驻下关市，辖1市、10县、2自治县，即下关（市）、大理、漾濞、祥云、宾川、弥渡、永平、云龙、洱源、剑川、鹤庆和南涧（彝族自治）、巍山（彝族、回族自治）县。

（13）保山地区：1950年，建立保山专区，辖保山、双江、昌宁、镇康、潞西（潞西设治区改置）、龙陵、腾冲7县和耿马、瑞丽、陇川、莲山、盈江、梁河、泸水7设治区。1956年，撤销保山专区，所辖4县并入德宏傣族景颇族自治州。1963年，恢复保山专区，辖原行政区域，全区辖保山、腾冲、昌宁、龙陵、施甸县。1968年，改保山专区为保山地区。1969年，德宏傣族景颇族自治州并入保山地区。1971年，恢复保山地区和德宏傣族景颇族自治州的建置。1978年，地区政府驻保山县，辖保山、施甸、腾冲、龙陵、昌宁五县。

（14）德宏傣族景颇族自治州：1950年，现德宏境内的梁河、盈江、莲山、瑞丽、陇川等设治区（局）和潞西县属保山专区。1956年，德宏傣族景颇族自治区改为德宏傣族景颇族自治州，同年撤销保山专区，所属保山、腾冲、龙陵、昌宁4县并入本州。1963年，恢复保山专区。1969年，德宏傣族景颇族自治州并入保山专区。1971年，复置德宏傣族景颇族自治州。1978年，州政府驻潞西县，辖5县、1镇，即潞西、梁河、盈江、陇川、瑞丽县和畹町镇。

（15）丽江地区：1949年7月，属滇西北人民专员公署，12月建立丽江人民行政专员公署。1950年4月，改丽江人民行政专员公署为丽江专区。1970年，丽江专区改称丽江地区。1978年，地区政府驻纳西族自治县，辖2县、2自治县，即永胜、华坪县和丽江（纳西族自治）、宁蒗（彝族自治）县。

（16）迪庆藏族自治州：1950年，中甸县、维西县、德钦设治区均属丽江专区。1952年，德钦设治区改为德钦藏族自治区。1956年，撤销德钦藏族自治区，成立德钦县。1957年，中甸、德钦、维西3县从丽江专区析出，成立迪庆藏族自治州。1978年，州政府驻中甸县，辖中甸、维西、德钦3县。

（17）怒江傈僳族自治州：1950年，现怒江境内各县分属丽江专区和保山专区。1954年，成立怒江傈僳族自治区。1960年中缅两国政府签订《中缅边界条约》，片马、古浪、岗房地区由缅甸归还中国，归泸水县管辖。1978年，州政府驻泸水县，辖4县、1自治县，即碧江、泸水、福贡、兰坪和贡山（独龙族、怒族自治）县。

第二章 行政区划演化、现状与特点

（二）1979~1999年

这一时期国家尝试行政区划改革，政区变动较大，在此期间行政区划变革的主要特点有：大量设置地级市，并调整地级市的管辖地域，通过地级市拉动区域经济增长和社会发展；这一时期地级市的特点是普遍设区；县级市大量涌现，县的数量反倒有所减少，许多县纷纷"晋升"为市；对一些管辖地域大、辖境人口多的地区进行了拆分[①]；坚持和完善民族区域自治制度，自治县数量不断增加；适应经济发展需要不断调整行政区划，推动和促进城镇化建设。在党的十一届三中全会以前，云南的行政区划变革主要是由政治统治的需要主导，党的十一届三中全会以后，提出把党和国家工作重点转移到经济建设上来，并实行改革开放的决策，这就使云南的行政区划变革主要由政治统治的需要主导转向由经济发展需要和政治统治需要主导，行政区划变革要为经济发展和政治管理服务。经济上，形成经济中心，带动周边经济发展，加快推进城市化进程。政治上，1978年提出的改革开放政策和1983年国家开始试行的"市管县"体制，都推动了云南行政区划变革的进程。至1999年，云南省辖5地区、3省辖市、8自治州、12市、80县、29自治县、7市辖区。

（1）昆明市。1983年，禄劝县、嵩明县、宜良县、路南彝族自治县划归昆明市。1985年，禄劝县改为禄劝彝族苗族自治县。1995年，改安宁县为安宁市。1998年，路南彝族自治县更名为石林彝族自治县。[②] 1998年12月，寻甸回族彝族自治县从曲靖析出，划入昆明市，同时撤销东川市，并入昆明市成立东川区。1999年，昆明市辖5区、1市、5县、3自治县。

（2）曲靖市。1979年，寻甸县改为寻甸回族彝族自治县。1983年，曲靖县、沾益县合并成立曲靖市，宜良、嵩明、路南彝族自治县划归昆明市。1994年，改宣威县为宣威市。1997年5月，撤销曲靖地区成立曲靖市（地级）。1998年12月，寻甸回族彝族自治县划归昆明市。1999年，全市辖1区、1市、7县。

（3）玉溪市。1979年12月，撤销新平、元江县，成立新平彝族傣族自治县和元江哈尼族彝族傣族自治县。1983年8月，撤销玉溪县成立玉溪市。1998年

[①] 赵尔阳. 浅析改革开放以来四川省行政区划的变迁 [J]. 西南农业大学学报（社会科学版），2013 (12)：50-53.
[②] 柴亮进. 环滇池周边地区近现代不可移动文物的合理利用研究 [D]. 云南大学硕士学位论文，2015.

6月，撤销玉溪地区成立玉溪市，原玉溪市（县级）更名为红塔区。1999年，全市辖1区、5县、3自治县。

（4）楚雄彝族自治州。1983年，撤销楚雄县设立楚雄市（县级），同年禄劝县由楚雄彝族自治州析出，划归昆明市。1999年，全州辖1市、9县。

（5）昭通市。1981年1月，设立昭通市。1981年8月，调整盐津县的两碗公社、绥江县的太平公社、绥江县的会议公社的新安和新寿大队与水富区合并成立水富县。1983年，撤销昭通县成立昭通市。1999年，全市辖1市、10县。

（6）红河哈尼族彝族自治州。1981年，撤销开远县，设立开远市。1985年，金平县改为金平苗族瑶族傣族自治县。1999年，全州辖2市、8县、3自治县。

（7）普洱市。1979年，撤销墨江县，成立墨江哈尼族自治县。1981年，恢复思茅县。1985年6月，撤销普洱、景东、景谷县，分别成立普洱哈尼族彝族自治县、景东彝族自治县、景谷傣族彝族自治县。1996年2月，撤销镇沅县，成立镇沅彝族哈尼族拉祜族自治县。1993年3月，改思茅县为思茅市。1999年，全市辖1市、9自治县。

（8）西双版纳傣族自治州。1993年12月，撤销景洪县，成立景洪市（县级）。1999年，全州辖1市、2县。

（9）临沧地区。1985年6月，双江县改为双江拉祜族佤族布朗族傣族自治县。1999年，辖5县、3自治县。

（10）大理白族自治州。1983年，撤销下关市、大理县，合并设置大理市。1985年6月，漾濞县改为漾濞彝族自治县。1999年，全州辖1市、8县、3自治县。

（11）保山地区。1983年，保山县改为保山市（县级）。1999年，辖1市、4县。

（12）德宏傣族景颇族自治州。1985年，畹町镇改为畹町市（县级）。1992年6月，撤销瑞丽县，成立瑞丽市。1996年，撤销潞西县，成立潞西市。1999年，撤销畹町市，并入瑞丽市。1999年，全州辖2市、3县。

（13）迪庆藏族自治州。1985年，撤销维西县，改设维西傈僳族自治县。1999年，全州辖2县、1自治县。

（14）怒江傈僳族自治州。1987年11月，兰坪县改为兰坪白族普米族自治县。1999年，全州辖2县、2自治县。

（15）丽江地区。无行政区划调整。1999年，辖2县、2自治县。

（16）文山壮族自治州。无行政区划调整。1999年，辖8县。

（三）2000年至今

此阶段云南行政区划变革的主要特点有：大规模撤"地"设"市"，到2004年，所有地区都撤"地"设"市"，完成了地区作为省派出机构由"虚"级政区向实体政区的演替；地级市普遍设区，区名更加注重城市的文化特点和历史沉淀；为促进旅游开发，更改县名并进行相应的区划调整，包括2001年将迪庆州中甸县更名为香格里拉县、2002年将丽江纳西族自治县分设为古城区和玉龙纳西族自治县。这个阶段是改革开放进一步深化和西部大开发进一步加强的时期，云南作为边疆少数民族地区，开发和发展是其首要任务。在这样的趋势下，云南的行政区划也进行了相应的变革，主要表现为沿边地区县级市的数量增加，有文山市、蒙自市、弥勒市、腾冲市。截至2016年，云南省辖8个地级市、8个自治州，共有16个市辖区、14个县级市、70个县、29个自治县（合计129个县级行政区划单位）。各州市区域演变情况如下：

（1）昆明市。2011年，撤销呈贡县，设立呈贡区。2016年，撤销晋宁县，设立晋宁区。

（2）玉溪市。2015年，撤销江川县，设立江川区。

（3）曲靖市。2016年，撤销沾益县，设立沾益区。

（4）昭通市。2001年2月，撤销昭通地区，成立昭通市（地级），原昭通市（县级）改称昭阳区。

（5）文山壮族苗族自治州。2010年12月，文山县撤县设市并更名为文山市（县级市）。

（6）红河哈尼族彝族自治州。2010年9月，撤销蒙自县，设立蒙自市。2013年3月，撤销弥勒县，设立弥勒市。

（7）普洱市。2003年10月30日，撤销思茅地区和县级思茅市，设立地级思茅市。2007年1月，思茅市更名为普洱市，普洱哈尼族彝族自治县更名为宁洱哈尼族彝族自治县，思茅市翠云区更名为普洱市思茅区。

（8）临沧市。2003年12月，撤销临沧县，设立临翔区。

（9）保山市。2000年12月，撤销保山地区和县级保山市，设立地级保山市，原县级保山市改设隆阳区。2015年8月，撤销腾冲市，设立县级腾冲市。

(10) 德宏傣族景颇族自治州。2010 年 7 月，经国务院批准潞西市更名为芒市。

(11) 丽江市。2003 年 4 月，丽江撤地设市，将原丽江地区改设为丽江市，并将原丽江纳西族自治县分为古城区及玉龙纳西族自治县。

(12) 迪庆藏族自治州。2001 年 12 月，中甸县更名为香格里拉县。2014 年 12 月 16 日，撤销香格里拉县，设立县级香格里拉市，州政府驻香格里拉市。

(13) 其他州市。西双版纳傣族自治州、怒江傈僳族自治州、大理白族自治州和楚雄彝族自治州在行政区划方面没有做调整。

第二节　现状与特点

截至 2016 年，云南省辖 8 个地级市、8 个自治州及 129 个县级行政区划单位。其中，保山、临沧和普洱 3 个地级市，怒江、德宏、西双版纳、红河和文山 5 个自治州与缅甸、老挝和越南接壤，市辖区主要集中在以昆明、曲靖和玉溪为核心的滇中地区。行政区划主要表现出区域民族自治特征显著、边疆政治安全重点考量、沿边开发开放优先布局、重点区域发展促进行政区划优化等特征。

一、行政区划现状

2016 年，全省辖 8 个地级市、8 个自治州（合计 16 个地级行政区划单位），16 个市辖区、14 个县级市、70 个县、29 个自治县（合计 129 个县级行政区划单位）。

（一）16 个州市

全省辖 8 个地级市、8 个自治州。即昆明市、曲靖市、玉溪市、昭通市、普洱市、临沧市、保山市和丽江市，楚雄彝族自治州、文山壮族苗族自治州、红河哈尼族彝族自治州、西双版纳傣族自治州、大理白族自治州、德宏傣族景颇族自治州、迪庆藏族自治州和怒江傈僳族自治州。其中，保山、临沧和普洱 3 个地级市，怒江、德宏、西双版纳、红河和文山 5 个自治州与缅甸、老挝和越南接壤。

第二章 行政区划演化、现状与特点

(二) 129 个县 (市、区)

(1) 昆明市。辖 1 市、7 区、6 县,分别是安宁市,盘龙区、五华区、官渡区、西山区、东川区、呈贡区、晋宁区,富民县、宜良县、嵩明县、石林彝族自治县、禄劝彝族苗族自治县、寻甸回族彝族自治县。

(2) 曲靖市。辖 1 市、2 区、6 县,分别是宣威市,麒麟区、沾益区,马龙县、富源县、罗平县、师宗县、陆良县、会泽县。

(3) 玉溪市。辖 2 区、7 县,分别是红塔区、江川区,澄江县、通海县、华宁县、易门县、峨山彝族自治县、新平彝族傣族自治县、元江哈尼族彝族傣族自治县。

(4) 昭通市。辖 1 区、10 县,分别是昭阳区,鲁甸县、巧家县、盐津县、大关县、永善县、绥江县、镇雄县、彝良县、威信县、水富县。

(5) 普洱市。辖 1 区、9 县,分别是思茅区,宁洱哈尼族彝族自治县、景东彝族自治县、墨江哈尼族自治县、景谷傣族彝族自治县、澜沧拉祜族自治县、镇沅彝族哈尼族拉祜族自治县、孟连傣族拉祜族佤族自治县、西盟佤族自治县、江城哈尼族彝族自治县。

(6) 临沧市。辖 1 区、7 县,分别是临翔区,凤庆县、云县、永德县、镇康县、耿马傣族佤族自治县、双江拉祜族佤族布朗族傣族自治县、沧源佤族自治县。

(7) 保山市。辖 1 市、1 区、3 县,分别是腾冲市,隆阳区,施甸县、龙陵县、昌宁县。

(8) 丽江市。辖 1 区、4 县,分别是古城区,永胜县、华坪县、玉龙纳西族自治县、宁蒗彝族自治县。

(9) 楚雄彝族自治州。辖 1 市、9 县,分别是楚雄市,双柏县、牟定县、南华县、姚安县、大姚县、永仁县、元谋县、武定县、禄丰县。

(10) 文山壮族苗族自治州。辖 1 市、7 县,分别是文山市,砚山县、西畴县、马关县、丘北县、广南县、富宁县、麻栗坡县。

(11) 红河哈尼族彝族自治州。辖 4 市、9 县,分别是蒙自市、个旧市、开远市、弥勒市,建水县、石屏县、泸西县、元阳县、红河县、绿春县、金平苗族瑶族傣族自治县、河口瑶族自治县、屏边苗族自治县。

(12) 西双版纳傣族自治州。辖 1 市、2 县,分别是景洪市,勐海县、勐腊县。

(13) 大理白族自治州,辖 1 市、11 县,分别是大理市,祥云县、宾川县、

· 35 ·

弥渡县、永平县、云龙县、洱源县、剑川县、鹤庆县、漾濞彝族自治县、南涧彝族自治县、巍山彝族回族自治县。

(14) 德宏傣族景颇族自治州。辖2市、3县，分别是芒市、瑞丽市，梁河县、盈江县、陇川县。

(15) 迪庆藏族自治州。辖1市、2县，分别是香格里拉市，德钦县、维西傈僳族自治县。

(16) 怒江傈僳族自治州。辖4县，分别是泸水县、福贡县、贡山独龙族怒族自治县、兰坪白族普米族自治县。

二、行政区划的特点

(一) 区域民族自治特征显著

纵观历史，从秦开"五尺道"，在云南派官"置吏"，标志着中央王朝对云南正式统治的开始。西汉武帝时，对云南的统治进一步深入。公元707年，唐朝击败南侵洱海的吐蕃扩张势力。公元738年，扶植南诏统一了洱海地区，册封波罗阁为"云南王"，云南和祖国团结统一的总趋势进一步向前发展。公元937年，段思平联络三十七部灭大义宁国，建立"大理国"政权（大理国政权在云南的统治基本与中原的宋朝相始终），实行封建农奴制专政。1274年，忽必烈选派赛典赤·赡思丁到云南建立云南行省，云南行省下置路、府、州、县，由行中书省直接委任官吏进行管理。1290年，封皇孙甘麻剌为梁王，云南王镇大理，梁王管辖全省，云南实际上存在行省与诸王府两套政权，大理段氏又乘机割据滇西，行省已形同虚设。明朝建立后，朱元璋于1381年派傅友德、蓝玉、沐英率大军西进平定云南，1382年建立了云南布政使司和都指挥使司，设府、州、县，实行以流官为主的统治，在边远地区则建立宣慰司、宣抚司、安抚司、长官司、"御夷"府州等，全部由土司管辖。[1] 清朝对云南的统治确立后，大量移民入滇，推行"改土归流"，客观上巩固了国家的统一，推进了边疆的开发。到中华人民共和国成立初期，开始推行民族区域自治。如今，云南省民族区域自治制度已全面实施。实践证明，少数民族聚居区实行区域自治，为云南省的多民族共生发展奠定了良好的基础。

---

[1] 汪叶菊.历史文化名城——昆明[J].民主，2012(8)：44-45.

云南省的民族族裔、文化、宗教、语言、区域多元性等呈现出一种"复合多元性"的状态，决定了云南省在行政管理中实施区域民族自治政策的必要性。云南具有不同于其他民族自治省份的特点：一是云南少数民族种类众多，少数民族地区的人口分布总体上呈大杂居、小聚居的交错分布状态[1]，民族自治区域涵盖了云南省的大部分疆域；二是云南省民族区域自治实践的特色是重视少数民族的政治参与，在多民族协调共生的基础上实行统一、平等的多民族自我管理的行政制度。

云南是中国少数民族最多的省份。除汉族外，人口在4000人以上的少数民族共25个[2]，其人口占总人口的近1/3。从族性、文化、宗教和语言的角度看，云南有着令人眼花缭乱的多样性，多样的族性、生态环境和人文历史孕育出生活方式和价值观多元的少数民族文化。云南的宗教多样性和复杂性也同样令人印象深刻。云南不仅聚集了世界五大宗教，还聚集了佛教的三大体系，此外还有为数众多的民间宗教、原始宗教。从社会形态发展的维度来看，云南曾并存着多种社会形态，即原始社会、奴隶社会、封建社会和资本主义初期萌芽阶段等。这些多维、交叉、重叠和复杂的多元性，加上各少数民族在起点上如社会形态的巨大差异性，使得云南省呈现出一种"复合多元性"的状态。因此，实行民族区域自治政策是云南省治理少数民族地区的必要措施，也是云南省行政区划的重要特点之一。

云南省有8个自治州、29个自治县。民族自治的区域涵盖了云南省的大部分区域。每一个自治区或自治县都不是相对单一的少数民族聚居区，而是表现为复杂的民族成分的多元化。在任何一个自治州或自治县都是多民族聚居共处，这成为云南民族区域自治的共性。聚居共处的民族区域自治基本上分为三种类型：第一种类型是在以一个民族为基础的自治州的范围内设置一个或几个以其他民族为基础的自治县，如大理白族自治州内再设南涧彝族自治县和巍山彝族回族自治县；第二种类型是在以两个民族为基础的自治州的范围内设置一个或几个以其他民族为基础的自治县，如红河哈尼族彝族自治州内再设河口瑶族自治县和金平苗族瑶族傣族自治县；第三种类型是在以汉族为基础的地区行政专署范围内设置一

---

[1] 孙云. 论云南民族区域自治制度的行政特征 [J]. 思想战线，1999 (4)：21-27.
[2] 徐安德. 云南非公有制经济发展研究 [J]. 经济研究导刊，2016 (27)：46-50.

个或几个以其他民族为基础的自治县，如玉溪地区内设置峨山彝族自治县、新平彝族傣族自治县、元江哈尼族彝族傣族自治县等。此三种类型构成云南民族地区的州、县两级民族区域自治体系。云南民族区域自治实践的特色是重视少数民族的政治参与，把吸收各类少数民族精英代表参与执政党的政治过程作为实施民族区域自治制度的突破点和抓手，以各民族的联合来确保他们的政治参与权，实现多民族国家的主权建设。[①] 云南民族区域自治的实践效果：由政治参与的一体化逐步导向社会形态、行政形态、经济、文化、生态文明的一体化。云南民族区域自治地方在多民族协调共生的基础上，实行统一、平等的多民族自我管理的行政制度。统一自治不是简单的各民族干部的机械组合，而是各民族干部共同统一地代表区域内各族人民群众，按照社会主义的统一方向，遵循中国共产党的统一路线、方针和政策，在上级人民政府的统一领导下，实现自治区域内经济与文化的繁荣发展。[②]

（二）边疆政治安全重点考量

云南省与缅甸、老挝和越南接壤。无论是历史上还是近代，缅甸、老挝和越南都与我国有着紧密的联系，然而毒品、局部战争、犯罪等问题是云南省边疆政治安全中最重要的特点之一。

云南省在边疆政治安全上将面临诸多不确定性。

（1）中缅地缘环境。由于缅甸北部的民族地方武装还没有得到合理解决，势必会对云南省边疆地区造成一定程度的影响。由于缅甸和中国、印度两个大国相邻，有人根据它的地缘战略地位断言，缅甸是中国战略上的棋子或经济枢纽。这种推论的逻辑是缅甸夹在与其相邻的西北面的印度和东北面的中国中间，因此作为一个弱国，及为国内民族和政治冲突所困扰的、有潜在不稳定因素的国家，缅甸必然将屈服于外来压力，丧失独立和主权。[③]

（2）中越地缘环境。冷战结束后，中国与越南之间为增进彼此间在安全领域的互信，进行了多方面的安全交流与合作。中越边界谈判直到1993年8月才得以重开，双方经过16轮谈判，于1999年12月30日，中越两国在河内签署《中

---

① 周少青. 云南民族区域自治实践中的协商民主 [J]. 民族研究, 2014 (3): 13–23.
② 孙云. 论云南民族区域自治制度的行政特征 [J]. 思想战线, 1999 (4): 21–27.
③ 徐本钦. 中缅政治经济关系：战略与经济的层面 [J]. 南洋问题研究, 2005 (1): 33–45.

华人民共和国和越南社会主义共和国陆地边界条约》，标志着两国陆地边界存在的问题已全部解决。2000年12月25日，两国在北京签署了《中国和越南关于两国在北部湾领海、专属经济区和大陆架的划界协定》以及《中国政府与越南政府北部湾渔业合作协定》，表明双方有关北部湾的划界争端已经获得解决，但是客观来讲，中越边界的解决并没有真正消除中越之间的矛盾，越南向南中国海的发展战略与中国的海权形成对冲，这种对冲又引发各种云南走向海洋的安全问题。①

（3）种族、宗教、民族分离主义与恐怖主义问题。由于种族、宗教、民族分离主义与恐怖主义等因素相互交织，中国西南边疆安全环境变得极其复杂。云南毗邻"金三角"地区，边境地区是跨境民族聚居地区，因此罂粟种植与民族经济有着密切的关系，甚至可以说是这些地区民族问题的一种表现形式。②

由此可见，复杂多样的边疆政治安全问题是云南省不同于其他省份的一个特点。因此，无论是在历史上还是现实中，云南均处于我国与南亚、东南亚国家经济贸易交往的前沿，同时也是保障国家安全的前沿，在保障国家地缘政治、经济、军事、社会、文化等诸多领域的安全中具有重要地位，对防御境内外三股势力的渗透和发展，制止走私贩毒等危及国家政治、经济、社会等的犯罪活动具有重大作用。③在这样的大背景下，结合云南省各个历史时期的行政区划调整来看，云南省的行政区域具有重要的政治、经济和文化意义。

（三）沿边开发开放优先布局

云南地处边疆，面临的既有挑战也有机遇。由于云南具有良好的区位优势和地缘优势，在国家全方位对外开放格局中具有独特的地位。改革开放以来，特别是近年来，沿边开发开放是当前云南经济发展的一个显著特色。

从历史上看，云南与国外的交往有着悠久的历史。早在公元前3~前2世纪，云南滇池地区就与越南的红河流域有贸易往来，洱海地区就与缅甸等地有通商关系，还有著名的"南方陆上丝绸之路"即"蜀身毒道"，因其穿行于横断山区，又称高山峡谷丝路。公元7世纪以后，思茅地区的银生城（今景东）有了到老

---

① 何跃.桥头堡建设中的云南周边国家安全环境[J].云南师范大学学报（哲学社会科学版），2011，43（6）：31-38.
② 刘稚.东南亚国家的山地民族问题[J].世界民族，1996（4）：12-18.
③ 丁生.新时期云南省地缘政治经济安全对国家安全的重要性[J].曲靖师范学院学报，2011，29（5）：88-90.

挝、泰国、缅甸的商道。南诏和大理政权相继同中南半岛地区发生贸易往来。明、清以后，云南对东南亚各国的贸易进一步发展。[①]进入近代以来，云南与东南亚国家的贸易仍有发展。中华人民共和国成立初期，云南边境小额贸易一度兴旺，直到缅甸政局动荡，越南经济发展滞后，才改为边民互市这一形式。"文革"时期，云南边境贸易基本停滞。直到改革开放后，云南边境贸易才得到迅速的发展。进入20世纪90年代后，随着中缅、中越经贸关系日益密切，云南对外开放出现了新的形势。

2009年7月25日至28日，时任国家主席胡锦涛在云南考察时指出："云南地处我国西南边陲，战略位置十分重要。"并且结合考察情况，在强调云南要进一步深化改革开放问题时尤其指出："要充分发挥云南作为我国通往东南亚、南亚重要陆上通道的优势，深化同东南亚、南亚和大湄公河次区域的交流合作，不断提升沿边开放质量和水平，使云南成为我国向西南开放的重要桥头堡。"[②]习近平总书记在考察云南时的重要讲话中，也说到希望云南发挥沿边开放区位优势，主动服务和融入国家发展战略，努力成为面向南亚、东南亚的辐射中心。[③]2010年1月1日，中国—东盟自由贸易区正式建立，为云南省成为我国向西南开放的重要桥头堡提供了坚实的基础。

云南省8个边境州市的25个县（市）与越南、老挝、缅甸接壤，有13个国家级一类口岸、7个国家级二类口岸、90多条边境通道和111个边民互市点。[④]特别是随着"一带一路"倡议、孟中印缅经济走廊、面向南亚东南亚辐射中心等的实施，云南在建设中国—东盟自由贸易区升级版、大湄公河次区域合作及中国与南亚、西亚乃至非洲各国合作中的地位日益突出。[⑤]目前，云南省已有河口、瑞丽、畹町和临沧4个国家级边境经济合作区，昆明、曲靖、杨林、蒙自和大理5个国家级经济开发区，以及瑞丽国家重点开发开放试验区、红河综合保税区等多种类型的开放型经济园区。在此基础上先行先试，云南省不断加快探索建立中老

[①] 薛东.关于云南对外开放的思考[J].东南亚，1989（3）：35-39.
[②] 丁生.新时期云南省地缘政治经济安全对国家安全的重要性[J].曲靖师范学院学报，2011，29（5）：88-90.
[③] 打造沿边开放新高地——五论认真学习贯彻习近平总书记考察云南重要讲话精神[BE/OL].云南日报，http://yn.yunnan.cn/html/2015-02/06/content_3590092.htm.
[④] 李继云.云南省边境贸易与地区经济增长关系的研究[J].管理学刊，2013（1）：28-33，37.
[⑤] 杨红川.构建开放型经济体制[N].云南日报，2015-04-15.

第二章 行政区划演化、现状与特点

磨憨—磨丁、中越河口—老街、中缅瑞丽—木姐3个跨境经济合作区及老挝万象赛色塔境外经贸合作区。同时，依托各类园区，连点成线、织线成面，逐步形成了4条经济走廊和数个经济合作聚集区的雏形。另外，云南正不断提升南博会、昆交会和边交会等展会、论坛的举办水平，探索具有云南特色的沿边开放新模式，为开放型经济体制改革搭建平台，促进产业全面转型升级。[①] 虽然云南的沿边开发开放取得了显著成效，为云南边境地区的发展带来了巨大转机，但是沿边开放的成效与良好的区位优势相比还存在一定差距，表现为以下问题：对外贸易方式单一，贸易依存度较低；通道和口岸的物资承载能力及商品过境能力较差；沿边开放还未从邻国走向印度洋的更大领域；沿边开放未能充分利用外部市场和资源等问题。[②]

（四）重点区域发展促进行政区划优化

从历史上看，历朝历代对云南的统治都给予了重点考量和安排，但总体上主要是从边疆稳定和治理角度实施重点区域的管理。在次顶层设计中，云南省的行政区划始终处于调整和优化中，特别是元明清以来，随着"改土归流"等制度的设计和社会经济中心由洱海流域向滇池流域的转变等，云南省在重点区域发展中不断促进着行政区划的调整。

中华人民共和国成立之初，云南行政区划调整较大，主要原因是国家稳定和建设的需要。一方面，推行民族区域自治制度，开创了云南行政区划工作的地方民族特色；另一方面，一些区域重点发展起来，行政区划不断优化。以东川为例，中华人民共和国成立后，因国家"一五"建设需要，东川成为拥有国家"一五"计划的156个重点项目之一的区域，国家专设东川矿务局。1958年，国家设立东川市（地级市），有力推动了我国有色金属工业的发展。1990年以来，随着东川铜矿资源的不断减少以及国际、国内铜价的持续下滑，东川矿务局下属的4个铜矿企业全部破产，东川进入经济发展低谷。1999年，国家撤市改区（县），至此，东川成为了中华人民共和国第一个"矿竭城衰"的城市。

近20年来，高新区、经济开发区、新城、呈贡大学城等新城新区的建设促进了行政区划的优化和调整，使得行政区域与经济区划不断融合、相互促进。当

---

① 杨红川. 构建开放型经济体制 [N]. 云南日报, 2015-04-15.
② 张毅，金璟等. 以桥头堡战略推动云南沿边开放跨越式发展的思考 [J]. 经济师, 2013（5）：182-184.

前，云南各州市的高新区、经济开发区发展势头较为强劲，带动了局部行政区划调整，例如，2011年国务院公布的《全国主体功能区规划》将滇中地区列为重点开发地区。该区域位于云南中部的昆明、曲靖、楚雄和玉溪4个城市，是全国"两横三纵"城市化战略格局中包昆通道纵轴的南端，包括云南省中部以昆明为中心的部分地区①，这一区域集中了全省16个市辖区中的11个。2014年5月，按照《云南省加快建设面向西南开放重要桥头堡总体规划（2012~2020年)》的要求，规划建设滇中产业聚集区，引领和带动全省外向型特色优势产业基地建设。②滇中产业聚集区位于云南省昆明市东西两侧，是滇中城市经济圈重要的产业承载区域，是云南加快建设我国面向西南开放重要桥头堡的核心区域。聚集区位于云南省地理中心，紧邻昆明，是滇中城市经济圈的核心区域，邻近航空枢纽，衔接省域"七出省、四出境"公路、"八出省、四出境"铁路大通道，对内与珠三角、长三角、京津冀、成渝地区等国家重要增长极有便利的联系，对外连接中南半岛、南亚，远端连接中亚、北非，是我国从陆上联系太平洋和印度洋的重要节点。③聚集区主要按照"两片两轴八组团"的总体空间布局，以外向型特色优势产业发展为重点，与昆明等中心城市互动发展，共同打造滇中城市经济圈，引领和带动全省外向型特色优势产业基地建设。该区域经济区划调整在不断满足产业发展和升级的同时，也不断满足行政区划的优化和重组。

参考文献

[1] 明月，代安锋，熊兴军.云南地区行政建制及城镇历史沿革解析[J].价值工程，2014(30)：160-162.

[2] 李和.元明清时期入迁云南的外来少数民族移民研究[D].云南大学博士学位论文，2015.

[3] 李慧慧，吴国健.民国时期生态环境与乡村经济初探——以滇中、滇东北为例[J].历史教学问题，2012（6)：73-79.

[4] 赵尔阳.浅析改革开放以来四川省行政区划的变迁[J].西南农业大学学报（社会科学版)，2013（12)：50-53.

---

① 郭跃华.转变思维方式 提升昆明城市竞争力[C].中国思维科学研究论文选2011年专辑，2012-07-16.
② 云南省加快建设面向西南开放重要桥头堡总体规划[N].楚雄政报，2013-02-15.
③ 张秀生，阮凤斌.桥头堡视角下的昆明现代物流业发展研究[J].思想战线，2014（4)：147-149.

第二章 行政区划演化、现状与特点

[5] 柴亮进. 环滇池周边地区近现代不可移动文物的合理利用研究 [D]. 云南大学硕士学位论文，2015.

[6] 周少青. 云南民族区域自治实践中的协商民主 [J]. 民族研究，2014（3）：13-23.

[7] 孙云. 论云南民族区域自治制度的行政特征 [J]. 思想战线，1999（4）：21-27.

[8] 史为乐. 中华人民共和国政区沿革 [M]. 北京：人民出版社，2006.

[9] 王声跃. 云南地理 [M]. 昆明：云南民族出版社，2002.

[10] 赵磊. 关于我国行政区划改革的探讨 [J]. 科协论坛，2011（1）：146-149.

[11] 罗德刚. 省直管县的成功范例 [J]. 长白学刊，2007（3）：135-140.

[12] 云南师范大学地理系等. 云南省志·地理志 [M]. 昆明：云南人民出版社，1998.

[13] 何跃. 桥头堡建设中的云南周边国家安全环境 [J]. 云南师范大学学报（哲学社会科学版），2011，43（6）：31-38.

[14] 丁生. 新时期云南省地缘政治经济安全对国家安全的重要性 [J]. 曲靖师范学院学报，2011，29（5）：88-90.

[15] 杨红川. 云南省努力探索沿边开放新模式 [N]. 云南日报，2015-04-15.

[16] 张毅，金璟等. 以桥头堡战略推动云南沿边开放跨越式发展的思考 [J]. 经济师，2013（5）：182-184.

[17] 徐本钦. 中缅政治经济关系：战略与经济的层面 [J]. 南洋问题研究，2005（1）：33-45.

[18] 刘稚. 东南亚国家的山地民族问题 [J]. 世界民族，1996（4）：12-18.

[19] 薛东. 关于云南对外开放的思考 [J]. 东南亚，1989（3）：35-39.

[20] 打造沿边开放新高地——五论认真学习贯彻习近平总书记考察云南重要讲话精神 [BE/OL]. 云南日报，http：//yn.yunnan.cn/html/2015-02/06/content_3590092.htm.

[21] 李继云. 云南省边境贸易与地区经济增长关系的研究 [J]. 管理学刊，2013（1）：28-33，37.

[22] 杨红川. 构建开放型经济体制 [N]. 云南日报，2015-04-15.

[23] 郭跃华. 转变思维方式　提升昆明城市竞争力 [C]. 中国思维科学研究论文选2011年专辑，2012-07-16.

[24] 云南省加快建设面向西南开放重要桥头堡总体规划 [N]. 楚雄政报，2013-02-15.

[25] 张秀生，阮凤斌. 桥头堡视角下的昆明现代物流业发展研究 [J]. 思想战线，2014（4）：147-149.

第三章 存在问题与开发利用方向

云南具有边疆、民族、贫困、山区多位一体的特殊省情。随着国家"一带一路"倡议、长江经济带发展战略等的实施，云南省将逐步从内陆边缘地区成为我国面向南亚、东南亚的辐射中心，发展空间广阔、潜力巨大。同时，经济发展不充分、空间开发不平衡、优势产业竞争力不显著、对内对外合作不紧密等问题仍然突出。

第一节 主要问题

近年来，云南省为解决区域发展和城乡发展不平衡、不协调等问题，进行了实践和探索。但受区位、历史和自然等多个因素的影响，导致经济发展不充分、中心城市极化效应显著、边缘区域发展滞后、坝区—山区开发程度失衡、城乡二元结构突出等诸多矛盾和问题，制约了云南省空间开发的协调、均衡与可持续发展。

一、经济发展不充分

2016年，云南省生产总值（GDP）14869.95亿元，同比增长8.7%，增速比全国高2个百分点，在全国排第6位，与2015年相比位次前移3位。分产业看，第一产业完成增加值2195.04亿元，增长5.6%；第二产业完成增加值5799.34亿元，增长8.9%；第三产业完成增加值6875.57亿元，增长9.5%。2016年云南三次产业结构比重为14.8：39.0：46.2，较2015年的三次产业结构15.1：39.8：

45.1 有所优化，第三产业比重较 2015 年提升 1.1 个百分点。总体来看，呈现出以下特点：农业经济保持平稳增长，高原特色农业成为新的增长点，但规模优势不显著；资源、烟草等支柱产业增长放缓，战略性新兴产业培育滞后；服务业规模持续增长，文化旅游等现代服务业能级有待提升；固定资产投资持续高位增长，民间投资增速放缓，民营经济发展后劲不足。

作为西部欠发达省份，近年来云南省经济发展存在经济规模较小、人均经济指标偏低、与东部发达地区差距拉大、非公经济发育不足、科技创新驱动力不强、扶贫攻坚任务重等问题。一是从横向对比看，区域经济发展相对滞后。近年来，云南省与东部发达地区的差距不但没有缩小，反而呈现出继续扩大的趋势。以 2014 年为例，云南省在全国各省市区 GDP 的排名为第 23 位，位次滞后。二是从纵向对比看，经济赶超的势头趋缓。2014 年，全国各地增速均出现不同程度的回落，其中云南同比增长 8.1%，高于全国 0.7 个百分点，但回落幅度最大，均较 2013 年回落 4 个百分点。三是经济主体活力不足，市场化水平有待提升。云南省市场经济发展的根本性制约因素体现在：市场投融资路径单一，依赖政府、财政资金和银行贷款，国内民间资金和外商投资并没有大规模地相应跟进，呈现出"政府热、民间冷"的状态；资源型产业比重大、转型慢，战略性新兴产业培育与发展相对滞后，科技创新对区域经济的贡献度不高。四是人均经济指标较低，扶贫攻坚任务较重。截至 2014 年，人均生产总值（GDP）为 27264 元（折合 4438 美元），比 2013 年增长 7.5%，在全国排名第 29 位，其中全省城镇常住居民人均可支配收入增长 8.2%，农村常住居民人均可支配收入增长 11%。面对"十三五"与全国同步建成小康社会的任务，云南贫困人口多、贫困面广、贫困程度深，消除贫困任务艰巨。

二、空间发展不均衡

（一）滇中地区极化效应显著

促进城市化过程中的极化效应向涓滴效应转化，是实现区域均衡发展的路径。一是昆明的城市首位度不断攀升，造成"一城独大"的现象。根据国际一般经验，城镇常住居民人均 GDP 超过 5000 美元，城镇化率超过 50%，城市发展将迈入新的门槛，即城市经济由规模扩张向品质提升转变。这一阶段，城市的极化效应开始逐渐辐射到相对落后的区域，形成区域经济的涓滴效应。然而，2014

年昆明市的城镇化率达69%，与同等人口规模的昭通市比较，经济总量是其6倍，人均GDP是其5倍。未来如何在打造昆明中心城市的同时，强化昆明对其他州市的扩散效应，成为全省均衡协调发展的关键。二是滇中地区极化效应显著，与其他地区的经济协作水平较低。滇中地区具有自然生态本底优良、经济社会发展基础厚实、区位与交通便利、人口集聚度高等优势，使得滇中地区成为云南空间开发过程中"先富起来"的地区，然而随着滇中地区极化效应的不断强化，滇西北、滇南、滇东北、滇西南等区域受到的虹吸效应愈加明显，区域发展梯度过度放大，制约云南省的空间均衡发展。

（二）边缘区域发展水平滞后

《云南省国民经济和社会发展第十三个五年规划纲要》提出，强化昆明的核心作用，加快推进滇中新区建设，着力建设以昆明市、曲靖市、玉溪市、楚雄州和红河州北部地区为核心的滇中城市经济圈，有序推进滇中、滇西、滇东南、滇东北、滇西南、滇西北六个城镇群协调发展。但是，从发展现状看，沿边经济带和次级城市群的发展速度滞后，与滇中地区的发展梯度逐步拉大。一是次级城市群建设成效显著，但差距不断扩大。"六群"中除了率先发展滇中核心城市群外，还包括滇西次级城市群、滇东南次级城市群、滇西北次级城市群、滇西南次级城市群、滇东北次级城市群，应逐步打造成为带动各类中小城镇建设，促进人口集聚，优化开放空间，发展优势特色产业，统筹城乡协调发展和加快工业化、城镇化进程的重要区域经济增长点。从统计数据分析，滇西次级城市群、滇东南次级城市群、滇西北次级城市群、滇西南次级城市群、滇东北次级城市群等次级城市群相对滇中核心城市群来看，差距不断扩大。二是沿边经济带建设提速，但规模与成效不显著。随着国家"一带一路"倡议的实施，在国家谋划推进孟中印缅经济走廊、中国—中南半岛国际经济走廊建设的过程中，云南的沿边地区有"近水楼台"优势，沿边开放合作格局不断形成。但是，由于产业基础薄弱、互联互通设施不完备、发展意识不强以及地缘政治不稳定等，经济增长规模与对外合作成效不显著。云南省各州市经济发展情况如表3-1、图3-1所示。

（三）坝区—山区开发程度失衡

在高原地区人地关系地域系统中，坝区承载着居民生产、生活的多重职能，成为高原人民赖以生存的福地。从近代高原地区聚落空间布局看，聚落和小城镇多布局在坝子边缘的缓坡上，邻近坝子而不侵占良田。中华人民共和国成立以

第三章 存在问题与开发利用方向

表 3-1 2013~2014 年云南省各州市主要经济指标情况

2014 年 GDP 排名	地级市	2013 年 GDP（亿元）	2014 年 GDP（亿元）	2013 年常住人口（万人）	人均 GDP（元）	人均 GDP 排名
1	昆明	3415.3	3712.9	657.9	56437.00	1
3	玉溪	1102.5	1184.7	233.0	50845.49	2
15	迪庆	131.3	147.2	40.6	36256.16	3
2	曲靖	1583.9	1649.4	597.4	27609.64	4
12	西双版纳	272.3	306.0	115.2	26564.24	5
6	楚雄	632.5	701.8	272.4	25763.58	6
4	红河	1026.9	1127.0	458.9	24555.52	7
5	大理	760.8	832.2	348.6	23872.63	8
13	丽江	248.8	261.8	126.9	20630.42	9
14	德宏	230.9	249.8	124.5	20064.26	10
9	保山	449.7	501.0	255.4	19616.29	11
16	怒江	85.82	100.12	53.0	18890.57	12
10	临沧	416.1	465.1	247.9	18761.60	13
11	普洱	425.4	465.0	258.4	17995.36	14
8	文山	553.4	615.7	357.8	17207.66	15
7	昭通	634.7	670.3	534.2	12548.48	16
—	全省	11720.9	12814.6	4682.2	27368.97	—

资料来源：《云南统计年鉴》（2014 年、2015 年）。

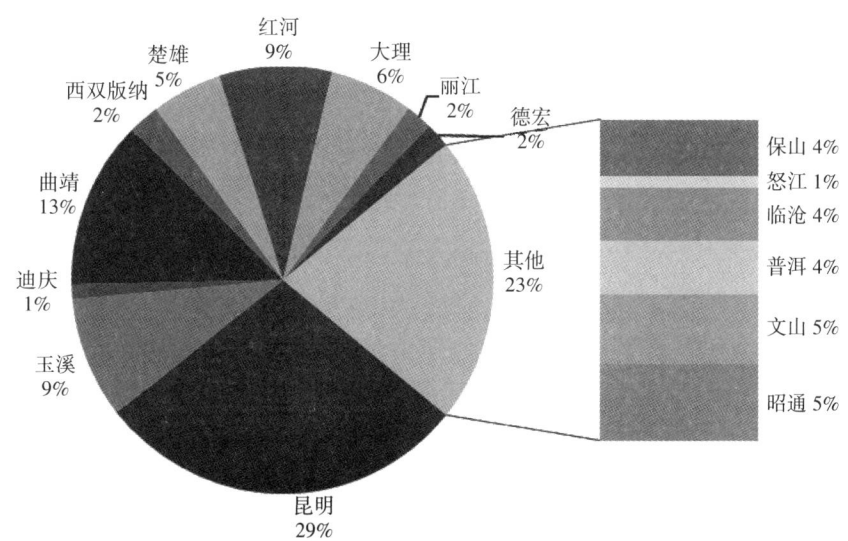

图 3-1 2014 年云南省各州市 GDP 占全省比重
资料来源：通过《云南统计年鉴》（2015 年）数据整理得到。

后，特别是改革开放以来，随着经济社会的发展，人们满足温饱后开始涌入城镇，高原坝区的主体功能由农业生产变为城镇用地、工业用地，城镇向坝区蔓延的问题愈演愈烈。据统计，2000~2015年，云南省城镇化率由23.4%上升到43.3%，同期全省各类建设占用耕地271万亩，其中78%为坝区的优质耕地，全省面积在10平方千米以上的坝子，目前已被建设用地占用近30%。据测算，按照目前城镇化发展速度，占全省面积6%的坝区资源将在20年后消耗殆尽。

（四）城乡二元结构突出

长期以来，我国以工业化为核心的发展战略，使得大部分投资、素质较高的劳动力、先进技术被吸附到工业领域，进而影响了农村和农业的发展，加剧了城乡居民收入差距的持续扩大。近年来，云南省坚持围绕增收入、调结构，大力推进农业产业化进程，不断加大对"三农"工作的投入力度，支农惠农政策落实积极有效，促进了农民收入平稳较快增长。从城乡收入比指标看，城乡二元化程度不断缓解，但城乡收入差距绝对值仍然不断扩大（见图3-2、表3-2）。随着云南省工业化进程的推进，工业化导致城乡居民收入差距扩大的效应明显强于城市化的影响，在一定时期内，城乡居民收入绝对差距还将继续扩大。对于城乡居民收入巨大差距形成的原因，归纳起来主要有二元结构说、地域差异说、国民待遇差异说、资源禀赋差异说、观念差异说等。随着贯彻落实《党的十八届三中全会关

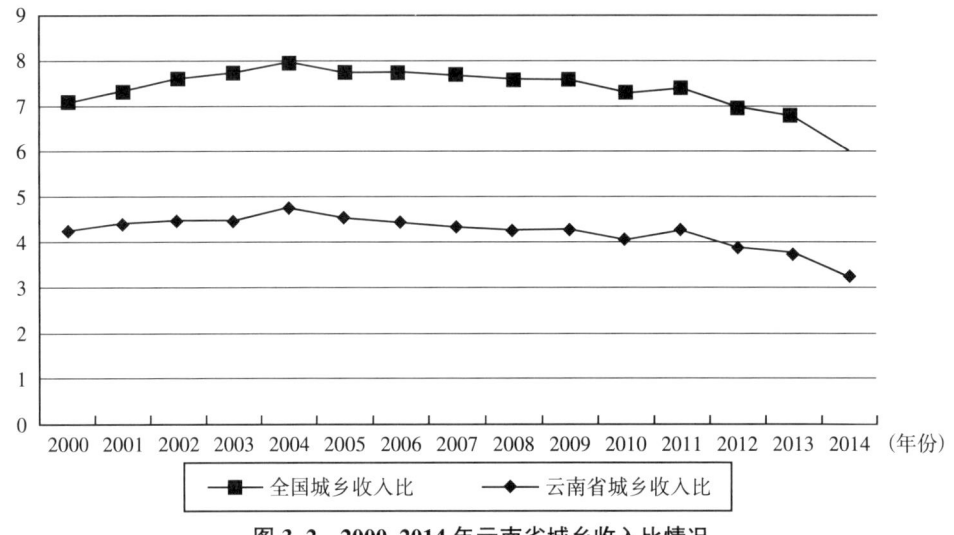

图3-2　2000~2014年云南省城乡收入比情况

资料来源：同图3-1。

表3-2 云南省和全国城乡收入比比较（2000~2014年）

年份	云南省城乡收入比	全国城乡收入比
2000	4.28	2.79
2001	4.43	2.90
2002	4.50	3.11
2003	4.50	3.23
2004	4.76	3.21
2005	4.54	3.22
2006	4.47	3.28
2007	4.36	3.33
2008	4.27	3.31
2009	4.30	3.3
2010	4.07	3.23
2011	4.29	3.13
2012	3.89	3.1
2013	3.78	3.03
2014	3.26	2.75

资料来源：同图3-1。

于全面深化改革若干重大问题的决定》，深化农村综合改革，让农民通过"土地承包经营权抵押、转让，住房抵押、变现，农村土地与国有土地同权、同价"三大政策红利，大幅度增加农村财产性收入，云南省城乡发展不均衡的问题将有效缓解。

三、产业竞争力不显著

产业结构不合理，产业门类较为单一，发展方式相对粗放，创新能力有待增强，非公有制经济发展不足，企业效益下滑，许多产业处于产业分工低端，这些问题长期以来是云南经济发展的"软肋"。据统计，2015年全省以烟草制品和原材料为主的重化工产业在工业增加值中的比重占80%以上，以原材料、初级产品为主的重化工业则受制于国际市场，量价齐跌，转型压力较大。

（一）特色农业支撑体系不健全

依托适宜的气候条件、垂直分布的地形特征，云南成为全国植物种类最多的省份，不仅有热带、亚热带、温带、寒温带植物种类，而且还有许多古老的、衍生的、特有的以及从国外引种的植物，在全国近3万种高等植物中，云南就有1.7万种，占全国总数的一半还多，发展高原特色农业潜力巨大。改革开放以来，云南大力调整农业生产结构，发展多种经营，发展乡镇企业，使农业经济逐步由自然经济向商品经济转化，单一的粮食生产向农、林、牧、渔、工、商全面发展转化。从横向对比来看，云南省特色农业与农业发达地区的差距明显，体现在：水利设施对农业生产的支撑力度较弱，近年来的旱情给云南省农业生产带来巨大的经济损失；特色农产品深加工能力较弱，核桃、咖啡、野生菌、玛卡等特色农产品呈现增产不增收的现象；农产品流通渠道有待拓宽，应利用智慧物流、"互联网+销售"等模式促进云南特色农产品走出大山、占领市场。

（二）传统工业转型升级缓慢

改革开放以来，云南省大力发展以矿产资源采掘、利用为主的重化工业，壮大了卷烟及其配套产业、金属冶炼、能源开发等支柱产业，逐步形成了具有云南特色的工业体系，对做大经济规模、培育工业人才体系、提升产业创新能力、培育财源收入、稳定和扩大就业能力等发挥了重要作用。近年来，随着国内外经济环境的变化，云南面临经济发展环境和资源价格因素的新变化，工业经济规模增速逐步回落，经济运行下行压力不断增大，逐步显现出产业规模小、产业布局分散、企业主体能级弱、产业创新能力不足、核心竞争力不强、资源型产业产能过剩、生态环境保护压力大、节能降耗任务艰巨等深层次问题。扭转重工靠资源、轻工靠烟草的发展模式，实现传统产业向战略性新兴产业转型面临严峻挑战。一方面，面对大宗商品价格下跌、有效需求不足等外部因素，云铜、云锡、驰宏锌锗等有色金属支柱企业生产经营状况不佳，传统重化工业举步维艰；另一方面，新兴产业尚未形成规模优势，对全省工业经济的支撑作用有限。在经济发展新常态下，"畸轻畸重"的产业结构、轻工业过度依赖烟草、重工业过度依赖生产初级产品的原材料工业等自身原因，导致"船大难调头"，结构性调整难免"阵痛"。例如，从全省工业增加值构成来看，2014年烟草产业占34%，重化工产业占53%，生物医药、轻工业消费品等新兴产业仅占13%，数据直观地反映了云南省"畸轻畸重"的工业结构特征。

（三）旅游产业业态更新滞后

云南省独特的高原地形和气候特征，孕育出热带、亚热带的边疆风物和多彩

第三章　存在问题与开发利用方向

多姿的民族风情等旅游资源,已经建成一批以高原湖泊、高山峡谷、喀斯特洞穴、火山地热、原始森林、文物古迹、传统园林及少数民族风情等为特色的旅游景区。全省有国家级 A 级以上景区 134 个,其中,列为国家级风景名胜区的有昆明滇池、丽江玉龙雪山、腾冲地热火山、石林、大理、西双版纳、三江并流、瑞丽江—大盈江、宜良九乡、建水等 12 处,被列为国家级历史文化名城的有昆明、大理、丽江、建水、巍山 5 座,被列为国家历史文化名镇名村的有禄丰县黑井镇、会泽县娜姑镇白雾街村、剑川县沙溪镇、腾冲县和顺镇、云龙县诺邓镇诺邓村、石屏县郑营村、巍山县永建镇东莲花村、孟连县娜允镇 8 座。三江并流、石林被列入世界自然遗产名录,丽江古城被列入世界文化遗产名录。与国内外先进水平相比,云南旅游产业发展还存在很大差距,面临不少亟待解决的问题,主要体现在:一是发展方式粗放,总体效益不高。当前,云南以自然景观、民族风情等为主的观光型旅游格局尚未转变,文化挖掘、产品开发、品牌打造的深度不够,发展方式较为粗放。缺乏高水平、高层次规划和高端化运营管理,旅游新景区、新模式、新业态开发不足,难以适应现代旅游市场的需求。二是企业规模较小,整体实力较弱。目前,云南省旅游经营企业数量上万家,但实力强、影响力大、市场话语权高的大型旅游企业很少,基本上都是一些中小企业,管理、技术、资金等方面的实力不强,品牌影响力、市场竞争力弱,无法形成核心竞争力。三是监督管理不力,违法经营屡禁不止。近年来,云南省旅游经营机构和从业人员侵害旅游者合法权益、扰乱市场秩序的事件屡屡发生,如 2014 年西双版纳"10·20"事件、2017 年"丽江暴打女子事件"等,不仅严重损害了云南旅游业的整体形象,也直接反映出云南省旅游市场的监管不力。四是配套设施不完备,服务水平滞后。在硬件方面,旅游配套设施不完善,一些景区交通设施不够便利,通达条件较差;很多景点停车位和厕所等设施不足;酒店、娱乐等配套设施也不能满足游客的需要。在软件方面,全省旅游服务的标准化管理不健全,个性化和人性化服务不到位,直接影响游客的消费体验、满意度和回头率。从旅游人数来看,2014 年,全省接待海内外游客人次约为山东、江苏和四川的 1/2,重庆的 4/5;从旅游人均消费来看,赴滇国内外游客人均花费 895.16 元,比广东省少 353.84 元,比浙江省少 528.84 元,比四川省少 7.89 元。

四、对内对外合作不紧密

(一) 云南互联互通瓶颈仍然突出

云南独特的地理区位使云南成为辐射南亚、东南亚的新高地。北上连接"丝绸之路"经济带，南下可通过泛亚铁路连接太平洋、印度洋，与中国—中南半岛经济走廊和 21 世纪海上丝绸之路对接，向东可连接长江经济带，向西则与孟中印缅经济走廊相接。但是，基础设施不健全已经成为了云南省后续开放型经济发展的短板、资源开发的瓶颈及云南参与"一带一路"建设的重要挑战。一是由于云南地形复杂、地势险峻，铁路、公路与航空建设等方面的技术、资金问题靠云南省自身难以解决。二是为扩大对外开放，发展外向型经济，建设面向南亚、东南亚的辐射中心，云南省在沿边境地区的铁路、公路与航空建设方面还有很大的工程压力。三是以中心城市为依托，以铁路、公路为载体，以人流、物流、资金流、信息流为基础的建设是将云南建成面向南亚、东南亚辐射中心的关键。就资金而言，泛亚高铁的建设需要投入大量资金，这也不是我们一个国家所能承担的，需要沿途国家以及相关银行的支持。

(二) 区域间竞争加剧

从国际环境看，随着经济全球化和区域经济合作的迅速发展，合作共赢发展势不可当，同时，区域合作竞争亦日益激烈。云南在参与 GMS 国际合作中面临着与部分欧美国家和印度、日本等亚洲其他国家的激烈竞争，同时也面临着与国内其他省份的竞争。美国通过重返亚太战略，强化与东南亚、南亚国家之间的合作，目的在于：第一，阻止亚洲形成统一的贸易集团，维护美国在亚太地区的战略利益；第二，全面介入东亚区域一体化进程，确保其地缘政治、经济和安全利益；第三，贸易规则将对云南省参与中国—东盟自贸区、GMS 合作和中国—中南半岛经济走廊建设产生明显的竞争效应。

从国内环境看，云南与相关省、区、市相比，尚存在一定程度的发展差距，面临着全方位的竞争和不同程度的挤压。共建"一带一路"是一个开放合作平台，将充分发挥国内各地区的比较优势，实行更加积极主动的开放战略，加强东中西互动合作，全面提升开放型经济建设水平。在中国—东盟自由贸易区建设方面，广西凭借其临海又沿边的优势和重要战略地位，在对东南亚合作开放中占据天时地利，对云南省形成较大竞争。而在泛珠三角区域合作、长江经济带区域合作中,长江经济带地区的经济总量稳中求进,产业结构得到逐步优化,产业梯度平稳过渡,但是由于自然条件、区位、市场和政策等诸多因素的影响,局部地区在区域合作中竞争明显加剧。沿线的省份,特别是安徽、江西、四川、贵州和云南,由于产业结构相似,为了获得经济发展,必将竭尽所能,全力争取相关政策、项目和资金,省域间的竞争势必会更加激烈。

(三) 云南承接产业转移优势不显著

云南开放新格局和开放型经济发展离不开实体产业的支撑,特别是通过承接产业转移,加快实现产业集聚,提升自身产业竞争力。然而,云南省在承接产业转移和实现产业集聚方面存在较大的挑战,竞争明显加剧。产业转移的核心动因是企业追求效益最大化,实现成本替代和市场替代。近年来,云南承接国内外产业转移的规模增长很快,外来企业已经成为云南经济发展的重要推动力,但是云南省仍然存在突出的问题,如承接产业转移的要素基础薄弱、配套环境欠佳和已经承接的项目和企业的可持续性较弱等。长江经济带作为一个充满生命力和活力的经济体,最根本的是水和生态,充足的环境容量是长江经济带实现可持续发展的载体和基础。云南要融入长江经济带,必须调整产业结构,限制高能耗、低收益产业的发展;鼓励资源消耗相对较小、附加值相对较高、市场前景广阔、对环境污染小的项目的发展,这对云南省产业发展的方向和类型以及承接产业转移做出了一定的限制。同时,长江经济带产业同质化竞争严重,各地方政府不注重结合本地的资源禀赋、劳动力、资本、技术等生产要素,发展具有地方特色的优势产业,而是盲目发展短期内能够获得巨大收益的产业,结果导致重复投资、重复建设,产业结构趋同现象显著。产业同质化难以深入发展产业分工与协作,也不能形成良好的阶梯层次和产业链条,加剧了云南省承接产业转移的竞争力度。

(四) 云南周边地缘安全存在不确定性

云南夯实开放新格局和继续发展外向型经济离不开一个安全稳定的地缘环境。"一带一路"沿线国家主要分布在中亚、东南亚、南亚、西亚、中东欧、北非等地区,这些国家在法律体系、政治体制、民族宗教等方面存在较大差异,地缘环境和社会形势复杂,互信不足。从目前国际的整体形势来看,云南周边地缘安全环境异常复杂。首先,"一带一路"涉及东南亚、南亚等多个高风险地带,是大国角力的焦点区域。"一带一路"的推动促使大国在这些地区加强了博弈力度,从而导致东南亚、南亚地区的恐怖主义、极端主义势力及跨境犯罪等问题更加突出，加剧了云南周边地缘环境的变数，致使云南社会维稳压力增加。其次，"一带一路"倡议的实施虽然促进了国与国之间的交流与合作，但是，近年来一些"一带一路"沿线国家仍处于政治、经济转轨阶段，各种社会矛盾突出，这些国家的内部政局不稳，容易出现政策变化的政治违约风险、宗教与民族问题导致的战争和内乱风险、贸易往来中的商业欺诈风险等。最后，"一带一路"为云南从边疆地区转变为中国连接南亚、东南亚市场的贸易枢纽和中国西向对外开放的前沿提供了宝贵的机遇，促使云南成为东南亚的辐射中心，云南外向型经济快速发展，对外开放程度加速，各边境口岸得到进一步发展。口岸的发展必将加强云南与境外国家人员的联系，在对外开放发展外向型经济方面，"一带一路"建设将加大云南非传统安全的压力。

第二节　开发战略调整与方向

云南省资源优势、区位优势、开放优势明显。围绕习近平总书记深入云南考察时提出的"民族团结进步示范区，生态文明建设排头兵，面向南亚东南亚辐射中心"三大定位，根据主体功能区划，云南将在生态文明建设与绿色经济、主动服务和融入"一带一路"倡议、民族文化旅游等方面，整合优势，探索创新，闯出一条跨越式发展的云南之路。

一、主体功能区战略

通过对云南省土地资源、水资源、环境容量等指标的综合评价，全省土地空间具有以下特点：土地资源总体丰富，但可利用土地较少；水资源非常丰富，但时空分布不均；环境质量总体较好，但局部地区污染严重；生态类型多样，既重要又脆弱；自然灾害频发，灾害威胁较大；经济聚集程度高，但人口居住分散；交通建设加快，但瓶颈制约仍然突出。因此，应根据全省不同区域的资源环境承载能力、现有开发密度和未来发展潜力，划分主体功能区，逐步形成人口、经济、资源环境相协调的空间开发格局。

(一) 重点开发区域

云南省国家层面重点开发区域位于滇中地区，分布在昆明、玉溪、曲靖和楚雄4个州市的27个县市区和12个乡镇。其功能定位是我国面向西南开放重要桥头堡建设的核心区，全国重要的烟草、旅游、文化、能源和商贸物流基地。重点进行滇中产业聚集区的规划建设，建设昆明、曲靖、玉溪、楚雄4个中心城市，将以县城为重点的城市和小城镇打造为经济圈城市化、工业化发展的重要支撑，以主要快速交通为纽带，打造1小时经济圈。

(二) 限制开发区域

限制开发区域划定的目的非常明确，就是保障农产品供给和生态安全的重点区域。因此，限制开发区域包含农产品主产区和重点生态功能区两类。农产品主产区按行政区统计面积为15.9万平方千米，占全省土地面积的40.3%，包含石林县（不包含鹿阜街道）、会泽县、姚安县、弥勒市等49个县市。农产品开发区的开发原则是要打破行政区划，推进优势农产品向优势产区集中，加大对粮食生产的扶持力度，促进无公害蔬菜、高档花卉等高原特色农业发展，合理确定适宜渔业养殖的水域、滩涂等。

(三) 重点生态功能区

包含玉龙县、文山市、广南县、香格里拉县、阿子营镇等38个县市区和25个乡镇。重点生态功能区关系全省乃至全国更大范围的生态安全，更不适宜进行大规模、高强度的工业化和城镇化开发，需要因地制宜地发展不影响主体功能定位的产业，引导超载人口逐步有序转移。在重点生态功能区将实行更加严格的产业准入环境标准，严把项目准入关。在条件适宜的地区，积极推广太阳能、生物质能等清洁可再生能源利用。

(四) 禁止开发区域

禁止开发区域则是保护自然文化遗产的重要区域，总面积为7.68万平方千米，占云南省总面积的19.5%，呈斑块状或点状镶嵌在重点开发区域和限制开发区域中。根据相关规定，对云南省各类自然文化保护区域实行保护，控制人为因素对自然生态的干扰，严禁不符合主体功能定位的开发活动。

二、沿边地区开发开放

对外开放是我国的基本国策，云南的优势在区位、出路在开放。云南省陆地边境与越南、老挝、缅甸3个国家接壤，与泰国和柬埔寨通过澜沧江—湄公河相连，与孟加拉国、印度等南亚国家邻近。沿边8个州、市土地面积合计20.2万平方千米，总人口1882.9万人，分别占全省的51.4%和39.9%。依据《国务院关于支持沿边重点地区开发开放若干政策措施的意见》（国发〔2015〕72号），云南省制定并推进保山、红河、文山、普洱、西双版纳、德宏、怒江、临沧8个沿边州、市沿边地区对外开放战略。坚持创新、协调、绿色、开放、共享的发展理念，加快建设面向南亚东南亚辐射中心，以跨境经济合作区、重点开发开放试验区、边境经济合作区等开发开放平台为载体，以互联互通的设施网络建设为基础，以率先发展跨境旅游、跨境物流、跨境电商和跨境金融为抓手，积极探索沿边地区开发开放新模式、新经验、新体制；按照对缅、对老、对越开放3个战略方向，依托滇中城市群，推动滇中与沿边地区优势互补、资源共享、产业对接，逐步形成以滇中城市群为核心，以昆保芒瑞、昆磨、昆河3条大通道为主线，以滇缅、滇老、滇越3个国际经济合作圈为支撑的"一核三线三圈"沿边地区开发开放空间新格局；务实推动沿边地区经济社会协调发展，改善民生及保护生态环境，深化与周边国家的睦邻友好合作，以开放带动开发、以开发促进开放，形成沿边开放新高地和全方位开放新格局。

三、面向南亚、东南亚辐射中心战略

在"一带一路"倡议中，努力成为面向南亚、东南亚辐射中心定义了云南未来发展的新坐标，在国家整体对外开放，促进安全、能源、交通等战略合作的格局中，云南省从对外开放的后方转变为前沿，凸显出云南省在我国对外开放战略中不可取代的地位与作用。应围绕建设我国面向南亚、东南亚辐射中心，把扩大对外开放摆在更加突出的位置，充分发挥云南与南亚、东南亚双向开放重要门户的作用，提升服务内陆省（区、市）、走向南亚东南亚的能力和水平，开创对内对外开放新局面，构建我国对外开放新高地。

（一）长江经济带—中南半岛经济走廊

中国—中南半岛国际经济走廊是《推动共建丝绸之路和21世纪海上丝绸之路的愿景与行动》中提出的中国与"一带一路"沿线国家规划建设的六大经济走廊之一。长江经济带—中南半岛经济走廊以昆明为起点，以新加坡为终点，纵贯中南半岛的越南、老挝、柬埔寨、泰国、马来西亚等国家，是中国连接中南半岛的

大陆桥，也是中国与东盟合作的陆路跨国经济走廊。应围绕长江经济带—中南半岛经济走廊产业协作、市场开拓与经贸互动的功能，发挥物流桥梁、沟通纽带和产业平台的作用。

（二）长江经济带—孟中印缅经济走廊

作为中国长江经济新支撑带开发开放的"两头"之一，云南是连接长江经济带和缅甸、孟加拉国、印度的陆路通道，是中国建设孟中印缅经济走廊的前沿，对内需进行产业承接，对外需进行开放搞活。因此，构建综合交通体系、进行产业协作与转型升级、拓展陆路对外开放，将是云南今后一段时间内的主要使命。

（三）面向南亚、东南亚外向型产业先行区

将云南省与邻国总长4060千米的边界线定位为跨境经济合作的前沿，建设中缅经济合作带（1997千米）、中老经济合作带（710千米）和中越经济合作带（1353千米）；将16个国家一类口岸开辟为国家级或省级跨境经济合作区；优化沿边州市分工协作机制，构建保—腾—芒—瑞、普—景—勐（海）—勐（腊）、蒙自—河口—文山—马关三大外向型经济增长极。从口岸沿边自贸区、跨境产业合作园区和外向型产业增长极三个梯度，出口组装加工、进口保税加工和跨境商贸旅游三个产业维度，构建面向南亚、东南亚外向型产业先行区。

四、滇中产业新区战略

云南滇中新区位于昆明市主城区东西两侧，是滇中产业聚集区的核心区域，初期规划范围包括安宁市、嵩明县和官渡区部分区域，面积约482平方千米，区位条件优越、科技创新实力较强、产业发展优势明显、区域综合承载能力较强、对外开放合作基础良好。《国务院关于同意设立云南滇中新区的批复》（国函〔2015〕141号）同意设立国家级新区——云南滇中新区，打造我国面向南亚、东南亚辐射中心的重要支点，云南桥头堡建设重要经济增长极，西部地区新型城镇化综合试验区和改革创新先行区。

从新区发展优势看，区位条件优越，是内联外通的重要枢纽；科教创新实力强，具备较好的科技创新环境和区域创新体系；产业发展条件优越，新区拥有国家级嵩明杨林经济技术开发区、昆明综合保税区、昆明空港经济区、安宁工业园区等多个国家级、省级重点园区；区域综合承载能力高，是昆明中心城区空间拓展的主要区域；对外开放合作基础良好，在"一带一路"倡议推进中的作用日益

凸显。

新区建设重点领域主要包括以下六个方面：一是以人的城镇化为核心，强化产业与城市的融合发展，探索创新智慧城市建设，全面提升城市规划、建设、管理水平，推进新型城镇化进程。二是统筹规划和科学引导产业布局，突出创新驱动产业发展，促进产业集聚发展，加快培育形成特色优势明显的现代服务业、石油炼化产业、汽车及现代装备制造产业、临空产业、新材料产业、生物医药产业、电子信息产业等产业体系。三是加快完善内联外通、安全便捷的综合交通运输网，加强新区发展的能源、水利、信息网络等基础设施建设，提升区域基础设施建设水平。四是围绕生态文明建设，优化国土空间开发秩序，严守生态保护红线，构筑高原河湖湿地水网与山地生态绿网，加快建立系统完整的生态文明制度体系。五是提升开放层次，创新开放模式，拓宽开放领域，加强同南亚、东南亚及印度洋周边地区的商贸合作与人文交流，努力打造面向南亚、东南亚辐射中心的产业集聚平台、开放合作平台和创新创业平台。六是围绕改善和保障民生任务，按照城乡统筹、协调发展的原则，同步推进滇中新区新型工业化、城镇化、信息化、农业现代化进程。

参考文献

[1] 陆张维，徐丽华，吴次芳等. 西部大开发战略对于中国区域均衡发展的绩效评价 [J]. 自然资源学报，2013，28（3）：361-371.

[2] 虞孝感，王磊，杨清可等. 长江经济带战略的背景及创新发展的地理学解读 [J]. 地理科学进展，2015，34（11）：1368-1376.

[3] 樊杰，王亚飞，陈东等. 长江经济带国土空间开发结构解析 [J]. 地理科学进展，2015，34（11）：1336-1344.

[4] 邹辉，段学军. 长江经济带研究文献分析 [J]. 长江流域资源与环境，2015，24（10）：1672-1682.

[5] 陈利君. 建设孟中印缅经济走廊的前景与对策 [J]. 云南社会科学，2014（1）：1-6.

[6] 曹洪华，王荣成，张广斌. 城镇上山的驱动机制与政策效应评价体系研究 [J]. 云南师范大学学报（哲学社会科学版），2014，46（4）：54-60.

[7] 卢光盛，邓涵. 经济走廊的理论溯源及其对孟中印缅经济走廊建设的启示 [J]. 南亚研究，2015（2）：1-14.

[8] 吴启焰，陈浩. 云南城市经济影响区空间组织演变规律 [J]. 地理学报，2007，62

（12）：1244-1252.

［9］邓莹.产业发展与区域城镇空间结构响应关系研究——以云南省为例［D］.重庆大学硕士学位论文，2016.

［10］樊杰.主体功能区战略与优化国土空间开发格局［J］.中国科学院院刊，2013（2）：193-206.

［11］国家发展和改革委宏观经济研究院国土地区研究所课题组，高国力.我国主体功能区划分及其分类政策初步研究［J］.宏观经济研究，2007（4）：3-10.

第二篇

产业与经济

第四章 经济概况

作为人类文明的发祥地之一，古老智慧的中国祖先很早就在云南这块远离中原的大地上生息、繁衍和劳作，在西南边陲之地开拓出包括蜀身毒道、茶马古道在内的"南方丝绸之路"这一联通南亚、东南亚的经济文化交流走廊。在抗战时期，云南利用其特殊的战略位置及中缅、中印通道再度创造了新奇迹，为保存与发展近现代工业、抗击日本帝国主义乃至存续国祚做出了历史性贡献。但由于多种原因，云南现代化进程长期处于缓慢发展的境地，总体上滞后于全国现代化、工业化步伐。

第一节　开发历史与阶段

云南发展史可粗略分为经济开发早期、前工业化时期和现代工业化时期三个发展阶段。改革开放以来，云南开始步入产业现代化的新时期，现代农业、新型工业和现代服务业蓬勃发展，开放型经济处在加快形成过程中。

一、经济开发历史概貌

（一）经济开发早期

元谋人化石和云南各地发现的各个时期的遗址均表明，在遥远的旧石器时代早期，已有原始人群在云南活动与生活。新石器时代，在滇池、洱海地区以及昭通、元谋等地居住的人们，除从事原始农业、渔猎和采集等劳动外，已从事豢养猪、狗、羊等家畜的畜牧业以及纺织、制陶和制造装饰品的手工业。战国时期，云南开发较早的一些坝区已经能够开采冶炼和使用青铜器具，社会生产力有了进一步的发展。

从秦汉直至唐代南诏晚期，云南处于奴隶主统治的历史阶段。南诏盛行种族奴隶制，统治者将被征服地区的各族群众进行大规模的迁徙并"配隶"为奴隶。在大量使用奴隶劳动的情况下，随着炼金业的发展与劳动生产工具及技术的改进，生产力有了显著提高。在滇东北、滇中和滇西等主要坝区，农业和畜牧业已较发达。手工业方面，随着大量内地人口迁移入滇，带来了先进的生产技术，使得纺织及其他手工业品的生产技术得到很大提高。商业随之兴起，商品经济得到了较大发展，不仅与四川、广西、西藏等地有贸易关系，还与东南亚、波斯的一些地方有贸易往来。

南诏晚期，奴隶制已衰落，社会经济逐步向封建领主经济转化。从10世纪中叶大理政权的建立至元明清时期，农业上大规模实施屯田制，发展与推广内地的先进生产经验、耕作技术和优良品种，兴修水利工程，大大提高了云南的农业劳动生产力，使云南的农业生产技术基本上达到了内地的水平。云南矿冶业在明代有了显著的发展，到清代初期达到鼎盛。由于农业、手工业特别是矿冶业的发展，明清时云南的商业也有很大发展，有更多的商业城市兴起，已出现资本主义萌芽。

(二) 前工业化时期

鸦片战争以后，云南的社会经济和全国其他地区一样，一步一步地走向半殖民地半封建化，广大农村日益凋敝，民族资本的发展受到扼制，官僚资本畸形膨胀，长期处于落后状态。

农业和手工业方面，自给自足的自然经济开始瓦解，土地兼并严重，广大农民无力改善耕作条件，民族地区缺乏生产资金与先进技术，因而日趋贫困化。

云南的近代工业发轫于洋务运动中期于1884年开办的云南机器局，到辛亥革命前，又创办了造币厂、陆军制革厂、官印局、耀龙电灯公司等数十个生产制造厂家，民族资本缓慢起步。抗日战争时期，官僚资本、内地一些民族资本与工厂企业大举向西南迁移，在昆明地区开办了中央机器厂、中央电工厂、"53"兵工厂、昆湖电厂等一批重要企业，并以合资的形式与云南地方的财团合办了锡业公司、裕滇纺织厂、电气制钢厂、滇北矿务局、宣明煤矿公司等十几个骨干企业。云南民族资本家也开办了一批中小企业。历史资料显示，1942年，云南工厂已达106家，工人有18000多人。自此，云南，尤其是昆明地区几近成为西南工业与金融业中心之一。但是，这种在特殊历史条件下造成的短暂"繁荣"未能持久发展，随着抗战胜利后大量资本与工厂的东迁，云南原本就薄弱的工业基础被极大地削弱。

（三）现代工业化时期

中华人民共和国成立后，云南省作为全国重要的有色金属工业生产基地，获得了国家的大力支持，加上中华人民共和国成立后全国性产业均衡布局及之后"三线建设"的需要，云南省的工业面貌发生了重大变化，基本建立起地区工业体系。1950~1984年，累计工业投资达134.99亿元，新增工业固定资产178.92亿元，相当于中华人民共和国成立前累计工业固定资产的50倍。这一时期，云南工业化有了明显的补偿性发展，但是远落后于全国水平。在社会总产值上，云南工业产值占社会总产值的比重从1952年的22.7%上升为1984年的46%，但与全国水平相比低8.2个百分点。从工农业总产值来看，工业产值占工农业总产值的比重从16.7%上升到56%，但还低于全国工业产值占工农业总产值65.2%的比重。在国民收入方面，工业净产值占国民收入的比重从11.9%上升到33.8%，比全国水平低8.4个百分点。

改革开放以来，云南开始了现代工业化建设以实现新时期的跨越。历经30多年的加快发展，云南省现代化工业体系初步建立，新型工业经济在国民经济中的比重与地位进一步提高。突出表现在：一是现代工业在省域经济社会发展中的主导作用得到巩固。2013年，全部工业实现增加值3450.72亿元，比1978年增长166倍，年均增长16.4%；非农产业产值达到9971.57亿元，非农产业比重从1978年的57.33%提高到84.3%；非农就业比重也有较大提高，其比重从1978年的13.59%提高至43.3%。二是产业结构进一步调整优化，支柱产业不断壮大。21世纪以来，全省产业结构更加合理，一二三产业比从1978年的42∶39∶19发展到1990年的37∶35∶28，进而调整到2000年的21∶42∶37，直至2015年的15∶40∶45。包括烟草制品业、以水电火电为主的电力能源产业、冶金工业、化学原料及化学制品制造业、旅游业在内的五大产业，已经成为云南省域经济的支柱产业，彻底改变了过去过于倚重烟草生产而导致的支柱产业单一的局面。三是规模以上企业及骨干企业在经济社会发展中的作用越来越突出。如2012年，全省规模工业产值前10的行业总产值比重达84.67%。大中型工业企业占规模以上工业总产值的比重为72.94%，占全部工业总产值的比重为57.8%，已经成为工业发展的骨干力量；大中型企业的从业人数占规模以上工业企业从业人数的比重为71.92%。

二、产业现代化进程

(一) 农业现代化进程

农业现代化是指传统农业向现代农业转变的过程。传统农业以单个家庭为生产单位，以人力和畜力为主要生产动力，以农牧结合为主要形式，以动植物和非生物的统一为主要特征。农业现代化进程可从两方面进行评价：一是由传统农业生产方式向现代农业生产方式的转变；二是第一产业内部结构的协调发展。从第一产业发展的趋势看，农业产值具有经济作物比重逐渐提高并向畜牧业转移的特征。[①]

1. 传统农业逐步向现代农业转移

改革开放以来，云南省农业现代化进程有了一定进展，但发展速度比较缓慢。

表4-1中显示，农业生产中化肥使用量逐渐增多，农业机械化水平不断上升，表明改革开放30多年来，云南省加大了设施农业的推进力度，传统农业的现代化步伐加快。不过，如果与我国东部发达省份相比，云南省农业现代化水平还存在较大差距，尚停留在农业产业化低层次发展阶段。总体来看，虽然云南全省的有效灌溉面积逐年持续增加，但受高原山地地形的影响，地形起伏比较大，坝子少、土地规模小、土地分散，这些客观因素使得全省农业机械化发展受到极大的地理约束。当然，更重要的原因是，云南省农业开发历史比较晚，长期以传统落后生产方式为主，同时相对滞后的工业生产不仅不能提供足够的反哺农业发展的资金支持，相反还需要通过工业品与农产品在价格上的"剪刀差"，以及确保工业优先发展的产业发展政策上的"剪刀差"，从原本就薄弱的农业部门抽取资金支持城市工业的发展，从而导致现代农业发展能力严重不足。

---

① 豆鹏.云南产业结构的演进路径透析 [D].云南财经大学硕士学位论文，2011.

表 4-1　1980~2014 年云南省农业现代化进程

	1980 年	1988 年	1993 年	1998 年	2003 年	2008 年	2014 年
农作物种植总面积（千公顷）	4007	4226	4770	5225	5756	6506	7142
农用机械总动力（万千瓦）	322	579	787	1177	1542	2014	3215
农用化肥施用量（万吨）	27.3	45.1	79.5	105.2	129.2	167.7	227.0
每亩用化肥量（千克）	4.5	7.1	11.1	13.4	15.0	18.5	19.4
有效灌溉面积（千公顷）	913.3	989.3	1130	1349	1457	1537	1709
机电灌溉占比（%）	12.6	13.7	16.5	15.8	13.6	12.0	14.0

资料来源：《云南统计年鉴》。

新时期特别是"十二五"以来，随着云南省工业化加快发展，以及国家出台工业反哺农业政策，云南省农业发展进入了历史新阶段。从投入来看，2014年云南地方公共财政预算支出在农林水事务上投入了594亿元，是2000年财政农业支出的14倍，1990年财政农业支出的45倍。从就业人口来看，2014年农业就业人口为1591万人，占比为53.7%，比2000年降低了20.2个百分点，比1990年降低了26.3个百分点。

2. 第一产业内部结构日趋合理协调

所谓第一产业内部结构合理协调，是指农业、林业、畜牧业、渔业之间的结构合理与协调问题，以及农业内部结构的相对合理与协调。农业内部结构走向合理与协调有一个发展过程，即根据市场需求，利用特定的政策导向与投入导向，使得粮食作物和经济作物的种植比重更趋于合理化。第一产业高级化的趋势是农业向畜牧业转变，农业结构由粮食生产为主转向粮食作物、经济作物和其他作物协调发展。云南第一产业内部农业、林业、畜牧业、渔业所占比例变化趋势如图4-1所示。

图4-1显示，农业所占比重总体趋势为逐步降低，而林业与畜牧业所占比重不断上升。农业占比由1978年的75.8%下降到2003年的56.6%，继而下降到2014年的55.4，下降了20.4个百分点。在第一产业中，农业占比超过一半，仍是第一大比重的产业；而占比第二大的畜牧业，其变化趋势则是总体上升，已从

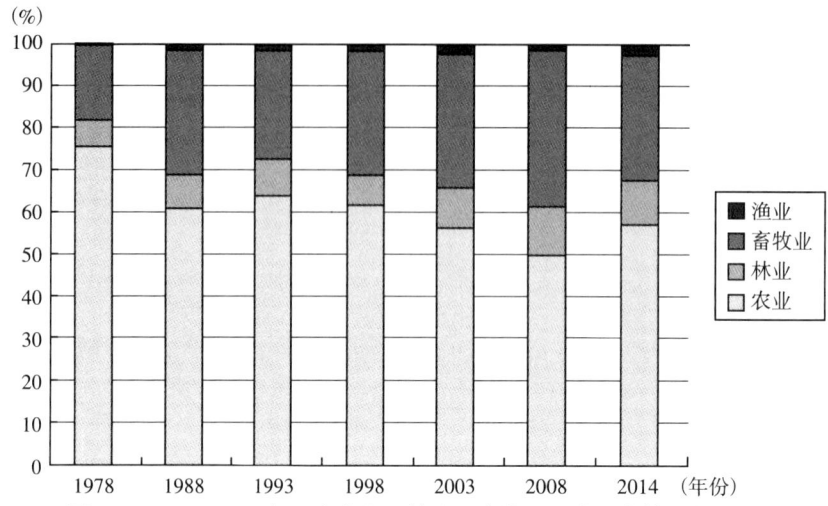

图 4-1 1978~2014 年云南农业、林业、畜牧业、渔业占第一产业比重
资料来源：历年《云南统计年鉴》。

1978 年的 17.8%增长到 2003 年的 31.7%，2014 年调整为 29%，增加了将近 13 个百分点；林业和渔业都有所增加，不过所占份额较小，比重增加幅度不大。由此可见，第一产业中农业逐渐向畜牧业转变，结构逐渐趋向合理化和高级化，但农业仍占过大的比重，与农业现代化的目标仍有相当大的差距。

就云南省的种植业来看，可从粮食作物和经济作物两个大类作物种植面积比重的变动趋势，考察全省省域农业内部结构的变动过程及特征。1978~2014 年云南粮食作物与经济作物的种植面积比重如表 4-2 所示。

表 4-2 1978~2014 年云南粮食作物与经济作物的比例构成

单位：%

占种植面积的比重	1978 年	1988 年	1993 年	1998 年	2003 年	2008 年	2014 年
粮食作物	88.9	80.9	73.9	74.4	70.7	67.6	62.2
经济作物	11.1	19.1	26.1	25.6	29.3	32.4	37.8

资料来源：历年《云南统计年鉴》。

由表 4-2 可知，云南省粮食作物所占比重总体上呈现持续下降的态势，已经从 1978 年的 88.9%下降至 2008 年的 67.6%，直至 2014 年的 62.2%，下降了约 27 个百分点。相对应地，经济作物种植面积的比重表现出平稳上升的趋势，从 1978 年的 11.1%增加到 2008 年的 32.4%，直至 2014 年的 37.8%，提高了约 27 个百分点。这说明，云南省农业结构开始朝更加合理，也更加高级化的方向演进，现代商品农业初具规模。不过，需要指出的是，迄今为止云南省粮食生产仍然在农业生产中占据明显的优势地位，表明现阶段粮食生产还是第一位的，今后较长一段时间内需要在稳定粮食生产产量的基础上，根据市场需求扩大经济作物的比重与种类，进一步协调与完善农业种植的内部结构，使其更加合理化。

（二）工业现代化进程

工业现代化评价的标准不一。在此主要以第二产业对国民经济的贡献、工业内部各行业的结构比例以及轻重工业所占比重的变化趋势做简要分析。

1. 第二产业成为省域经济的主驱动力

配第—克拉克定理是现代产业结构分析中最为常用的解释理论。配第—克拉克定理认为，随着经济的发展，某国或者区域的产业结构一般表现出这样一种趋势特征，即第一产业国民收入及其就业人口的相对比重逐渐下降，第二产业国民收入及其就业人口的相对比重上升，而到工业中后期，第三产业国民收入及其就业人口的相对比重开始上升并占据优势地位。换而言之，在现代化进程中，一二三产业的结构模式一般会从工业化初期到中期及至中后期先后呈现出从"一二三"向"二三一"、"三二一"演进的规律：在工业化初期，第一产业占据绝对优势；工业化中期，第二产业则占据主导地位；到工业化后期，第三产业会吸引更多就业人口，并在产值上占优势。

利用云南省历年统计数据，计算出三次产业在地区生产总值中的比重，即可判断云南省工业现代化总体水平及其发展阶段。改革开放以来，云南省历年三次产业产值的占比如图4-2所示。

由图4-2可知，在20世纪90年代以前，全省三次产业结构基本为"一二三"结构模式，为工业化初期所具备的典型特征。1995年前后，云南省产业结构出现了较大变化，工业开始发展成为第一大产业，工业总产值的比重超过40%，成为全省经济社会加快发展的有力支撑。直至2010年，云南省的产业结构基本属于"二三一"结构模式，这与工业化中期的结构特征类似。同时期，全国2011年第一、第二、第三次产业结构的比例为10.1∶46.8∶43.1，与东亚、东南亚国家的产业结构相似，也与欧美发达国家20世纪70年代末期的结构水平基本相当，总体上属于工业化的中级发展阶段向高级发展阶段过渡的时期。不过，结合云南省就业人口来看，全省2010年农业就业人口的比重高达60.4%，可见非农就业与工业化之间的步伐并不一致，意味着云南经济社会发展质量离工

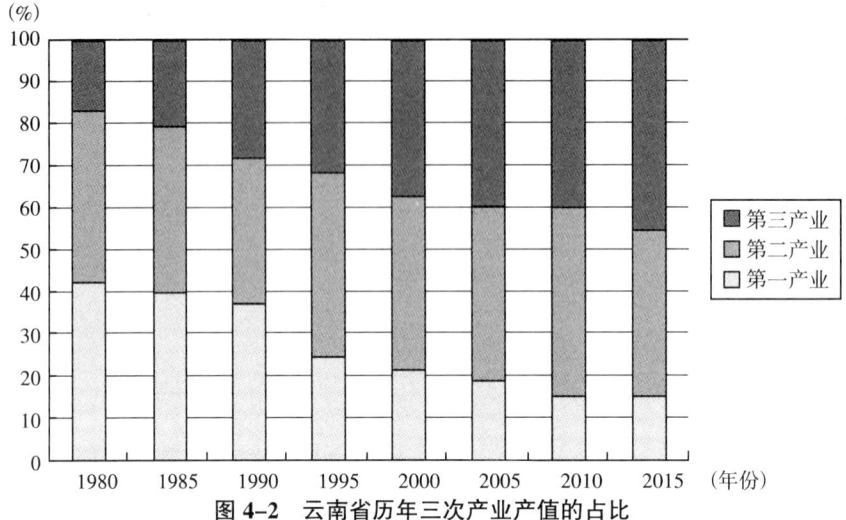

图 4-2 云南省历年三次产业产值的占比

资料来源：历年《云南统计年鉴》。

业化中期阶段尚有一定差距。到 2014 年，云南省三次产业产值占比已经演变为"三二一"模式，在形式上已经具备了工业化中期或者中后期的某些特征，但是考虑到第一产业的就业人口仍然高达 53.7%，人口非农就业与转移就业的压力极大，这种情况之下的产业结构高级化显然是由于区域生产要素禀赋的某种特殊性导致结构上的偏差，并非真正进入工业化中期阶段。

2. 第二产业内部结构日趋合理化

由 1978 年第一产业对 GDP 贡献最大的状态，发展到 2008 年第二产业占 GDP 的份额最重，至 2014 年第三产业所占比重最大，表明云南省的非农产业已经有显著发展，并开始占据国民经济的主导地位，为实现其新时期的跨越式发展奠定了良好基础。与此同时，第二产业内各行业得到不同程度的发展，其比例及结构组合关系也相应地有了新变化。根据云南省历年统计资料，计算出第二产业主要行业的产值比重，借以考察全省第二产业内部结构的演变态势及现代化水平，计算结果如表 4-3 所示。

表 4-3 历年来云南第二产业内主要行业的产值比重演变

单位：%

年份	1985	1988	1993	1998	2003	2007	2012
煤炭开采和洗选业	2.89	1.51	1.47	1.21	1.22	1.88	7.21
黑色金属矿采选业	0.23	0.22	0.38	0.22	0.22	1.09	1.99

续表

年份	1985	1988	1993	1998	2003	2007	2012
有色金属矿采选业	2.6	2.58	2.65	1.43	1.43	3.12	3.24
农副食品加工制造业	9.54	8.34	6.24	5.96	4.81	3.78	3.64
饮料制造业	2.56	1.5	1.08	1.04	0.96	1.56	1.74
烟草制造业	18.13	23.6	30.9	37.4	32.6	17.4	31.65
纺织业	4.96	3.82	2.01	0.7	0.29	0.23	0.15
纺织服装、鞋、帽制造业	2.01	0.96	0.51	0.1	0.07	0.04	0.05
造纸及纸制品业	1.28	1.37	1.19	1.62	1.36	0.87	0.69
印刷业、记录媒介的复制	1.23	1.26	1.54	2.54	2.06	1.03	0.78
化学原料及化学制品制造业	7.86	8.22	6.09	8.35	9.14	8.39	6.55
医药制造业	1.04	1.18	1.07	1.84	2.41	1.84	2.40
橡胶制造业	1.78	1.31	0.89	0.72	0.11	0.06	0.80
非金属矿物制品业	3.96	3.67	4.89	4.66	3.38	2.65	3.20
黑色金属冶炼及压延加工业	3.89	4.28	8.07	5.69	7.49	10.8	5.14
有色金属冶炼及压延加工业	8.38	9.96	7.43	6.83	10.2	23.2	10.87
金属制品业	2.34	2.34	1.56	0.73	0.44	0.42	0.63
通用设备制造业	1.4	1.6	2.11	1.23	0.65	1.11	0.63
专用设备制造业	0.43	0.22	2.77	1.37	1.81	0.87	0.59
交通运输设备制造业	2.53	2.23	4.37	1.58	2.48	1.86	0.59
电气机械及器材制造业	2.53	2.35	2.1	1.42	1.18	1.26	0.31
通信设备、计算机及电子设备制造业	1.14	1.26	0.76	0.6	0.3	0.27	0.50
电力、热力的生产与供应	4.49	3.27	3.97	6.63	11.7	11.1	10.78

资料来源：根据《云南统计年鉴》（1986~2013年）相关数据计算得到。

由表4-3可知，所占比重逐渐增加的行业有医药制造业，黑色金属冶炼及压延加工业，有色金属冶炼及压延加工业，电力、热力的生产与供应等。其中，有色金属冶炼及压延加工业的比重从1985年的8.38%增加到2012年的10.87%，上升了2.49个百分点，黑色金属冶炼及压延加工业上升了1.25个百分点，电力、热力的生产与供应上升了6.29个百分点，医药制造业上升了1.36个百分点。而所占比重总体上属于递减的行业主要是：农副食品加工制造业，纺织业，纺织服装、鞋、帽制造业，橡胶制造业，金属制品业，电气机械及器材制造业。其中，农副食品加工制造业从 1985 年到 2012 年降低了 5.9 个百分点，纺织业降低了 4.81 个百分点，纺织服装、鞋、帽制造业减少了近 2 个百分点，金属制品业减少了 1.71 个百分点，橡胶制造业减少了约 1 个百分点，电气机械及器材制造业减少了 2.22 个百分点。

不难发现，云南省第二产业内的行业发展总体趋势是由劳动密集型行业（如农副食品加工制造业、纺织业、纺织服装、鞋、帽制造业等）为主，逐步向资本密集型行业转变，资本密集型产业逐渐凸显优势。

3. 轻重工业结构的演变特征

按照轻重工业划分，利用云南省历年统计年鉴数据，计算出 30 多年来轻工业与重工业之间的数量关系，借以考察轻重工业的结构演变特征规律。计算结果如图 4-3 所示。

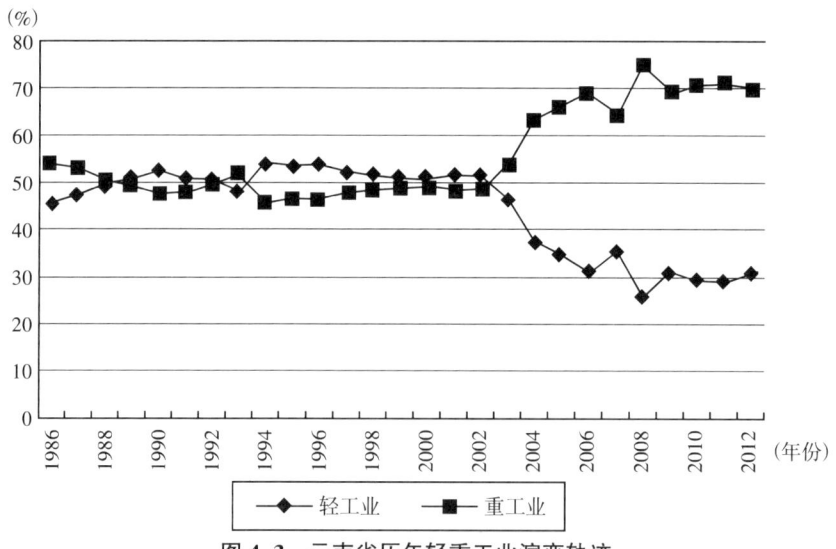

图 4-3 云南省历年轻重工业演变轨迹

资料来源：历年《云南统计年鉴》。

由图 4-3 可知，1986~2012 年，云南省轻工业的发展大致经历了一个先升后降的过程。1986~1994 年，基本属于上升通道中，轻工业所占比重从 46.1%增加到 54.3%，之后大约 10 年间保持在 50%上下的水平。这主要是因为，改革开放以来，乡镇企业及个体私营企业得到快速发展，这些企业大多是以生活消费品、手工艺品生产及粗加工为主的生产部门。2001 年以来，资金缺乏、技术薄弱、产品单一的乡镇企业，在市场竞争中受到极大冲击。与此同时，以资金技术密集型为突出特点的重工业得到了更多资金、政策方面的支持,其发展越加强劲。二者的叠加效应导致云南省轻工业发展速度减缓,产值比重被挤压,2011年下降至29%的历史新低。

(三) 现代第三产业的发展

现代第三产业可分为流通部门与服务部门两大部门,还可进一步分为四大部门:第一大部门是流通部门,主要包括交通运输、仓储及邮电通信业,批发和零售贸易、餐饮业等服务行业;第二大部门是为生产与生活服务的部门,主要包括金融业、保险业、地质勘查业、水利管理业、房地产业、社会服务业、交通运输辅助业、综合技术服务业,以及农林牧渔服务业等;第三大部门是致力于提高科学文化水平和居民素质的部门,涵盖了教育、文化艺术及广播电影电视业,卫生、体育和社会福利业,科学研究业等行业;第四大部门是为社会公共需要服务的部门,一般由国家机关、政党机关、社会团体以及军队、警察等行业部门组成。

为方便考察第三产业内行业间的相互关系及其演进,可将第三产业粗略划分为交通运输、邮电通信业,批发、零售贸易及餐饮业,金融保险业,房地产业及其他服务业等门类,利用统计数据进行量化分析。云南省第三产业内部结构演变特征如图4-4所示。

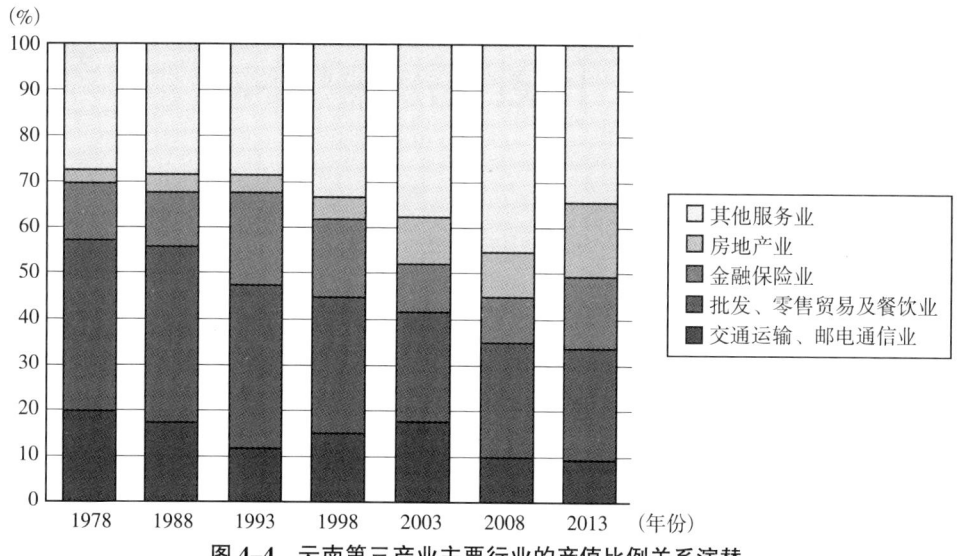

图4-4 云南第三产业主要行业的产值比例关系演替

资料来源:历年《云南统计年鉴》。

由图 4-4 可知：①批发、零售贸易及餐饮业所占比重处于 24%~39%，基本占据第三产业的 1/3，最高值为 1988 年的 38.7%，最低值为 2003 年的 24.2%。其总体发展趋势表明，虽然批发、零售贸易及餐饮业长期以来在第三产业中占据着重要位置，但其比重呈现出波动中的下降趋势，不过下降的幅度并不是很大。②交通运输、邮电通信业所占比重从 1978 年的 19.5%下降到 2013 年的 9.2%左右，降低了 10.3 个百分点。③金融保险业所占比重呈波浪形振荡前行的态势，变化幅度不大，大致保持在 13%左右。④房地产业上升较快，所占比重从 1978 年的 2.8%逐年增长到 2013 年的 16.2%，增幅超过 13 个百分点。⑤包括社会服务业，地质勘查业，交通运输辅助业，农林牧渔服务业，水利管理业，综合技术服务业，教育、文化艺术及广播电影电视业，卫生、体育和社会福利业，及科学研究业在内的其他服务行业发展较快，所占比重从 1978 年的 27.6%逐年增长到 2008 年的 34.4%，提高了将近 7 个百分点。它们对经济社会的发展与人们生活福利水平的提高贡献极大，但是应该看到，与发达国家及我国东部发达地区相比，其所占份额依然有一定差距，而且还存在传统服务业比重过大、现代服务业严重不足的问题。换而言之，云南省的第三产业还处在比较低的层次结构水平，与发达国家和地区相比，第三产业缺乏竞争力。

第二节　国民经济发展与特征

随着 21 世纪西部大开发国家战略的实施，云南省确定了"跨越式发展"的新目标，致力于建设绿色经济强省，民族文化大省和连接东南亚、南亚的国际大通道。云南省坚持以发展为主题，结构调整为主线，改革开放和科技进步为动力，提高人民生活水平为根本出发点，全面推进经济社会进步与全省综合实力提升。通过三个"五年规划"，基本建成烟草生产加工业、生物制药产业、旅游业、矿产化工业、以水电为主的电力产业等支柱产业，加快构建全面、均衡、开放、绿色的现代产业体系。

第四章 经济概况

一、国民经济发展现状

（一）总量水平发展

2005年以来，云南省实现了改革开放以来经济增速达到11.8%的大好局面，全省经济建设在生产总值、人均生产总值、工业增加值、财政总收入、地方财政一般预算收入、社会商品零售总额、外贸进出口总额、全社会固定资产投资总额等关键经济社会发展指标上，完成或基本完成经济翻番"奔小康"的既定目标，为进一步实现2020年建成全面小康夯实了基础。

"十二五"期间，在全国"三期叠加"的经济新常态背景下，云南省紧紧围绕实现"发展新跨越"这一目标，出台了一系列"稳增长"政策措施，使云南省在全国经济下行压力不断加大的背景下保持较快的发展速度，全省经济总规模首次跨越了万亿元大关，综合实力有了显著提升。该阶段年均地区生产总值增幅达11.1%，高于全国平均水平3.3个百分点，发展速度稳步提升。2011年，云南省地区生产总值达8893亿元，2015年经济总量超过1万亿元，达到13718亿元，正式步入"万亿俱乐部"行列，发展总量实现跨越。与此同时，云南省国内生产总值占全国的比重明显提升，由2010年的1.9%提高到2015年的2.6%，提高了0.7个百分点。2010年，云南省人均GDP接近1.58万元，2013年超过2.53万元，2015年达2.91万元，是2010年的1.8倍多，年均增长接近20%，人均发展水平稳步提高，与全国的差距逐步缩小，从2010年相当于全国水平的54%提高到2015年的56%，提高了2个百分点。

（二）结构特征演变

新时期云南省结构调整成效显著，产业升级步伐加快，工业化进程加快。

在"十一五"期间，云南省的三次产业比重从19.1∶41.2∶39.7调整到15.3∶44.7∶40。全省工业投资累计超过6000亿元。五大支柱产业建设成效明显，产值为云南全省生产总值的55%左右。其中，非烟草工业增加值占全部工业增加值的比重不断提高，占比达69%左右；电力、钢铁、有色、化工等产业的竞争力进一步提升；先进装备制造、光电子、新材料、生物医药、绿色食品等新兴产业发展加快。

"十二五"以来，云南省始终把结构调整作为转型升级的重要抓手，产业结构持续优化，内需结构不断改善，转型升级成效明显。三次产业结构已从2010

年的 15.3∶44.7∶40 调整为 2013 年的 15.7∶41.9∶42.4，直至 2015 年的 15∶40∶45，也就是说，从 2013 年开始，云南省三次产业结构首度从"二三一"转变为"三二一"结构模式。其中，第一产业所占比重基本稳定在 15%左右，第二产业所占比重持续下降大约 4.7 个百分点，而第三产业所占比重则增加了 5 个百分点。产业发展转型坚持扩增量、调存量，新业态发展迅速。突出表现在以矿物采集与冶炼、工业制造业为主的传统产业不断加大技术改造的力度，初步实现转型升级目标。计算机通信、医药制造业等新兴产业加快培育，信息技术、新材料等高技术产业比重逐步提高。非公有制经济持续发展，经济发展活力持续增强。

（三）经济福利增进

21 世纪以来，云南省在经济社会加快发展的同时，力促社会事业全面进步，在推进城乡、区域的公平与均衡发展中，人们有了更多的获得感。目前，在基础教育方面，全省已基本实现普及九年义务教育、扫除青壮年文盲这一"两基"攻坚目标，并加大中等职业教育办学力度，逐步扩大了在校生规模。在科技文化建设方面，全省着力推进创新创业，实施"建设创新型云南行动计划"并取得显著成效。在"十一五"期间，全省组织实施重大科技项目 120 多项，装备及关键部件研发项目超过 20 项，开发具有自主知识产权的重大新特产品 148 个，培育创新型试点企业 122 家、高新技术企业 251 家，累计申请专利将近 2 万项，获得授权约 1.2 万件。"十二五"期间，推动建设国家工程实验室、重点实验室、工程技术研究中心 15 个，国家级企业技术中心将近 20 个，国家级科技企业孵化器 15 家，国家地方联合工程研究中心、工程实验室近 20 个，建设省级工程实验室、重点实验室、工程技术研究中心 250 个，省级企业技术中心多达 300 个。云南全力实施"文化惠民"工程，璀璨的传统文化、多元的民族文化得到了较好的保护与传承，民族文化强省战略发展成效明显。

云南民生不断改善，社会事业持续健康发展。在医疗卫生事业方面，基层医疗卫生服务体系进一步完善，服务能力有了显著提高，新型农村合作医疗全面覆盖，部分地区开始力推城镇居民基本医保与新农合并轨。社会保障体系加快构建与形成，养老保险已实现省级统筹，工伤、城镇居民医疗、失业、生育保险实现州市级统筹，企业退休养老金、失业保险金、工伤人员待遇得到较大改善。"十一五"末，云南城镇居民人均可支配收入和农村居民人均纯收入分别是 16000 元和 3950 元，年均分别增长 8.1%和 9.9%；全省城镇基本养老保险参保人数增加到

317万人，农村社会养老保险参保人数为649万人，城乡三项医疗保险参保率超过91%；累计建成城镇保障性住房31万余套，改造农村危旧房215万户；累计减少贫困人口265万人，解决了950多万农村人口的安全饮水问题；建成农村户用沼气池273万个，增长82%，解决了26万无电人口的用电问题，"数字乡村"基本实现全省覆盖。

及至"十二五"末，云南省公共财政支出结构中用于民生方面的支出占比高达70%。全省义务教育巩固率、高中阶段毛入学率稳步提高，2014年底分别达到92%和75%，比2010年提高了2个百分点和10个百分点。就业水平和社会保障范围不断提高，2011~2014年新增城镇就业人数累计达到125万人，2014年全省城镇职工养老保险、城乡居民养老保险人数分别达到398万人、2160万人，比2010年增加了81万人和1475万人，2014年全省三项基本医疗保险（职工、城镇居民、新农合）参保人数分别达到4440万人，纳入城市和农村低保对象的人数分别达到101万人和459万人，保障标准和人均补助水平均有较大幅度提高。公共卫生和基本医疗服务不断加强，人均预期寿命从2010年的69.5岁增加到2014年的70.3岁。保障性住房建设稳步推进，农村危房改造及地震安居工程有序实施，2011~2014年分别累计完成127万套和110万户。能源发展惠及民生，农网改造深入进行。扶贫工作实施集中连片攻坚、整体推进、整族帮扶等举措，全省贫困人口大幅减少，从2011年的1014万人下降至2014年的574万人。生态建设成效明显，民族团结进步与边疆繁荣稳定的大好局面得到进一步巩固。

（四）对外开放水平

云南省对外开放水平持续提高，开放型经济建设初见成效。根据1985~2015年社会经济数据来看，云南省开放型经济表现出逐年上升的趋势，其开放度由1985年的0.9471提高到2008年的4.2959[①]。云南省对外开放呈现出阶段性特征，按照其发展速率可大致分为三个阶段：1993年之前为第一阶段，该时期云南省的对外开放度平滑、缓慢递升，历经8年时间仅提高了0.37个百分点，说明改革初期很长一段时间地处西部边疆的云南省开放步伐迟缓，远远落后于东部地区甚至全国多数省份的开放水平。1993~2003年为第二阶段，开放度曲线平稳上升，这个阶段云南省开放度提高了1.21个百分点，说明云南省顺应1993年国家

---

① 武友德，李正. 开放型经济及其区域效应的实证分析[J]. 西南边疆研究，2012（1）：1-10.

经济政策调整,加大了改革开放的力度。2004年以来为第三阶段,云南省开放型经济进入加速发展期,自国家实施西部大开发战略以来,云南省开放型经济不断提速,特别是在"一带一路"建设背景下,云南省的对外开放势头日趋强劲。

进一步解析云南省开放度的影响因子,发现其主导因子为贸易性因子,其中市场容量和开放潜力、旅游外汇收入的影响最大,而本应发挥关键作用的对外贸易(包括进出口)的影响却偏小。表明云南省的开放型经济主要依赖于旅游业的发展和自身的消费拉动,而传统对外贸易的贡献份额偏小,能发挥的作用有限。影响开放型经济的第二主成分是外资性因子,其中实际利用外资额的拉动作用最为显著,这表明对于自身资金积累不足、投资能力有限的云南省来说,大力引进外资是一条提升开放度和带动发展的有效路径。

二、国民经济发展特征

(一)经济实力不断增强,但仍然滞后于全国发展水平

至"十二五"末期,云南省经济发展规模突破了万亿元大关,但是与全国和中东部地区相比,无论是在经济总量还是人均生产总值上,都尚有较大差距。从GDP总量来看,2014年云南省经济总量只占全国的2.01%,排名全国第23位、西部地区第6位。从人均GDP来看,2014年云南省人均GDP为全国平均水平的58.6%,排名全国第29位、西部地区第10位,仅仅强于甘肃省和贵州省。从城乡居民收入来看,2014年云南省城镇居民人均可支配收入为全国平均水平的84.2%,排名全国第21位;农村居民人均纯收入为全国平均水平的71%,排名全国第28位。此外,云南省还有91个片区县、73个国家扶贫开发工作重点县、574万贫困人口,其中深度贫困人口120万人。从城镇化发展水平来看,云南省2013年常住人口城镇化率比全国平均水平低13个百分点。从社会事业发展情况来看,云南省社会事业发展和相应的基本公共服务提供存在着总量供给不足、城乡和区域发展不平衡、体制机制不完善、总体服务水平不高等突出问题。

(二)转型升级步伐加快,但产业结构失衡问题依然突出

21世纪尤其是"十一五"以来,云南省加大了经济结构调整步伐,注重发展绿色经济和民族文化产业,更加重视利用云南沿边省份的地缘优势发展外向型经济,并取得了显著成效,经济结构得到进一步优化。但由于受到发展惯性、路径依赖和结构固化等各种内外因素的综合影响,云南省经济增长主要还是依靠自

然资源消耗、劳动与资本投入。经济结构比较单一且层次不高,产业链条不长,产品的科技含量不高、附加值低,在云南省的五大支柱产业中,除了旅游业具有一定的竞争力之外,烟草产业"一家独大"的局面未能根本改变。从产业结构来看,突出表现为一产不优、二产不大、三产不强,尤其是作为现代经济重要标志的现代服务业的比重仍然很低。从生产技术结构来看,突出表现为新型主导产业发展缓慢,知识产业薄弱,目前仍以传统的粗放型、高消耗生产技术为主,技术改造任重道远,工业化初期阶段尚未完成。从所有制结构来看,非公经济发展不足,占比较低,落后于全国平均水平20多个百分点,与东部沿海省份相比差距更大。从企业组织结构来看,云南省规模以上企业较少,2013年全省规模以上工业企业为3551户,不到全国的1%。同时,云南省大型企业实力不强,中小型企业发展不足,市场经济主体发育水平较低。从空间结构来看,突出表现为以省会城市昆明市为核心,对全省人口、资源和产业有较强的极化效应,初步形成昆明、玉溪、曲靖和楚雄紧密联系与一体化较快发展的滇中城市群,加大了与非滇中地区的发展差距。

(三)基础设施建设取得进展,但仍是发展的主要瓶颈

近10年来,云南省实施了一大批重大基础设施建设项目,在基础设施建设上取得了突破性进展。但是由于长期投入不足与历史欠账,云南省的交通、水利、能源特别是信息等基础设施,仍然滞后于全国平均水平,难以支撑云南跨越式发展和2020年全面建成小康社会的需要。2014年数据显示,云南省铁路网密度为70.3千米/万平方千米,为全国平均水平的60%,处于全国排名的末席。全省高等级公路仅占总里程的6.5%,与全国平均水平有5个百分点以上的差距,16个州市中尚有3个州市未通高速公路,129个县市区中还有6个县市区未通高等级公路。水路方面,内河航运基础设施落后,航道大多处于未开发状态,航道等级低,港口设施差。此外,还存在城乡能源保障网络不健全、互联网基础设施不完善及开发利用水平不高等问题。

(四)投资拉动为主要发展动力,创新驱动发展能力仍然不足

云南所选择的道路与增长模式基本上属于粗放型、资源转化型、劳动密集型发展模式。在区域经济增长拉动的"三驾马车"中,云南省近十几年来对外贸易增长迅速,但占全国比重还未超过1%。2013年净出口为负拉动,净出口率为-48%;消费率为63%,排在第二位;投资率高达85%,属于典型的工业化初级

阶段。总体上，云南省经济增长对投资的依赖程度大，消费拉动经济增长的空间不足，外向型经济的拉动效应尚未真正发挥出来。

在当前中国经济新常态下，创新能力成为决定下一阶段区域经济发展的主驱动力。虽然云南省近10年来通过实施"建设创新型云南行动计划"取得了一定成效，但与全国日新月异的科技创新水平相比尚有很大差距。突出表现为"四个不足"，即对于科技创新认识不足、投入不足、人才总量不足和科技转化支撑不足。2013年，云南省每万人拥有的研发人员为10.6人，还不到全国平均水平的25%。国家级重点实验室只有3个，国家工程实验室也只有3个，国家工程（技术）研究中心仅有6个，国家认定的企业技术研究中心只有18个。云南省财政科技支出占地方财政支出的比重为1%，低于全国平均水平3.4个百分点；全省R&D经费投入占GDP的比重为0.68%，仅为全国平均水平2.08%的1/3。同年，云南省每万人发明专利授权数为0.39件，仅为全国的1/10；规模以上工业企业新产品开发项目1903项，仅为全国的0.53%。根据《中国区域创新能力报告2013》，云南省区域创新能力排名第27位。

第三节 现代产业体系

现代产业体系概念是在"十二五"规划中正式提出的，指"结构优化、技术先进、清洁安全、附加值高、吸纳就业能力强"的产业部门组合，是以高科技含量、高附加值、低能耗、低污染和自主创新能力强的有机产业群为核心，以技术、人才、资本与信息等高效运转的产业辅助系统为支撑，以自然生态健康、基础设施完备、社会保障有力、市场秩序良好的产业发展环境为依托，并具有创新性、开放性、融合性和可持续性等特征的新型产业体系。①

一、现代产业部门体系

根据建设现代产业体系的要求，云南省大力实施"建设创新型云南行动计

---

① 引自《中华人民共和国国民经济和社会发展第十二个五年规划纲要》。

划"和"质量兴省"等重大发展战略,推进关联产业融合与互动,提升优势产业核心竞争力,构建起以现代农业为基础、能源产业为支撑、战略性新兴产业为先导、制造业和服务业为重点的产业发展新格局。

二、优势特色产业

云南优势特色产业的形成,既是市场条件下自有优势资源实现其价值的必然结果,也是一个不断选择、发展与明晰的历史过程,从改革开放以来大致历经四个阶段。

第一阶段为改革开放初期十多年,为云南优势特色产业的起步阶段。当时,为解决全省生产生活物资极度短缺、社会供给严重不足的状况,云南省委、省政府出台了推动建设云南特色优势产业的新政策,要求全面把握云南省工业发展现状特征并充分发挥资源优势,将消费品工业的发展放到首要位置,举全省之力优先发展以烟草、蔗糖、茶叶、橡胶等为主的轻工业,形成了"以农业为基础,发展农业促轻工,依靠轻工积累资金,集中财力保证重点建设"的总体发展思路。至此,以烟草、蔗糖、茶叶、橡胶为主并有着云南特色的轻工业,成为了投资与产业培育的重点,尝试践行一条打造云南优势特色产业的战略路径。在这种宏观经济背景下,受益于国家稳定边疆发展的政策支持,以烟草产业为代表的轻工业在经过十多年的不懈努力后,逐渐发展成为云南省经济社会发展的支柱。根据1999年的统计数据,云南省轻工业产值占工业总产值的52.4%。其中"两烟"产值超过全省国民生产总值的15%,占全省财政收入的55%以上,出口创汇1.3亿美元。

第二阶段为20世纪90年代,为云南优势特色产业体系的培育形成期。基于过度依赖单一型支柱产业尤其是烟草产业所造成的一系列结构性问题,并考虑到产业的稳定性、接续性、扩张性以及结构调整目标,云南省第六次党代会决定在巩固传统优势产业的基础上,将生物资源开发、磷化工和有色金属为重点的矿业开发、旅游业作为全省着力扶持和培育的重点,加快构筑云南新的支柱产业。

第三阶段为国家实施西部大开发以来,为云南优势特色产业体系加快发展期。水电资源是云南的一大优势,国家决定把云南作为全国西电东送的重要基地,要求上马一批大型、特大型能源建设项目,为云南省把丰富的电力资源转化为现实的经济产业创造了条件。在云南省第七次党代会及经济社会发展的第十个五年计划中（2001~2005年），云南省委、省政府部署实施可持续发展、科教兴滇、城镇化和全方位开放四大发展战略，正式提出着力培育和壮大烟草、生物资源开发创新、旅游、电力和矿产等极具云南特色与发展空间的五大支柱产业，扎扎实实打基础，调整结构创特色，突出重点抓生态，全面推进经济社会发展。自此，烟草、生物资源、旅游、电力和矿产成为了云南省新的特色支柱产业，云南优势特色产业的内涵与内容得到充实与丰富。①

此后的"十一五"期间，云南省优势特色产业得到进一步发展与提升。云南省紧紧围绕结构调整和转变经济增长方式这一主线，倡导走新型工业化道路，实施工业强省战略，逐步形成"六大优势产业链群"，即以水电为主的电力能源工业基地；全国最大的磷化工基地与辐射西南、面向东南亚的煤化工和盐化工基地；国家级有色金属冶炼及深加工基地、世界级锡工业及深加工基地、面向周边国家和地区的钢铁工业基地；以技术创新为先导，提升烟草产业整体竞争力，巩固与强化云南烟草作为中国最大生产基地和重要研发中心的地位；包括现代生物医药、纸浆供应和纸制品生产、食品产业在内的生物资源加工产业群；具有深加工、高增长、高附加值特性的新材料、电子信息和装备制造产业。同时以市场化、产业化、社会化为导向，改造传统服务业，发展新兴服务业，全面推进服务业优化升级，大力发展现代服务业。按照加快建设特色民族文化大省和旅游经济强省的思路，将民族文化产业与旅游产业及其融合提升到一个新的战略高度。

第四阶段为2009年以来，为云南优势特色产业体系新发展的历史机遇期。受美国次贷危机冲击下引发的全球金融危机、经济疲软的影响，中国面临着宏观经济持续下行、结构转型压力加大的新常态。在此背景下，云南省充分利用发展优势，结合新时期对外开放需要，主动调整了经济发展战略与产业发展重点：一是按照构建具有云南优势特色的现代产业体系的总目标，深化实施"建设创新型云南行动计划"和"质量兴省"战略。围绕"发展方式转变"和"结构调整"这一新时期经济社会发展主线，切实调优第一产业、调强第二产业、调快第三产业，切实提升优势产业核心竞争力，推进关联产业融合与互动，进而构建起以现代农业为基础、能源产业为支撑、战略性新兴产业为先导、制造业和服务业为重点的产业发展新格局。二是规划培育与发展十大产业。大力发展包括烟草、装备

---

① 引自《云南省国民经济和社会发展第十个五年计划纲要》。

制造、生物、石化、旅游文化、有色金属、黑色金属、电力能源、光电子、商贸流通业在内的十大产业部门，进一步夯实、壮大云南省现有的五大支柱产业，初步培育出一大批发展潜力大、科技含量高、竞争力强且具有长期引领作用的重要新兴产业群组。目前，云南省的优势特色产业体系基本建立并初具规模，烟草、生物、石化、有色、黑色金属、旅游文化、能源、光电子、装备制造成为云南占据主导地位的优势特色产业。

三、产业体系存在的问题

（一）经济增长方式滞后

改革开放 30 多年来，云南省在经济发展上取得了辉煌成就，初步建立起现代产业体系，为全面实现小康社会奠定了基础。但总体而言，云南区域经济还处于以资源转化与粗加工为主的工业化初级阶段，其发展仍未从根本上摆脱"两高一低"的粗放型增长模式——突出表现为高消耗、高排放与低效率特征。纵观其发展历程，一方面，长期存在产品知识技术含量不高、产业发展乏力、对资源和环境依赖性大、位居产业链低端等问题；另一方面，由于严重依赖与大规模发展资源性产业，随之而来的环境与生态问题已然显现，湖泊、林业、草场、耕地资源衰退严重，原有的矿产能源资源富集区逐渐退化为资源枯竭区，城乡生产生活污染威胁增大，灾害性气候频繁发生。以作为支柱产业之一的矿业生产加工为例，云南省磷化工迄今仍然是依靠大量出售原矿石与初级产品，而深加工和高附加值的精细磷化工产业发展则刚起步；有色金属的主导产品尚停留在金属锭状态，高技术含量、高附加值产品的产能与种类极少，从而导致整个产业陷于经济效益低、能源消耗高、环境代价高的"两难"境地。

（二）产业结构不合理

云南省经济发展以资源型为主，工业化进程相对滞后，产业结构不均衡，人口就业结构与工业化发展阶段存在较大偏差。云南省的三次产业比例从 1990 年的 37.3∶34.8∶27.9 发展到 2000 年的 22.3∶43.1∶36.6，直至 2012 年末发展到 16∶42.9∶41.1。虽然产业结构有了显著改善，工业化进展有了很大突破，但与 2012 年全国三次产业比例相比，云南省第一产业的比重偏大，高于全国平均水平 6.2 个百分点；第二产业比重较弱，比全国平均水平低 2.4 个百分点；第三产业比重偏低，比全国平均水平低 3.5 个百分点。总体而言，云南省第一产业特别是就业结构比重偏高,非农产业部门单一、吸纳就业人口能力不足的矛盾仍然十分突出。就云南省工业产值与结构来看,2012年全省轻工业产值为1120.5亿元,重工业产值为2129.4亿元,轻重工业的比例为34.5:65.5,显然轻重工业结构失衡,重工业比例过大。此外,云南省产业结构还存在一些急需解决的结构性矛盾,突出表现为优势重点产业结构单一,工业资源型、粗加工型、原料型、高耗能、高排放产业居多,以资源利用为主的采掘业和原材料加工业占据主导等。

(三)工业部门发展关联度较低

云南省工业部门之间的互补性、关联性、带动性不强。作为重点与支柱性行业部门,云南省烟草、冶金、能源、化工等工业部门发展较快,但这些行业部门的专用设备和机械装备生产制造能力有限,相关的配套产业没能带动起来,说明产业的深化和提升能力较弱。特别是满足国内需求升级的机械、电子、汽车制造等具有高成长性、深加工特征的行业,在产业基础、协作配套条件、研发能力和区位条件等方面存在明显不足,普遍存在产品结构不合理、技术含量及附加值低的产品多、机电一体化产品少、单类设备多、成套设备少的问题。再加上云南省综合开发水平较低,精加工、深加工技术水平滞后,工业产业链短,产业的外向度、带动性和关联性弱,这些因素已然成为云南工业产业结构调整的主要障碍。

(四)科技创新与服务能力不足

首先,从全国创新能力排名来看,云南省的名次长期靠后。根据《中国区域创新能力报告》,云南省2009年在全国31个省(市、自治区)中的综合排名为第22位,2012年的排名为第28位,2013年的排名为第27位(在西部排名第8位),2014年的排名为第23位,2015年之后云南的综合科技实力水平则有所下降。其次,从研发投入来看,云南省2009年的研发(R&D)经费支出大约为37亿元,仅占全省国民生产总值的0.6%,而同期全国平均投入水平为1.7%;2009年云南省企业研发投入为26.9亿元,不到企业营业收入的0.9%。最后,从企业技术装备总体水平来看,云南省企业技术装备水平较低,目前全省工业技术装备达到国际先进水平的不足3%,达到国内先进水平的不到10%,70%左右处于国内一般水平,尚有18%左右的设备属于国内落后水平。

(五)现代服务业发展滞后

云南省现代服务业发展滞后,到目前为止,传统服务业仍占主导地位,而现代服务业尚处于发展的起步阶段。突出体现在云南传统服务业规模与质量亟须深挖发展潜力，并着力推动现有品牌的内涵化、集约式、可持续发展，而作为现代第三产业的新增长点与主导力量，包括金融、保险、信息网络媒介、计算机服务和软件业、咨询服务业、创意及各类技术研发等在内的现代服务业则发展缓慢，发展水平较低，尤其是因为缺乏本土的国家级知名品牌服务企业和跨区域的龙头型服务企业，带动拉动能力严重不足。云南省现代服务业发展状况可概括为"五低"：一是占经济总量的比重较低，仅占全国的2.3%；二是内部结构层级低，即云南传统服务业仍然占据着主导地位，而新兴服务业与现代服务业无论是规模还是种类均偏小、偏低；三是服务产业化的水平低，有实力的服务企业少；四是服务产业的市场化程度偏低，缺乏自我积累、自我支持与自我发展的长期有效机制；五是现代服务产业的社会化程度偏低，政府和企业办社会的状况尚未根本改观，自给自足、自我服务的情况仍然存在。[①]

四、现代产业体系发展趋势与要求

（一）产业发展导向

在经济全球化及区域化深度发展的背景下，通过深入考察云南自身资源、产业、地理区位及地缘优势，全面梳理和科学预判国家经济社会发展长远规划与产业政策导向，初步得到云南省今后的产业发展导向。

1. 大力发展绿色产业

绿色是可持续发展的必要条件与根本路径，也是人民群众对良好生态环境的热切期待。推进绿色产业发展，是云南省顺应国际可持续发展、绿色低碳潮流的战略抉择，是加快生态文明建设的重要途径。

云南省具有丰富的自然资源和良好的生态环境，绿色产业发展条件较好，潜力大，前景十分广阔。2015年，国家发改委、财政部、国土资源部、水利部、农业部、国家林业局将云南省列入国家首批生态文明先行示范区，同年12月又批复了《云南省生态文明先行示范区建设实施方案》，提出云南生态文明建设要围绕努力成为我国生态屏障建设先导区、绿色生态和谐宜居区、边疆脱贫稳定模范区、民族生态文化传承区、制度改革创新实验区五个定位，支持在健全自然资源资产产权、资源有偿使用、环境污染第三方治理、生态环境损害责任追究等制度

[①] 汪鑫. 基于现代产业体系的云南主导产业选择研究 [D]. 云南财经大学硕士学位论文, 2011.

建设方面先行先试。

2. 深入推进开放型经济

随着"一带一路"倡议，孟中印缅经济走廊，面向南亚、东南亚辐射中心等的实施，云南在建设中国—东盟自由贸易区升级版、大湄公河次区域合作及中国与南亚、西亚乃至非洲各国合作中的地缘区位优势日益突出，深度推进开放型经济是云南发展的必然选择与最为强劲的动力。

新时期以来，云南主动服务和融入国家发展战略，锐意进取、主动作为，全方位推进对外交往，深化国际友好联系，精心打造多边双边合作机制，提高务实合作水平，积极拓展对外开放平台。"十二五"期间，云南在内贸、外贸、外资、外经、口岸、平台等各方面成效明显，开放型经济得到长足发展。"十三五"期间，云南将围绕面向南亚、东南亚辐射中心的建设，进一步扩大对外开放，充分发挥面向南亚、东南亚开放的重要门户作用，积极参与孟中印缅经济走廊、中国—中南半岛国际经济走廊建设以及大湄公河次区域经济合作，完善滇印、滇缅合作以及越北、老北合作机制，同时，加强与周边国家在经贸、农业、科技、文化、教育、旅游、金融、矿产勘查开发等领域的交流合作，厚植与南亚、东南亚合作的社会基础。

3. 做强民族文化产业

云南地处祖国西南边陲，历史悠久，民族众多，文化资源尤其是民族文化资源极为丰富。这些从人类童年时期开始到各个历史发展阶段的文化形态，在长期相对封闭的环境中被较好地保存下来，构成了博大精深的云南文化艺术宝库，不仅为中华民族的历史文化做出了重要贡献，也为云南文化产业的发展提供了极为稀缺的资源基础。新时期，云南省委、省政府从云南省得天独厚的多民族、多元文化的资源优势出发，在"十一五"发展规划纲要中正式提出"发展文化产业，繁荣民族文化，建设民族文化大省"的宏伟目标，并制定了加快云南文化事业和文化产业发展的战略规划与具体措施。经过多年的发展，云南文化产业初具规模，统计资料表明，文化产业已成为云南新的经济增长点，初步确立了其支柱产业地位。

做强云南民族文化产业任重道远。要充分发掘云南民族文化资源的独特优势及其时代内涵，大力发展具有民族特色的以新闻出版、广播影视服务、文化会展、演艺、民间工艺品、文化创意、数字动漫、文体休闲娱乐、珠宝玉石文化和茶文化为代表的主导文化产业，培育新兴文化形态，推进都市文化产业，发展乡村文化产业，促进民族文化与旅游业、服务业的深度融合，不断壮大文化产业的发展规模。提升文化软实力，力争将民族文化产业打造成为建设民族文化强省的重要引擎和经济发展新的增长点。

4. 全面实施创新经济

受 2008 年全球金融危机的影响，中国经济发展进入新常态，传统增长动力出现疲软，粗放型发展模式已经不可持续。新时期亟须依靠创新驱动打造发展新引擎，加快培育新经济增长点，着力提升区域经济发展的质量与效率，拓展经济社会发展的新空间。新形势下，党的十八大以来部署与实施了创新驱动引领发展新战略，将创新视为第一动力源，强调科技创新是提高社会生产力和综合国力的战略支撑，必须摆在国家发展全局的核心位置。

长期以来，云南创新投入严重不足，创新能力薄弱。以 2013 年为例，云南省的研发经费（R&D）投入比例为 0.68%，仅为全国平均水平 2.08% 的 1/3，全省规模以上工业企业 R&D 支出占主营业务收入的比重为 0.46%，低于全国平均水平 0.34 个百分点。区域创新能力在全国排名第 27 位。

鼓励大众创业、万众创新，推动供给侧结构性改革并着力调优经济结构，促进发展方式转型，加大科学技术原创性研发投入，支持行业企业的技术创新与技术改造，推动建设创新型社会。为此，云南省要全面贯彻落实国家有关技术创新的优惠政策，大力引进与培养各类创新创业人才，加大对技术研发、技术成果转化与新技术应用的支持，提高技改专项资金中用于支持企业技术创新的比例。鼓励与引导各类企业增加科技投入，吸引社会多元资本，提高重点产业与企业的技术创新能力。

（二）现代产业体系发展要求

1. "两型三化"统筹产业发展

云南省积极探索产业转型升级道路，并积累了一些有益经验，以"两型三化"为核心促进云南产业转型升级、优化产业结构、构建现代产业体系，将是其中的一个重要而有效的经验总结。所谓的"两型三化"统筹产业发展道路，即推动产业结构向开放型、创新型和高端化、信息化、绿色化转型发展，推进高原特色现代农业大发展，打造绿色农业、循环农业、特色农业和品牌农业；推进现代工业结构调整与提质增效，实施消费品供给侧改革、降本增效、制造业升级等专项行动,做大做强清洁能源、生物医药、新材料、先进装备制造、新一代信息技术等支柱产业;推进服务业创新发展,大力发展现代服务业,切实提升传统服务业的服务水平,逐步降低服务业领域的社会资本、外商投资准入门槛,建设公平竞争机制,营造统一规范的市场竞争环境。为此,需要做好三方面的产业发展工作:一是加快承接东部地区的产业转移;二是引进先进技术和自主创新并举,改造提升传统产业;三是大力培育和发展新兴产业。

2. 促进产业协调发展

云南省产业结构偏低、偏重的状态仍然存在。据 2014 年统计数据,云南省三次产业的比例关系为 15.5∶41.2∶43.3,轻工业、重工业的占比为 48.2% 和 51.8%。这种结构关系与构建现代产业体系存在明显差距,云南在产业结构调整道路上今后还有很长的路要走。

全面推动云南省产业发展方式从追求规模的粗放型扩张向注重质量的精深化加工转变,从发展传统产业向发展特色产业、战略性新兴产业转变,促进产业新型化和转型升级,是实现产业联动发展、协调发展的有效途径。为此,一要着力推进云南农业的产业化、现代化,发展特色农业、设施农业、节水农业、农产品加工业和外向型农业,完善现代农业产业体系,促进农业生产经营专业化、标准化、规模化、集约化与品牌化;二要持续推进云南工业新型化、高级化,致力于建设成为国家重要的可再生清洁能源基地、生物医药产业基地、清洁能源生产基地、石油化工基地、出口加工基地、战略性资源及原材料接续地;三要切实推动现代服务业大发展,包括金融保险、现代物流、信息咨询和科技服务等生产性服务业,以及旅游康体、文化等生活性服务业;四要着力优化工业内部结构,提高重化工产业集中度,延长产业链,推动重化工产品向精细化、新型化方向发展,同时,大力发展与最终消费市场衔接最为直接的劳动密集型日用轻工产品产业,促进轻工业产品对扩大消费的支撑作用。

3. 加快民族地区产业发展

云南省是中国少数民族最多的省份,聚居的 25 个少数民族人口 2012 年为 1533 多万人,占全省总人口的 33.4%。民族地区大多属于边远的山区与边境地区,长期以来交通闭塞、基础设施薄弱、文化教育滞后、信息封闭,以比较单一的农牧业生产与手工艺加工为主。民族地区经济基础薄弱,贫困人口数量多、范围广、程度深。构建云南现代产业体系,必须立足于云南省这一最大的省情。

改革开放至今,云南省民族地区的经济社会发生了巨大变化,但在农业、交通、教育、能源、基础设施等方面仍然存在较大差距,产业扶贫任重道远。民族地区能否得到较快发展,能否尽快缩小与发达地区的差距,是事关民族地区社会稳定、发展与团结的大事,直接关系到云南省全面建设小康社会能否如期同步实现。

加快民族地区的发展,建设云南民族团结进步示范区,做好生态环境保护与建设,大力发展绿色经济、生态经济,加快基础设施建设,发展科技和教育,培养民族人才和实施扶贫攻坚等,从而增强内生发展能力;同时,更要注重民族地区的对外开放。利用边疆民族地区毗邻东南亚的地缘优势,充分发掘边境贸易往来的潜力,进一步扩大对外开放领域、强度与层次。通过全面深化与外部市场的联系,广泛建设跨境、跨区及跨国的经济合作伙伴关系,积极开拓国内外市场,寻求更大的发展空间,从而使云南民族地区经济发展融入区域市场与全球产业链,实现全省同步发展与经济一体化。这是边疆少数民族地区加快发展步伐、至2020年全面实现小康目标的必由之路。

第五章 产业发展

产业发展是指产业的产生、成长和进化过程,既包括单个产业的进化过程,又包括产业总体,即整个国民经济的进化过程。分析云南省的产业发展,主要从三次产业结构与空间布局、产业发展判定与划分、县域经济与特色产业、产业园区建设与区域经济四个方面展开。总体来看,1978~2015年,经过恢复、改造、调整、建设,云南省形成了较完整的产业体系和以工业为主体的现代经济,产业空间布局不断优化。目前,云南省第一产业的基础地位得到加强,第二产业发展较快,取得了较好的成绩,第三产业快速稳步发展。县域经济在国民经济中处于基础性地位,每个县都立足于本县的特色产业和优势产业,发展形成"一县一特"、"一乡一业"、"一村一品"的经济结构。

第一节 产业结构与空间布局

改革开放之初,云南的工业基础薄弱,三次产业严重失衡,传统农业占主体地位。1978~2015年,经过恢复、改造、调整、建设,形成了较完整的产业体系和以工业为主体的现代经济,产业空间布局不断优化。

一、第一产业结构与空间布局

(一) 第一产业结构

第一产业主要包括农业、林业、畜牧业、渔业。近年来,与全国平均水平相比,云南省农业(种植业)和畜牧业的产值比重与全国基本相当。渔业的比重明

第五章 产业发展

显低于全国平均水平,而林业的比重则明显高于全国平均水平,这与云南地处内陆且多山的环境有密切关系。

"十二五"期间,云南省农业发展迅猛,取得了显著成效,探索出了高原特色农业发展的新路子。2015年,全省农业总产值达3383.09亿元,比上年增长6.0%。其中,农业产值1840.61亿元,增长6.1%;林业产值317.52亿元,增长9.7%;牧业产值1031.48亿元,增长4.0%;渔业产值81.67亿元,增长8.8%;农林牧渔服务业产值111.80亿元,增长10.1%。[①] 全省粮食总产量达到1876.4万吨,橡胶、咖啡、花卉面积、产量均居全国第一,甘蔗、茶叶面积、产量均居全国第二,蚕桑面积居全国第三、产量居第五,马铃薯面积、产量均居全国第五。农产品出口额达40.55亿美元,水果、蔬菜出口额超过烟草,成为云南省第一和第二大宗出口农产品。

从表5-1可知,改革开放以来,云南省农林牧渔服务业占第一产业的比重在不断变化,1978年,农林牧渔业等占全省第一产业的比重分别为71.4%、6.2%、17.7%、0.2%、4.5%;2015年,农林牧渔业等的比重分别为54.4%、9.4%、30.5%、2.4%、3.3%。1978年以来,云南省第一产业在不断变化,农业所占比重不断减少,林业总体来说不断增加,但是增加的幅度不大,牧业、渔业也在不断增加,农林、牧渔服务业在1988年增加幅度最大,之后又不断减少。总体来看,第一产业结构在不断变化,从以传统农业为主导变成了以现代农业为主导,产值从1978年的40.02亿元增加到2015年的3383.09亿元,农业、林业、牧业、渔业、农林牧渔服务业都在不断发展,产值也在不断增加。可以看出,在第一产业中,农业和牧业发展集聚优势,增加速度快,在云南第一产业的几个产业部门中,农业和畜牧业为具有绝对优势的部门(见表5-1)。

(二)第一产业空间布局

改革开放以来,云南省按照国家提出的方针,通过调整固定资产投资结构、价格政策和财政政策,调整积累和消费的比例,使农业得到了迅速发展。

从表5-2来看,2009~2015年,云南16个州市的第一产业都在不断发展,其中发展较好的是曲靖、大理、红河、昆明等地,2015年总产值分别达到了

[①] 云南统计局,国家统计局云南调查总队. 云南省2015年国民经济和社会发展统计公报[EB/OL]. http://www.stats.yn.gov.cn/TJJMH_Model/newsview.aspx? id=4125442,2016-04-18.

云南经济地理

表 5-1　1978~2015 年云南省农、林、牧、渔业等占第一产业比重

单位：%

年份	总值	农业	林业	牧业	渔业	农林牧渔服务业
1978	100	71.4	6.2	17.7	0.2	4.5
1983	100	64.4	7.1	21.1	0.4	7.0
1988	100	56.2	7.5	27.4	1.0	7.9
1993	100	63.5	9.2	25.9	1.4	—
1998	100	61.5	6.8	29.8	1.9	—
2003	100	54.3	9.2	30.3	2.1	4.1
2008	100	48.2	11.2	34.7	2.3	3.6
2013	100	53.6	9.7	31.5	2.3	2.9
2015	100	54.4	9.4	30.5	2.4	3.3

资料来源：《云南统计年鉴》（1979~2016 年）。

表 5-2　2009~2015 年云南省各州市农、林、牧、渔业总产值

单位：亿元

州市	2009 年	2011 年	2013 年	2015 年
昆明	190.96	225.07	298.66	328.58
曲靖	283.55	376.89	492.93	542.78
玉溪	108.14	141.82	198.25	219.31
保山	114.08	160.64	211.19	234.52
昭通	109.08	142.95	201.68	222.08
丽江	40.54	53.01	74.04	81.76
普洱	98.49	148.75	220.46	244.59
临沧	104.22	144.55	213.19	235.86
楚雄	137.99	181.29	247.15	273.17
红河	165.68	207.56	310.14	343.44
文山	111.63	151.71	227.01	249.73
西双版纳	65.63	97.63	138.24	152.45
大理	176.60	234.82	324.44	366.74
德宏	51.53	71.45	107.78	119.02
怒江	9.54	12.48	20.18	30.53
迪庆	10.98	13.20	17.42	19.19

资料来源：《云南统计年鉴》（2010~2016 年）。

542.78亿元、366.74亿元、343.44亿元、328.58亿元；由于地形地貌、土壤、气候、经济等因素影响，发展相对落后的是丽江、怒江、迪庆等地，2015年总产值分别为81.76亿元、30.53亿元、19.19亿元。

云南省是一个农业大省，烤烟在云南省农业中占据较大的比重，全省都有烤烟种植，其中玉溪、红河、曲靖等地的烤烟产量高、质量好。除了烤烟外，云南的主要农业还有甘蔗、茶叶、咖啡、水稻、玉米、橡胶、核桃、桑蚕等，如甘蔗、水稻、橡胶、核桃主要分布在滇西南、滇东南（保山、德宏、西双版纳）等地，茶叶主要集中分布在滇东南温带地区，其中以普洱最为出名，橡胶、咖啡主要分布在热带地区或干热河谷（西双版纳、怒江），玉米则主要分布在滇东北（昭通）等地区，桑蚕主要分布在大理、丽江一带。不同的地形结构、气候条件导致了不同的农业结构，造成了云南第一产业分布的差异，从而形成不同的空间格局。

经过多年发展，云南省第一产业在不断的发展和优化，产业结构逐步趋于高级化，但农业在第一产业中的比重仍然最高，畜牧业发展比较迅速。云南省种植业占第一产业总产值的比重较大，结构素质相对较好，但竞争能力偏低，因此应重视农业基础设施建设，加快农业先进技术的应用，提高农业现代化管理水平，不断提升农民技能和素质。在种植业中，粮食作物占主导，经济作物的比重不断增加，农业结构不断由以粮食生产为主向保持粮食作物稳定生产、经济作物和其他作物协调发展转变。

林业在全国具有明显的规模优势，但其总产值占第一产业的比重偏低，与森林资源优势不匹配，目前状况还未得到根本改变，但未来发展潜力较大。畜牧业是第一产业中总产值比重较大、结构素质相对较好、竞争力较强、增长速度较快的行业，具有明显的优势。渔业具有一定的竞争力，但总产值比重较低，结构素质偏低，规模化和专业化程度较低，总体来说优势不明显。农林牧渔服务业竞争能力较弱，导致总产值低于全国平均水平，应重视市场培育、体制改革、发展环境，加快其发展速度，为其他行业提供服务和支持。

二、第二产业结构与空间布局

（一）第二产业结构

第二产业主要包括工业和建筑业。云南的经济增长主要靠第二产业拉动，工业带动能力强。近年来，云南省工业产业结构调整取得明显成效：一是非烟工业比重明显上升；二是医药、食品等非烟轻工业得到快速发展，在工业中的比重不断提高；三是烟草工业在全省国民经济中继续起到"稳经济"的作用，云南的烟草制造业占很大的份额，它对云南经济有着特殊的贡献，是云南的支柱产业。烟草制造业经过多年不断的发展，科技投入不断增加，不断突破原来的局限，实现了集原材料基地建设、生产、研发等于一体的管理和生产体系，烟草制造业已经发展成为比较成熟的产业，在云南省的经济中占据十分重要的地位。

从表5-3中可以看出，改革开放以来云南省工业总产值不断上升，从1978年的55.43亿元增加到2015年的12169.67亿元。其中，重工业增加比较快，从1978年的31.60亿元增加到2015年的7912.16亿元；轻工业也在不断地发展，但是产值所占比重在减少，从1978年的43%下降到2015年的35%，下降了8个百分点。在云南的工业发展中，重工业占据相对较大的比重，1978年重工业比值占57%，到2015年重工业比值增加到65%，轻工业虽然在不断发展，但比值却在下降，这与云南工业以资源型结构为主有密切关系。重工业主要以钢铁、石油加工及炼焦业、有色金属冶炼、普通机械制造、矿产为主，轻工业主要以纺织业、制造业、运输业等为主。云南的重工业大多聚集在昆明、曲靖、楚雄、玉溪、红河等地，轻工业则大多在昆明、大理、丽江等地。直至2015年，云南工业企业数和总产值不断增加，昆明有976个，产值达到了3224.76亿元；曲靖

表5-3 1978~2015年云南省工业总产值及所占比重

单位：亿元，%

年份	总产值	轻工业占比	重工业占比
1978	55.43	43.0	57.0
1983	95.11	49.8	50.2
1988	244.63	49.7	50.3
1993	690.08	48.3	51.7
1998	1503.23	51.5	48.5
2003	2176.40	46.7	53.3
2008	5738.81	25.2	74.8
2013	12756.98	30.7	69.3
2015	12169.67	35.0	65.0

资料来源：《云南统计年鉴》（1979~2016年）。

第五章 产业发展

544个,产值为1649.92亿元;玉溪325个,产值为1332.91亿元;红河243个,产值为1061.49亿元;除了西双版纳、怒江、迪庆发展较落后,产值低于100亿元外,其他州市产值相对较高。

(二)第二产业空间布局

云南的工业分布具有从中部向外围逐渐削弱的特征,在空间布局上也存在很大差异,从中部向外围大体呈现出三种不同发展水平和工业集聚的分布区域,即发达区、次发达区和滞后区。

1. 发达区

主要包括昆明、玉溪、曲靖三市,该区域位于云南省经济比较发达的中部,交通便利,矿产资源丰富,工业基础好,较发达的农业为其轻、重工业提供了丰富的原料,科技力量、高校与科研机构比较集中,是全省工业最集中、工业部门比较齐全、生产水平较高的地区。截至2015年,该区域规模以上工业企业总产值为5802.24亿元,占全省的57.13%,规模较大,主要工业生产部门有烟草、冶金、机械、化工、建材、纺织等。

2. 次发达区

主要包括红河、楚雄、大理。2015年该区域工业总产值为2288.12亿元,占全省的22.53%,工业的规模与集中程度明显低于工业发达区。该区域主要的工业部门有烟草、冶金、能源、化工、纺织等,工业生产是典型的"资源型",矿产资源比较丰富,有色金属等矿产的储藏量较高。该区域应充分发挥承接工业核心区与边远区的区位优势,在自身发展的同时,带动滞后区的发展,从而提高全省的工业水平。

3. 滞后区

主要包括昭通、文山、普洱、西双版纳、保山、临沧、德宏、丽江、怒江、迪庆等州市,是全省工业发展较滞后的地区。2015年,该区域工业总产值为2065.31亿元,占全省的20.34%,工业占全省比例低,生产规模较小,工业生产能力低下,以简单粗加工为主,产品附加值特别低。该区域虽然地理位置较偏僻,交通等基础设施较落后,但能源、矿产、生物等资源丰富是该区最大的优势,随着"桥头堡"建设、"一带一路"建设等的推进,工业边远区迎来了良好的发展机遇,应以多种渠道、多种方式开发资源,把资源优势转换为经济优势,不断提高该区的工业水平。

云南省工业分布除了具有从滇中地区向外围逐渐削弱的特征外，各区域的工业分布也不均衡，主要集中于人口密集、经济相对发达、基础设施条件较好的城镇。一般而言，城市规模越大，工业集中程度越高，从而形成了大小不一、规模不等的工业地域单位。从州市来看，云南省主要的工业中心分布在昆明、曲靖、玉溪、大理、昭通、楚雄。从县市区来看，较大规模的工业中心分布在蒙自、弥勒、个旧、开远等。

总体来看，云南省轻重工业比例不协调，由采掘和原材料重工业主导的工业发展对资源和能源的依赖程度较高，面临的环境压力也日渐突出，工业结构层次低，优势资源得不到高效合理的利用，生物、水能、矿产资源优势以及优势农产品尚未充分转化为经济优势。工业经济整体效益偏低，工业化水平难以得到快速提高，必须加快工业结构调整和转变工业发展方式。[①]

三、第三产业结构与空间布局

（一）第三产业结构

第三产业可分为流通和服务两大部门，具体还可分为四个层次：第一层次即流通部门，包括交通运输、仓储及邮电通信业，批发和零售贸易、餐饮业。第二层次即为生产生活服务的部门，包括金融业、保险业、地质勘查业、水利管理业、房地产业、社会服务业、农林牧渔服务业、交通运输辅助业、综合技术服务业等。第三层次即为提高科技文化水平和居民素质服务的部门，包括教育、文化艺术及广播电影电视业，卫生、体育和社会福利业，科学研究业等。第四层次即为社会公共需要服务的部门，包括国家机关、政党机关和社会团体以及军队、警察。

改革开放后，特别是1990年以来，云南第三产业发展迅速，增长速度高于第一、第二产业，对国民经济收入的贡献很大，使得产业结构得到逐步改善。随着经济发展和体制改革的不断深入，第三产业内部结构逐渐得到优化，传统的交通运输、邮电通信业，批发、零售贸易及餐饮业的增加值持续上升，与此同时，新兴的旅游、房地产、信息咨询等行业也呈现出快速发展的态势。[②]

---

① 李继云，孙良涛. 基于面板数据模型的FDI对云南产业结构影响实证分析［J］. 商业时代，2013（14）：139–141.
② 豆鹏. 云南产业结构的演进路径透析［D］. 云南财经大学硕士学位论文，2010.

第五章 产业发展

表 5-4　1978~2013 年云南省第三产业内部结构所占比重

单位：%

行业＼年份	1978	1983	1988	1993	1998	2003	2008	2013
交通运输、邮电通信业	19.48	19.44	17.1	11.46	14.89	17.4	9.97	9.17
批发、零售贸易及餐饮业	37.39	35.68	38.74	36	30.04	24.15	25	24.35
金融保险业	12.82	12.83	11.71	19.78	16.81	10.4	9.77	15.55
房地产业	2.75	2.77	3.65	4.12	4.99	10.2	9.84	16.21
其他服务业	27.56	29.28	28.81	28.65	33.27	37.8	45.4	34.72

资料来源：《云南统计年鉴》（1979~2014 年）。

如表 5-4 所示，1978~2013 年，云南省第三产业内部结构不断变化发展，1978 年第三产业以批发、零售贸易及餐饮业和其他服务业为主，占第三产业的比重为 64.95%，房地产业所占比值最低，仅为 2.75%。随着经济不断发展、产业结构不断优化，2013 年第三产业结构尽管还是以批发、零售贸易及餐饮业和其他服务业为主，但其所占比值为 59.07%；批发零售业比重一直在 25%~38%，这说明其在第三产业中一直占据重要的位置；交通运输、邮电通信业从 1978 年的 19.48%下降到 2013 年的 9.17%，下降了约 10 个百分点；金融保险业呈波动趋势；房地产业在不断上升，从 1978 年的 2.75%增加到了 2013 年的 16.21%，增加了约 14 个百分点；其他服务业在增加，尽管占了较大的比例，但是包含的行业较多，各行业比重相对较小。

在第三产业结构中，旅游服务业扮演了重要角色。2009~2015 年，云南省旅游业总收入从 810.73 亿元增加到 3281.79 亿元，其中以昆明、丽江、大理、西双版纳为主的旅游收入较高，分别为 723.47 亿元、483.48 亿元、388.4 亿元、286.7 亿元，旅游经济快速发展。

（二）第三产业空间布局

从第三产业产值和地区分布可以看出，云南省第三产业是以昆明为中心带动周边地区发展，从而形成了第三产业由滇中地区向外发展的环形结构，州市之间的差异较大，县域差距十分明显。

截至 2015 年，昆明第三产业产值为 2193.53 亿元，曲靖、玉溪、红河、大理、楚雄、文山等地产值分别为 670.88 亿元、434.02 亿元、466.5 亿元、350.87 亿元、318.3 亿元、282.96 亿元，丽江、德宏、迪庆、怒江产值相对较低，分别为129.84亿元、147.12亿元、94.09亿元、59.99亿元，虽然这些地方第三产业产值相对较低，但旅游业的发展都比较好。

在旅游发展方面，近年来，形成了滇中旅游区（昆明、玉溪、楚雄）、滇西北旅游区（大理、丽江、迪庆、怒江）、滇西旅游区（保山、德宏、临沧）、滇西南旅游区（西双版纳、普洱）、滇东南旅游区（红河州、文山州）和滇东北旅游区（曲靖、昭通）六个旅游区。

总的来说，云南省第三产业结构层次仅相当于全国平均水平，与东部发达地区相比，产业结构高度还较低。其批发和零售业、住宿和餐饮业、金融业、其他服务业具有一定的专业化水平和规模优势。住宿和餐饮业的发展得益于区位因素的推动，具有一定的竞争力，但结构素质偏低；其他服务业（交通、仓储和邮政业）受区位和结构的双重约束，增长速度低于国家平均水平。总之，第三产业竞争能力偏低，云南省应充分重视和扶持第三产业的发展。

四、三次产业结构与空间布局

（一）三次产业结构

当前，云南省正处在工业化初期向中期过渡和城镇化快速发展的时期，产业结构转型升级力度不断加大，群众消费层次、消费水平不断提高，新型城镇化步伐不断加快，为制造业发展提供了广阔的发展空间和巨大的内需潜力。改革开放以来，云南省经济不断发展，工业化程度不断提高，产业结构不断由低级向高级转化，由不合理逐步趋于合理。

结合表5-5分析，1978年后，第一产业比重不断下降，第二产业比重不断增加，但增加的幅度较小，第三产业发展较迅速。到2015年，第三产业比重占到45.14%，十分接近第二产业的比重。1978~2015年，国内生产总值（GDP）从69.05亿元增长到13619.17亿元。2014年，云南省GDP总量在全国的排名首次上升，但是在全国仍然排名第23位，人均GDP低于全国平均水平。三次产业经历了一个升级优化的过程，三次产业产值比重从1978年的42.66∶39.94∶17.39调整为2015年的15.09∶39.77∶45.14，产业结构由传统的"一二三"调整为"二三一"。

其中，第一产业所占比重呈下降趋势，由1978年的42.66%下降到2015年的15.09%，下降了27.57个百分点，从1994年开始下降速度放缓；第二产业先

第五章 产业发展

表5–5 1978~2015年云南省三大产业结构所占比重

单位：%

年份	第一产业比重	第二产业比重	第三产业比重
1978	42.66	39.94	17.39
1983	41.08	39.38	19.54
1988	34.37	37.33	28.30
1993	28.90	49.40	21.70
1998	22.80	46.20	31.00
2003	20.40	43.40	36.20
2008	17.90	43.00	39.10
2013	16.12	42.04	41.79
2015	15.09	39.77	45.14

资料来源：《云南统计年鉴》（1979~2016年）。

下降后上升了接近10个百分点，然后趋于平稳；第三产业所占比重大体呈上升趋势，1992~1995年出现小幅度下降后又持续上升。

第一产业没有形成核心竞争力，大部分产品没有进行深加工，产品附加值低；第二产业中，烟草和化工占比达85%，百强企业中八成集中于滇中地区，区域分布不均衡；第三产业发展势头良好，产值比重不断提高。

(二) 三次产业空间布局

经过多年的发展和累积，全省各州市形成了一定的优势产业，但是分布较散，具体布局如下：

(1) 滇中地区。昆明有烟草、机械、化工、有色金属、黑色金属、建材、生物医药、非烟轻工等消费品工业，电子信息、金融、商贸、旅游、果蔬、花卉等主要产业；曲靖有烟草、能源、冶金、建材、化工、汽车、机械制造、生物等主要产业；玉溪有烟草、矿冶、生物资源、旅游等主要产业；楚雄有烟草、冶金、化工、生物制药、绿色食品、文化旅游、新能源、新材料等主要产业。

(2) 滇东北地区。近年来，畜牧业规模逐步扩大，苹果、天麻、花椒、核桃等优势产业不断壮大；新型工业化步伐加快，努力稳住烟草、电力、建材等传统产业，积极培育食品加工、生物制药等新增长点；第三产业发展势头强劲，文化旅游业快速发展，金融、物流、农村电商等现代服务业提速发展。

(3) 滇东南地区。红河有烟草、冶金、新材料、化工、电力和载能工业、生物、旅游、商贸物流等主要产业；文山有三七等特色农业种植、有色金属、化工、药业、电力、建材、特色农副产品加工、旅游等主要产业。

（4）滇西地区。大理有矿冶、机械、生物能源、能源、建材、烟草、优势农产品加工、旅游业等主要产业；保山有有色金属、农产品加工、化工、建材、珠宝玉石加工、旅游、商贸物流等主要产业；德宏有外向型制造业（外贸加工）、生物、水能电冶、珠宝玉石、旅游文化等主要产业。

（5）滇西南地区。临沧有矿业和农林产品加工业等主要产业；普洱有特色生物产业（茶叶等）、清洁能源、林产业、矿产和休闲度假等主要产业；西双版纳有林业、旅游与文化、电力、畜牧业与绿色食品加工业、云麻、傣药南药等主要产业。

（6）滇西北地区。丽江有矿产、建筑建材、现代生物制药、民族特色文化旅游、旅游商品加工等主要产业；迪庆有旅游、生物产业、矿产、水电等主要产业；怒江有电力、矿冶等主要产业。

从表5-6中可以看出，在2003年和2015年，昆明、曲靖、玉溪、红河、大理等地产值位居前列，德宏、怒江、迪庆产值则相对较低。从三次产业所占比重可以看出，云南省各州市三次产业比重2003~2015年在不断变化，产业结构类型大都为"三二一"，产业结构较合理。2003年，三次产业结构为"一二三"的是临沧，"二三一"的是昆明、曲靖、玉溪、楚雄、红河和怒江，"三一二"的是文山、西双版纳、大理、德宏、普洱、保山，"三二一"的是昭通、丽江、迪庆。到2015年，昆明、曲靖、保山、丽江、普洱、临沧、楚雄、文山、西双版纳、怒江和迪庆为"三二一"，玉溪、红河、大理、昭通为"二三一"，德宏为"三一二"。总体上，各州市间的产业结构存在一定差距，但总体得到不断优化。

表5-6　2003年、2015年云南省各州市三次产业所占比重

单位：%

州市	2003年			2015年		
	第一产业	第二产业	第三产业	第一产业	第二产业	第三产业
昆明	7.3	46.4	46.3	4.7	40.0	55.3
曲靖	22.9	52.2	24.9	19.4	39.4	41.2
玉溪	10.1	62.5	27.4	10.2	55.0	34.8
保山	37.2	20.3	42.5	25.7	34.8	39.5
昭通	30.3	30.8	41.9	19.9	43.5	36.6

续表

州市	2003年 第一产业	2003年 第二产业	2003年 第三产业	2015年 第一产业	2015年 第二产业	2015年 第三产业
丽江	26.2	29.9	40.9	15.4	39.8	44.8
普洱	32.1	29.7	38.2	27.9	34.8	37.3
临沧	38.9	31.2	29.9	29.0	33.8	37.2
楚雄	27.9	43.9	28.2	20.0	38.3	41.7
红河	20.3	53.5	26.2	16.5	45.3	38.2
文山	33.0	29.4	37.6	21.9	35.9	42.2
西双版纳	37.8	17.3	44.9	25.5	28.2	46.3
大理	31.2	31.1	37.7	21.5	39.5	39.0
德宏	33.5	22.8	43.7	25.1	24.6	50.3
怒江	24.6	37.7	37.7	16.6	30.4	53.0
迪庆	23.3	37.9	38.8	6.6	35.0	58.4

资料来源：《云南统计年鉴》（2004年、2016年）。

第二节 产业发展判定与主要类型

产业发展一般经历形成期、成长期、成熟期和衰退期，其进化过程既包括某一产业中企业数量、产品或者服务产量等数量上的变化，也包括产业结构的调整、变化、更替和产业主导位置等质量上的变化，而且主要以结构变化为核心，以产业结构优化为发展方向。[①] 目前，云南省第一产业的基础地位得到加强，第二产业发展较快，取得了较好的成绩，第三产业快速稳步发展，其主导产业、支柱产业、高新技术产业和战略性新兴产业发展较快。

一、产业发展判定

（一）产业发展阶段及特征

产业发展分为四个阶段：产业形成期、产业成长期、产业成熟期、产业衰退

---

① 黎春秋. 县域战略性新兴产业选择与培育研究［D］. 中南大学博士学位论文，2012.

期。① ①产业形成期是指由于新技术、新业务的出现而导致新企业的出现,并逐渐具备产业基本特点的过程。其主要特点有:生产规模小,成本过高,产业内仅有一个或少数几个企业,产品的技术还不成熟,产品还没有形成完整的产、供、销体系。②产业成长期是产业发展过程中非常重要的一个环节,此时产业已经度过了幼年时的危险期,但能否进入成熟期是该时期产业发展面临的主要问题。其主要特点有:生产规模扩大,产品进一步细分,技术工艺、品种、门类众多;该产业的产出在国民经济中的比重增大,该产业内的企业数量增多,产业与国民经济中其他产业的联系加强,对其他产业的影响较大;该产业的技术水平相对于其他产业来说较高,代表产业结构转换的新方向,形成了独立的生产经营管理手段。③产业成熟期是指产业在成长期生产能力扩张到一定阶段后,进入一个稳定发展的时期,此时生产规模、技术水平、市场供求都很稳定。其主要特点有:产业规模很大,产品的普及度高,其产值在国民经济中占较大比重,产业内企业数量较大,经济效益好、技术先进成熟、产品成形,其性能、式样、工艺等已经被市场认可,市场需求量大,处于成熟期的产业可能会成为一国的支柱产业。④产业衰退期是指产业从繁荣走向不景气进而衰退的过程。其主要特点有:市场需求萎缩,生产能力过剩,产品供过于求,产业的发展速度下降,在国民经济中的地位和作用下降,产业的技术水平在整个产业结构中处于较低水平,衰退期的产业通常也被称为夕阳产业。

(二) 产业发展研判

经历了"十五"到"十二五"的发展,云南省第一产业的基础地位得到加强,第二产业发展较快,取得了较好的成绩,第三产业快速稳步发展。如烟草产业、以电力为主的能源产业、冶金工业、生物产业、旅游业等支柱产业得到进一步提升,文化产业发展成为新的支柱产业,装备制造业、光电子产业等深加工、高技术产业迅猛发展,资源型粗加工的工业特征得到改善。

1. 产业发展优势

"十二五"时期,云南省产业规模持续扩大,结构不断优化,生产总值(GDP)跨上万亿元新台阶,"十二五"末达到13718亿元,年均增长11.1%,三次产业结构调整为15:40:45。第一,支柱产业持续巩固提升。2015年,烟草、

---

① 任竞.百视通新媒体产业发展策略研究 [D].复旦大学硕士学位论文,2013.

第五章 产业发展

矿业、能源、旅游等支柱产业增加值合计达到4518亿元，占GDP的比重达到33%，继续成为全省经济发展的骨干支撑力量。第二，新兴产业初具规模。2015年，战略性新兴产业增加值占GDP的比重达到8%，食品工业主营业务收入突破千亿元，以汽车、摩托车、纺织服装等为代表的承接产业转移的步伐加快，生产性和生活性服务业特色领域发展初见成效。第三，传统产业升级加快。"十二五"期间农产品加工产值年均增长20.2%，有色、钢铁、水泥、化肥等原材料工业产品结构调整加快，产业集中度不断提高，技术装备水平和资源综合利用率等明显提升，提前一年完成"十二五"淘汰落后产能目标。第四，产业布局不断优化。以滇中为重点、沿线沿边加快发展的产业布局新格局初步形成，层级清晰、类型多样的园区框架体系初具雏形。第五，骨干企业发展壮大。"十二五"期间，省属企业资产总额年均增长16%，5户省属企业进入中国企业500强，一批充满活力的民营企业不断壮大，非公经济增加值占全省GDP的比重达到46.6%，5年提高6个百分点。①

2. 产业发展劣势

同时也要看到，经济发展进入新常态，经济增速换挡、结构调整阵痛、动能转换困难相互交织，云南省产业结构性矛盾进一步凸显。从三次产业来看，2015年，第一产业增加值比重为15%，高于全国平均水平6个百分点；第二产业增加值比重为40%，工业化率为28.6%，分别低于全国平均水平5.5个百分点和5.2个百分点。第一产业中，农产品加工转化增值率低，农产品加工产值和农业产值比为0.64∶1（不含烟草），远低于2.20∶1的全国平均水平，高原特色农业有特色但发展质量不高；第二产业中，烟草、资源性等产品占比突出，2015年烟草制品业增加值为1300亿元，占规模以上工业增加值的35.9%，加上矿冶和电力行业，增加值占规模以上工业增加值的比重超过78%；第三产业中，生产性和生活性服务业在数量和质量上均不能满足产业结构调整和消费结构升级的需要。产能过剩与供给不足并存，以钢铁、煤炭为代表的原材料产业产能过剩，省内装备制造业供给能力不足，2015年云南省全部工业中装备制造业占比仅为4%，80%的日用消费品需要从省外输入。产业技术创新能力薄弱，研究与开发经费投入占

---

① 云南省人民政府办公厅.云南省人民政府关于印发云南省产业发展规划（2016~2025年）的通知[BE/OL].澄江信息网，http://www.yncj.gov.cn/Item/24905.aspx，2017-01-06.

GDP 的比重仅为全国平均水平的 1/3，规模以上工业企业万人拥有的研发人员不到全国平均水平的 1/4，万人发明专利授权数仅为全国平均水平的 1/10。民营经济发展不充分，非公经济增加值占 GDP 的比重低于全国平均水平十多个百分点。经济开放度不高，2015 年全省经济外向度低于 15%，毗邻南亚、东南亚的区位优势尚未真正转化为推动产业跨越式发展的重要动力。[①]

二、主导产业发展

主导产业是指在区域经济中起主导作用的产业。从量的角度看，主导产业是在 GDP 中占有较大比重或者将来有可能占有较大比重的产业部门；从质的角度看，主导产业是在整个国民经济中具有举足轻重的地位，能够对经济增长的速度与质量产生决定性影响的产业部门。[②] 主导产业具有关联效应性、个别性、序列演替性、多层次性等特点。

（一）主导产业发展阶段

云南主导产业的选择经历了四个阶段：[③] 第一阶段是 1978~1995 年，党的十一届三中全会后，云南优先发展以烟、糖、茶、胶为主的轻工业，由此烟草、蔗糖、茶叶、橡胶等轻工业成为云南省的主导产业；第二阶段是 1996~2000 年，云南把烟草、生物资源开发、磷化工和有色金属为重点的矿业开发、旅游业作为全省着力扶持和培育的四大支柱产业；第三阶段是 2001~2008 年，烟草、生物资源、旅游、电力和矿产成为云南新的主导产业；第四阶段是 2009 年至今，通过多年发展，云南的主导产业为烟草产业、矿产业、能源产业、装备制造业、旅游文化产业、生物医药产业、房地产业、商贸流通业、信息服务业、金融业和环保产业。在以后的发展中，云南省的主导产业发展着眼于打造产业基地，提高自主创新能力，畅通产业发展融资渠道，建设现代人才队伍，促进产业和生态环境协调发展。

（二）影响主导产业发展的因素

影响云南主导产业选择的主要因素有资源因素、经济政策因素、科技因素、

---

① 云南省人民政府办公厅.云南省人民政府关于印发云南省产业发展规划（2016~2025 年）的通知 [BE/OL].澄江信息网, http://www.yncj.gov.cn/Item/24905.aspx, 2017-01-06.
② 黎春秋.县域战略性新兴产业选择与培育研究 [D].中南大学博士学位论文, 2012.
③ 汪鑫.基于现代产业体系的云南主导产业选择研究 [D].云南财经大学硕士学位论文, 2011.

第五章 产业发展

生态环境因素等。资源的储藏、分布和开发利用状况会对一个地区的产业结构和主导产业选择产生较深的影响，一个地区特有的或具有较大优势的自然资源往往具备成为主导产业的可能性。[1] 目前，云南省的烟草、橡胶、有色金属、黑色金属等产业的发展就是由于资源因素的影响。经济政策会使政府大力鼓励工业产业的发展，以工业化带动城市化，所以，各地区建设积极迅速，磷化工、冶金、装备制造等重化工产业成为云南省的主导产业并快速发展。科学技术对生产有着巨大的推动作用，尤其是高新技术，科学技术有利于提高产业层次，调整产业结构；生态环境因素让云南顺应潮流积极发展水电、太阳能、新能源汽车等对生态影响较小的产业。基于对这四个因素的分析，当前云南的主导产业主要是具备较大资源优势的产业。

三、支柱产业发展

支柱产业是指在国民生产总值中所占比重大，具有稳定而广泛的资源和产品市场，同时具有较强的前向和后向产业关联作用，对区域经济实务的增强和人民生活水平的提高起到根本保证作用的产业。[2] 支柱产业在云南省GDP中占有较大份额，已经在资源配置、技术装备、社会需求等方面处于相对稳定的状态，同时，具有产业集群和商业集群的优势，成为云南省经济发展的发动机。云南的支柱产业主要有烟草、生物资源开发创新、旅游、矿产、电力五大产业。近年来，云南五大支柱产业发展迅速。

（一）烟草产业

云南省烟草产业经过几十年的科技创新，实现了原料基地建设、研发、生产、经营的飞越，成为云南省最重要的经济支柱型产业之一。截至2015年，云南烟草行业拥有9家卷烟厂，30多家复烤厂，以及烟草研究院、进出口、烟叶和卷烟销售公司等16个直属单位。烟叶收购量约占全国的1/3，卷烟产销量占全国的18%，利税占全国的1/3，在全国烟草产业中占有重要地位。云南烟草产业在烟叶种植方面进行了品种优选、品种改良，使烟叶的种植和生产基地建设居国内领先地位，烟草种植科技贡献率为42%。在烟草加工方面，进行了卷烟生产工

---

[1] 段云龙，尹敬东. 云南省产业结构调整的战略选择 [J]. 云南财贸学院学报，2003 (6)：118–119.
[2] 秦成逊. 云南省支柱产业发展的现状、问题和对策研究 [J]. 昆明理工大学学报（理工版），2007 (4)：85–89.

艺、产品开发、研制配方、烟气化学、烟草化学、卷烟辅料、香精香料、烟草质检、信息化建设等上千个研究、开发项目，其中有3项达到国际领先水平。[①]

（二）生物产业

近年来，云南与生物有关的天然药物、绿色食品、花卉及绿化、园艺生物化工、保健食品、香料等方面有了快速的发展，形成了一定规模的科技产业。"云药"、"云花"产业已经形成了集群创新优势，产业集成创新体系基本形成，使行业经济呈高速发展态势。但云南省科技、经济和社会发展的总体水平较低，尤其是支撑产业大发展的科技基础条件比较薄弱，成为制约产业发展的重要因素。

（三）矿业新材料

云南矿产资源丰富，素有"有色金属王国"的美誉，开发历史悠久，在全国具有较高的地位。一系列产业促进政策和扩大对外合作战略，加快了矿业发展，云南矿业已经成为云南响当当的重要支柱产业。经过多年的培育和发展，云南矿业形成了从勘查、开采、选矿、冶炼到精深加工的完整产业链，涵盖了能源、黑色金属、有色金属、稀贵金属、化工及其他非金属矿产。2009年以来，全省矿业直接和间接从业人员达百万人，实现年产值2000多亿元。[②]

（四）旅游业

云南依托得天独厚的旅游资源，经过数十年的建设发展，旅游产业综合发展水平已跃居西部省区之首，成为中国的旅游大省。其著名的旅游景点有昆明、大理、丽江、香格里拉、腾冲、瑞丽、西双版纳、普者黑等地，主要分布在滇中、滇西、滇西北、滇西南、滇东南等地区。2014年，全省累计接待海内外旅游者2.85亿人次，旅游业总收入达到2650亿元，同比增长26%。旅游对交通运输业、住宿业、餐饮业、娱乐业、商品零售业的贡献分别为523.38亿元、470.64亿元、395.38亿元、154.23亿元、551.73亿元，游览消费达到346.36亿元，从中可以看到旅游业对全省的发展作用十分明显。

（五）电力产业

云南省电力主要以水电为主，具有资源丰富、开发条件优越、技术力量雄厚、市场前景广阔、产业关联度较高、产业竞争力较强等特点。机容量居全国第

[①] 陶军.研究生人力资本与经济增长研究[D].昆明理工大学博士学位论文，2011.
[②] 吴清泉，李莎，王永刚.云南矿业发展的一次深度思考[N].云南日报，2009-09-06.

二，约占全国总量的24.4%。不仅资源蕴藏量巨大，且分布主要集中在金沙江、澜沧江、怒江三大流域，占云南省经济可开发容量的85.6%。2016年，云南省风电发电量大幅增长，风电日发电量已超过1亿千瓦时，成为云南省第三大电源。云南电力生产税收收入主要来自昆明、普洱、昭通、曲靖、红河、临沧、丽江等建有大型水电站的州市，如2013年，云南省电力发电增值税达到40亿元，电力供应增值税达38亿元，成为国家实施"西电东输"的主要省份之一。持续不断的R&D投入，使该行业总体科技水平不断提高，在发电技术、输变电技术及产品和信息技术的应用等方面有了长足的进步，获得了一批在国内具有领先水平的科技成果。

四、高新技术产业发展

高新技术产业是指采用现代高技术或者新技术，发展速度快、增长潜力大的产业，如信息产业、新能源产业、新材料产业、生命工程产业、海洋开发产业、航空航天产业、环境保护产业、咨询服务业等。

近年来，云南省高新技术产业发展势头良好，探索并制定了一系列改革措施，包括资金扶持制度、人才保障制度等方面，涌现出大量高新技术企业和有广阔发展前景的高新技术产品。[①]自2008年国家颁布实施《高新技术企业认定管理办法》以来，云南省科技厅、省财政厅、省国税局、省地税局按照省委、省政府建设创新型云南的要求，密切配合，努力培育高新技术企业，使云南省高新技术企业数量稳步增长（见图5-1），2015年，云南省高新技术企业数量居全国第17位、西部12省区第3位，同时，高新技术企业销售收入稳步增长（见图5-2）。在新常态下，高新技术企业的各项经营指标依然保持了两位数快速增长的态势，为全省经济稳增长做出了实质性贡献。

根据全国高新技术企业认定管理工作领导小组办公室通报，云南省2015年高新技术企业达到918家，较2014年净增加136家，增长17.4%；全省上市（挂牌）高新技术企业达到33家，较上年增长154%；全省高新技术企业实现销售收入2674亿元，较上年增长19.7%；高新技术产业化指数排全国第14位（其

---

① 许平平，寸晓宏，时斌. 云南"十三五"期间高新技术产业发展对策研究［J］. 云南农业大学学报（社会科学版），2016（3）：50–54.

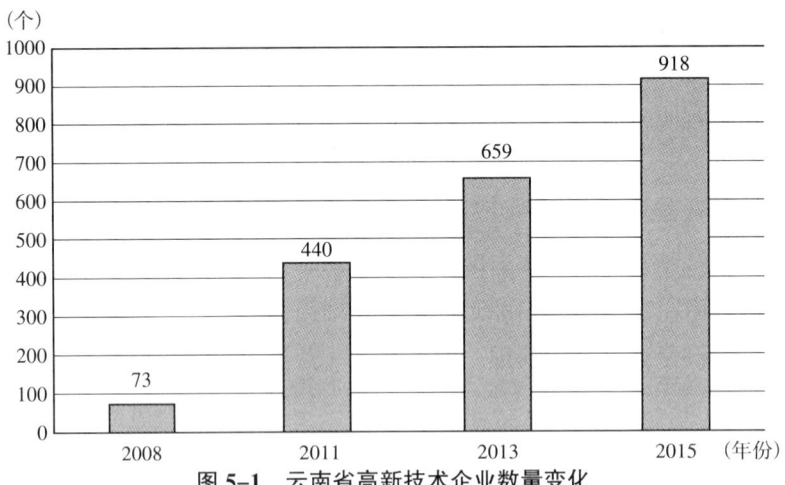

图 5-1 云南省高新技术企业数量变化

资料来源：根据全国高新技术企业认定管理工作领导小组办公室通报数据整理得到。

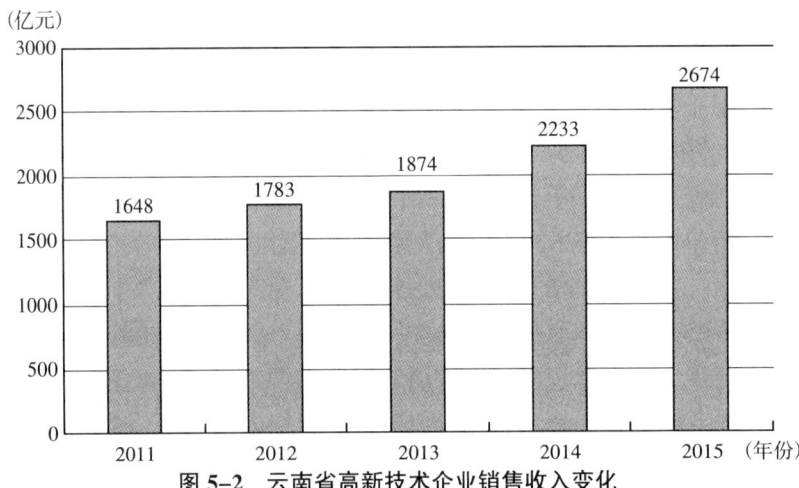

图 5-2 云南省高新技术企业销售收入变化

资料来源：同图 5-1。

中，高新技术产业化效益第 10 位，高新技术产业化水平第 19 位），较上年上升了 5 位，高新技术企业对云南省经济社会发展的支撑引领作用进一步凸显。[①] 已建立 14 个国家级高新区、6 个省级高新区，云南滇中新区获批国家级高新区，高新技术产业持续、快速发展，引领着云南高新技术产业化的形成，其产值占全省高新技术产业产值的 70% 以上。随着高新技术的研究和开发，云南在新材料、

---

① 云南省科技厅. 云南省高新技术企业培育发展工作成效显著 [EB/OL]. 中国科学技术部，http://www.most.gov.cn/dfkj/yn/zxdt/201602/t20160222_124190.htm，2016-02-23.

光机电一体化、生物工程、电子信息等高技术领域逐渐形成一批优势、特色企业。云南白药集团、云内动力股份有限公司、云南铜业铜材有限公司、云南云维集团等，在各自的行业中都处于全国领先水平。

总体来说，云南省高新技术产业发展还远落后于国家发展水平，属于我国落后的省份，除了社会、经济、历史等外部因素的影响外，还有高新技术产业发展的内部原因，如创新型人力资本不足、资金不足、科研创新能力不强等，在一定程度上制约了云南高新技术产业的发展。

五、战略性新兴产业发展

战略性新兴产业是指以重大技术突破和重大发展需求为基础，对经济社会全局和长远发展具有重大引领带动作用，知识技术密集、物质资源消耗少、成长潜力大、综合效益好的产业。目前，云南省主要以生物、光电子、高端装备制造、节能环保、新材料、新能源六大战略性新兴产业为主。经过改革开放30多年的不懈努力，云南省战略性新兴产业发展势头迅猛，对引领产业结构调整和促进经济发展方式转型的作用越来越明显。2015年，云南省战略性新兴产业增加值占GDP的比重达到7%，规模以上工业战略性新兴产业增加值占全部规模以上工业企业增加值的12%以上。现代生物、光电子和新材料三个产业增加值连续三年超过百亿元，高端装备制造产业增加值突破百亿元。

2015年，现代生物、光电子、新材料三个产业的增加值占全省战略性新兴产业增加值的比重超过70%以上，无论是从产业规模还是产业增速来看，现代生物产业、光电子产业、新材料产业已经成为云南省战略性新兴产业的优势产业，并引领全省战略性新兴产业的快速发展。[①]

（一）现代生物产业

2015年，现代生物产业增加值占GDP的比重为2.5%，增加值占全省战略性新兴产业的比重为30%。近年来，其规模、质量、市场占有率日益提升，增长速度快、发展势头好。在生物医药方面，"十二五"以来，生物医药产业已成为全省发展最好的产业之一。2014年，云南生物医药产业经济总量已达1013亿元，其中，实现种植产值218亿元，工业总产值348亿元，商业销售收入447亿元。

---

① 李延芬，李红玲.云南省战略性新兴产业发展对策研究[J].商业时代，2012（24）：142-143.

在生物育种方面，云南省在烤烟、水稻、甘蔗、玉米、马铃薯、猪、牛等方面颇有成就。在生物制造方面，云南省的卷烟、花卉、蔗糖、茶叶、咖啡、橡胶、生物药等在全国具有较大的影响力，生物制造技术在部分领域处于先进水平。在生物技术服务方面，云南省有国家、省、州、市、县四级体系比较健全的生物技术服务机构，服务范围从种养到生产加工再到市场推广与拓展，服务区域遍及全省。

（二）光电子产业

2015年，光电子产业增加值占GDP的比重为1.7%，增加值占全省战略性新兴产业的比重为22%。经过多年发展，云南省初步形成了以红外及微光夜视、光电子信息材料等为主导，以光机电一体化设备、半导体照明、OLED等产业为补充的光电子产业发展格局。"省部共建"的昆明光电子产业基地和昆明国家光电子材料及产品科技兴贸创新基地，聚集了昆明物理研究所、昆明北方红外技术股份有限公司、北方夜视技术集团股份有限公司等一批极具实力的企业。

（三）高端装备制造产业

2015年，高端装备制造产业增加值占GDP的比重为1%，增加值占全省战略性新兴产业的比重达到10%以上。云南省在高端装备制造方面已攻克了一批关键技术，研制了一批技术含量高、市场竞争力强的高新技术产品，逐步形成了以昆明为中心，以曲靖、玉溪、大理等为次中心的高端装备制造产业基地，部分技术和产品在国际国内处于领先水平。2015年上半年，全省规模以上装备制造业实现增加值57.83亿元，同比增长9.3%，比全部规模以上工业高3.2个百分点，在全省工业转型升级方面发挥了示范带动作用。

（四）节能环保产业

2015年，节能环保产业增加值占GDP的比重为0.6%，增加值占全省战略性新兴产业的比重为8%。云南省节能环保产业正处于成长期，环保及相关产业已初具规模，在矿冶、重化工、生物等传统产业及高原湖泊治理技术方面有比较优势。部分企业节能环保技术开发、技术改造和技术推广的力度不断加大，涌现出不少环保新技术、新工艺、新产品，各种技术和产品基本覆盖了环境污染治理、节约能源、资源综合利用和生态环境保护的各个领域。[①]全省拥有一批工业循环经济试点企业、生态产业园区、清洁能源示范县、国家环保装备基地、云南资

---

① 李延芬，李红玲. 云南省战略性新兴产业发展对策研究[J]. 商业时代, 2012 (24)：142-143.

源环保科技创新园等产业发展平台,为企业聚集及产业集聚发展奠定了一定的基础。①

(五) 新材料产业

2015年,新材料产业增加值占GDP的比重为1.5%,增加值占全省战略性新兴产业的比重为20%。近年来,云南省大力投资新材料产业,加快新材料研发和生产,大力引进国内外资金、高端人才,加快新材料产业的培育和建设,推动产业结构优化升级,已形成了以矿产采选、冶金、加工为基础,以金融、信息、技术等服务体系为支撑,以有色金属材料为龙头的新材料产业。在2013年,其产业增加值占GDP的比重为1.6%,增加值占全省战略性新兴产业的比重为20.27%。截至2015年,云南省的有色金属、稀贵金属等矿产资源储量均居全国前列,已发现各类矿产150多种,探明储量的矿产92种,其中铅、锌、锡、磷、铜、银等25种矿产储量位居全国前三位,有61种矿产资源储量位居全国前10位,有色金属资源在国内资源总量中占有较大比重,10种主要有色金属产量居全国前三位。截至2012年,拥有国家工程实验室1个,国家重点实验室1个,国家工程研究中心1个,国家级企业中心4个,国家级企业孵化器1个,省级重点实验室4个,省级中试基地1个,省级认定企业技术中心6个。同时,拥有发展新材料产业的技术基础和人才储备,已建有昆明国家稀贵金属新材料产业化基地、临沧国家锗材料高新技术产业化基地、红河国家锡基材料产业化基地及稀贵金属综合利用高新技术国家重点实验室,培育和发展了以云南锡业集团有限责任公司、云南铜业股份有限公司等为代表的一批大型骨干企业。②

(六) 新能源产业

云南省有丰富的太阳能、风能和生物质能。太阳能辐射资源丰富,在全国居第8位,年辐射能量相当于731亿吨标煤,拥有木本油料植物200种左右,可利用木本油料植物种类占全国可用木本油料植物种类的60%以上,风能总储量1.22亿千瓦,生物质能原料种质资源居全国之首,全省可用于生物柴油原料种植的土地资源面积为1389万亩,全省农村户用沼气保有量达250万户,位居全国第4

---

①② 云南省发改委高技术处.云南:强化创新支撑能力 推进战略性新兴产业培育和发展[J].中国科技投资,2012(14):55-59.

位[①]。云南省具备较好的发展太阳能、风能和生物质能的资源、技术和人才基础，近年来，在太阳能、风能、生物质能等新能源产业方面取得了很大突破。2015年，新能源产业增加值占 GDP 的比重为 0.6%，增加值占全省战略性新兴产业的比重为 7%。

第三节 县域经济与特色产业

县域是中国基本的行政和经济单元，县域经济在国民经济中处于基础性地位。每个县的地理位置、生态环境、交通区位、经济基础和发展状况各异，存在区别于其他县的条件和优势，因而立足于本县的特色产业和优势产业，发展形成"一县一特"、"一乡一业"、"一村一品"的经济结构。

一、县域经济的基本特征

(一) 县域之间经济规模差异大

2014 年，云南省县域实现生产总值 12814.59 亿元，人均 GDP 为 27264 元。GDP 超 500 亿元的有四个，分别是五华区、官渡区、红塔区、麒麟区；超过 100 亿元（不足 500 亿元）的县市区有 29 个（见图 5-3）。人均 GDP 最高的是红塔区，为 122267 元；最低的是镇雄县，仅有 6192 元。不同层次人均 GDP 的县市区数量如图 5-4 所示。

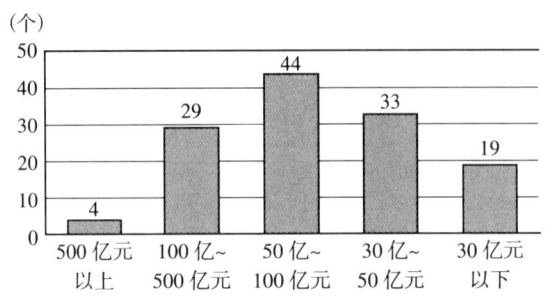

图 5-3 不同规模 GDP 的县市区数量

资料来源：《云南统计年鉴》（2015 年）。

[①] 杨映明，高波. 桥头堡战略下云南省发展战略性新兴产业的思考[J]. 中国发展，2011 (S1)：5-9.

第五章 产业发展

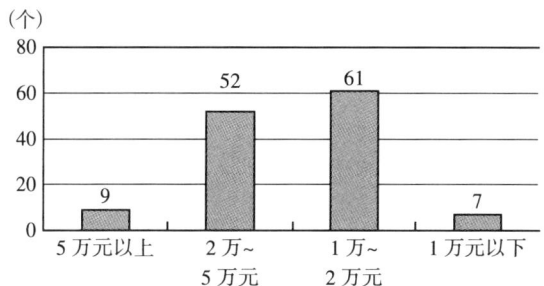

图 5-4 不同层次人均 GDP 的县市区数量

资料来源：同图 5-3。

（二）产业结构差异较大

2014 年，全国三次产业结构比例为 9.2：42.7：48.1，云南省三次产业结构比例为 15.5：41.2：43.3。分县市区看，各县市区的产业结构差异较大，第二、第三产业比重大于 90%的县市区有 17 个，第二、第三产业比重小于 60%的县市区有 8 个（见图 5-5）。总体上看，云南的工业化落后于全国平均水平，现在基本进入完成工业化初级阶段。

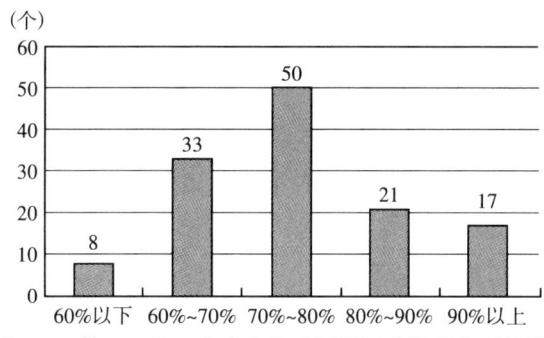

图 5-5 第二、第三次产业比重不同层次的县市区数量

资料来源：同图 5-3。

（三）农民人均纯收入悬殊

2014 年，云南省农民人均纯收入为 7456 元。农民人均纯收入最高的是官渡区，为 14213 元，最低的是福贡县，为 3944 元。不同层次农民人均纯收入的县市区数量如图 5-6 所示。2014 年，城乡居民储蓄存款年末余额为 9699.01 亿元，最高为五华区和盘龙区，总和有 1777.63 亿元，最低为贡山县，仅有 4.32 亿元；城乡居民人均储蓄存款为 2.06 万元，最高为瑞丽市，有 6.11 万元，最低为镇雄县，有 0.54 万元，有 30 个县域在 1 万元以下。

· 113 ·

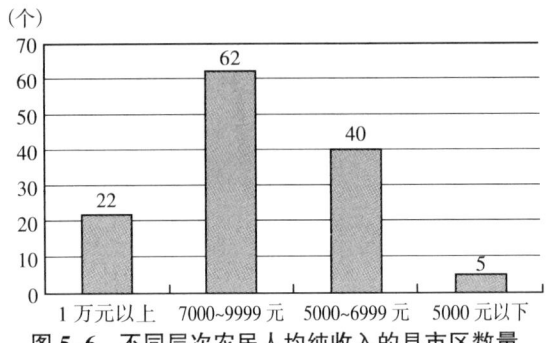

图 5-6 不同层次农民人均纯收入的县市区数量

资料来源：同图 5-3。

(四) 财政收入差异大

2014 年，云南省县域地方公共财政预算收入为 1698.06 亿元，人均地方公共财政预算收入为 3613 元。全省财政一般预算收入超过 10 亿元的有 25 个县，有 73 个县的财政预算收入在 1 亿~5 亿元。财政一般预算收入最高的是官渡区，有 41.54 亿元，最低的是贡山县，仅有 0.6 亿元。从人均财政收入看，安宁市人均财政收入为 6327 元，为全省最高，最低的是盐津县，仅为 359 元，1000 元以下的有 28 个县（见图 5-7、图 5-8）。

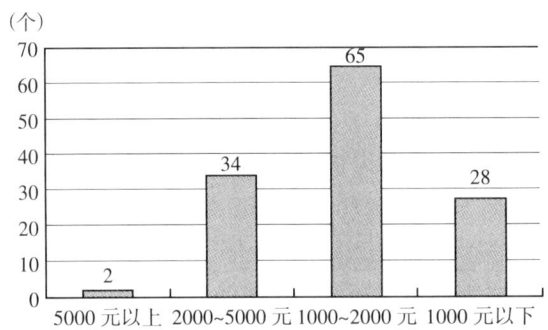

图 5-7 不同规模人均财政一般预算收入的县市区数量

资料来源：同图 5-3。

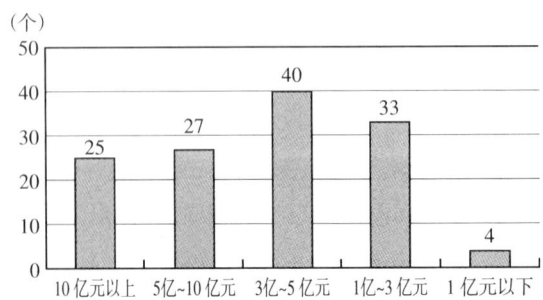

图 5-8 不同规模财政一般预算收入的县市区数量

资料来源：同图 5-3。

二、县域经济的分类

(一) 指标体系的选择及数据来源

本书选取了12个县域经济综合发展评价指标。分别是：国内生产总值（亿元）；人均国内生产总值（元）；第一产业比重（%）；第二产业比重（%）；第三产业比重（%）；规模以上工业企业生产总值（亿元）；固定资产投资（亿元）；人均地方财政收入（元）；社会消费品零售总额（亿元）；农民人均纯收入（元）；城乡居民人均储蓄存款（万元）；规模以上工业企业单位数（个）[1]。根据县域经济综合发展水平的测度指标体系，进行基础数据资料的采集。云南省129个县（市、区）的基本数据资料主要来自2015年《云南统计年鉴》。

(二) 综合竞争力测评方法

将12个指标进行标准化处理，基于SPSS软件利用主成分分析方法计算得到主成分特征值及贡献率。计算结果显示，前三个主成分累计方差贡献率为85.019%，达到了累计方差贡献率85%的标准，表明前三个主成分的数值变化可以代替12个原始变量的变化。进一步根据主成分载荷矩阵表确定权重，根据公因子权重计算公式，得出各因子权重。根据主成分分值表即可计算出云南省129个县（市、区）的综合主成分值并进行排序，从而对129个县（市、区）进行综合评价比较。根据综合评价指数分值从高到低进行排名可以看出，云南省县域经济发展综合排名大致可分为四大类：第一类是综合评价值大于1的发达区；第二类是综合评价值大于0小于1的较发达区；第三类是综合评价值大于-1小于0的欠发达区；第四类是综合评价值小于-1的发展区。具体分类如表5-7所示。

表5-7 云南省县域经济分类

类别	县域
第一类 (发达区) (20个)	官渡区、五华区、西山区、盘龙区、红塔区、麒麟区、安宁市、大理市、呈贡区、楚雄市、个旧市、古城区、晋宁区、开远市、宣威市、文山市、弥勒市、香格里拉县、蒙自市、景洪市
第二类 (较发达区) (22个)	崇明县、瑞丽市、沾益县、邵阳区、思茅区、新平县、隆阳区、腾冲市、宜良县、东川区、通海县、富源县、澄江县、德钦县、临翔区、建水县、富民县、易门县、石林县、禄丰县、峨山县、水富县

---

[1] 周李磊，林孝松等.基于主成分分析的重庆市县域经济综合评价[J].重庆工商大学学报（自然科学版），2013（1）：21-26.

续表

类别	县域
第三类 (欠发达区) (45个)	罗平县、会泽县、砚山县、芒市、江川县、泸西县、祥云县、维西县、华宁县、河口县、陆良县、勐海县、马龙县、寻甸县、华坪县、盈江县、元江县、玉龙县、镇雄县、云龙县、兰坪县、师宗县、禄劝县、泸水县、马关县、镇康县、贡山县、景谷县、鹤庆县、富宁县、宁洱县、云县、南华县、绥江县、武定县、鲁甸县、永胜县、麻栗坡县、永善县、元谋县、大姚县、永仁县、沧源县、双江县、龙陵县
第四类 (发展区) (42个)	凤庆县、牟定县、永德县、弥渡县、南涧县、墨江县、昌宁县、宾川县、耿马县、洱源县、施甸县、剑川县、威信县、福贡县、石屏县、大关县、屏边县、丘北县、勐腊县、双柏县、广南县、澜沧县、西盟县、盐津县、宁蒗县、金平县、漾濞县、巍山县、姚安县、景东县、西畴县、绿春县、元阳县、江城县、梁河县、永平县、陇川县、孟连县、巧家县、镇沅县、红河县、彝良县

三、县域特色产业

县域经济按产业结构划分，可分为农业主导型县、工业主导型县和服务业主导型县。[①] 基于这种划分，结合上文综合竞争力测评结果，对云南省县域做如下划分和阐述。

(一) 农业主导型

1. 主要县域

农业主导型县是以农业为其主导产业的一种县域经济形式，县域内可开发利用的农业自然资源丰富，农业基础产业发展具有比较优势，逐步形成了以商品性农业生产为龙头、以农产品为原料的加工业。这些县域主要包括表5-7中第三类和第四类的全部县域和第二类中的大部分县域。

2. 农业发展概况

2016年，全省完成农林牧渔业总产值3633.06亿元，同比增长5.8%。完成增加值2242.15亿元，同比增长5.7%。其中，农业增加值1305.52亿元，增长5.8%；林业增加值217.00亿元，增长10.5%；牧业增加值616.43亿元，增长3.0%；渔业增加值56.09亿元，增长10.9%。2016年，全省除了粮食产量持续增长外，单位面积产量也有所提高，粮食产量为1902.9万吨，比2015年增产26.5万吨，增长1.4%。粮食综合平均单产283.1千克/亩，比2015年增加4.3千克/亩，同比增长1.6%。全省高原特色现代农业在高起点上实现了稳中向好、提质增效。

---

① 闫天池. 我国县域经济的分类发展模式[J]. 辽宁师范大学学报，2003 (1)：22-24.

烟叶、核桃、咖啡面积和产量继续保持全国第一，蔬菜、茶叶、油料、水产品实现较快增长。①

3. 主要做法和措施

（1）利用资源和产业基础优势，大力发展特色经济作物。依托云南优越的生态环境和丰富的农业资源、生物资源、热区资源优势，以国内外两个市场为导向，加大高原特色农业产业基地建设，促进特色经济作物向最适宜地区集中，稳步提升烤烟、糖料、茶叶、橡胶、蔬菜等传统优势产业，大力发展咖啡、核桃、花卉、蚕桑、热带亚热带水果等新兴特色产业；大力发展资源利用率高、科技含量高、附加值高、质量安全、环境友好的特色农产品深加工，构建高原特色农业产业经济体系。

（2）积极培育品牌农业，着力推进产业集聚。一是建立农产品基地和特色农业产业区。②农产品基地是农业工业化的"第一车间"，按照区域化、专业化、集约化和标准化的要求，依托龙头企业，建设一批优质专用农产品生产基地。2013年，省级财政安排14亿元投入昆曲绿色经济示范带，以建立一批生产基地、农业园区、农业产业化龙头企业、精品农业庄园、区域性农产品综合市场和专业市场集群。二是创品牌，加大推介力度。认真落实有关商标的认证和绿色食品的优惠政策，积极引导龙头企业、种植大户注册商标。全省评出了六大名米、名猪、名牛、名羊、名鸡、名鱼，认定了一批"云南名牌农产品"，成功申报了"文山三七"、"昭通天麻"和"龙陵石斛"等产品原产地保护认证，提升了云南农产品的品牌形象。三是扶持龙头企业，延伸特色农村产业链。按照"抓市场、促加工、带基地、增效益"的思路，围绕主导产业，重点培育基础坚实、辐射面广、牵动力强的龙头企业。③积极引进民间资本和外商资本，投资创办农产品生产加工营销企业。根据省、市龙头企业的认定标准，认定一批县级龙头企业，对龙头企业进行资金支持、政策等项目倾斜，有效带动基地建设和农民种植的积极性，促进龙头企业市场拓展。

（3）实施基础设施建设工程。开展农水、农田和农路建设工程，完善灌排设

---

① 云南省统计局. 2016年云南经济发展报告［EB/OL］. 西双版纳政务网，http：//www.xsbn.gov.cn/250.news.detail.dhtml？news_id=37764，2017-03-17.
② 冯博. 宜良县域经济发展研究［D］. 云南大学硕士学位论文，2012.
③ 王秉安等. 县域经济发展战略［M］. 北京：社会科学文献出版社，2007：330.

施，实现灌排渠沟网络分设，泵房和田间储水池齐全，并根据条件推进水肥一体化高效节水灌溉设施建设，建设路面硬化的田间主干道和支道，配设生产用电。开展农机化工程，充分利用国家农机购置补贴政策的机遇，全力推进农业生产机械化的发展。加大成熟的农机技术的推广应用，着力提高机械耕耙作业水平。

（4）进一步推进农村土地经营制度改革。当前制约农业进一步发展的首要问题是土地问题。家庭联产承包责任制的土地制度，限制了农业的进一步发展，主要表现为抗风险能力低、农业效益低和利用农业技术水平低。通过土地流转的制度改革，实现土地集中出让，采用现代公司企业运作，发展高效农业，提高市场竞争力。

（5）积极稳妥做好剩余劳动力的转移。农村剩余劳动力转移问题事关县域经济的发展，不仅能够加快农村现代化的进程，提高农村竞争力，而且能够促进当地第二、第三产业的快速发展，提高城镇化水平。各地积极加强劳动力技能的培训，在县域经济发展中，建立劳动密集型企业来吸收剩余劳动力。

（二）工业主导型

1. 主要县域

工业主导型县是以工业为主导产业的一种县域经济形式。其主要特点是：工业成为县域经济的支柱产业，工业产值占社会总产值的比重较高。县域工业的蓬勃发展是推动全县经济发展的主要力量[1]，工业增加值占生产总值的大部分，其提供的就业岗位占全县就业岗位的多数，还吸纳了大量县外的流动劳动力。这些县域主要包括表5-7中第一类的部分县域，如安宁市、楚雄市、个旧市、开远市、宣威市和文山市等，第三类和第四类中极少数具有较强工业功能的县域，如兰坪县、马关县、泸水县等。

2. 工业发展概况

2016年，全省完成规模以上工业增加值3668.28亿元，同比增长6.5%。其中，重工业比重为69.3%。重工业主要以钢铁、石油加工及炼焦业、有色金属冶炼、普通机械制造、矿产为主，轻工业主要以纺织业、制造业、运输业等为主。近年来，采矿业增长较快，制造业拉动明显；烟草工业下滑，非烟工业快速增长；工业生产保持稳定，主要行业增势良好。

---

[1] 费月升，林洪涛. 县域经济主导产业发展模式［J］. 边疆经济与文化，2006（3）：65-66.

第五章 产业发展

3. 主要做法和措施

(1) 持续推进生态工业园区建设。加快经济开发区建设，积极做好经济开发区申报工作。政府负责产业园区的总体规划、条件审核、材料审批等，对工业园区的总体情况进行宏观把握，监管工业园区的环保、生态问题，加强对产品质量、生产要求、环保、安全等方面的监督。坚持用产业集群的理念引领工业的发展，按照"大项目—产业链—产业群—产业基地"的发展思路，立足现有产业基础，发挥工业园区的平台作用，加快配套项目引进，进一步引进产业链，加快产业集聚，重点培育有色金属加工、生物医药、电子信息、烟草及配套产业集群。①

(2) 加快发展优势产业。一是钢铁产业。主要依托武钢集团昆明钢铁股份有限公司平台，利用生铁、粗钢等主要初级产品生产成乳钢，对其进行钢制品加工，进一步延伸产业链到机械装备制造，充分利用装备制造业生产过程中产生的边角料制造机械基础件，实现资源循环利用。二是汽车产业。重点发展汽车整车制造业和汽车零部件制造业。依托安宁生态工业园区内的钢铁基地、石化基地和轻型制造业，以初具规模的石安公路重型工程机械物流产业带为基础，通过开放引进乘用车、载重运输车及相关配套产业的汽车城，形成面向东南亚、南亚两大市场的汽车产业基地。② 三是石化产业。注重石化基地与相关产业之间的衔接，共建产业集群和循环产业基地。充分利用石油炼化过程中产生的副产品资源，实现可持续发展，充分发展下游产业链，以聚酯为重点，发展清洁油品、合成树脂、合成纤维、合成橡胶、专用化学品、有机材料和副产品，增加附加值，中远期重点发展乙烯产业链。四是烟草产业。云南省烟草产业实现了原料基地建设、科研与技术开发、集约化生产和多元化经营的飞跃，不断改进生产工艺，加大产品开发，加强信息化建设，逐步发展成为体系比较完备的产业。

(3) 注重提升传统产业。一是磷盐化工业。云南拥有矿产资源基础和产业基础，磷盐化工是其传统产业。以磷矿石为主，初步生产黄磷、磷复肥和磷酸，从无机磷酸盐向有机磷酸盐和磷系化工品发展。继续向下游延伸产业链，发展精细化产品。重点强化三氯化磷等磷盐化工中间体的开发和生产；积极发展生物化工，推进新型化工试验示范；发展绿色氯碱和扩大有机氯生产领域；注重发展循

---

① 王秉安等. 县域经济发展战略 [M]. 北京：社会科学文献出版社，2007 (11)：125.
② 李新. 滇中产业聚集区背景下生态工业园区发展路径研究 [D]. 云南大学硕士学位论文，2014.

环经济。二是水泥工业。按照"开拓市场,有报有控,调整存量,绿色发展"的思路,通过采用新型干法生产技术和先进适用生产技术,加快发展水泥制品、高性能混凝土、高附加值玻璃及制品,大力发展高档陶瓷和名优石材产品,进一步扩大企业规模,提高产品质量,节约资源,减少环境污染。

(4) 培育壮大新兴产业。一是生物医药产业。依托云南省优势企业,开发研究一批自主创新生物药物和生物仿制药。重点打造云南白药系列、三七系列、灯盏花系列、天麻系列以及藏药、彝药、傣药、南药等重点产品系列。坚持继承与创新并重,优先发展具有治疗优势的特色优势中药、民族药。二是绿色循环产业。云南重工业中,钢铁、石油和磷盐化工具有较大的产业规模。钢铁、石油炼化、磷盐化工属于基础性原料行业,生产过程中形成大量的中间产品和冶炼废渣等废弃物,原料不能充分利用,为发展绿色循环经济提供了基础。鼓励和支持引进绿色产业项目,变废为宝,发展循环经济。三是电子信息产业。引入电子电器设备制造业、服装加工制造业、新材料制造业、节能环保业、生物医药产业、光电子产业等轻型加工制造业及高新技术产业,大力引入培育绿色产业。①

(5) 加大招商引资力度。一是积极引进人才创业。给予相对优厚的政策条件和提供创业平台,吸引外商创业。二是积极拓展融资渠道。资金是工业化大生产的血液,通过将财政投入、社会资本、民间资本注入企业,支持产业发展,并加大商业银行对小微企业的贷款力度。

(三) 服务业主导型

1. 主要县域

服务业主导型县是以服务业为先导,从而带动县域经济的发展。一是随着第一、第二产业发展到一定程度,促进第三产业的发展;二是具有独特自然旅游资源和人文景观资源的地方,可以优先发展旅游业,从而带动众多行业的发展。这些县域主要包括表5-7中第一、第二类中的部分县域,这些县域多为各州市政府所在县市区,如官渡区、五华区、西山区、盘龙区、红塔区、麒麟区、大理市、呈贡区、楚雄市、古城区、晋宁区、文山市、蒙自市、景洪市、邵阳区、思茅区等,同时还包括在第三类和第四类中极少数具有较强旅游、商业功能的县域。

---

① 李新. 滇中产业聚集区背景下生态工业园区发展路径研究 [D]. 云南大学硕士学位论文, 2014.

2. 服务业发展概况

云南省服务业增加值由 2010 年的 2892.31 亿元增长到 2013 年的 6875.57 亿元，占全省国民生产总值的比重达到 46.2%，服务业就业人数为 913 万人，占全部就业人数的 33%。全省固定资产投资达 15662.49 亿元，其中服务业为 12182.50 亿元，同比增长 29.3%，占全部投资的比重为 77.8%。云南省注重发展现代服务业，以文化旅游、现代物流、金融服务、信息服务、科技咨询服务、健康养生、商贸会展等现代服务业为发展重点，将云南省逐步建设成为面向南亚、东南亚的文化旅游枢纽、物流枢纽、信息枢纽、区域性金融中心、商贸会展中心，全国重要的科技咨询服务基地、健康养生基地。

3. 主要做法和措施

（1）调整县域服务结构。一是突出发展现代服务业。加快发展技术含量高和附加值高的现代信息技术服务、金融保险、现代物流、文化传媒等现代服务业。二是改造提升传统服务业。加大对商贸流通业、交通运输业、住宿餐饮业等传统服务业的改造力度，提高服务质量和效率。三是发展县域民营服务业。深化服务业管理体制改革，逐步取消服务业领域的市场壁垒和体制性障碍。鼓励社会资本进入服务业，大力发展非公有服务业，创造有序的竞争环境。[①]

（2）培育特色文化旅游产品，进一步完善服务体系。依托云南特色文化资源，加快开发文化旅游特色产品，形成具有鲜明地域特色和民族特色的文化旅游产品体系，重点发展云南民族节庆活动、民族歌舞、民俗风情展演、民族服饰、历史文化名城（镇）、民族民间工艺等文化主题，促进特色工艺美术作品和地方农特产品消费；进一步完善文化旅游服务体系，重点提升文化旅游服务品质，以日益高涨的蜜月游、亲子游、自驾游、探险游等多层次旅游需求为导向，构建满足多层次、个性化需求的精品旅游服务体系，推动云南文化旅游特色资源与温泉养生、健体养生等现代化旅游产品的深度融合，加大滨湖度假、观光体验、健体养生及城镇休闲等服务内容的开发；大力发展乡村旅游业，做好旅游区划，鼓励农户开展旅游服务，兴办旅游企业；兴建具有乡土民情特色的农家乐和中小型旅馆。

（3）推进现代物流服务业，完善物流配送体系。加快综合物流园区、特色专

---

① 王军，张蕴萍．县域经济创新发展研究［M］．北京：人民出版社，2011（8）：114-115．

业物流中心及口岸、港口物流中心的建设,实施一批重大物流建设工程项目,形成现代物流服务网络,提升城市物流网络的服务能力。逐步建立健全农村物流服务体系,大力发展农产品物流,加强产销衔接,扩大农超对接规模,建立"农超对接"、"农企对接"等直达配送体系。

(4)依托特色产业,发展商贸会展业。促进传统商贸业的升级,支持具有云南特色的消费商品、初级产品的电子市场体系建设,积极培育高原特色农产品电子商务。引进一批国内外知名品牌展会落户云南,鼓励"南博会"等本土展会提升影响力。依托云南省特有的自然、民族和文化资源,整合培育一批地方性特色节会。

(5)拓宽投资融资渠道,增强现代服务业发展后劲。一是优化政策指引。打造以重点建设项目融资为主体的服务业综合管理策略,建立完善跨境投融资渠道,形成多元化的产融对接。二是打造多元投融资渠道。探索中小企业融资担保渠道创新,增加涉农中小服务企业的信贷可获得性,鼓励新型金融组织创新规范发展。

第四节 产业园区建设与区域经济

云南省自1992年组建省级昆明高新区、昆明经开区、曲靖经开区等产业园区以来,拉开了产业园区开发建设的序幕。截至2015年底,各类产业园区近150个,覆盖了全省大部分县(市、区),其中,主要集中在滇中地区。产业园区的产业定位主要依赖采掘业、冶金业、化工业、电力行业、烟草业五大行业。全省16个州市各自具备一定的优势产业,坚持把产业园区产业集中度的提升作为区域产业布局结构调整的重点,与区域特色和主导产业链建设相结合,突出优势,有力地提升产业结构质量,促进区域经济发展。

一、产业园区与区域经济发展

产业园区是指一国或地区政府考虑到其所处区域的经济发展阶段和要求,综合权衡行政或市场等各种调控手段的运用,集聚各类生产要素,将其科学整合于

第五章 产业发展

一定的空间范围,使之发展成为功能布局优化、产业结构合理、特色鲜明的产业聚集区域或产业集群。①产业园区的表现形式有很多,包括工业园区、农业园区、旅游园区、科技园区、出口加工区、自由贸易区、保税区、免税区、旅游度假区、高新技术开发区、经济技术开发区等。

园区经济是区域经济的载体,发挥着重要作用,在促进区域经济发展的同时,区域经济又反哺园区经济的发展,二者呈现出互动发展的态势。区域经济为产业园区提供相应的物质条件,包括有形资本和无形资本。产业园区通过集聚效应、规模效应与外部经济性,影响区域的综合经济实力。产业园区竞争优势主要依赖其产业集群的形成及集群竞争优势的发挥,一旦产业园区的产业集群形成并得以发挥其集聚效能,产业园区和区域经济就能形成良性的互动关系。产业园区和区域经济的发展将演变成一个互相促进、互相壮大发展的过程,即产业园区推动区域经济的发展和区域竞争优势的形成;同时,区域经济的发展又反作用于产业园区,为产业园区的形成和发展创造积极的条件,促进产业园区的进一步发展和壮大②。

从表5-8来看,2005年以来,云南省重点工业园区规模以上工业增加值每年都在不断增加,占全省工业增加值的比重从2005年的9.1%上升至2014年的82%。因此,产业园区对于区域经济的发展具有明显的推动作用,两者有着密切的关联。

表5-8 云南省与云南重点工业园区历年总产值情况

单位:亿元,%

年份	云南省总产值	工业园区总产值	园区产值占全省总产值的比重	规模以上工业增加值	占全省工业增加值的比重
2005	3462.73	413.7	11.9	106.39	9.1
2006	3988.14	666.75	16.7	184.29	13.1
2007	4772.52	1513.16	31.7	368.98	21.8
2008	5692.12	1966.9	34.6	—	—
2009	6169.75	2096.5	34.0	—	—
2010	7224.18	3050.49	42.2		

---

① 蔡宁,杨闩柱.基于企业集群的工业园区发展研究[J].中国农村经济,2003(1):55.
② 杨莉莉,王宏起.产业园区与区域经济协调发展机制及对策[J].科技与管理,2008(3):7-10.

续表

年份	云南省总产值	工业园区总产值	园区产值占全省总产值的比重	规模以上工业增加值	占全省工业增加值的比重
2011	8893.12	5686.55	63.9	1679.78	56.1
2012	10309.47	7187.81	69.7	2205.55	63.9
2013	11832.31	8823.75	74.6	2637.84	76
2014	12814.59	8887.1	69.4	2909.00	82

资料来源:《云南年鉴》(2006~2015年),《云南统计年鉴》(2006~2015年)。

二、产业园区空间布局

(一) 产业园区概况

云南省自1992年组建省级昆明高新区、昆明经开区、曲靖经开区等产业园区以来,拉开了产业园区开发建设的序幕。截至2015年底,各类产业园区已发展到146个,覆盖了全省大部分县(市、区)。其中,工业园区132个,旅游、农业等园区14个,国家级经济技术开发区5个,国家级高新技术产业开发区2个,国家级边境经济合作区4个,省级重点园区55个。[①] 2013年,全省产业园区完成工业总产值8823.75亿元,增长22.76%,占全省生产总值的75.28%;实现主营业务收入8253.48亿元,增长20.63%;园区规模以上企业完成工业增加值2637.84亿元,增长19.6%,占全省规模以上工业增加值的76%;园区主营业务收入超过500亿元的园区增至5个,超过百亿元的园区达到22个;全省产业园区引进工业项目1030个,引进省外到位资金593.31亿元。[②] 园区经济成为拉动云南经济快速增长的重要支撑。

(二) 产业园区分类标准

产业园区按社会劳动地域分工,可分为国家级、省级、地市级、县级四个级别,这也是我国划分产业园区行政级别的标准。国家级产业园区以直辖市为依托,省级产业园区以副省级城市为依托,市州级产业园区以地级市为依托,县级产业园区以县级市及县城为依托。产业园区的行政隶属有两层含义:一是产业园区的行政级别;二是产业园区所依托城市的行政级别。[③] 下面对云南产业园区的分

[①] 寇杰. 加快转型升级 实现弯道超车——云南产业园区建设发展的思考 [J]. 创造, 2014 (12): 46.
[②] 胡晓蓉. 我省工业经济如何发力 [N]. 云南日报, 2014-03-12.
[③] 姬涛. 四川产业园区与城市空间协调发展研究 [D]. 西南交通大学硕士学位论文, 2013.

第五章 产业发展

类是按行政级别分为国家级产业园区、省级产业园区、州市级产业园区。2015年,云南省内基本实现129个县(市、区)工业园区、产业园区全覆盖,全省工业园区总数为144个,其中国家级7个、省级66个、州市级71个。

(三)产业园区布局

云南省产业园区布局较为集中,主要集中在滇中城市群,这些地区占据了云南省产业园区的大部分。产业园区的产业定位主要依赖采掘业、冶金业、化工业、电力行业、烟草业五大行业。全省16个州市各自具备一定的优势产业,坚持把产业园区产业集中度的提升作为区域产业布局结构调整的重点,与区域特色和主导产业链建设结合,按照"一县一园、一园一业、一园一品"发展布局,突出优势,提升产业结构质量。

1. 昆明市

截至2015年,昆明市有18个园区(不含市级),其中,国家级园区5个,省级园区13个。无论从数量还是质量来看,16个州市中昆明市拥有众多高质量的园区(见表5-9)。主要发展烟草、机械、化工、有色金属、黑色金属、建材、生物医药、电子信息、金融、现代商贸、旅游、果蔬、花卉等产业。

表5-9 昆明市产业园区及产业定位

序号	级别	产业园区名称	所在地	产业定位
1	国家级	昆明高新技术开发区	西山区	生物医药技术、电子信息技术、新材料技术、光机电等
2	国家级	昆明技术开发区	官渡区、呈贡区	光电子信息产业、装备制造业、生物资源开发、烟草及配套、药品、保健品及食品制造业等产业
3	国家级	嵩明杨林经济技术开发区	嵩明县	汽车制造及零部件配套、机械装备制造、食品饮料、新型材料等产业
4	国家级	昆明滇池国家旅游度假区	西山区、呈贡区	以观光游览、度假休闲、商务会议、健身娱乐为主要内容的项目
5	国家级	昆明国家广告产业园	五华区	民族文化创意孵化基地、云南旅游文化传播窗口、南亚创意潮流聚集地
6	省级	昆明倘甸产业园区及轿子山旅游开发区	寻甸县、禄劝县	以矿产、旅游、能源、生物资源、农特产品加工及烤烟为主
7	省级	呈贡工业园	呈贡区	生物加工,有色金属等新型材料制造业基地、旅游产品生产加工基地
8	省级	东川再就业工业园区	东川区	以铜、稀贵金属为主的冶金、化工、装备制造

续表

序号	级别	产业园区名称	所在地	产业定位
9	省级	寻甸特色工业园区	寻甸县	煤化工、磷酸盐、氯碱化工、精细化工、建材及电力产业
10	省级	晋宁工业园	晋宁区	精细磷化工、商贸物流、生物资源加工、生态旅游、新型建材、装备制造及配套产业
11	省级	昆明五华科技产业园区	五华区	信息产业和生物制药产业两大产业
12	省级	宜良工业园区	宜良县	水泥建材、农特产品深加工、配套家具制造业、板材加工业、五金加工业、机械装备制造业及再生纸加工业
13	省级	富民工业园区	富民县	钛盐化工、机械制造、新型建材、清洁能源、环保科技、食品加工、商贸物流七大主导产业
14	省级	官渡工业园区	官渡区	精密装备制造加工及其相近产业、烟草配套产业（含印刷包装业）、生物制药及其关联产业
15	省级	石林生态工业集中区	石林县	旅游商品加工、绿色食品加工、新能源、先进制造、新型建材及石材加工、芳香产业
16	省级	安宁工业园区	安宁市	冶金及机械装备、石油化工、钢铁、磷化工、电子电器设备制造
17	省级	海口工业园区	西山区	磷化工产业、光机电一体化、新材料产业、环保产业、节能和资源再生产业、休闲工业、装备制造业等
18	省级	禄劝工业园区	禄劝县	以水电、冶金、化工、建材、农副产品加工、新能源产业、生物医药产业为主导产业

资料来源：根据云南统计局和工信委相关数据整理得到。

2. 曲靖市

截至2015年，曲靖市共有国家级园区1个、省级园区9个（见表5-10）。主要有烟草、能源、冶金、建材、化工、汽车、机械制造、生物等主要产业。

表5-10 曲靖市产业园区及产业定位

序号	级别	产业园区名称	所在地	产业定位
1	国家级	曲靖经济技术开发区	麒麟区	以煤化工为主导产业，大力发展焦化及煤焦油加工、化肥与无机化工、高新合成材料、电子、建材等行业
2	省级	师宗工业园区	师宗县	以能源、煤化工、建材、农特产品深加工为主
3	省级	陆良工业园区	陆良县	纺织业、电子产品、生物资源加工、建材、木本油料等生物资源加工、煤化工、硅化工等
4	省级	宣威特色工业园	宣威市	电力、煤炭、化工、冶金、建材、食品六大工业产业
5	省级	曲靖南海子工业园区	麒麟区、马龙县	烟草及配套产业、生物创新产业、机电及配套加工产业、新材料加工产业、冶金和精细化工深加工产业、建材配套工业

续表

序号	级别	产业园区名称	所在地	产业定位
6	省级	曲靖西城工业园区	西片区、麻黄片区	以有色金属综合利用精深加工、高新技术、汽车的配套及修理、两烟配套及配送为主导产业,以建筑材料及结构、机电加工、综合产业为辅助产业
7	省级	罗平特色工业园	罗平县	能源、化工、冶金、建材等传统工业,新能源、新型建材、生物资源精深加工等后续新兴产业
8	省级	马龙工业园	马龙县	以煤焦化、磷化工、建材、冶金、机械制造、生物资源等绿色农特产品加工为主导产业
9	省级	越州工业园区	麒麟区	新型能源、煤化工、冶金、建材、陶瓷产业
10	省级	曲靖煤化工工业园区	沾益县	以煤化工为主导产业

资料来源:同表5-9。

3. 玉溪市

截至2015年,玉溪市共有国家级园区1个、省级园区6个(见表5-11)。主要发展烟草、矿冶、生物资源、高新技术、旅游等主要产业。

表5-11 玉溪市产业园区及产业定位

序号	级别	产业园区名称	所在地	产业定位
1	国家级	玉溪高新技术产业开发区	红塔区	重点培植以生物资源开发及生物工程应用为特色的优势产业
2	省级	红塔工业园区	红塔区	烟草及其配套产业、生物制药产业、农特产品加工产业、高新技术产业
3	省级	新平矿业循环经济特色工业园区	新平县	林果、蔬菜、野生菌保鲜、民族服饰、手工艺品、酱菜等农产品加工、金属产品深加工
4	省级	易门陶瓷特色工业园区	易门县	以铜为主的矿冶、以陶瓷为主的建材、以野生食用菌为主的绿色食品三大主导产业
5	省级	通海五金特色园区	通海县	发展五金、电工电器、铸造、机加工、彩印包装、食品加工及物流交易等产业
6	省级	玉溪研和工业园区	红塔区	重点发展高端装备制造业、新能源产业,重点引进物流、钢压延、太阳能光电、五金制造、精密机械制造等产业
7	省级	华宁工业园	华宁县	重点发展磷化工、陶瓷建材、绿色生态食品、生物资源开发等产业

资料来源:同表5-9。

4. 楚雄州

截至 2015 年，楚雄州共有 3 个省级园区、7 个州市级园区（见表 5-12）。主要发展烟草、冶金、化工、生物医药、绿色食品、文化旅游、新能源、新材料等产业。

表 5-12 楚雄州产业园区及产业定位

序号	级别	产业园区名称	所在地	产业定位
1	省级	禄丰工业园	禄丰县	冶金、化工、建材、机电、高新技术产业
2	省级	楚雄工业园区	楚雄市	绿色食品、生物医药、冶金、化工、建材、机械制造及加工、造纸印刷、烟草及配套产业、装备制造
3	省级	大姚工业园	大姚县	以绿色食品加工、天然制药、轻纺工业、建材产业、有色金属工业、机械加工业和新材料冶炼等为主
4	州市级	姚安工业园	姚安县	以轻工业为主
5	州市级	双柏工业园	双柏县	林产品加工、绿色食品加工
6	州市级	永仁工业园	永仁县	有色金属冶炼铸造、建材、农产品加工、石材石艺、机械配件加工五大支柱产业
7	州市级	牟定工业园	牟定县	以矿冶化工为主体，以建筑建材（轻工业）和农产品加工（生物产业）为两翼
8	州市级	武定工业园	武定县	冶金产业、石材产业、绿色食品加工产业
9	州市级	南华工业园	南华县	主要发展以生物资源深加工为主的轻工业
10	州市级	元谋工业园	元谋县	农产品加工、冶金建材矿产、新能源开发三大工业

资料来源：同表 5-9。

5. 昭通市

截至 2015 年，昭通市共有 4 个省级园区、5 个州市级园区（见表 5-13）。主要发展天麻等特色农业种植、能源、矿产、化工、建材、旅游等产业。

表 5-13 昭通市产业园区及产业定位

序号	级别	产业园区名称	所在地	产业定位
1	省级	昭阳工业园	昭阳区	生物制药、农特产品深加工业、建筑建材业、印刷包装产业、矿冶炼业
2	省级	彝良工业园	彝良县	铅锌、煤炭、硅矿、电力产业
3	省级	鲁甸工业园	鲁甸县	能源、矿冶、化工、建材和农特产品加工业
4	省级	水富特色工业园	水富县	电能源、化工、精细化工及制药、食品加工、建材及竹制品、物流等产业

第五章 产业发展

续表

序号	级别	产业园区名称	所在地	产业定位
5	州市级	威信工业园	威信县	硫化工、煤电产业、农特产品加工业
6	州市级	大关工业园	大关县	资源深加工型产业、绿色有机农产品加工、采矿业、水泥新型建材、水电业等
7	州市级	镇雄工业园	镇雄县	煤电（主要依托东源、华电）、煤化工（以烯烃为代表）、硫化、建材、生物资源加工产业
8	州市级	绥江工业园	绥江县	生物资源加工、矿冶精深加工、新型建材和煤化工产业
9	州市级	盐津工业园	盐津县	电石化工、矿石开采、水电开发、煤炭精选、农产品深加工

资料来源：同表5-9。

6. 红河州

截至2015年，红河州共有1个国家级园区、5个省级园区、6个州市级园区（见表5-14）。主要发展烟草、冶金、新材料、化工、电力和载能工业、生物、旅游、商贸物流等产业。

表5-14 红河州产业园区及产业定位

序号	级别	产业园区名称	所在地	产业定位
1	国家级	河口边境经济合作区	河口县	进出口加工、国际物流、边境贸易、跨境贸易和旅游业
2	省级	泸西工业园	泸西县	煤化工、冶金、建材、生物资源、农特产品加工等最具产业优势
3	省级	弥勒工业园区	弥勒县	烟草配套、生物资源开发、新材料、环保、高新技术等产业
4	省级	建水工业园	建水县	冶金深加工、建材、农副产品深加工、生物资源加工
5	省级	蒙自矿业工业园	蒙自县	以发展锌、铟、铅、银等冶金深加工及延伸相关产业链为主
6	省级	个旧市特色工业园	个旧市	有色金属产业及固废资源综合利用、有色金属新工艺冶炼及深加工
7	州市级	河口进出口加工园	河口县	以生物能源产业、热区生物资源深加工业、机械设备组装装配业、来料加工业、口岸物流五大支柱产业为支撑
8	州市级	石屏特色产业园	石屏县	以豆制品特色产业为主，以机械制造、新型建材、精细磷化工系列产品、泥炭化工加工制造业为辅
9	州市级	红河县特色产业园区	红河县	棕榈制品加工业、生物资源加工、新型建材业、民族文化和特色旅游产品加工业、商贸物流业
10	州市级	开远经济开发区	开远市	磷化工、煤化工、造纸工业
11	州市级	屏边工商信局	屏边县	建材产业、生物医药产业
12	州市级	绿春生物产业园	绿春县	橡胶、茶叶、草果、八角、紫胶五大绿色生物产业

资料来源：同表5-9。

7. 文山州

截至 2015 年,文山州共有 3 个省级园区、7 个州市级园区(见表 5-15)。主要发展三七特色农业种植、有色金属、化工、药业、电力、建材、特色农副产品加工、旅游等产业。

表 5-15　文山州产业园区及产业定位

序号	级别	产业园区名称	所在地	产业定位
1	省级	马塘工业园区	文山县	以铝土开发、林浆纸一体化、冶金、化工、煤炭、建材为主,重点发展锑、锰、锌、锡、铜、钨、铁、硅、特色产品加工
2	省级	文山三七产业园区	文山县	以三七药品、保健品、食品、化妆品为主的生物资源加工
3	省级	砚山工业园	砚山县	冶金、建材、化工、农副产品加工、生物资源开发五大工业体系
4	州市级	西畴县兴街出口贸易加工园区	西畴县	建材加工、机电设备加工、农特产品精深加工、现代商贸物流等产业
5	州市级	广南农特产品加工和商贸物流园	广南县	农特产品加工业、物流业
6	州市级	麻栗坡(天保)边境贸易加工园	麻栗坡县	发展钨、锰、镍等有色金属产业及产品精深加工、边境进出口贸易加工;以生物科技产业、建材产业、农产品加工业等特色产业为辅助产业
7	州市级	富宁县工业园	富宁县	热区生物资源开发加工、板仑重化工业
8	州市级	广南工业园	广南县	矿冶精深加工产业及精细磷化工产业、建材产业、生物资源开发利用产业
9	州市级	马关工业园	马关县	以冶金、生物资源、加工、建材、化工为主的工业发展格局
10	州市级	丘北县产业园	丘北县	农特产品加工、建材冶金产业、旅游业

资料来源:同表 5-9。

8. 大理州

截至 2015 年,大理州共有 1 个国家级园区、4 个省级园区(见表 5-16)。主要发展矿冶、机械、生物资源、能源、建材、烟草、优势农产品加工、旅游等产业。

9. 保山市

截至 2015 年,保山市共有 5 个省级园区、1 个州市级园区(见表 5-17)。主要发展有色金属、农产品加工、化工、建材、珠宝玉石加工、旅游、商贸物流等产业。

第五章 产业发展

表 5-16 大理州产业园区及产业定位

序号	级别	产业园区名称	所在地	产业定位
1	国家级	大理经济技术开发区	大理市	重点发展汽车及配套、建材、精细化工、生物制药、食品饮料加工、烟草产业、纺织及服装产业,培育汽车、建材产业基地
2	省级	祥云财富工业园区	祥云县	电矿结合,以有色金属冶炼为主,以深加工和轻工业为补充,建设配套的商贸金融服务业
3	省级	邓川工业园区	洱源县	以农用车装配业和乳品加工业为主导,配套发展以大蒜、梅果、蔬菜为原料的食品加工业及矿产加工业、生物制品业
4	省级	大理创新工业园区	大理市	建材、生物制药与食品加工、轻化工、汽车制造与机械加工、纺织服装
5	省级	鹤庆兴鹤工业园区	鹤庆县	重点发展以石材加工、绿色食品加工、轻纺加工、服装、家具、来料加工、电子、电器产品组装、五金加工为主的劳动密集型加工业及烟草配套等轻工业

资料来源:同表 5-9。

表 5-17 保山市产业园区及产业定位

序号	级别	产业园区名称	所在地	产业定位
1	省级	昌宁工业园	昌宁县	轻工食品、林竹产品、特色矿冶、新型建材,并在重点产业的带动下,发展新型物流等辅助产业和为工业配套服务的第三产业
2	省级	龙陵硅工业园	龙陵县	以硅产业为主,发展农产品深加工项目、褐煤深加工项目、建材和制造业等
3	省级	保山水长工业园	隆阳区	生物化工、冶金、建材、新兴产业、现代物流产业
4	省级	腾冲工业园	腾冲市	石材加工、木材加工、生物制品加工、旅游产品加工等产业
5	省级	保山工业园	隆阳区	重点打造农特产品精深加工、生物资源开发、现代物流等服务配套产业、新技术新材料、光机电产品制造、森工产品、烟草加工七大产业
6	州市级	保山猴桥边境经济合作区	腾冲市	摩托、机械、电器等转口贸易加工,物流产业,旅游服务业

资料来源:同表 5-9。

10. 德宏州

截至 2015 年,德宏州共有 2 个国家级园区、3 个省级园区、3 个州市级园区(见表 5-18)。主要发展外向型制造业、生物、水能电冶、珠宝玉石、旅游文化等产业。

· 131 ·

云南经济地理

表 5-18 德宏州产业园区及产业定位

序号	级别	产业园区名称	所在地	产业定位
1	国家级	瑞丽边境经济合作区	瑞丽市	进出口商品加工、商贸流通、旅游文化、国际会展、现代农业、金融保险服务六大产业
2	国家级	畹町边境经济合作区	瑞丽市	从事国贸、外贸、边贸、边贸加工、农业资源开发、国际经济劳动技术合作和旅游业开发等
3	省级	盈江工业园	盈江县	水电产业、冶金工业、生物资源产业、建材业和桥头堡边贸加工业
4	省级	芒市工业园	芒市	生物制药、进出口产品加工、劳动密集型产业和农特产品精深加工业
5	省级	瑞丽工业园	瑞丽市	进出口商品加工、商贸流通、旅游文化、国际会展、现代农业、金融保险服务六大产业
6	州市级	陇川工业园	陇川县	以转口贸易为主的出口加工业、农特产品加工业、机电工业和高新技术产业
7	州市级	梁河工业园	梁河县	农特产品加工、制糖、林竹深加工、生物制药、硅矿加工
8	州市级	畹町工业园	瑞丽市	重点发展新型工业、建材业、竹木业、食品业、物流配装业以及生物制药等高新技术产业

资料来源：同表 5-9。

11. 临沧市

截至 2015 年，临沧市共有 1 个国家级园区、1 个省级园区、7 个州市级园区（见表 5-19）。主要发展矿产、农林产品加工和生态文化旅游等产业。

表 5-19 临沧市产业园区及产业定位

序号	级别	产业园区名称	所在地	产业定位
1	国家级	临沧边境经济合作区	临沧市	特色优质农产品产业、商贸物流产业、矿电产业、轻纺机电产业、生态文化旅游产业
2	省级	临沧工业园区	临翔区	重点突出农、林、茶、烟等产品深加工，承接东部产业转移，发展新材料、新能源及总部经济，打造汽车、摩托车、农机等工业产品生产加工和制造基地
3	州市级	孟定边境贸易加工园	耿马县	以原料加工、轻工产品生产加工、现代物流、特色农产品加工以及其他附加值较高的科技产业为主
4	州市级	沧源边境工业园	沧源县	制糖、水电、矿产、制茶、橡胶加工、竹木加工、生物制药、畜牧产品加工
5	州市级	永德工业园	永德县	食品加工、房地产开发、林产化工、木材加工、餐饮服务、水泥建材
6	州市级	双江林业产业园	双江县	林浆纸、林化工、木材精深加工、板材加工、非木材等林产业

· 132 ·

第五章 产业发展

续表

序号	级别	产业园区名称	所在地	产业定位
7	州市级	镇康县边境特色工业园	镇康县	服饰加工、坚果和咖啡加工、红木家具深加工、建材区物流产业
8	州市级	凤庆县滇红生态产业园	凤庆县	以茶产品、茶市场、茶文化、茶旅游为一体的茶经济产业链
9	州市级	云县新材料光伏产业园	云县	以新能源、新材料、光伏产业为核心，以生物资源加工、轻型加工制造业为补充

资料来源：同表5-9。

12. 普洱市

截至2015年，普洱市共有2个省级园区、8个州市级园区（见表5-20）。主要发展特色生物（茶叶等）、清洁能源、林产业、矿石和休闲度假等产业。

表5-20 普洱市产业园区及产业定位

序号	级别	产业园区名称	所在地	产业定位
1	省级	普洱工业园	思茅区	茶叶深加工、咖啡精深加工、生物制药、绿色食品加工、林板深加工、林化深加工、新型建材产业
2	省级	景谷工业园	景谷县	林浆纸、林化、林板一体化产业
3	州市级	墨江工业园	墨江县	生物科技和绿色食品加工、金属冶炼及精深加工、商贸和物流产业
4	州市级	镇沅工业园	镇沅县	—
5	州市级	孟连县工商信局	孟连县	—
6	州市级	西盟县工业园	西盟县	—
7	州市级	江城县工业园	江城县	—
8	州市级	澜沧县工业园	澜沧县	绿色生物产业、农副产品精深加工业、新型建材业
9	州市级	宁洱工业园	宁洱县	以林板、林化、新型建材、物流产业为主，以茶叶及生物资源产业为辅
10	州市级	景东工业园	景东县	农特产品深加工、林产品深加工、茧丝绸产业、矿产精深加工、工业产业转移承接基地、制糖配套产业、高新技术孵化基地等

资料来源：同表5-9。

13. 西双版纳州

截至2015年，西双版纳州共有3个省级园区（见表5-21）。主要发展林业、旅游与文化、电力、畜牧业、绿色食品加工业、云麻、傣药南药等产业。

·133·

表 5-21　西双版纳州产业园区及产业定位

序号	级别	产业园区名称	所在地	产业定位
1	省级	景洪工业园	景洪市	生物技术、制药、橡胶加工、绿色食品加工、包装和彩印、旅游产品及纺织服装加工、进出口产品加工和现代服务等产业
2	省级	磨憨进出口贸易加工园区	勐腊县	物流仓储、国际商贸、跨境旅游、红木家具
3	省级	勐海工业园	勐海县	以云麻产品加工、茶叶加工、农林产品加工和其他农业产品加工为主的新型化农产品加工产业

资料来源：同表 5-9。

14. 丽江市

截至 2015 年，丽江市共有 3 个省级园区、3 个州市级园区（见表 5-22）。主要发展矿产、建筑建材、现代生物制药、民族特色文化旅游、旅游商品加工等产业。

表 5-22　丽江产业园区及产业定位

序号	级别	产业园区名称	所在地	产业定位
1	省级	华坪工业区	华坪县	煤化工、冶金、新型建材、电力
2	省级	永胜工业园	永胜县	农产品加工产业群和建材产业群
3	省级	南口工业园	玉龙县	生物资源精深加工业、农副产品加工业和旅游工艺品加工业
4	州市级	丽江古城国际空港经济区	古城区	食用菌加工、高原蔬菜加工、玛卡深加工、中药材深加工、生物制药、非物质文化遗产手工艺类（旅游产品加工）、高新技术产业、载能产业及与总体规划相符的相关产业
5	州市级	金山高新技术产业经济区	古城区	发展有色金属冶炼和深加工、建材、高新技术、创意、战略性新兴产业、旅游产品加工、物流等产业
6	州市级	宁蒗工业园	宁蒗县	矿业深加工、新型建材、林材加工、白云岩精深加工、生物资源加工业

资料来源：同表 5-9。

15. 迪庆州

截至 2015 年，迪庆州共有 1 个省级园区、7 个州市级园区（见表 5-23）。主要发展旅游、生物、矿产、水电等产业。

16. 怒江州

截至 2015 年，怒江州共有 1 个省级园区、1 个州市级园区（见表 5-24）。主要发展电力、矿冶、建材等产业。

第五章 产业发展

表 5-23 迪庆州产业园区及产业定位

序号	级别	产业园区名称	所在地	产业定位
1	省级	香格里拉工业园	香格里拉县	以生物农特产品加工、矿产品加工为主
2	州市级	香格里拉工业园五凤山松茸加工片区	香格里拉县	松茸等野生菌类出口加工
3	州市级	香格里拉工业园咱有色金属工业片区	香格里拉县	以铜等有色金属矿采选、冶炼及配套产业为支柱产业
4	州市级	香格里拉工业园箐口特色产业片区	香格里拉县	以食品、药品及旅游商品开发为主
5	州市级	香格里拉工业园德钦葡萄产业片区	德钦县	以葡萄酒原料为主的高原精品产业
6	州市级	香格里拉工业园维西片区	维西县	中药材、野生蔬菜、食用菌、水果食品深加工、矿产资源深加工产业
7	州市级	香格里拉工业园老虎箐工业片区	香格里拉经济开发区	有色金属精深加工、矿产品精深加工产业
8	州市级	香格里拉工业园松园绿色工业片区	香格里拉经济开发区	以"饮品"、"药品"、"食品"、"观赏品"为主的四大生物工程

资料来源：同表 5-9。

表 5-24 怒江州产业园区及产业定位

序号	级别	产业园区名称	所在地	产业定位
1	省级	兰坪工业园	兰坪县	硅产业、建材产业、生物资源加工产业、物流产业
2	州市级	泸水工业园	泸水县	以铜、铅、锌、银的采、选、冶及精加工为主的金属产业，以特色农产品加工为主体的生物资源开发产业

资料来源：同表 5-9。

参考文献

[1] 李继云，孙良涛.基于面板数据模型的 FDI 对云南产业结构影响实证分析 [J].商业时代，2013（14）：139-141.

[2] 豆鹏.云南产业结构的演进路径透析 [D].云南财经大学硕士学位论文，2010.

[3] 黎春秋.县域战略性新兴产业选择与培育研究 [D].中南大学博士学位论文，2012.

[4] 任竞.百视通新媒体产业发展策略研究 [D].复旦大学硕士学位论文，2013.

[5]云南省人民政府办公厅.云南省人民政府关于印发云南省产业发展规划（2016~2025年）的通知［BE/OL］.澄江信息网，http：//www.yncj.gov.cn/Item/24905.aspx，2017-01-06.

[6]汪鑫.基于现代产业体系的云南主导产业选择研究［D］.云南财经大学硕士学位论文，2011.

[7]段云龙，尹敬东.云南省产业结构调整的战略选择［J］.云南财贸学院报，2003（6）：118-119.

[8]秦成逊.云南省支柱产业发展的现状、问题和对策研究［J］.昆明理工大学学报（理工版），2007（4）：85-89.

[9]陶军.研究生人力资本与经济增长研究［D］.昆明理工大学博士学位论文，2011.

[10]吴清泉，李莎，王永刚.云南矿业发展的一次深度思考［N］.云南日报，2009-09-06.

[11]许平平，寸晓宏，时斌.云南"十三五"期间高新技术产业发展对策研究［J］.云南农业大学学报（社会科学版），2016（3）：50-54.

[12]自主创新年度报告云南篇：开放促创新　合作谋共赢［EB/OL］.http：//www.ce.cn/cysc/newmain/yc/jsxw/201503/17/t20150317_4838968.shtml.

[13]李丹丹.科技支撑"云药"转型升级［N］.昆明日报，2015-04-17.

[14]李延芬，李红玲.云南省战略性新兴产业发展对策研究［J］.商业时代，2012（24）：142-143.

[15]云南省发改委高技术处.云南：强化创新支撑能力　推进战略性新兴产业培育和发展［J］.中国科技投资，2012（14）：55-59.

[16]杨映明，高波.桥头堡战略下云南省发展战略性新兴产业的思考［J］.中国发展，2011（S1）：5-9.

[17]周李磊，林孝松等.基于主成分分析的重庆市县域经济综合评价［J］.重庆工商大学学报（自然科学版），2013（1）：21-26.

[18]闫天池.我国县域经济的分类发展模式［J］.辽宁师范大学学报，2003（1）：22-24.

[19]冯博.宜良县域经济发展研究［D］.云南大学硕士学位论文，2012.

[20]王秉安等.县域经济发展战略［M］.北京：社会科学文献出版社，2007：330.

[21]费月升，林洪涛.县域经济主导产业发展模式［J］.边疆经济与文化，2006（3）：65-66.

[22]王秉安等.县域经济发展战略［M］.北京：社会科学文献出版社，2007：125.

[23]李新.滇中产业聚集区背景下生态工业园区发展路径研究［D］.云南大学硕士学位论文，2014.

[24]王军，张蕴萍.县域经济创新发展研究［M］.北京：人民出版社，2011：114-115.

[25]蔡宁，杨闩柱.基于企业集群的工业园区发展研究［J］.中国农村经济，2003（1）：55.

[26] 杨莉莉，王宏起.产业园区与区域经济协调发展机制及对策［J］.科技与管理，2008（3）：7-10.

[27] 靳春晓.基于产业集群的产业园区与区域经济协调发展研究［D］.西安工业大学硕士学位论文，2011.

[28] 寇杰.加快转型升级　实现弯道超车——云南产业园区建设发展的思考［J］.创造，2014（12）：46.

[29] 胡晓蓉.我省工业经济如何发力［N］.云南日报，2014-03-12.

[30] 姬涛.四川产业园区与城市空间协调发展研究［D］.西南交通大学硕士学位论文，2013.

第六章　沿边开放与区域合作

云南省与越南、老挝、缅甸三个国家接壤，陆地边境线达到 4000 多千米，沿线有 16 个民族跨境而居，各民族之间的商贸交流伴随着人类的产生而一直沿边境地区开展，自各国边境线确定之后，民间的沿边贸易一直持续。改革开放之后，沿边贸易蓬勃发展，大湄公河次区域合作的推进，促进了云南区域合作沿边开放的纵深发展；"一带一路"的实施，给云南沿边贸易带来了新机遇，口岸经济的繁荣、边境开放区的不断兴起，使得云南沿边开放和沿边区域发展进入了新阶段。

第一节　沿边经济发展概况

沿边经济是云南经济地理的重要组成部分，无论从口岸的数量和类别，还是从沿边区域的合作而言，沿边经济与区域合作都对云南的社会经济发展具有重要的作用。

一、口岸的基本概况

口岸被定义为人、货、交通等合法出入国境或关境的区域，是进行国际旅游、国际经贸和国际交往的必经枢纽，是我国对外开放的重要窗口。口岸必须经中央和当地政府批准，要建设基础设施和设置查验监管机构，为人、货和交通合法出入国境和关境提供基本服务。口岸是国家安全重要点，通过口岸管理，可以保护国家的安全，维护国家的权益，保持国家门户监管的有效。

第六章 沿边开放与区域合作

云南位于我国西南地区，与缅甸、老挝、越南三国毗邻。与三国毗邻的边境线为4060千米，中越边境为1353千米，中缅边境为1997千米，中老边境为710千米。云南有129个县市，其中26个是边境县市，11个县（市）与邻国城镇隔江（界）相望。云南省有15个特有少数民族，有16个跨境民族。截至2014年底，全省口岸进出口额、出入境人数、货运量和交通工具等几项指标都维持两位数增长，特别是在进出口额等方面实现历史性跨越。2014年，进出口额首次突破150亿美元，达到157.6亿美元，同比增长33%，口岸进出口额在全省外贸总额中所占比重超过50%，比2012年翻了一番多，在对外交流与合作中的作用日益凸显。其中，口岸货运量1475万吨，增长23.9%；进口65.4亿美元，出口92.2亿美元，分别同比增长45%、25.6%；全省与东盟贸易额879.3亿元，增长30.5%，占全省外贸额的48.3%，其中与缅甸、老挝、越南的贸易额分别增长67.4%、30.7%、16.5%，是云南省与东盟各国贸易的前三大合作国家。口岸出入境人员达到3358万人次，第一次突破3000万人次大关，同比增长14.4%；口岸出入境交通工具首次突破600万辆（艘、架、列）次，达到677万辆（艘、架、列）次，同比增长21%。2014年，全省航空机场进出口额突破15亿美元，其中昆明机场、丽江机场和西双版纳机场是重要的航空口岸。昆明机场开通了昆明—巴黎首条洲际直航航线，口岸进出口额四年翻了两番；丽江机场发展迅速，显示出强劲的增长动力和区域辐射能力，出入境人员达到7.5万人次，提前实现每年3万人次的目标任务，两年翻了四番，出入境航班也达到753架次，两年翻了两番。陆路口岸不断取得突破性增长，特别是航空口岸持续发力，航空口岸货运量突破15000吨，出入境人员突破200万人次。①

二、口岸的空间布局

口岸是国家对外开放往来的门户，是国际货物运输的枢纽，按照我国划分标准，分为一类开放口岸、二类开放口岸。一类开放口岸是指国务院批准开放的口岸，允许中国籍和外国籍人、物和交通工具直接出入境的海（河）、空客货口岸，包括中央管理和由各省、自治区、直辖市管理的部分口岸；二类开放口岸是由省级人民政府批准开放并管理的口岸，允许中国籍、邻国人员、货物、物品和交通

---

① 云南省商务厅网站。

工具直接出入国境的铁路车站、界河港口和跨境公路通道。按照出入境交通运输方式划分，可将口岸分为港口口岸、陆路口岸和航空口岸；根据口岸开放的程度，可以划分为允许人员或者货物出入的口岸。

截至 2015 年底，云南省有 24 个开放口岸，国家批准开放一类口岸 16 个，其中包括 3 个航空口岸、2 个水运口岸、1 个铁路口岸、10 个陆路口岸，经云南省批准开放二类口岸 7 个（均为公路口岸）（见表 6-1）。由表 6-1 可以看出，云南省边境口岸分布均匀，基本上形成了比较完善的体系结构，东路以河口为主，西路以瑞丽、畹町、腾冲口岸为主，中路以勐腊、磨憨为主，已经成为加快云南对外经贸发展的重要支撑体系和云南服务区域社会经济发展的重要基础，在建立中国—东盟自由贸易区、促进对外往来以及与周边国家的战略友好合作中发挥着非常重要的作用。

表 6-1　云南省口岸类型及数量

一类口岸（16 个）	航空口岸（3 个）	昆明、丽江、西双版纳机场
	水运口岸（2 个）	景洪港、思茅港
	铁路口岸（1 个）	河口
	陆路口岸（10 个）	磨憨、瑞丽、畹町、天保、金水河、腾冲猴桥、孟定清水河、打洛、勐康、河口
二类口岸（7 个）	公路口岸（对缅甸 6 个）	片马、盈江、章凤、南伞、孟连、沧源
	公路口岸（对越南 1 个）	田蓬

资料来源：《中国口岸年鉴》。

从表 6-1 中我们可以看出，云南省的一类口岸、二类口岸基本覆盖了云南省与境外的交界处。特别需要指出的是，在航空口岸中，2011 年 11 月正式通航的丽江机场为国务院批准设立的一类口岸，与昆明机场、西双版纳机场口岸一起形成了覆盖全省的航空运输网络。

三、"一带一路"建设下的沿边经济

（一）边境贸易发展历程

由于区位原因，云南省与越南、缅甸、老挝山水相连，边民之间由于生活、生产方面的共同需要，历来都有在商贸上互通有无的传统，且这种西南边疆地区特有的边境贸易，在通商互市上成为云南边境地区经济、社会生活的一个重要方

第六章 沿边开放与区域合作

面,也是云南与东南亚维持经济关系的重要组成部门。中华人民共和国成立后,由于国际关系和国内政治经济形势的各种变化,云南边境贸易发展一度滞后,直到改革开放以后,云南的边境贸易才获得迅速发展。

1. 初始阶段(20世纪50年代到60年代中期)

1951年,我国中央人民政府决定在中缅边境地区开放边民互市,允许双方边民在规定的地点和时间开展互市,中缅边境贸易逐渐兴起。1954年,经国家批准,云南发表了公告,对边境小额经贸的管理做出了具体规定。公告颁布后,周边的小额贸易一度出现了非常繁盛的景象,也使得中缅边境地区人们的日用生活品互通有无,短缺的状况有所改善。但是由于仅限于小额贸易,边境贸易发展还是受到了一定的限制。1963年以后,缅甸政府发生更迭,中缅边境形势也随之发生变化,小额贸易一度中断,边境贸易也受到了很大影响,也只有边民互市这种形式存在着。在中越边境方面,双方在1953年签订了开放边境贸易的双边议定书。1954年,经批准云南与越南北部省份开放了11个小额贸易口岸,准许携带双方协议中规定的品种开展双方边民互市,且免征关税,双方边民往来互市可兑换一定限额的货币,大大促进了双方的边境贸易发展。同期,云南也开展了与越南凉山、高平、北干北部三省的地方贸易,直到1970年后被取消并纳入国家贸易中。在中老边境贸易方面,由于老挝当时国内经济相对滞后,加之老挝边境人口稀少,只有边民互市形式存在,小额贸易基本没有。

这一阶段,从云南与越南、缅甸、老挝的贸易来看,虽然都开展了小额贸易,但是大多规模都不大,交易商品数量也有限。另外,云南边境贸易受政治经济体制的影响和束缚,在1958年以前中方参与小额贸易的经营者主要是以国营商业机构为主,从1958年到"文革"结束,全部是国营商业机构。期间虽然边民互市一直在进行,但是由于对边民互市的交易地点、交易商品种类及交易数额有很严格的限制,这就在很大程度上限制了边境贸易的发展。总体来看,由于云南与邻国边境地区社会经济发展水平的限制,双方贸易层次不高,因而,边境贸易在云南与其他国家的经济关系中尚未发挥其应有的优势作用。

2. 停滞阶段(20世纪60年代中期到70年代后期的"文革"阶段)

这一阶段,由于国内政治局势的变化,中国与邻国的贸易也随之发生了重大改变,小额贸易基本停滞,边民互市虽然还在进行,但是大多都受到了严格的限制,从而也影响了云南与周边国家的边境贸易发展。

3. 迅速发展阶段（改革开放以后到 20 世纪 90 年代）

改革开放以后，在国家相关政策的支持下，云南的边境贸易得到迅速发展。1980 年，云南省政府首先在中缅边境开展小额贸易，从此，中缅边境贸易开始快速发展。1984 年，国务院在边境小额贸易上提出"自找货源、自找销路、自行谈判、自行平衡、自负盈亏"的"五自"方针，即边境小额贸易可以由相关省、自治区政府管理。根据国家的"五自"方针，云南省在 1985 年印发了《云南省关于边境贸易的暂行规定》，进一步加大了开放力度，放开了边境贸易的相关限制。从此，中缅、中老边境贸易局面全面打开，打破过去少数国营实体独家经营的局面，在经营实体上形成了农、工、商国营和集体所有制商号的多家经营局面，经营网点、经营范围也不断扩大。从 1985~1989 年的四年间，云南边境贸易得到了迅速发展，中缅、中老之间的边境贸易进出口额达到 36 亿元，逐步形成了地方政府间贸易、边境民间贸易、边民互市等多形式、多渠道的边境贸易发展格局。

4. 大发展阶段（20 世纪 90 年代以后）

1992 年，国务院同意昆明市执行沿海开放城市政策，昆明市等边境城市得到进一步开放。同时，云南省的河口、瑞丽、畹町市被定为边境开放城市，并对边境贸易给予优惠政策。从此，中老、中越边境贸易在更大范围、更深层次上展开，为云南与周边国家边境贸易的大发展奠定了坚实的基础。20 世纪 90 年代中期，特别是 1990~1997 年，云南边境贸易平均每年以 30%的速度递增，边境贸易已经成为云南对外贸易的重要组成部分，显示了边境贸易在云南对东南亚开放中举足轻重的地位。随着边境贸易的发展，云南在烟草、纺织、轻工、医药、建材、化工、五金、日用百货、机电、食品、饮料等优势行业中发展了一批具有一定规模、专门从事边境贸易的企业，并逐步形成自己的加工生产规模，形成了以昆明、红河、大理、保山、德宏等地区为主的边境贸易出口加工基地。许多出口商品生产企业和外贸出口企业在边境地区甚至境外设立边境贸易出口企业，直接面向市场发展自己，从事边境进出口业务，既拓展了市场，又减少了中间环节，大大提高了管理效率和企业自身发展能力与素质，这些企业不仅对边境贸易发展做出了极大的贡献，而且促进了周边国家经济社会的稳定和发展。

（二）"一带一路"建设下的云南沿边经济发展

2013 年 9 月和 10 月，习近平主席相继提出建设"丝绸之路经济带"和"21

第六章 沿边开放与区域合作

世纪海上丝绸之路"的重大倡议,在国际社会引起了广泛响应。"一带一路"沿线从波罗的海直达太平洋,从中亚直达印度洋和波斯湾,东西贯穿欧亚大陆,南北与中巴经济走廊、孟中印缅经济走廊相连接,沿线国家总人口约44亿人,占世界总人口的63%,沿线国家经济总量占全球的29%。"一带一路"构想以经济合作为基础和主轴,以人文交流为支撑,以包容开放为理念,互联互通,合作共赢,成为沿线国家优势互补、开放发展、开展进一步国际合作的新平台。因此,云南可以结合国家"一带一路"倡议,依托区位优势,找准战略定位,进一步发挥云南在国家西向开放战略中的重要作用。国家发改委在《推动共建丝绸之路经济带和21世纪海上丝绸之路的愿景与行动》中明确提出,要发挥云南的区位优势,推进与周边国家的国际运输通道建设,打造大湄公河次区域经济合作新高地,建设成为面向南亚、东南亚的辐射中心,这将对云南沿边经济发展产生重大而深远的影响。

1. 借力区位优势,发挥面向南亚、东南亚的国际通道枢纽作用

云南省面向"三亚"、肩挑"两洋",在"一带一路"建设中具有突出的区位优势。云南北可连接陆上丝绸之路经济带,南可通过泛亚铁路实现太平洋、印度洋与21世纪海上丝绸之路对接,从陆上沟通东南亚、南亚,通过中东连接欧洲、非洲。因此,云南是"一带一路"建设中非常重要的战略连接点,且可以借助桥头堡建设的良好政策,通过道路联通、贸易畅通、货币流通、民心相通等方面的建设与完善,做好与周边国家的互联互通,在"一带一路"建设中发挥重要的门户作用,使云南真正成为我国辐射南亚、东南亚的新高地。

2. 借力政策优势,促进滇中、滇南经济圈大发展

"一带一路"建设、泛亚铁路建设、"一江两翼三洋"建设等的提出,将以昆明、玉溪、曲靖、楚雄为主的滇中城市经济圈,与以蒙自、个旧、开远、建水为主的滇南城市群紧密连接起来,不仅促进了省内各州市之间的社会、人际、经济来往,更在一定程度上促进了国际间的交通运输和国际商贸的往来。尤其是为旅游资源丰富多彩的云南沿边创造了良好的发展机会,泛亚铁路的建设把具有多彩民族风情的西双版纳、普洱、红河、德宏、大理、临沧等地区连接起来,在旅游业发展的带动下成为经济发展的综合功能体,从而进一步促进云南沿边经济的发展。

3. 打造大湄公河次区域合作升级版

进一步发挥睦邻外交战略通道作用和区域合作高地作用，充分依托现有的滇中产业新区、沿边金融综合改革试验区、瑞丽重点开发开放试验区和跨境经济合作区建设，发挥南博会、昆交会在对外开放中的平台作用，着力提升沿边开放步伐，提升沿边开放型经济发展水平，不断提升大湄公河次区域合作能力和质量。

四、沿边经济发展的特征

(一) 沿边经济发展的比较优势

1. 区位优势

早在 2000 多年前，云南就是中国从陆上通向南亚、中东和东南亚的门户，史称"南方丝绸之路"。在第二次世界大战期间，云南发挥了重要的大后方作用，特别是著名的史迪威公路，成为抗日战争中通往大后方的物资运输线和中国取得国际援助的重要通道。

云南境内东与贵州省、广西壮族自治区为邻，东北以金沙江为界与四川省隔江相望，西北紧靠西藏自治区；境外西南与缅甸接壤，与老挝、越南山水相连。这样的地理条件决定了云南在"深耕周边、拓展欧美、培育新兴市场、联动国内腹地"，推动形成外引内联、双向开放、通江达海、联通两洋、八面来风的全面开放新格局上具有独特的区位优势，在"一带一路"建设中，具有重要的陆路边境重地的优势。

2. 政策优势

(1) 国家发展沿边经济的相关政策。

第一，边境贸易：1988 年，国务院颁布了《关于加快和深化对外贸易体制改革若干问题的规定》，1990 年和 1991 年分别颁布了《关于进一步改革和完善对外贸易体制若干问题的决定》和《关于积极发展边境贸易和经济合作促进边疆繁荣稳定的意见》，我国边境地区迎来了中华人民共和国成立以来第一次发展的黄金时期。

第二，国家沿边开发开放：国家"十二五"发展规划纲要提出，"把云南建成向西南开放的重要桥头堡，不断提升沿边地区对外开放的水平"、"加快沿边地区开发开放，加强国际通道、边境城市和口岸建设，深入实施兴边富民行动"，为云南加快桥头堡建设创造了平台。党的十八大指出："创新开放模式，促进沿

第六章 沿边开放与区域合作

海内陆沿边开放优势互补,形成引领国际经济合作和竞争的开放区域,培育带动区域发展的开放高地。"党的十八届三中全会指出:"加快沿边开放步伐,允许沿边重点口岸、边境城市、经济合作区在人员往来、加工物流、旅游等方面实行特殊方式和政策。"这些政策进一步明确了必须加快推进内陆沿边开放的新要求。

第三,金融支持:2013 年 11 月,经国务院同意,中国人民银行等 11 个部门联合发布了《云南省、广西壮族自治区建设沿边金融综合改革试验区的总体方案》,这是目前中国区域面积最广、人口最多、面向国家最多、边境线最长的金融改革试验区,也是继上海自贸之后,国家层面批准的第二个区域性金融综合改革试验区。该方案不仅为云南、广西两省区沿边开放提供了金融政策支持,而且为云南农产品出口,特别是建设高原特色农业提供了有力的金融支持。2016 年 1 月,国务院印发《关于支持沿边重点地区开发开放若干政策措施的意见》,从深入推进兴边富民行动、改革体制机制、调整贸易结构、促进特色优势产业发展、提升旅游开放水平、加强基础设施建设、加大财税支持力度、鼓励金融创新与开放八个方面提出了 31 条政策措施,综合考虑了沿边的经济发展、边疆稳定、民族团结、周边安宁,为实现稳边安边兴边提供了政策保障。

第四,兴边富民:2011 年 6 月,国务院颁布的《兴边富民行动规划(2011~2015 年)》明确提出"提升沿边开发开放水平"、"加大对边境地区的资金投入"、"进一步扩大对内对外开放"等政策措施。

第五,西部大开发:2012 年 2 月,国家发改委发布《西部大开发"十二五"规划》,明确提出"制定和实施特殊开放政策,加快重点口岸、边境城市、边境(跨境)经济合作区和重点开发开放试验区建设,探索沿边开放新模式"、"深化大湄公河次区域合作,加强云南与东南亚、南亚、印度洋沿岸国家合作,建设西南出海战略通道",并把玉溪至磨憨铁路、泸沽湖、红河、沧源、澜沧等支线机场和改善澜沧江等国际河流航运条件列入"十二五"规划。

(2)云南省发展沿边经济的相关政策。

第一,桥头堡政策:2012 年 1 月,云南省政府颁布了《云南省加快建设面向西南开放重要桥头堡总体规划》,提出了云南建设沿边开放经济带、形成对内经济走廊、构建内联外通的综合交通运输体系、建设外向型特色产业基地等多项具体任务。2011 年 10 月,云南省政府出台了《云南省人民政府关于金融支持服务桥头堡建设的指导意见》,指出要"加大对沿边开放经济带、对内对外经济走廊

· 145 ·

骨干产业和城镇建设的融资支持力度"。

第二，贸易便利措施：2014年9月，昆明海关、云南出入境检验检疫局联合下发文件，正式启动关检"三个一"（一次申报、一次查验、一次放行）通关模式。进一步改进海关、检验检疫对云南进出口货物的监管和服务方式，有效简化通关手续，切实提高了通关效能，提升了通关便利化水平，促进了云南外贸发展。

第三，边境经济合作区建设：2012年6月，云南省政府出台了《加快推进边境经济合作区建设若干意见》，要求2016年完成全省9个边境经济贸易合作区的基础设施建设，并初步形成合理的空间布局产业体系，使其逐步成为云南省经济发展的重要增长极；到2020年，9个边境经济合作区建设全面完成，成为云南省跨越发展的排头兵，产业外向度在各类园区中名列前茅。同时出台15个支持政策，使9个边境经济合作区成为"政策和投资洼地"。

（二）沿边经济发展的区域特征

近年来我国对外开放的战略，特别是"一带一路"构想，体现了我国与周边国家外部经济关系的变化，也意味着我国寻求将自身经济增长的优势和能量不断扩大到沿边区域。云南以其独特的区域特征，沿边地区的经济发展水平和能力与周边接壤的国家息息相关。因此，国家"一带一路"建设开启了云南与周边国家地缘经济合作的新布局，沿边区域经济发展的区域特征也进一步凸显。

1. 与周边国家的经济合作机制日益多样化

随着我国对外贸易的不断发展，云南与周边国家经济发展的互利互惠合作格局进一步优化，双边合作与次区域合作等多层次的合作平台不断建立。如"中国—东盟自由贸易区"的经济合作机制，是我国与东南亚国家构建的第一个区域合作机制，对于云南发展与东南亚国家的边境贸易具有强烈的示范效应，也得到了周边国家的肯定。此外，大湄公河次区域经济合作（GMS）也在快速发展，它是云南及湄公河沿岸国家共同参与的次区域国际经济合作机制，其合作范围面积有256.86万平方千米，人口约3.26亿人，被认为是亚洲各个合作机制中的成功典范。此外，中老缅泰的"金四角"和中越两国的"两廊一圈"经济合作区的开发也已付之实施。"金四角"是指在澜沧江下游、湄公河上游的中国、老挝、缅甸、泰国四个国家的毗邻接壤区域，建立以平等互利、共同发展为前提的"金四角经济合作区"，在这个框架下，开展小区域范围的国际经济合作。"两廊一圈"

指的是"昆明—老街—河内—海防—广宁"、"南宁—谅山—河内—海防—广宁"经济走廊和环北部湾经济圈。2004年,越南前总理潘文凯访问中国时提出"两廊一圈"建议,并于同年两国签署《中越联合公报》,同意在两国经贸合作框架下,构建两国之间的"两廊一圈"合作。合作内容包括中越双边贸易和经济技术合作、旅游及国际水陆通道建设等方面。这也成为"中国—东盟自由贸易区"合作框架下次区域经济合作的重大举措。

2. 云南沿边地区人民币交易的贸易活动规模不断扩大

云南沿边的贸易不断发展,很大程度上得益于人民币交易与边境贸易的互推共进。在边境贸易的推动下,人民币在云南沿边国家或地区逐渐实现国际化,并在频繁活跃的贸易中,人民币国际化更加具有鲜明的地域色彩。同时,人民币国际化使得货币在这些地方的贸易中得到了统一,随着人民币在贸易中的地位不断提升,也进一步促进了沿边地区边境贸易的发展。

2004年开始,云南在边境贸易中特别是边民互市中试行小额贸易以人民币结算,实行出口退税,不仅促进了云南边境贸易的发展,而且在中缅、中老、中越边贸中以人民币计价结算得到了持续稳固的发展。中国央行昆明中心支行的数据显示,截至2012年底,云南省跨境人民币结算数额累计达770.29亿元,2012年达460.90亿元,较2011年同期增长了84.16%。中缅边贸中人民币结算比例最高,保持在90%以上,中越大约在75%,由于中老边贸的数额本身就较低,所以中老边贸的人民币结算率不高,大约为40%。[①]因此,在云南边境贸易中,人民币的跨境结算扩大了与周边国家或地区边境贸易的规模,同时也使得人民币在边境贸易中的地位更加稳固。

(三)沿边经济发展的产业特征

从云南沿边经济未来发展及国家政策意图,包括"一带一路"建设来看,主要就是依托区域沿线交通基础设施和中心城市,以开拓国际通道为目的,对境内外经济贸易和生产要素尽心优化配置。截至2016年底,我国已经开通国际道路运输线路接近300条。云南是"一带一路"建设的重点区域,因此,云南借助国家全面对外开放之势,与周边国家的交通运输、电力油气、商贸旅游等行业或产

---

① 刘浪. 云南:边境贸易人民币结算超95% [EB/OL]. http://bank.hexun.com/2009-01-06/113101139. Html,2014-11-08.

业将发生根本变化。

1. 服务贸易发展较快

近年来,随着国家政策的不断完善,国家间的交流合作日益紧密,云南与周边国家的服务贸易增长较快,主要集中在运输、旅游、购物及边境地区人员的支出等方面。目前,生产和消费逐渐出现跨境交易的现象,服务行业和产品供应商则相应地跨越国境,以更好地适应开放发展和"一带一路"建设。

2. 云南沿边地区资源禀赋优势突出,但缺少品牌特色产业支撑

从沿边地区资源禀赋优势看,农业和农产品更具优势,资源禀赋系数低,矿产资源很丰富,而建筑和科技等产业禀赋相对小,处于劣势地位。同时,与云南接壤的越南、缅甸和老挝经济发展相对我国较为落后,市场规模小,且农业社会的特征仍然明显,商品经济发育较低,导致沿边地区的边贸规模小,产业缺乏基础,更无特色品牌来支撑。

3. 贸易发展较快,但高附加值产业发展较慢

近年来,云南沿边地区的进出口贸易发展较快,机电产品出口也有所增长,但是仍然以劳动密集型商品和低端产品为主,以口岸为核心的深加工产品链还没有完全形成,云南与周边国家具有特色的、规模化的主导产业基本没有,且同质化比较严重。缅甸经济结构主要以农业为主,占国内生产总值的80%,老挝占70%,因此,寻求各国间特色产业的协调发展,是沿边地区合作的一项重要课题。一是以丰富的农业资源为依托,将发展农业实用技术作为目标,建设现代技术与产业体系,致力于培育有特色优势的产品,逐渐形成特色产业集中空间;二是不断培育新兴产业,以其推动沿边地区传统产业升级与优化,同时加强沿边地区对外交流合作,结合周边国家的消费习惯、资源状况及市场需要等因素,创新出具有竞争力的精加工产品和技术类产业,推动高附加值产业的发展。

第二节 大湄公河次区域(GMS)经济合作

大湄公河次区域经济合作是指中国、缅甸、老挝、泰国、柬埔寨和越南6个国家通过加强相互之间的经济联系,促进次区域的经济和社会发展。GMS合作

第六章 沿边开放与区域合作

已经实行了 20 多年,相关机制趋于成熟,在深化东南亚区域经济一体化方面做出了巨大贡献。云南省是中国参与 GSM 合作的主体省份,应该积极争取国家的政策支持,继续推进连接 GMS 国家的交通、能源、电信等建设,形成互联互通网络,连接 21 世纪海上丝绸之路。云南省在深化发展现有的双边合作机制基础上(如"云南—泰北合作工作组"、"云南—老北合作工作组"、"云南—越南昆河经济走廊会议"、"滇缅经贸合作论坛"等),要致力于构建对话协商、互利合作的对外交流新模式,加快次区域经济合作,努力成为推动"一带一路"建设的合作高地。

一、GMS 经济合作发展概况

(一)GMS 经济合作发展历程

1992 年,在亚洲开发银行的主导下,澜沧江—湄公河流域内的中国、老挝、缅甸、泰国、柬埔寨、越南 6 个国家共同发起了大湄公河次区域合作,以加强各国间的经济联系,促进次区域经济社会协调发展,实现区域共同繁荣。GMS 合作 20 多年来,6 国按照"平等协商、注重实效、突出重点、循序渐进"的合作原则,在能源、交通、电信、旅游、农业、卫生、环境、人力资源开发、贸易与投资、禁毒 10 个领域,紧紧抓住项目龙头,开展了 180 多个项目的合作,总投入 100 多亿美元,被世界银行称为发展中国家"南南合作"的成功典范,形成了合作的鲜明特色,具有世界影响和世界意义,取得了令世界瞩目的成就。

大湄公河次区域经济合作 20 年来,大致经历了四个发展阶段:

1. 第一阶段:消除疑虑,增进共识(1992~1997 年)

1992 年 10 月,第一届澜沧江—湄公河次区域经济合作会议在马尼拉召开,主题为"消除疑虑,增进共识",由柬埔寨、中国、老挝、缅甸、泰国、越南 6 个沿岸国家参加,会上通过了《次区域经济合作》的总体框架报告,由亚洲开发银行牵头的大湄公河次区域经济合作就此起步。1993 年 8 月,第二届澜沧江—湄公河次区域经济合作会议在马尼拉召开,第一次使用"大湄公河次区域"(GMS)一词。

此阶段合作的重要标志:编制完成了《大湄公河次区域经济发展规划》;优选了 100 多个合作项目;推动建立了中国—东盟"10+3"、"10+1"合作机制。

2. 第二阶段：开放边境，携手合作（1998~2002年）

1998年9月30日至10月2日，第九届大湄公河次区域部长级会议在马尼拉举行。此次会议取得的最大成效就是形成了在次区域经济合作的地域范围内将生产、投资、贸易和基础设施建设有机联系的合作理念，即"三纵两横"经济走廊：南北向三纵为昆明—密支那—曼德勒—仰光、昆明—会晒—曼谷、昆明—河内—海防；东西向两横为毛淡棉—彭世洛—沙湾拿吉—岘港、仰光—曼谷—金边—胡志明市。此次会议的另一个成效就是第一次把禁毒列为合作领域。2001年6月，中国、老挝、缅甸、泰国4国澜沧江—湄公河国际航运正式开通。2001年11月，在仰光举行的第十届大湄公河次区域合作部长级会议上，决定将农业列为合作新领域，同时在总结次区域合作10年成就的基础上，确定了今后10年的发展方向，为更好地合作夯实了基础。

此阶段合作的重要标志：提出建设GMS"三纵两横"南北经济走廊；发表"开放边境，携手合作"的联合声明；在新领域形成合作协议；中、老、缅、泰四国澜沧江—湄公河国际航运正式通航；2002年11月3日，大湄公河次区域首次政府领导人会议在柬埔寨金边举行，与会6国领导人确认了未来10年的合作前景及承诺，进一步加强了6国伙伴关系。

3. 第三阶段：迎接一体化，促进共同繁荣（2003~2007年）

2002年9月，在金边举行第十一届大湄公河次区域合作部长级会议，会议通过了大湄公河次区域未来10年发展战略框架，并优先实施南部经济走廊、东西经济走廊、南北经济走廊、便利跨境贸易与投资、电力网、电信骨干网、人力资源开发、私营参与和增强竞争力、环保、旅游、洪水控制和水资源管理11个框架内提出的旗舰项目。2003年9月，在中国大理举行了主题为"迎接一体化，促进共同繁荣"的第十二届大湄公河次区域合作部长级会议，标志着云南在GMS经济合作中的重要地位日益凸显。

2005年7月4~5日，在中国昆明召开GMS第二次领导人会议，会议上各国在便利客货运输、动物疫病防控、信息高速公路建设和电力贸易等方面达成合作协议，并签署了多项文件，同时，批准了GMS贸易投资便利化行动框架和生物多样性保护走廊建设等多项合作倡议。

此阶段合作的重要标志：通过了大湄公河次区域未来10年发展战略框架，同意优先实施框架内提出的11个旗舰项目；第一届和第二届大湄公河次区域领

第六章 沿边开放与区域合作

导人会议分别在金边和昆明举行，提升了合作质量；提出"迎接一体化，促进共同繁荣"的理念。

4. 第四阶段：加强联系性，提升竞争力（2008年至今）

2008年3月，昆曼公路建成并正式通车，至此，云南与中南半岛实现陆路的连接。与此同时，在老挝首都万象召开大湄公河次区域经济合作（GMS）第三次领导人会议，围绕"加强联系性，提升竞争力"的主题，与会领导人交换了意见，在加强基础设施互联互通、深化次区域经济合作、次区域合作与发展伙伴关系、贸易运输便利，特别是消除贫困等合作构想方面进行多方磋商，同时就当前GMS面临的机遇与挑战进行了讨论，未来将把次区域建设成亚太经济一体化的枢纽。会议还核准了《2008年至2012年GMS发展万象行动计划》。

此阶段合作的重要标志：第三次大湄公河次区域领导人会议在老挝首都万象举行；围绕"加强联系性，提升竞争力"这一主题，进一步深化合作；昆曼公路建成通车，中国云南与中南半岛实现陆路连接；提出把次区域建设成亚太经济一体化的枢纽。

（二）GMS经济合作的主要方面及成效

1. 交通合作取得重大进展

（1）公路。南北经济走廊东线（昆明—河内—海防）。中国境内昆明—河口段高等级公路共447千米，2008年全部建成通车；昆明—河口高速公路昆明—石林段已建成，石林—蒙自段于2011年建成通车；蒙自—河口段已于2009年建成通车；中越河口—老街公路大桥已于2009年建成通车；越南河内—安沛高速公路于2013年建成通车（昆明—南宁—河内）。中国境内南宁至友谊关高速公路179千米，已于2005年底建成通车。

南北经济走廊中线（昆明—曼谷公路）。昆曼公路全长约1800千米，起于中国昆明，止于泰国曼谷，全线由中国境内段、老挝段和泰国境内段组成，被称为"亚洲公路网中最激动人心的一个路段"和"次区域南北经济走廊中线"。昆曼公路中国段2008年3月全线贯通，由昆明到曼谷所需时间由过去的48小时缩短为现在的24小时。2013年12月11日，连接老挝会晒和泰国清孔的会晒大桥正式贯通。至此，从云南昆明出发，最终抵达泰国首都曼谷，横跨三个国家，全长约1750千米的昆曼大通道正式全线无缝连接。

南北经济走廊西线（昆明—大理—瑞丽—缅甸）。中国境内的昆明—安宁—

楚雄—大理—保山 497 千米路段已建成高速公路；保山—龙陵 78 千米高速公路利用亚行贷款也已建成通车；龙陵—瑞丽 150 千米高速公路 2011 年开工，于 2015 年建成通车。

（2）航运。中国政府一贯重视航运开发，大力推动了澜沧江—湄公河的疏浚与通航。2001 年 6 月，中国、老挝、缅甸、泰国 4 国通过努力实现了正式通航，并且在中国景洪举行了澜沧江—湄公河商船正式通航典礼，典礼上就航道改善工程达成了共识。

（3）铁路。泛亚铁路是湄公河次区域交通合作开发的重要内容，是一个统一的、贯通欧亚大陆的货运铁路网络。2006 年 11 月 10 日，亚洲 18 个国家的代表在韩国釜山正式签署《亚洲铁路网政府间协定》，筹划了近 50 年的泛亚铁路网计划最终得以落实。

东线：泛亚铁路东线由新加坡经吉隆坡、曼谷、金边、胡志明市、河内到达昆明。泛亚铁路东线是连接中越国际铁路的主要通道，由玉蒙铁路和蒙河铁路组成。新建昆明—玉溪铁路，全长 48.7 千米，2009 年 7 月开工，2012 年 12 月开通。新建玉溪—蒙自—河口铁路，全长 284 千米，由河口出境，与越南铁路网相接。2013 年 2 月 24 日，中国境内玉溪至蒙自铁路建成通车，全长约 141 千米，蒙自至河口铁路全长 140 千米，2008 年 12 月开工，2014 年 12 月 10 日正式开通运营。蒙自和河口都地处昆河经济带上，开通铁路对中国与东南亚各国的经济文化交流、增进云南与越南的经济贸易往来都有着重要的意义，尤其是对云南的边境贸易发展、边境旅游发展都有着积极的促进作用。

中线：中老国际铁路通道，经磨憨穿过老挝。新建玉溪—思茅—景洪—磨憨铁路，全长 599 千米。设计中的中老铁路项目起于中老边境的口岸磨憨，向南依次经过老挝境内的孟赛、琅勃拉邦、万荣，至老挝首都万象。老挝境内新建铁路工程线路约 421.17 千米，是兼具城际旅游功能、促进地方资源开发的客货共线快速铁路。

西线：中缅国际铁路通道，经瑞丽穿过缅甸。新建大理—保山—芒市—瑞丽铁路，全长 336 千米。其中，大理至保山铁路线路全长约 133.6 千米，2008 年 6 月 30 日开工，2013 年 12 月开通；保山至瑞丽铁路线路全长约 202.4 千米，2010 年 1 月铁道部完成设计审查。新建保山—腾冲—猴桥铁路，全长约 120 千米，2010 年启动前期工作，已纳入国家铁路网规划，"十三五"规划期间建设。

第六章 沿边开放与区域合作

（4）航空。目前已形成以昆明为中心，面向东南亚、南亚和其他地区的国际航线网络。其中，西双版纳机场经过改扩建后，成为连接泰国、老挝等东南亚国家的重要国际航线枢纽。中国分别于 2004 年、2006 年与泰国、缅甸通过实行双边航空运输市场准入，实现了相互开放。中国与越南、柬埔寨和老挝的航空关系也因近年来经贸往来增多而取得了较大进展。

昆明新机场于 2008 年 8 月正式开建，2012 年 6 月 28 日正式通航，是我国继北京、广州、上海之后第四大国家门户枢纽机场，是中国西南部地区唯一的国家门户枢纽机场，是中国面向东南亚、南亚和连接欧亚的国家门户枢纽机场。该机场是全国继北京首都机场、上海浦东机场之后第三个实现双跑道独立运营模式的机场，2013 年在全国千万级机场中旅客吞吐量增长率第一（增长率 23.8%，净增长 572 万人次），2014 年机场旅客吞吐量 3223 万人次。

自此，我国连接中南半岛的水陆空立体交通网络格局基本形成。

2. 能源方面的合作成效显著

在世界各国贸易中，能源合作一直占有非常重要的地位，GMS 合作也不例外。大湄公河次区域合作举行的领导人首脑会议都毫不例外地就 GMS 电力合作签署了协议。随着 GMS 国家经济快速发展、人民生活水平提高，用电需求也在不断增加，GMS 国家对电源和电网的建设力度加大，水电资源的开发步伐也将加快，因此能源合作将对促进云南省经济的快速发展，促进中国与 GMS 国家在政治、经济上的和谐稳定关系具有重要意义。

电力产业是云南省的支柱产业之一。云南是水电资源大省，金沙江、澜沧江、怒江三大流域干流可开发装机容量达 8254 万千瓦，年发电量 4031 亿千瓦时，拥有 25 万千瓦以上的可开发大型水电站站点 35 处，澜沧江流域上相继建成漫湾、小湾、景洪、糯扎渡等一批百万千瓦级大型电站。云南电网公司是中国南方电网推动 GMS 电力合作的排头兵，其按照南方电网公司的国际化战略和云南省的"开放云南"战略，积极实施"走出去"战略，充分利用自身技术优势和区位优势，加快构建中国连接 GMS 国家的能源经济通道，在参与和推动 GMS 电力合作中成绩斐然，成效显著。此外，中缅石油天然气管道工程于 2010 年 6 月正式开工建设，石油管道设计能力为 2200 万吨/年，天然气管道年输气能力为 120 亿立方米/年，天然气管道工程建设已于 2013 年 5 月全面完成，达到投产试运行条件。

· 153 ·

3. 电信

中国电信昆明区域国际局正式成立，标志着云南通往 GMS 国家的信息高速公路初步建成。一批面向东南亚国家具有国际影响力的电子商务跨境交易平台及连接 GMS 五国的空中信息通道已经形成，拥有中缅、中老两条跨境国际光缆，云南已经逐步建设成为大湄公河次区域的国际通信中心。

4. 农业

中国政府积极推动与 GMS 国家在农业信息应用和农业科技交流、粮食安全能力提升、农村可再生能源、跨境动植物疫病防控、农业生产技术培训等方面的合作。2008 年以来，在中方倡议实施的"粮食综合生产能力提升行动计划"框架下，中国与 GMS 国家合作开展了优质高产农作物示范田建设，三年共投入 950 余万元，为 GMS 国家当地农户提供了农业生产实用技术培训，举办了各类农业技术培训班 27 个，培训技术人员 220 余人次。同时，邀请 GMS 国家参加中国—东盟农村可再生能源技术与设备展示周，进一步加强了与 GMS 国家的交流。我国还持续推进中越、中缅、中老跨境动植物疫病防控合作项目，提升了 GMS 跨境联防联控水平。完善了 GMS 农业信息网软硬件建设，发挥了其作为农业信息交流平台的作用，进一步提升了各国的农业技术水平。如以云南为主的中国替代种植企业在缅甸、老挝北部累计投资种植面积达 300 多万亩，与周边 GMS 国家合作开展了橡胶、甘蔗、木薯、竹子等替代种植，建立了技术培训、苗木繁育中心。云南在农林领域与越南合作实施了小麦和啤酒大麦种植试验示范，与缅甸合作建设了蔬菜花卉培训中心，与老挝合作建设了户用沼气示范及农业示范园等，进一步促进了当地经济发展。

(三) GMS 经济合作发展的新特征

1. GMS 合作进入更加务实的新阶段

进入 21 世纪，大湄公河次区域经济合作不断迈上新台阶。2010 年 8 月 20 日，大湄公河次区域经济合作第十六次部长级会议在越南首都河内举行。会议回顾了自第十五次部长会议以来 GMS 合作取得的进展，审议通过了铁路行业发展战略框架、农业领域合作规划、第二期核心环境项目战略方向、交通与贸易便利化行动计划、南部经济走廊战略行动计划及能源合作项目，并就 GMS 合作未来 10 年（2012~2022 年）发展战略进行了深入讨论。最为重要的是，来自中国、缅甸、老挝、泰国、柬埔寨、越南 6 国的部长级官员一致通过了大湄公河次区域铁路衔接计划。该计划被视为促成一个完整铁路系统的第一个重大步骤，也是开发并实现泛亚铁路系统的第一步。预计到 2020 年，GMS 6 国将实现铁路网络的连通。

2011 年 8 月 4 日，大湄公河次区域经济合作第十七次部长级会议在柬埔寨金边召开。会议的一个重点是讨论制定了《2012~2022 年大湄公河次区域战略框架》，并提交 2011 年 12 月在缅甸召开的 GMS 领导人第四次会议批准并实施。会议期间，各国部长回顾了自第十六次部长会议以来 GMS 合作取得的进展，审议了 GMS 第四次领导人会议的成果文件，其中包括 GMS 新 10 年（2012~2022 年）战略框架、旅游合作战略、信息高速公路谅解备忘录、核心环境项目二期框架文件和行动计划、交通与贸易便利化成果文件、设立 GMS 铁路协调办公室行动计划。

最近两届 GMS 经济合作部长级会议不仅深入讨论了 GMS 合作未来 10 年（2012~2022 年）发展战略，一致通过了大湄公河次区域铁路衔接计划，而且详细讨论了具体合作项目，充分表明 GMS 合作正进入更加务实的新阶段，GMS 合作正在开启"以基础建设为重点，以资源开发为纽带，以产业合作为基础，以项目开发为平台，以企业合作为主体的深层次、宽领域、全方位开放合作的新时代"。

2. 中国在 GMS 合作中的主导地位和作用进一步提升

一直以来，中国都把推动 GMS 合作作为中国实施总体外交战略的重点，如中国与东盟之间的 GMS 合作和"10+1"合作，历来都是中国总体外交中的重要内容。从宏观上说，中国以"依托周边，依托东亚，协调亚洲，伙伴全球"的外交框架为背景，GMS 合作和"10+1"合作在其中是一个重要的支撑点。由于中国的措施得当，再加上中国与 GMS 国家山水相连的地缘优势，中国与东盟整体间的 GMS 合作和"10+1"合作成为东亚合作框架中最有活力的一个机制。在 2011 年 8 月 4 日举行的大湄公河次区域经济合作第十七次部长级会议上，柬埔寨国务兼商业部长占蒲拉西和亚行副行长洛哈尼盛赞中国在次区域建设发展中扮演的重要角色。占蒲拉西表示："中国在 GMS 合作中的作用极为重要。作为主要发展伙伴，中国的资金援助在该区域建设中发挥了重大作用。"洛哈尼表示："中国是亚行的第三大股东，虽向亚行借款，但也是援助大国，向亚行提供资金支持，为本区域合作提供技术援助，从而加快了本区域的发展进程。"

在中国的主导和积极推动下，GMS 合作不断走向深入，并推动中国—东盟"10+1"合作不断发展。1997 年 12 月，产生了中国—东盟"10+3"、"10+1"合作机制；2001 年 6 月，中老缅泰 4 国澜沧江—湄公河国际航运正式开通，由此推动了中国与东盟的合作关系；2002 年 11 月，中国与东盟正式签署了《中国与东盟全面经济合作框架协议》及《南海各方行为宣言》，发表了《关于非传统安全领域合作宣言》；2003 年 10 月，中国正式加入《东南亚友好合作条约》，中国成为第一个加入该条约的域外大国；2005 年 7 月，GMS 经济合作第二次领导人会议批准《大湄公河次区域贸易投资便利化战略行动框架》，并发表《昆明宣言》；2008 年 3 月，昆曼公路建成通车；2009 年 6 月，在时任中国国务院总理温家宝倡导下，"GMS 经济走廊论坛"在昆明正式举办；2010 年 1 月，中国—东盟自由贸易区如期建成。

在上述重大事件中，中国均发挥了积极的主导和推动作用。迄今为止，GMS 合作是中国参与的双边、多边合作中最具主导权和话语权的机制。

3. 次区域一体化进程不断加快

2008 年 3 月 31 日举行的大湄公河次区域经济合作第三次领导人会议明确提出，要加快 GMS 合作一体化进程，把大湄公河次区域建设成亚太经济一体化的枢纽。

交通运输是区域经济的"血管"和区域内资源流动的载体。实现交通一体化是区域经济一体化的一种外在表现和重要的空间依托，也是区域经济整体协调发展和区域经济潜力充分发挥的前提与基础。因此，实现交通一体化是实现 GMS 经济一体化的前提和重要步骤。在实施 GMS 经济一体化的进程中，GMS 各国始终把实施交通一体化放在重要位置。1998 年，提出建设 GMS "三纵两横"南北经济走廊；2001 年，中老缅泰澜沧江—湄公河国际航运正式通航；2008 年，昆曼公路建成通车，中国云南省与中南半岛实现陆路连接；2010 年，通过了大湄公河次区域铁路衔接计划；计划到 2020 年，GMS 6 国实现铁路网络的全线连通。

大湄公河次区域现已成为世界上发展最快和东亚一体化速度最快的地区之一，年平均经济增长速度超过 6%。交通一体化进程的不断加快，有力地促进了大湄公河次区域经济社会的发展，进而推进了经济一体化的进程。

二、GMS 经济合作发展的影响

在 GMS 大框架下,云南与区域内相关地区建立了"云南—老北工作组"、"云南—泰北工作组"、"滇缅合作商务论坛"、"滇越五省市经济协商会"等合作机制,为各类项目合作提供了资金和技术支持。

(一) GMS 经济合作的经济影响

1. 项目合作

项目合作是 GMS 对云南经济影响最直接的体现,如公路、航空、水运等基础设施建设项目,在加强各国之间合作交流、减少贸易合作成本方面起到了推动作用,同时,也扩大了云南商品出口的品种与区域范围。随着各国电力合作地域和领域的进一步拓展,云南省与 GMS 国家的电力合作也不断深入,电力联网不断扩大。目前,云南与周边国家的能源合作特别是电力合作与开发项目多达数百个,已实现对越南 11 个省、老挝北部、缅甸北部边境地区的送电,是国家开展电力进出口贸易的重要省份,近几年来,进出口贸易电量居全国前列。云南省在 GMS 电力贸易合作中逐渐从原来单一的电力出口转变为进出口并重发展,在推动 GMS 电力资源优化配置的过程中,有效地缓解了 GMS 国家电力供应紧张的局面,为 GMS 国家经济社会和电力工业发展提供服务,并大大地促进了云南经济的发展。

云南省与 GMS 国家还开展了技术方面的合作,通过技术交流、技术贸易等推动服务贸易的发展,有效地扩大了合作范围。如 GMSIS(大湄公河次区域信息高速公路)建设中,云南省参与了与缅甸、泰国和柬埔寨的合作,就 GMSIS 运营维护、跨境段使用费用、建设及应用业务等开展了合作,进一步奠定了双方日后合作的基础。2010 年,云南省在老挝、柬埔寨、缅甸分别设立了农业科技示范园,在这几个国家推广我国水稻、陆稻、大豆、马铃薯等种植技术和农业科技成果,取得了显著的增产示范效果。[①]

2. 云南参与合作决策

云南是我国参与 GMS 经济合作的前沿阵地,通过积极参与战略决策,可以有效地实现各类合作项目在云南落地,从而有效地推动云南经济社会发展。现

---

① 中国参与大湄公河次区域经济合作国家报告 (2011)。

在，云南是"国家澜沧江—湄公河流域开发前期研究协调组"的副组长单位成员，在国家开发与 GMS 合作重大事情的决策中，不仅能及时与相关部门进行协调，而且可以根据云南实际将自己的利益诉求直接导入决策过程，在减少时间成本的同时，使得合作机制能顺畅地得以实施，这对云南经济发展具有非常重要的意义。

3. 相关优势产业合作对云南经济的拉动作用

GMS 经济合作对云南经济的拉动作用主要体现在进出口贸易、旅游、直接投资等方面。进出口贸易是最直接的影响，2002 年以来，云南对缅甸、老挝、泰国、柬埔寨、越南的贸易总额持续增长。值得注意的是，受 2008 年金融危机影响，云南进出口额双双下降，但对 GMS 五国的进出口额依然处于上升态势。尽管进口远远大于出口，但进口在某种程度上也大大促进了地方经济发展。从泰国进口低价原材料进行深加工贸易，不仅拉动了地方经济发展，而且通过引进先进技术的扩散效应，提高了地方竞争力。此外，进口大量商品在流通环节也可以创造更多价值，从而带动地方经济发展。

近年来，中国积极推进《次区域旅游发展战略》的实施，致力于将该区域作为统一的旅游目的地进行建设和宣传，重点在实施旅游培训项目、开展旅游规划研究、加强基础设施建设、推进 GMS 旅游项目等多个方面开展工作，取得了良好进展。旅游业作为云南的支柱产业，借助国家政策，云南省分别与越南、老挝等周边国家签订了 14 份旅游合作协议或备忘录，编制完成了《金四角旅游区跨国旅游线路规划》、《香格里拉—腾冲—密支那旅游区跨国旅游线路规划》等重要规划项目，在开展边境旅游、开辟旅游线路、进行旅游项目投资、举办旅游节庆活动、培训旅游管理人员等多方面开展合作，有力提升了云南省旅游发展质量，促进了跨国境旅游和边境旅游的发展。随着缅甸、老挝、泰国、柬埔寨、越南等国家居民生活水平的提升、收入的增长，以及大湄公河次区域的进一步开发，到云南旅游的人数可望保持进一步增长。

从直接投资的行业看，在国内不一定具有竞争优势的领域，如电力、矿产和农业等的直接投资可以在很大程度上拉动云南对 GMS 国家的出口，而这些恰恰体现了云南在国外是具有竞争优势的。由于 GMS 国家中缅甸、老挝、越南、柬埔寨的经济发展水平相对不高，居民消费水平有限，这种中低端产品的消费适合云南当前的产品结构，同时也可以充分利用云南丰富的劳动力资源，避免国内激烈的竞争市场，大量出口，进而发展成本地优势特色产品。同时，通过直接投资，云南可以将在国内不具备竞争优势的产业进行专业生产，减少投资的沉没成本，有利于推动产业结构升级。

4. 双边合作机制

双边合作机制的建立能够有效地消除各国之间合作的摩擦，增加彼此之间合作的可能性及成功率，从而影响彼此经济的发展。云南作为GMS经济合作的一个直接参与方，也建立了较为完善的合作机制来推动合作项目的开展，如"中国云南—越南五省市经济协商会议合作机制"，推动了"两廊一圈"合作，使得各国合作领域不断拓展，并及时解决合作中存在的问题；"云南—泰北工作组合作机制"，主要是推动投资、贸易、金融领域企业的合作，推动贸易更加便利化；"云南与老挝北部九省的合作机制"，推动贸易、资源、农业、种植业、人力资源等方面的合作。这些合作机制能够有效地推动云南与周边国家的合作，并在具体的合作过程中影响云南经济的发展。

（二）GMS经济合作的社会影响

联合国贸发委认为，发展中国家之间的互相投资对东道国的发展更为有利，因为技术差距较小，而且此类投资的劳动密集程度较高，在东道国有较好的技术适应性，对经济社会发展都具有较大的推动性。[①]

在环境保护方面，云南积极参与其中。如"生物多样性走廊计划"，主要是通过选定试点区域，建立生物多样性保护走廊，恢复与维持现有国家公园和野生生物保护区之间的联系。云南积极推动该项目与合作机制建设，并将西双版纳和香格里拉德钦地区列为项目执行的重点区域。2011年4月，在云南成功举办了"大湄公河次区域核心环境项目——生物多样性保护走廊计划一期中方成果推介会"，扩大了云南参与GMS环境合作和生物多样性保护走廊建设的积极影响。[②]

在卫生方面，中国持续推进实施中缅、中老、中越边境地区艾滋病和疟疾防控合作试点项目，并不断丰富项目内容，逐渐增加覆盖地区。2007年9月至2009年9月，开展中越边境地区结核病防控合作项目。2010年，中国开始启动中缅、中老、中越边境地区登革热防控项目。以上卫生项目的实施，大大提高了

---

① 丁伟. 外商投资热潮对东盟国家产业结构调整的影响 [J]. 国际产业经济技术，1992（8）：8-12.
② 中国参与大湄公河次区域经济合作国家报告（2011）.

两国边境地区人民对传染病的知晓率,并形成了有关国家在传染病防控、人才培养等方面的合作机制,加强了卫生部门之间的联系,提升了边境地区卫生人员的能力,减轻了传染病疫情跨境传播压力。

人才培养合作稳步推进。近年来,云南省各高校与GMS国家建立了较为稳定的交流合作办学关系,双方招收留学生的规模都在持续扩大。至2010年,到云南省留学的GMS国家学生已达8000人左右。同时,云南高校与泰国、老挝、缅甸、越南等国的高校合作,在这些国家建设了一批孔子学院,加大了在周边国家培养汉语人才的力度,进一步促进了双方的交流与合作。

第三节 孟中印缅经济走廊

孟中印缅经济走廊(BCIM)是2013年5月李克强总理访问印度期间提出的,得到了印度、孟加拉国、缅甸三国的积极响应,对深化四国间友好合作关系、建立东亚与南亚两大区域互联互通有重要意义。所谓孟中印缅经济走廊,就是以公路、铁路为枢纽,以孟中印缅各国沿线城市为依托,以资金流、信息流、人流、物流为基础,开展交通基础设施建设、三大产业以及各项投资贸易,目的是要构建沿线特色产业群、口岸体系、城镇体系和多边经济合作区域,促进边境各国的资源互补和生产要素的流动,力求建设出一条资源互补、区域分工、双赢合作、共同发展的跨国经济通道。[①]

中国借助与南亚国家建立的经济走廊实现"双促进",通过双方经济上的合作,促进中国周边政治环境的改善,政治环境的改善又进一步促进中国与南亚国家经济的深层次合作。中国与南亚国家经济互补性很强,无论从政治、经济角度看,还是从中国与相关国家看,建设中国与南亚国家的经济走廊都有极大的好处。周边国家可以借助中国强大的发展势头,使其国内经济社会整体面貌发生根本性改变,而中国可以借此合作完成经济结构的转型和升级。同时,加强合作也为推进南亚区域、次区域合作注入了新的动力。

---

① 陈鸿磊.浅析中印缅孟经济走廊建设的意义及对策[J].经济研究导刊,2013(36):267-269.

第六章 沿边开放与区域合作

第一,促进我国边疆地区稳定。环顾中国周边,在西北方向有牢固的上合组织,这是中国稳固的大后方。上合组织由于有中俄两大重量级国家,且内部睦邻友好、交流顺畅,使得合作更加愉快,这也是目前中国唯一没有受到境外势力干扰和渗透的组织。在北方出现动荡的可能性也不大,尽管日本通过合作开发稀土、鼓励政治民主化等方式在极力拉拢蒙古,但蒙古与我国地理位置毗邻,经济合作紧密且频繁,双方传统的友好关系始终维持得较好。在东边和南边,日本、菲律宾等国在领土问题上频繁挑衅,美国重返亚太,使整个中国的沿海地区存在很大的不安定因素。在此情况下,中国西南的稳定就至关重要,如西南稳定,大半个中国即可稳定,我们就可以集中精力解决东海和南海问题,解决经济发展问题。

第二,拉动相关区域经济发展和促进国际合作。孟中印缅经济走廊大约涵盖近6.7%的世界人口,经济总量占世界的2%左右,真正属于经济欠发达地区。该区域工业、服务业相对落后,特别是新兴产业很落后,农业是其主要产业,制造业附加值较低。尽管各国丰富的资源、能源、廉价劳动力等可以吸引大量投资,促进生产,但是由于资金和技术等限制,没有得到有效开发。从地缘政治角度看,该区域是中国西南地区进入印度洋及周边地区最便捷的陆路通道,是南亚和东南亚的交汇之处,是连接中印两个发展中大国的重要区域,具有非常重要的政治和经济意义。从区域各地区情况来看,加尔各答是印度东部的第一大城市,是印度经济、政治、文化中心,IT产业、麻纺织工业借助印度丰富的劳动力资源,其产值占据印度GDP的较大比例,对孟加拉国的劳动力输出有着重要的影响,对印度东部地区具有引领性的作用。但是加尔各答的交通、基础设施建设、治安管理等却相当落后,严重制约了其快速发展。孟加拉国是人口、农业大国,资源丰富,劳动力优势明显,但资金、技术、交通、基础设施建设严重缺乏。缅甸这两年正处于政治经济快速转型的过程中,被看作"亚洲最后一块投资热土",自然资源丰富,同时发展愿望迫切,因此发展潜力较大,中国一直是缅甸最大的投资来源国,投资项目包括能源、农业等,但是还不能满足其发展,其亟须更多的投资开发。中国云南是中国向西南开放的重要通道,是中国从陆路同时连接东南亚、南亚的唯一省份,有着区位、资源和背靠中国大市场的优势。

第三,提升中国向西开放的战略。中国的"向西开放"主要有两个推进方向,一个是西北进入中亚,进而走向中东和欧洲;另一个是从西南方向进入南亚，进而可连接西亚和非洲等环印度洋地区。孟中印缅经济走廊涉及缅甸的曼德勒、皎漂，印度的吉大港和加尔各答，孟加拉的达卡，中国的昆明、瑞丽等重要地区和节点，对我国具有重要的资源、能源、交通区位和战略意义。而通道两端的中印是世界上列居第一、第二的发展中大国，如果中印两国积极合作，经济走廊将迎来快速发展期。但两国有边界问题悬而未决，国际战略信任度也有待提高。在这个背景下，李克强总理的首访之旅选择印度，两国都处于发展经济、消除贫困和改善民生的关键期，如果两国共同积极合作，从经济领域着手推进务实合作，将对实现地区稳定与发展产生重要的战略意义。

一、孟中印缅经济走廊的发展

(一) 孟中印缅经济走廊的发展特点

自1999年孟中印缅签署《昆明倡议》到现在，四国在贸易投资、交通旅游和文化交流等方面开展了一系列的合作，取得了丰硕的成果和巨大的成就，为孟中印缅经济走廊建设提供了坚实的基础。

1. 孟中印缅经济走廊通道完成初期建设

目前，孟中印缅四国交通运输线路已经初步形成，即以云南省为枢纽的五条交通线：一是昆明—猴桥—密支那（缅甸）—雷多（印度）—达卡（孟加拉）—加尔各答（印度），该线上适合农产品替代种植、宝石玉石加工、旅游业和装备制造业的布局与合作；二是昆明—瑞丽—曼德勒（缅甸）—达卡（或吉大港）—加尔各答（印度），该线上适合农副产品加工、转口贸易及其他制造业的合作与布局；三是昆明—瑞丽—皎漂—南亚国家，该线以输油管道为主，适宜重点布局石化工业和其他制造业；四是昆明—瑞丽—仰光（缅甸）—东南亚国家，该线适宜布局能源、矿产、农产品加工等产业；五是昆明—清水河—腊戌（缅甸）—曼德勒，该线适宜布局农产品、木材等加工业。

2. 孟中印缅经济走廊各国贸易增长平稳

随着中印双边政治关系升温，中印经贸关系也快速发展，这种发展不仅体现在总量上，也体现在结构上。2016年中印贸易额为711.8亿美元，印度是中国第7大商品出口国和第27大商品进口国。在印度出口至中国的商品种类中，排名靠前的主要为钻石、棉线、铁矿石、铜和有机化学品；中国对印度的投资主要集中于汽车及汽车配件、冶金、电气设备、机械及能源、新能源，同时印度也是中国最大的肥料和抗生素出口国。中缅贸易快速增长，2011年中国取代泰国成为缅甸第一大贸易伙伴国，2013年双边贸易总额为101.5亿美元，同比增长45.6%。虽然受缅北战事冲突和缅甸国内政策影响，中缅贸易有所波动，但总体仍保持增长态势。中孟双边贸易发展势头良好，孟加拉国已成为中国在南亚国家中的第三大贸易伙伴，中国成为孟加拉第一大进口国。

3. 孟中印缅经济走廊各国在旅游方面的合作优势相对较为突出

孟中印缅四国旅游资源较为丰富，特别是中国西南部、印度北部和东北部、孟加拉国、缅甸地区有独特的自然风光、别具一格的民族文化，形成了较好的旅游合作基础条件。因此，四国都特别重视旅游业的发展，旅游产业已经成为各国增加就业、推动经济发展的支柱性产业，且各国巨大的人口基数提供了潜在的消费群体，因此各国在旅游方面的合作潜力巨大。旅游产业是印度第二大服务产业，保证了印度的国家收入和国内就业岗位；孟缅两国近年来旅游业发展也极具地方特色，吸引了大批中印游客。2013年，印度赴中国的游客近68万人次，比2012年增长11%，中国公民首站赴印旅游也达到近14.5万人次。2012年，约60万人次的缅甸人来华旅游，其中与缅甸相邻的云南是众多缅甸游客的首选。随着孟中印缅海陆空交通通达的不断畅通，四国旅游合作潜力将更加巨大，前景更为广阔。

4. 中国对印度、缅甸、孟加拉国的投资势头良好

根据印度商业和工业部旗下的工业政策和促进局（DIPP）发布的报告，从2000年到2015年9月，全球各国对印度投资总额累计为2652亿美元，其中，中国对印度累计投资额为12.4亿美元，在投资者排行榜上位列第17位，占全球各国对印度投资总额的约0.47%。投资项目主要集中在电力、IT、电信、机械装备制造、医药和医疗设备等行业。印度对中国的投资保持较快增长，但占印度对外投资总额的比重偏小，主要集中在IT行业，投资的领域较窄。2012年，印度对中国投资达到4406万美元。孟中印缅四国都属于发展中国家，但处在不同的发展阶段，不论从工业水平还是资源禀赋上都存在差异，而这种差异也直接体现在各国的双边贸易中。进入21世纪以来，中国对各国的贸易都呈现出高增长的态势，中国与各国的贸易互补性强，产业发展处于不同阶段，合作前景广阔。随着双边高层互访不断增多，多领域合作不断深化，可以预见中国与各国的经贸关系必将进入历史最好时期。

(二) 孟中印缅经济走廊建设在世界与地区格局中的意义

2013年12月，孟中印缅四国召开了第一次实质性的工作会议，就如何推进和促成经济走廊建设达成了共识，即孟中印缅经济走廊建设被提升到了国际协调层面。2014年8月，缅甸前总统登盛会见中国外交部部长王毅时表示，缅方将积极参与打造孟中印缅经济走廊。2014年9月，习近平总书记在访问印度时再次呼吁要加快建设孟中印缅经济走廊。

1. 经济意义

(1) 有利于经济走廊周边地区的经济整合与发展。该经济走廊地形狭长，西段包括印度和孟加拉国两国，未来会出现两条发展路径：一条是经过印度东北地区而不经过孟加拉国的中国—缅甸—印度经济走廊，另一条是不经过印度东北地区而经过孟加拉国的中国—缅甸—孟加拉国—印度经济走廊。两条路径覆盖人口4亿人左右，后期已经扩大到四个国家的全部，人口超过27亿人，面积达1340万平方千米。除孟加拉国部分地区外，该地带多为高山丘陵地形，交通极为不便。目前，虽然有一些公路和铁路设施，但是这些基础设施条件较差，难以发挥应有的作用，而且由于各国之间缺乏必要的连接，严重阻碍了商品、资金和人员流动，从而也严重影响了该地带的经济发展。但值得我们注意的是，这一核心区域不仅拥有丰富的人力资源，而且拥有丰富的生物、水利、矿产、天然气、森林和海洋资源。此外，四国邻近地区也是连接亚洲各次区域的重要枢纽，与此相连的有中、印、缅的广袤腹地，有加尔各答、吉大港、仰光等著名国际港口，具有连接南亚、东南亚、印度洋的明显区位优势。因此，孟中印缅经济走廊建设有利于推动该地带公路、铁路、通信、电力、输油管道等基础设施建设，有利于该地带各种资源的开发和利用，有利于相关产业的发展，有利于各国人民生活水平的提高，从而实现走廊周边地带的经济发展。

(2) 有利于孟中印缅四国的经济整合与发展。一般来说，中国云南是孟中印缅经济走廊东端连接中国的桥头堡，印度西孟加拉邦是孟中印缅经济走廊西端连接印度的桥头堡，因此孟中印缅经济走廊并没有把印度和中国的大部分地区算入该地带，甚至也没有把整个缅甸列入其中。可见，孟中印缅经济走廊地带并不是把孟中印缅四个国家都包括在其中，在这个经济走廊中主要包括中国西南地区、缅甸北部地区、孟加拉国北部和东部地区及印度东北地区，都是孟中印缅等国家的欠发达地区和贫困地区。长期以来，该地带落后的基础设施、动荡的社会环境

第六章 沿边开放与区域合作

和复杂的安全形势等，严重阻碍了四个国家之间的商品、资金和劳动力流动。

但是该区域物产丰富，资源能源富集，经济互补性强，未来合作潜力巨大。建成后的孟中印缅经济走廊，公路、铁路、通信、电力等基础设施将得到不同程度的改善，在一定程度上将把中国、印度、缅甸和孟加拉国四个国家的经济更紧密地联系起来，不仅可以降低四国之间要素流动的成本，极大地促进四国之间的商品、资金和劳动力流动，而且将促进四国之间经济上的深层次合作，促进该地区的一体化进程和社会发展。近年来，孟中印缅四国经济联系日益增强，相互贸易投资不断增加，务实合作基础日益深厚，陆路、航空、港口与信息通信联系更加便利，人员交流日趋紧密，已经为该地区进一步加强经济合作奠定了坚实基础。

（3）有利于亚洲地区的经济整合与发展。迄今为止，亚洲地区没有统一的经济组织，区内经济一体化程度相当低，在一定程度上影响了整个亚洲地区的经济发展。在世界经济衰退、国际金融危机持续影响、发达国家经济复苏乏力、发展中国家生态环境恶化的情况下，推进亚洲经济一体化显得格外重要。在这样的背景下，孟中印缅经济走廊的建设更加重要，意义更加深远，它地处东亚、东南亚、南亚三大市场的连接地带，区位条件十分优越，不仅直接影响这四个国家的经济整合与发展，而且通过海路联系和陆路联系可以辐射到南亚各国和地区（包括印度、孟加拉国、尼泊尔、不丹、巴基斯坦、斯里兰卡和马尔代夫等），通过海路联系和陆路联系还可以辐射到整个东南亚地区（包括缅甸、老挝、越南、柬埔寨、泰国、马来西亚、新加坡、文莱、印度尼西亚和菲律宾等），甚至通过陆路联系在一定程度上也可能辐射到中亚地区（如阿富汗、伊朗、乌兹别克斯坦、土库曼斯坦、吉尔吉斯斯坦、哈萨克斯坦等），也可以通过海路联系和陆路联系辐射到中国台湾地区、蒙古、俄罗斯远东地区、朝鲜、韩国甚至日本等东亚和东北亚地区，辐射地区面积超过 2000 万平方千米，人口 30 多亿人，超过世界人口的一半，经济总量约 20 亿美元，超过世界经济总量的 1/3。印度前外交秘书埃里克·冈萨夫认为，虽说建立经济走廊会面临不少困难，但它的辐射作用有望促进南亚、东南亚、东亚三大经济板块的联合发展。

经济走廊的建成，可以促进广大亚洲地区的商品流动、资金流动和劳动力流动，从而在一定程度上推动亚洲经济的整合与发展。但是该地区各国关系中存在的诸多问题，不仅严重影响了经济发展，而且也在相当程度上影响了该地区经济的一体化进程。正如中国总理李克强所说，探讨建设孟中印缅经济走廊，必须要形成东亚和南亚的互联互通，必须要加强信任，必须要加强各国的边境贸易。

（4）有利于世界经济的恢复与发展。第二次世界大战后，美国、欧盟国家和日本等西方发达国家长期作为世界经济火车头，引领着世界经济不断向前发展。但是，从20世纪80年代中期开始，国际金融危机和欧洲主权债务危机的爆发，严重打击了美国经济、欧盟国家经济、亚洲经济，特别是日本经济开始走下坡路，陷入"失去的20年"。日本作为世界第三大经济体，在"失去的20年"后推出一系列有利政策，虽然近年来经济有所起色，但难以扭转没落的颓势。此外，经济规模超过美国的欧盟，由于多个国家主权债务危机的持续困扰，依然处于衰退之中，而量化宽松的货币政策并没有使美国真正实现复苏，其经济发展依然乏力，依然起伏不定。近年来，以中国、印度、俄罗斯、巴西和南非等金砖国家为代表的新兴经济体，由于受到西方发达国家经济衰退影响，经济增长有所放慢，但是它们的增长速度依然大大高于西方发达国家，因此正在成为世界经济发展的重要动力。特别是中国和印度，至今依然保持着大大高于西方发达国家的增长速度。孟中印缅经济走廊及其辐射区增长率都高于西方发达国家，其建设在推动亚洲经济整合与发展的同时，将有利于世界经济的恢复和发展。

2. 社会意义

中国西南地区、印度东北部、缅甸北部地区和孟加拉国等构成了孟中印缅经济走廊的核心区域。但是，该地区不仅地形复杂，地理条件恶劣，地处各国边疆，多为山区和丘陵地带，交通运输和现代通信等基础设施严重匮乏，而且离相关国家的政治经济中心都较远，该地区内各国跨境民族较多，思想意识较为落后，长期以来经济发展水平低下，造成诸多社会问题，如民族问题、教育设施落后、医疗条件极差、失业率高等。

正因为如此，各国在这一区域内的地区都或多或少地存在各种各样的民族问题，制约了各国之间的合作和交流。如印度东北地区（主要包括阿萨姆邦、曼尼普尔邦、那加兰邦、特里普拉邦和梅加拉亚邦等）和缅甸北部地区。印度东北部地区是印度最贫困、最落后的地区之一，民族问题非常复杂。在该地区，不仅民族内部、民族与民族之间的矛盾错综复杂，而且当地各民族与中央政府之间的矛盾也十分突出和尖锐，一些民族始终在努力争取独立，政局不稳，谈何经济发展，这一突出的问题令印度中央政府感到非常头疼。缅甸北部地区也面临着与印度东北地区相同的局面，该地区不仅民族较多，而且是缅甸最贫困的地区之一。

第六章 沿边开放与区域合作

该地区人民曾经大量种植鸦片，毒品的种植、制作、输出使此地成为世界闻名的毒品"金三角"。持续泛滥的毒品问题使得该地区社会动荡不安，再加上异常复杂的民族问题，反政府武装斗争持续不断，严重影响着该地区及周边国家的社会稳定。

建设孟中印缅经济走廊，一是可以通过公路、铁路、机场、码头、光缆通信、电缆等交通运输基础设施、通信基础设施及电力供应基础设施等的建设，有效改善当地基础设施严重落后的状况，有利于增进该地区各国之间的互连互通，有利于促进对当地自然资源的开发利用，有利于推动各国之间的商品流动、资本流动和人员流动。二是通过在教育方面的互通有无，不断开发当地人力资源，有效提高人民素质，有利于改善当地医疗卫生条件，有利于促进该地区经济快速发展。经济发展了，人民收入增加了，人民生活改善了，贫困问题消除了，地区间经济差距逐渐缩小了，长期存在的民族问题和毒品问题也将迎刃而解。从长远来看，通过孟中印缅经济走廊建设，加速公路、铁路等基础设施建设，恢复陆上通道、开辟空中航线，有助于构筑起经济走廊地区经济发展所需要的贸易与商业平台，可以推动东亚、东南亚、南亚等地区的经济合作，把太平洋地区和印度洋地区连接起来，促进孟中印缅相邻地区的社会经济发展，而这又将进一步消除本地区的贫困，减少长期存在的各类社会问题。

3. 安全意义

从国际关系角度看，将国家安全问题分为传统和非传统安全问题。人们所讲的安全问题即国家安全，主要指围绕国家领土完整而开展的军事斗争，也称为传统安全。在过去的几十年中，孟中印缅四国在一定程度上是从提防对方、视对方为威胁的角度来看待自己的邻国的，因此该地区至今仍存在着传统安全问题。例如，由于中印边界至今没有划定，双方在边界地区仍重兵把守，传统安全问题在中印之间依然存在。

但是随着人口快速增长，科学技术不断发展，全球化进程逐渐加速，现代工业日益发展，人类面临的安全问题已经逐渐从传统安全走向了非传统安全领域，诸如粮食、食品、药品、水资源、能源、信息、金融的安全，及因恐怖主义、极端宗教主义、极端民族主义和毒品走私等造成的社会安全、交通安全和通信安全等。孟中印缅经济走廊建设面临的非传统安全问题也日趋凸显。例如，在印度东北地区，民族独立倾向一直较为严重。又如，虽然中缅边界早已确定，但缅甸东部、北部和东北部地区的毒品问题、难民问题、民族问题在一定程度上仍影响着中国云南边境地区。在缅甸、印度的部分地区，至今还长期存在反政府武装，影响着各国之间的合作与交流。此外，经济走廊与毒品生产的"金三角"地带比较接近，毒品也可能通过该地区走私到其他国家和地区，从而影响有关国家的安全。民族问题和毒品问题结合在一起，导致该地区的非传统安全问题更加严重，而落后的经济和严重的社会民族问题还使这些非传统安全问题更加复杂。

历史上，欧洲各国之间也长期存在边界争议，而且曾经发生过很多激烈的战争，特别是第二次世界大战，欧洲国家间政治分歧严重，战争令各个国家满目疮痍。但"二战"后各国间不计前嫌，搁置争议，以各国经济社会发展为前提，欧洲国家从邻国间合作开始，推动各国发展紧密的经贸关系，逐步扩展合作范围，并逐渐融为一体，最后发展到几乎整个欧洲的合作，即欧盟。经过几十年的努力，欧洲成为世界上最发达的地区之一，欧洲国家之间也不再有传统安全问题。国家发展的历史进程表明，和平与发展永远是世界发展的主题，而且经济快速发展可以在相当程度上解决长期存在的安全问题。因此，为了促进发展，不论政治制度如何，世界各国之间都需要加强经济合作，而从经验角度讲，邻近国家间的经济合作是国际经济合作中最常见的形式。

在提出经济走廊之前，孟中印缅各国由于政治制度的差异及存在的一些历史、政治甚至安全问题，各国来往较少，基本上采取相互封闭不合作的方式来解决这些问题，反而造成彼此之间更多的不信任。当今国际关系的理论与实践告诉我们，即使是现代国家安全问题也必须通过国家间的合作和谈判才能解决。因此，孟中印缅经济走廊建设可以增加彼此间的信任，可以有力地促进相关地区和相关国家的经济发展，可以有效缓解该地区长期存在的安全问题，可以持续推动该地区相关国家社会民族问题的解决。之所以解决经济发展的同时可以缓解政治矛盾甚至安全冲突，是因为在考虑政治安全问题时，一个国家不得不考虑经济因素和经济利益。通过孟中印缅经济走廊建设，可以在一定程度上增强相关国家之间的政治信任，可以提升相关国家之间经济关系的密切度，而密切的经济关系可以缓解相关国家之间的争端。例如，为了保证经济合作顺利进行，相关国家就有可能加强水资源、社会治安、缉毒和反恐合作等，从而极大地减少该地区的安全问题。

(三) 孟中印缅经济走廊的区域分工与国际地位

区域分工是孟中印缅经济走廊建设的重要内容，地区要素禀赋差异、技术差异、规模经济、交通等都是形成产业国际分工与布局的主要因素。孟中印缅经济走廊沿线包括中国云南、缅甸、孟加拉国、印度西孟加拉邦、比哈尔邦以及印北各邦。各地区之间发展差异大，产业梯度明显，产业合作空间大，有较强的产业互补性和区域关联性，但存在的劣势就是基础设施薄弱，政治因素影响大，对区域分工的障碍突出。

1. 基础设施建设合作

孟中印缅经济走廊连线大致分为南中北三线，北线：昆明—密支那—雷多，中线：昆明—瑞丽—莫雷—加尔各答，南线：昆明—吉大港。区域内跨境公路、铁路、航空、航运交通网络基本形成，构成了经济走廊产业国际分工的基础。各国国际航空网络基本形成，这是加强多边合作、商务谈判和文化交流的重点，是区域分工和跨境交通合作的重点。但是边境屏蔽效应强，运输率及利用率极低。尽管跨境公路基本全覆盖，但除了我国公路级别较高外，境外大部分公路的等级较低，对于运输设备有所限制，铁路存在轨距衔接的问题。

多年来，四国在交通合作方面取得了较大的成果。2004年，印缅在水电站、公路、铁路、港口等基础设施建设方面开展了合作。2009年，开通瑞丽口岸和打洛口岸，中方客、货运车辆可以通过这两个口岸进入缅甸境内，合作进程加快。2011年，中缅共同签订了木姐—皎漂铁路建设和高速公路建设的合作方案。中印则从1954年就展开了通商和交通方面的合作，2013年中印两国倡议构建孟中印缅经济走廊，并各自成立工作组。

2. 区域内产业的关联性和互补性进一步促进产业国际分工与合作

在国际分工中，规模经济反映的是关联性，要素优势比较则反映的是互补性。孟中印缅经济走廊区域内各国从规模和要素优势比较来看，中国处于工业化中期，产业结构较为合理，制造业具有明显优势；印度处于工业化初期，制造业相对短缺，金融、软件、生物制药等具有明显优势；缅甸和孟加拉国则处于工业化前期的农业社会，工业基础非常薄弱，原材料和初级产品加工有一定优势。因此，基于互补性和关联性的考虑，经济走廊区域内分工应该以现代物流、农产品替代种植、宝石玉石加工、旅游、石油化工、钢铁、有色金属等产业为主，并沿路在境内中心城市和次中心城市建设工业园区，且工业园区更适合中小企业之间的生产和分工协作，这是欠发达城市之间分工的主要模式。中小企业集聚在特定区域形成地区生产专业化，布局不同的生产环节和生产链条，加快产业的关联性和稳定性，实现区域和产业特色，促使资源在国际间有效配置和流动。即围绕经济走廊区域中心城市和次中心城市形成层级分明的产业分工类型，以中小企业的聚集为核心，立足本身产业的比较优势要素及产业配套能力，加快四国间的贸易往来规模。

3. 国际地位明显

从我国来看，我国的制造业发展较快，面临产业结构转型升级和产能过剩的问题，劳动密集型产业需要往人口多的区域转移，而孟中印缅经济走廊潜力巨大，具备这样的条件，同时，我国的产业梯度发展也需要一个空间，而经济走廊正好提供了这样一个空间，可以实现经济上的互补。因此，孟中印缅经济走廊在我国对外经贸合作中的地位不断上升。

从地缘政治方面看，孟中印缅经济走廊在一定程度上逐渐成为世界大国的角力场。该区域内政治、领土、民族、宗教关系问题的复杂性和不稳定性可能会影响到区域内各国，甚至是世界其他国家的战略定位。此外，四国中，中印关系具有指导地位，而美国、日本及欧洲发达国家对该区域的介入直接影响了中印及中国与其他国家的关系，因此该区域在国际政治活动中是发达国家干预中国的核心区域。

二、孟中印缅经济走廊的影响

（一）孟中印缅经济走廊的地缘经济影响

（1）从宏观上看，将促进孟中印缅四国之间的经济一体化进程。四国幅员辽阔、人口众多，总面积达1340万平方千米，人口近28亿人，资源能源富集，经济互补性强，发展潜力巨大。四国邻近地区是连接亚洲各次区域的重要枢纽，既有广袤的经济腹地，又有良好的港口设施，北可上东北亚，东可连中南半岛，西可通巴基斯坦、伊朗和中东国家。如四国能有效实施这一战略，将不仅促进四国间的经贸联系，还可为更广阔的世界经济一体化进程提供成果样板和推动力量，将催生出一个超越东亚、南亚次区域概念界线的亚洲经济体。

（2）从次区域视角来看，将发展出一个包括中国云南省，印度东部的比哈尔邦、西孟加拉邦和东北部有关邦以及缅甸和孟加拉国全境的区域性经济合作区，

第六章 沿边开放与区域合作

面积达 165 万平方千米,人口超过 4 亿人。这一区域是古丝绸之路的组成部分,有悠久的历史、人文和经贸联系,但海洋经济时代逐渐失去原有的光环。孟中印缅经济走廊建设将复兴这一区域之间的传统纽带,塑造出一个有益的经济小环境。

(3)将改变相关国家的国内经济布局。进入现代历史以来,各国经济逐渐向以海洋为中心的方向转移,国民经济体系基本是以海港为中心向内陆延伸的放射状布局,是从沿海地区不断向内陆辐射的阶梯状结构。经济走廊如果建设成功,将会很快改变这一传统经济状况,使印度东北部各地区拥有一个更便捷、更高效的出海通道,将使中国云南从一个包围中的内陆省份变成对外开放的前沿,将使缅甸和孟加拉国在中印经贸交往中获得实利。简而言之,这一经济走廊将使四国的国内经济结构在海洋经济与内陆经济之间、在中心地区与边疆地区之间更加平衡。

(二)孟中印缅经济走廊的地缘政治影响

孟中印缅经济走廊将改变相关国家的经济布局,促进地区经济一体化进程。地缘经济格局变化产生的影响将直指亚洲地缘政治格局,从而将推动一个跨区域地缘政治格局的诞生。

(1)中印两国既是邻国,又是两大发展中大国,相互为外交重点,经济走廊将成为双方日益密切的经济相互依赖机制,将在中印之间创造出一种新的地缘政治环境。中印两国双边关系发展的意愿都非常强烈,经济融合将使未来的中印关系拥有更加坚实的基础,这将对双方的战略和政策选择构成约束与影响。

(2)日益密切的人文交流将促进各方之间的相互了解和相互信任,将会催生一种新的地缘政治文化。这将使中印间的合作不仅是一种有意识的政策选择,更将成为一种行为习惯与自觉。

(3)将使亚洲海缘政治格局和陆缘政治格局之间更加平衡。如果说印太概念的出现是海缘政治整合的标志,那么孟中印缅经济走廊的建立将标志着一个横跨东亚和南亚的地缘结构的出现,这是陆缘政治整合的逻辑结果,将使亚洲海洋力量与陆地力量之间的格局更加平衡。

(4)从全球格局角度来看,将会提升亚洲在世界的整体地位与影响。进入近现代历史以来,随着孟中印缅这个超越东亚和南亚界线的亚洲经济区的出现,地缘政治意义上的亚洲也将出现,将会改变以往亚洲各地区之间的分裂状态,改变全球格局、亚洲格局之下的次区域地缘格局,在很大程度上提高亚洲整体和亚洲国家的国际地位。

(三) 孟中印缅经济走廊的地缘文化影响

"地缘文化"是指同一空间区域内的社会群体因受其所处的地理环境影响而形成的具有共同内容和特征的文化系统。这种文化系统包含历史、语言、信仰、道德、风俗、艺术、民族精神面貌、心理状态、思维方式、价值取向等方面。而这种文化系统的共同内容和特殊特征又受人文地理环境的影响,以自然地理环境为基础和依托,其范围和内容也伴随着社会生产力的发展而不断扩大和充实。

(1) 地理环境与地缘文化。地理环境是地缘文化产生的物质基础。物质基础决定上层意识,一定文化系统的形成都要通过土壤培植,而地缘文化产生的物质基础就是其特殊的地理环境。孟中印缅经济走廊在地理环境上具有鲜明的特征,山水相连,其地理区位、自然资源在对地区经济发展产生影响的同时,也对文化交流产生影响。到云南,就能明显地感觉到印度人、缅甸人在云南与在北京的态度上的区别。在北京,他们缺乏亲近感,往往持中立或对抗性的立场。在云南,氛围比较融洽,对方国家来的人都比较中性、友好,能感觉到彼此之间信任友好的关系。

(2) 地缘文化与地缘经济。地缘文化和地缘经济互为影响因素。在人类发展进程中,处于不同地理环境的不同民族,往往形成不同的经济生产方式,而这种生产方式又决定了各民族的物质文化形态。从长远来看,同为经济较为落后的发展中国家,孟中印缅四国在生产体系建立、产业转型升级、基础设施建设、经济社会发展等诸多方面对其他国家均存在着巨大的现实需求和潜在需求。随着在基础设施建设、能源、金融、旅游、农产品贸易、产业园区建设等方面合作的不断深入,四国之间的开放程度逐渐扩大,该地区的地缘文化开放性和延续性更加凸显,从而进一步促进彼此间的交流,可以在更高层达成共识,促进四国边贸经济的深入发展,通过地缘政治、地缘经济、地缘文化的良性互动来推进各国关系的不断改善。

(3) 地缘文化与国际关系。在国际关系研究中,地缘文化是一个非常重要的因素,影响着一个国家外交政策的制定和实施。一个民族的文化特性决定外交政策中制度建设的文化载体,决定对外政策中的特定文化价值观念,从而影响国家外交政策的内容和目标。因此,我们认为,国家文化的定位决定对外政策视角,文化的定向决定对外政策的范围。此外,地缘文化通过影响决策者来影响一个国家的对外政策。孟印缅三国尽管历史上与中国有着很深的渊源和联系，但在"二战"后都曾经是西方殖民国家，受西方文化渗透和影响较深，其国家领导人也都是国家的上层人士，受西方教育和思想影响比较深。因此，在外国排华势力的鼓吹和影响下，必然会有意无意地把存在于他们意识深层的地缘文化价值观体现在其中。

近年来，孟中印缅四国在政界、商界、学界的交流大幅度增加。1999年以来，印度、孟加拉国、缅甸的高级官员纷纷来我国云南访问，包括印度前总统、缅甸最高领导人及孟加拉国前总理，都带领访问团访问云南，就经贸、旅游、文化等领域展开合作交流。随着旅游节、交易会、会展等文化交流活动日趋频繁，云南在南亚的知名度不断提高，印度、缅甸、孟加拉国等国家到云南求学的学生数量也不断扩大，云南高校云集数万来自东南亚、南亚的学生，云南高校也在缅甸、孟加拉国兴办学校，通过文化的沟通与交流增进相互间的了解与互信，加强合作与交流。这样，中国与南亚国家的怀疑感会减少，亲近感会增加，这就是人文交流的重要性。

第七章 乡村经济发展

乡村经济的概念是相对于城市经济而言的，它既包括了农业经济，也包括了第二产业和第三产业。2010年以来，金融危机、欧洲债务危机和国际经济低迷在一定程度上影响了我国经济的发展，2012年全年经济增长8.8%，2013年增长跌至7.7%，2014年回落到7.3%，乡村经济增速也受到了影响。中国提出了全面建成小康社会的战略目标，其中提高农民收入特别是民族地区乡村农民收入是关键。我国是世界上农业人口第一大国，农民占全国人口约50%以上，从需求角度看，有人口就有需求，需求促进生产，生产促进增长，因此，在我国乡村人口收入水平较低的情况下，未来乡村经济发展空间还很大。此外，就政府层面来看，乡村经济持续增长是中国整个社会发展的物质基础，是社会稳定的基础。经济结构总是处于失衡与平衡的循环状态，当结构严重失衡时，政府将在相互关联的经济体内部启动经济支点，调节宏微观经济结构，使社会资源重新进入合理配置产出最佳的经济和社会状态。当经济结构达到平衡时，在稳定经济的基础上，政府也会进行宏观调控，打破平衡，通过产业转型升级，优先发展某一产业，从而带动经济的整体增长。基于此，可以发现发展乡村经济是促进经济增长的重要手段，表现为如下规律：乡村经济结构失衡（或平衡）—政府结构调整（优先发展个别产业）—资源在乡村和城市重新配置或集中—乡村经济增长—经济增长。

在中国乡村经济中，民族地区的乡村经济仍然占据很大份额。2000年全国民族地区国内生产总值中，第一产业均超过1/4，而且值得关注的一点是，民族地区第二、第三产业增加值中，其实很大一部分属于乡村经济的范畴，如乡村手工业在民族地区GDP构成中的比例显著上升。这也昭示着民族地区乡村经济发展的一种新方向，即乡村经济正在发生经济结构性变化，包括传统农业向现代农业的转变及非农产业的发展和壮大。云南是民族大省，云南的乡村经济展现出鲜明的民族乡村经济的特征，一定程度上可以说，云南的乡村经济就是民族的乡村经济。为了彰显云南民族的特性，在讨论云南民族经济时，我们重点探讨云南的民族乡村经济。

第一节 发展现状与特点

云南的乡村经济，经历了自给自足阶段、行政化导致的二元结构阶段和深化改革阶段三个阶段。云南特有的地势地貌、山坝交错的自然环境和多民族交错杂居的人文环境，客观上制约着云南乡村经济的发展，造就了云南乡村经济类型多样、山坝经济互补、乡村居民生计方式多元化等特征。

一、乡村经济发展现状

（一）民族乡村经济的发展历程

1. 自给自足阶段（1949年以前）

在1949年以前，中国乡村经济发展基本处于自给自足的状态，乡村和城镇拥有相对独立的活动空间，城乡之间以相当开放的形式进行着社会交换，民族地区乡村与城镇在社会文化和经济活动方面存在着高度的同质性，但是也有着差距，此时的乡村经济基本处于自给自足的状态，商品化程度较低。当然，乡村的集市在一些区域发展加快，而且很有组织性和规律性。乡村的集市是应乡村居民调节余缺的需求而产生，并不断发展壮大，逐渐形成了一个个乡村集市体系。[1] 目前，乡村经济中一些节日和赶集形式也是之前集市以物易物形式的体现和传承。

2. 行政化导致的二元结构阶段（1949年至20世纪70年代末）

1949年以后，中国各个地区包括民族自治地区的乡村在计划经济体制下实行所有制、劳动方式、收入分配方式基本一致，以优先发展重工业的赶超经济发展战略为核心，不得不选择暂时牺牲农民和农业的发展，具有很强的行政性质。

---

[1] ［美］施坚雅. 中国农村的市场和社会结构［M］. 史建云，徐秀丽译. 北京：中国社会科学出版社，1998：5-55.

要求农村在物质上为推进国家工业化进程提供必要的农产品，在价值形态上为国家工业化进程提供最低限度的启动资本。因此，工业化初期，资本是从农业流向工业，从农村流向城市的，以工业产品价格剪刀差实现资金转移。在国家行政主导力的作用下，着力于以大城市为依托、以重工业为核心推进现代化，中国大地上广泛形成了不同于其他国家的城乡隔离的二元经济社会结构，这是中国各种行政政策和制度约束的结果。二元经济结构使得中国乡村经济出现同质化，民族地区乡村经济亦然，经济活动内容和模式基本趋同，基层组织形式相同且在全国普遍建立，区域共同体功能强化。

在大部分地区，乡村与城镇的原有联系被割断，两者的联系由1949年以前相对开放的自由交换转变为单项的行政性抽取关系，两者之间在经济结构和经济形态上的差异日渐扩大，传统色彩较浓的乡村经济与现代化的城镇经济形成鲜明对照。行政化后，形成高度集体化的经济社会制度，超越以往农户经济的范畴，意味着农户作为单个生产单位的角色被削弱，而民族地区的多样性生产方式也被消解，经济结构单一，受行政组织计划和控制，商业性质的行为被打击，此时民族地区的乡村经济基本处于一种停滞状态。

3. 深化改革阶段（20世纪70年代末开始至今）

20世纪70年代末期开始，随着改革开放步伐的加快，越来越多的地方逐渐开始进行改革，改变以往计划经济体制下的集体经济组织状态，一种新的集体格局逐渐形成：农村公社被撤销，建立了乡政府和村委会，尽管以行政区划为特征和范围的基层行政组织在民族地区的乡村经济社会生活中仍然起着重要作用，但是民族地区农户作为独立生产单位的角色被恢复，商业性质的行为不断出现，从而许多标志着各民族乡村经济基本特征的传统经济行为和模式以及乡村经济的多样性逐渐被恢复。[①] 乡（镇）党委和政府、村党支部和村民委员会以及各种集体经济组织，一方面对乡村经济的发展起着整体规划、组织和推动作用；另一方面作为一种经济力量助推民族乡村经济发展，致力于公共基础设施建设，或是寻找和开发各种资源，提升本地区经济发展的软硬环境。这些都在不同程度上对民族乡村经济带来一定影响，并延续至今。

---

① 刘小珉. 略论中国民族地区乡村经济的主要特征、类型及其演化[J]. 民族研究, 2003 (4): 41.

第七章 乡村经济发展

（二）民族乡村经济的发展模式

经济发展不仅反映在经济总量上，更重要的是反映在产业结构的演进及发展模式上。民族地区乡村经济发展模式在是社会主义市场经济体制条件下，以农业为基础，边贸、旅游和手工业为特色的经济发展模式。

1. 少数民族地区农业发展模式

少数民族地区农业发展模式是其整体经济发展的基础，由于长期以来受自然资源、地理环境及气候状况的影响，民族地区农业发展生产率低，生产方式落后，管理粗放。但随着农业不断市场化和农业综合生产能力的提高，以及解决温饱后改善生活质量的需要，人民的消费结构、生产生活方式和生活质量发生了巨大变化，城乡居民对粮食等基本农产品的直接消费趋于下降，对精神层面的需求趋于上升。

2. 民族地区边贸发展模式

民族地区边贸发展模式是与民族地区自然禀赋和地理位置密切相关的，是具有民族特色的经济发展模式。改革开放以来，边境贸易的发展实践证明，边境贸易已成为民族乡村地区对外开放、与国际接轨的重要途径。远在商朝建立之初，云南与东南亚地区就已经出现民间贸易往来。边境地区的人民在地理环境上相近、风俗相近，有些民族甚至是同根同源，通过在生产生活上互通有无、经济上互相调节产品余缺，来满足生活所需。

3. 民族特色手工业发展模式

民族特色手工业是民族地区工业乡村发展模式的典型代表。民族地区在地理区位、经济基础和文化动力等方面都与其他地区有着不一样的发展条件，因此必然会走出一条与其他地区不一样的现代化发展道路和模式。民族特色手工业是通过推动乡村经济结构，进而带动村民生活方式变迁和经济社会全面发展的一种乡村现代化形式。如云南大理鹤庆、周城等，这种模式不仅改善了农村经济收入，而且在更大程度上缓解和解决了农村大量劳动力转移及民族地区面临的现代化难题，即城镇化进程中文化融合与传承的矛盾。

4. 旅游业发展模式

旅游业发展模式是目前各民族地区实现跨越发展的重要途径之一，云南亦然。云南少数民族地区在开发以前，大多处于社会经济封闭状态，但由于偏远和闭塞，也保存着完好的原生态的自然风貌和独特的民族文化，蕴藏着丰富而独特的旅游文化资源。尽管起步晚，但是旅游业发展迅速，随着市场化的深入，近年来民族乡村旅游业发展普遍受到重视，逐渐成为带动民族地区经济快速发展的一种模式。民族地区旅游业发展模式对云南民族乡村发展和对外开放具有先导与带动的双重作用，是民族地区实现资源环境和经济协调发展、产生内生发展动力的最佳结合点，也是云南乡村特色农业、生态经济和绿色经济的交叉点，是潜在的支柱产业。

（三）云南民族乡村经济发展与东部地区发展的差异性

在云南民族地区手工业发展模式下，云南同胞并没有随着现代化进程而进入真正的城市化，但却享受了与城市生活等值的现代都市文明。云南民族地区发展与东部地区有着明显的差异，在学习东部发达地区乡村经济发展模式好的经验的同时，云南民族乡村经济实现农村现代化并非只能模仿东部样板，发展自身特色并形成产业化也许是更适合云南农村经济社会全面发展的一种现代化途径。

1. 政府对民族地方政策的扶植力度

民族政策是政府通过制定具体的民族政策措施来规范、引导地方发展。对少数民族地区的治理方式，不是面向个人的，而是面向一个区域，以带动地区社会经济发展和稳定边疆为目的。

东部乡村大多处于重要交通枢纽区域，人口大多为汉族，开放度较高，与西部省份的乡村相比有着先天优势，并未得到国家政策的"特殊照顾"，而是充分发挥了个人的主观能动性，坚持个体经济与集体经济同步发展，以规模经济促发展，最终取得了巨大成就。而云南边疆民族地区受地理环境限制，经济基础薄弱，相对较为封闭，外来文化难以在较短时间内对这些地区形成强有力的冲击，少数民族本土文化在日常生活中占据了重要地位。因此，国家以适应民族特色为原则给予了民族地区一些扶持政策，如突出民族特色产业，大力发展民族企业，在民族科技研究和项目推广上给予适度放宽，重视挖掘民族传统手工项目等。因此，云南一些民族地区紧紧抓住政策优势，开始进行经济、政治、文化和社会的深化改革，如大理新华村，逐渐走出一条脱贫致富的具有民族特色的发展道路。

2. 个体经济与集体经济

东部乡村经济走的是依靠集体经济，但不排斥个体经济的发展路线，既有集体企业，也有合资、联营、合作、个体企业，第一、第二、第三产业齐步发展。

云南民族乡村工业发展模式走的是以家庭个体手工业经济为核心，并通过现代化公司的参与和经济管理的发展路线。如新华村,几乎每家每户都从事独特的民族手工艺品生产,实行前店后坊,形成了家家有手艺、户户有工厂的独特的生产格局。商户可以不生产,将生产外包给当地农户,以"你中有我、我中有你"的经营模式相互合作,在这种独特的家庭个体手工经济发展模式的带动下,周边地区的村民和服务行业也参与在其中,在方便村民生活的同时,壮大了当地农村的经济规模。

3. 文化条件利用的差异

东部乡村经济是在当时国内供给不足、市场意识刚刚萌芽的时代背景下发展起来的。政府部门干预较少,当地农民在脚踏实地、勤劳苦干、发家致富的最朴实思想的影响下,成就了一批敢于冒险、勇于创新的农民创业家和企业家,同时也带动了该地区经济的发展,显示出了民间力量和市场化的优势。

云南民族地区是在政府政策的引导下,利用具有悠久历史的民族工艺品加工技术发展起民族产业。如鹤庆新华村的银器制作技术、周村的扎染技术,承载着白族村千年厚重的民族文化,不仅是生存模式,更成为了发展旅游业的宝贵资源。而这样的村落发展、这样的生活生产模式,始终离不开政府的宏观规划,政府职能在其中十分明显。

二、民族乡村经济发展特征

(一)民族乡村经济发展的经济特征

1. 乡村城镇化

目前宏观经济政策及乡村城镇化和体制创新、技术进步等因素,体现出了乡村城镇化的明显特点。西方发达国家用近百年的时间,将国家城市化水平从25%提高到70%,而我国2007年城市化水平是44%,到2014年已达到54.6%,但与发达国家比较还有较大的提升空间。根据我国的经验,城市化每提高1%,经济就增长3%[①],对经济增长的作用进一步彰显。农村城市化、城镇化进程的加快,对基础设施建设行业的发展产生很大的带动作用,进而形成经济增长的巨大推动力量。如城市、城镇地下管网的改造和更新,城市垃圾处理的投资等都将成为新的增长点。

---

① 项俊波. 中国经济失衡问题的分析与思考 [J]. 新华文摘, 2008 (1): 23-29.

2. 民族乡村市场经济体制不断健全和完善

改革开放近40年，我国经济高速增长的动力在很大程度上取决于市场经济主体的自由选择权力。自改革开放以后，随着市场的深入，国家计划经济逐渐过渡为市场经济，市场经济的主体地位确立，以资源自由配置而产生的财富能量不断释放出来，遂产生了高速经济发展势头，这种高速经济发展势头也波及我国民族乡村地区。由于城乡二元经济结构的不断改变，城乡市场趋于一体化，乡村市场主体进一步活跃，产品进一步丰富，为乡村经济增长注入了活力。如随着改革开放，云南民族乡村手工艺发展的速度、规模和势头均超过了以往，以其独具特色的优势形成规模化集中生产，逐渐成为云南少数民族乡村经济发展的支柱，体现出传统民族文化、传统手工技艺及其产品的文化魅力，以及在经济建设和社会发展中的价值魅力。

3. 政府政策调控实力和对乡村经济发展的反哺

改革开放以来的发展经验使得我国政府拥有较强的宏观调控能力，首先表现在对农村经济的发展上。一是工业反哺农业与总量控制和结构调整相结合来大力发展农业经济，着力解决"三农"问题。政府对"三农"支持的财力不断增加，成功将粮油计划供应制度转变为市场化机制，抵御了多次出现的经济和社会波动，成功地防范了国际金融危机对我国经济特别是乡村经济的冲击。2003年以来，政府调控经济的手段日益丰富和科学，总量调节和结构调整相结合，把控经济调控的方向、时机、力度和制度，保证了农业经济的快速增长。二是地方政府的财政收入不断提高，外汇储备大幅增加，使政府调控的基础日益雄厚，进一步提高了抵御各种经济波动的能力，并通过实施西部大开发等战略长期支撑乡村经济的发展。

(二) 民族乡村经济发展的产业特征

1. 第一产业为主

从产业结构上看，云南民族地区的主要经济活动大多仍然以第一产业为主，只有一部分乡（镇）域经济和村域经济以第三产业（一般被统称为非农产业）为主，如大理新华村。据统计，近年来，云南乡村劳动力的农林牧渔业就业比例仍然高达60%左右，将这一比例与东部一些发达省份相对照，可见云南发展差距比较大。如果扣除外出打工的乡村劳动力，则通过本地区乡村非农经济的发展而获得非农就业的乡村劳动力所占比例会更小，这大概就是民族地区乡村经济农业与

第七章 乡村经济发展

非农业构成的基本格局,也是民族地区乡村经济相对落后于发达地区的一个基本表现。

2. 在第一产业中一些区域是以非集约的耕猎或耕牧结合型乡村经济为主

从地理上看,这种乡村经济类型主要分布于以少数民族居民为主的大山区。山区的自然特征是虽然物种资源丰富,但山脉纵横,地貌复杂,交通不便,农耕条件差。与自然特征密切联系,肩挑背驮是山区少数民族运输的重要方式。由于耕地狭小,有些山区甚至连小型农业机械或畜力都不能使用,锄、锹等手工农具在生产中的地位远比一般农村地区重要。因此,由于环境条件的限制,也由于生产力水平较低的历史传承的影响,这类乡村经济的一个典型特征是难以对土地进行劳动和技术密集的集约化经营,粮食种植虽然是重要或主要的经济活动类型,但不足以满足基本生活或生存需要。因此,要同时进行家庭养殖、狩猎甚至采集等经济活动,商品性的生产经营活动即便有,也非常少。

3. 手工艺发展对云南民族乡村经济的影响

云南少数民族村落长期以来以农耕经济为主,加之民族众多,彼此间在生活用具上互通有无的需要,逐渐形成了农忙种田、农闲从艺的传统。如藏族的黑陶手艺是藏族适应高原气候而创造的火塘文化的产物;白族的木雕和瓦猫是白族传统建筑的需要,金银铜等金属工艺则是由生活用具和服饰的传统发展而来;摩梭人的手工编织、萨尼人的刺绣、傣族壮族的织锦等则是传统服饰的需求。虽然开始只是进行小范围的物质交换,但是后来随着民族间的交往越来越密切,为了满足村民的需求,这些手工艺不断扩大了交易范围。

改革开放以后,商品经济流通繁荣,巨大的市场需求刺激了手工艺的发展,从事手工艺可以获得比传统农业种植更多的经济利润,因此,更多人开始从事手工艺生产,依附于自然条件的传统农耕经济结构发生了变化。原本比较贫困且农耕条件较差的村落,通过手工艺走上了经济快速发展的道路;原本农耕条件较好的村落,结合手工艺及利用开发,也获得了更好的经济收益。

在新形势下,云南一些民族手工艺村落在政策的积极引导下,生产方式和经济增长方式又发生了新的转变。一是依靠民族文化资源发展文化产业,推动旅游业和新农业发展;二是发展较好的少数民族手工艺村落,普遍实行"协会+公司+基地+农户"的经营管理模式,协会开展培训,公司进行销售,农户进行加工,形成对内具有凝聚力、对外具有竞争力的经营模式。同时,围绕手工艺发展特色农业、民族旅游业等,而特色农业和旅游业又是对传统手工艺村落经济发展的新的补充,形成了民族乡村经济的良性循环机制。

4. 对乡村经济产业进行合理布局和升级

目前,乡村经济产业正在向低耗、无污染、技术密集度高的方向推进,以保护制造业,通过高中低端制造业合理布局,防止将中低端制造业挤到乡村,防止乡村经济走我国城市经济发展治理的老路。另外,继续支持和发展乡村经济中的农业。目前,我国农业生产的基础还相当脆弱,今后随着时代的进步,将有大量资本进入农业,农业生产必将进入以农户加企业、家庭农场、现代化的农业股份制企业为龙头的生产模式阶段,农产品生产、加工、物流业将吸收相当数量的从业人员。国家将进一步优化乡村经济中的第三产业和其他产业结构。如云南第三产业占国民生产总值的比重为26%,与高收入国家的50%相比,三次产业结构还有进一步优化的空间,尤其在乡村,第三产业发展的空间更广阔。

(三) 民族地区乡村经济发展的空间特征

1. 有边界的区域经济

云南民族地区乡村经济同我国其他民族地区一样,是一种有边界的区域经济,大到乡镇,小到自然村,都有正式的辖区范围,人们的基本经济活动都在这个辖区内展开,这在不同程度上反映了历史传承与行政职能的合力作用。乡域或村域边界在一定程度上(甚至在很大程度上)反映了人们之间历史地形成的共同生活空间(尤其是经济生活空间,如土地关系空间)的范围,是一个村落共同体。在历史地形成的基础上,加上国家意志对基层经济活动空间的控制,形成了目前具有行政功能的乡(镇域、村域)。

2. 相同区域内共享资源和利益

在这个村落共同体上,人们对一些基本资源拥有共享权利。即在资源共享的前提下,在本区域成员之间均等地分配土地、牧场、水面或林场的使用权。这意味着属于同一区域(社区)的村民具有某种共同的利益。这种资源共享和利益共同性,恰恰是一个基层经济区域在改革开放以后仍能够成为一个相对独立的经济单元(或经济活动空间)的基础所在。

3. 需科学地确定各地乡村经济区的发展定位

目前,云南民族乡村经济发展相对滞后的主要原因是发展定位不准,应该根据云南各地区经济发展的差异性,在每个经济区设立相应的模范乡村经济特区。

每个特区之间实行差异化的政策即可以充分利用当地的资源，又可以发挥当地的优势，形成合理分工。各地要根据乡村资源和环境负荷、开发开放情况及发展态势，把握乡村经济区域的比较优势，进行合理的功能定位，选择非模式化的发展道路。

第二节　发展趋势

受区位、地理条件、基础设施不完善等的制约，云南的乡村经济总体上与东部地区乡村、城市有较大的差距，但是从纵向而言，云南的乡村发生了翻天覆地的变化，特别是近年来精准扶贫的实施，使得云南的特色小镇、乡村田园综合体、旅游特色小镇等不断出现，云南的乡村经济形成了新的发展趋势。

一、乡村经济发展的制约条件

（一）区域制约条件

1. 城乡差距进一步拉大

1984年，我国城乡居民人均收入差距为1.71∶1，到2000年为2.79∶1，2001年和2002年又进一步扩大为2.90∶1和3.1∶1。而2010年，中国农村居民人均纯收入为5919元，中国城镇居民人均可支配收入为19109元，城乡居民收入之比为3.2∶1，城乡收入差距进一步拉大。城乡差距不断扩大，最直接的体现就是城市的发展速度不断提高以及城市各种基础设施不断完善，使得城市对广大农村消费者的向心力和吸引力不断增加。相比之下，农村消费市场所能提供的商品种类相对单一，品质相对低劣，与城市消费市场有一定差距。随着城乡差距的不断扩大，这种差距也逐渐增长，直接导致农村消费市场的萎缩，城乡差距进入一种恶性循环的模式。

2. 人均收入水平较低

发展乡村经济的关键是提高农民生活水平，只有提高农民生活水平、增加农民收入，才能有效提高乡村消费者的消费能力，并最终促进生产和消费的同时发展。云南民族地区人均收入水平较低，是制约乡村经济发展乃至新农村建设和发展的重要方面。

3. 农民整体素质与市场经济发展要求不适应

受教育的不平衡使得农村劳动力素质相对较低,使得农业生产效率低下,同时,也造成了农民工就业难。一是文化素养低。云南民族地区农民受教育年限和受教育水平低,导致文化素养比较低。二是科技素养低。由于农民的文化水平低,导致科技应用能力较低。许多农民还在依靠传统的种植经验进行生产,并未实现农业生产现代化,科学技术、新型农业工具对现代农业的极大促进作用并未真正得到体现。由于农民对现代农业科技的领会能力和掌握能力还比较差,严重影响着农业新技术的推广应用。此外,当地政府对农民的现代职业技能培训也相对较少,对于在农业生产中遇到的一些新问题,也只能依靠农民的自身经验来解决。三是市场观念淡薄。新形势下,云南民族地区农民普遍对全球化背景下发展农业的风险认识不足,缺乏开放意识,"盲目跟风",导致农产品过剩,在没有深加工的情况下出现滞销,从而影响种植积极性。

4. 农村经济发展的地域性较大

目前,云南省乡村经济发展的地域性差异特别悬殊,并且随着市场经济的快速发展,地区间的经济发展水平差距呈扩大的趋势。近几年,全省乡村经济整体实力在不断增强,但是地区间发展不平衡的状态也在不断扩大。以昆明为中心的滇中地区乡村经济发展较为迅速,以其重要的区位优势,经济总量增长迅速,经济体制较为健全,将其他民族地区的乡村经济远远甩在了身后。

(二)市场制约条件

1. 农业产业化水平低下且发展不平衡

改革开放之后,我国农业生产能力得到了显著的提升,农业在满足农民基本生活需求的基础上必然会出现大量的剩余农产品。云南民族地区农业产业化普遍偏低,且发展不平衡。生产条件较好的区域随着生产技术水平的提升,产量增加,造成市场供需关系在短期内的发展不平衡。同时,农产品的附加值不高,导致销售价格偏低,且销路不畅。再加上生产成本较高,没有竞争优势。另外,农副产品加工多集中在城镇中,并没有促进农民增收。在生产条件较差的民族区域,农业产品只能维持自身的需求,谈不上进行商品交易。

2. 农业生产的科技含量较低

云南民族地区农业发展主要是劳动密集型生产,劳动密集型发展方式的最大

第七章 乡村经济发展

特点是效率低下,农产品在市场经济中缺乏竞争力,从而导致农业生产的效益低下。主要体现在四个方面:一是民族地区农民的整体素质普遍不高;二是农业科技成果转化的速度很慢;三是农业基础设施差,无法为农业的快速发展提供支持;四是专门为农业发展服务的组织机构较少,体系不够完善,产前、产中、产后出现了严重脱节的现象,制约了农业技术效益的发挥。

3. 农业资金投入不足

云南省投入乡村经济发展的资金还不充足,资金投入机制也很不完善。首先,收入还比较低,无法满足再生产和扩大规模的需要;其次,除了个别具有民族特色的手工艺村落发展较好外,其他民族地区乡镇企业发展落后,效益不高,产值较少,不能成为推动农村经济发展的重要力量;最后,乡村经济发展过程中筹资渠道过于单一。

(三) 基础设施与乡村经济发展

1. 农业基础差

云南省的山区面积占全省总面积的94%,土质较为疏松,而森林覆盖率仅为25%,水土流失非常严重。耕地有一半以上分布在山区,容易受到气候因素的影响,而民族地区主要集中在山区。虽然说民族地区的农业近几年有了长足发展,但是农业基础较为薄弱的现状仍然没有改变。

2. 基础设施建设相对落后

云南民族地区乡村经济在城乡二元结构的影响下,资金严重不足,基础设施建设跟不上现代农业发展的步伐,而基础设施落后必然制约农业生产和乡村建设。此外,农业机械水平很低,交通能源、农田水利的发展并未跟上现代农业快速增长的步伐。乡村经济发展的软环境也不配套,无法吸引外地资金、技术、专利、人才、信息等生产要素的投入,这在一定程度上制约了乡村经济发展的积极性。

二、乡村发展趋势

(一) 现代农业与乡村发展

1. 发展现代农业为民族乡村发展提供产业支撑

乡村发展最根本的就是发展经济,乡村经济发展的出路根本在于发展现代农业。一是通过发展现代农业调整优化产业结构,提高农业综合生产能力。云南是典型的农业大省,要促进乡村发展,大力推进农业结构性改革,优化产品结构、生产结构、产业结构和生产力布局,推动粮经饲统筹、农林牧渔结合、种养加一体、一二三产业融合发展,实现农产品供需平衡由低水平向高水平跃升,加快农业转型升级。二是发展高原特色农业品牌。云南省由于地处低纬度、高海拔的高原地区,生态环境优良,为云南高原特色农业发展提供了优越的生态环境。云南高原特色现代农业围绕高原粮仓、特色经作、山地牧业、淡水渔业、高效林业、开放农业,着力打造云烟、云糖、云茶、云胶、云菜、云花、云薯、云果、云药、云畜、云鱼和云林等高原特色农业品牌。三是提升外向型现代农业水平。充分发挥云南省沿边沿江和外接南亚、东南亚,内连西南的区位优势,坚持"引进来"和"走出去"并重,打造特色农产品出口生产基地,全面提升农业对外开放水平。

2. 培育现代农民,充分发挥农民在乡村发展中的主体地位

农民不仅是兴村发展的建设者,也是发展成果的共享者,因此要不断增强农民的科技意识和创新意识,尊重他们的首创精神,培养建设美丽乡村的现代农民。

3. 转变经济增长模式

一是发展循环经济,走可持续发展道路。通过优化产业结构,发展生态农业。转变企业粗放的生产方式,提高企业的管理水平和生产水平,实行科学管理、科学经营,发挥自身的区位优势和资源优势,走新型工业化道路。二是倡导绿色生产和消费。利用各种有效途径,不断加强对科学发展观与和谐社会的宣传力度,增强农民对这些观念的了解和认识度。把环境保护与经济发展放在同等重要的位置,发展绿色经济。

(二) 园区经济与乡村发展

近年来,随着"一带一路"倡议、长江经济带和滇中城市经济圈一体化发展战略的实施,云南铁路、公路、航空等交通基础设施建设发展迅猛,云南由对外开发开放的末梢变成前沿,这个偏居一隅的西南省份的吸引力越来越大。越来越多的国内外客商看中云南的地理优势、自然资源,纷纷进驻其间。在中国经济步入新常态的形势下,云南省委、省政府将园区发展作为经济增长的动力源,凝聚各方力量全力推进工业园区转型升级。

目前,位于云南省文山州的砚山工业园区已引进世界最大的玩具制造商——香港美泰玩具、广州古莱世家、深圳中触电子等20余户劳动密集型企业入园发

展，电子产业集群正在形成。瑞丽国家重点开发开放试验区利用与缅甸接壤的优势，引入银翔摩托车、北汽汽车等项目，促进投资稳增长。蒙自经开区形成了钢铁、冶金、能源化工、生物资源、建材、机电六大支柱产业，建成昆钢红河产业园、云锡红河产业园等园中园。园区已成为云南省产业发展的重要聚集区。2014年，全省132个工业园区实现规模以上工业总产值8887.1亿元，同比增长10.53%。①

未来，政府将加大力度狠抓园区发展，实现"产城融合、联动发展"，鼓励大企业、大集团参与园区建设，推进园区国际、省际、省内之间的广泛合作，打开承接产业转移的广阔空间，通过产业园区建设发展盘活一方经济，带富一方百姓，以园区的跨越式发展带动全省经济的跨越式发展。

（三）乡村发展的传承与挑战

云南少数民族乡村经济结构产生了从传统农耕经济结构为主到以手工艺生产为主的变更，这种变更方式对少数民族经济结构产生了深远的影响，这种影响既有积极的，也有消极的。

1. 传承

首先，手工艺文化得到了极大的发扬。在传统农耕经济结构中，手工艺只是由少数人从事，在自给自足的区域范围内生产，外界对手工艺文化了解很少。在历史变更中，手工艺甚至面临失传的危机，而手工艺村地位的确立，使手工艺从事人数大增，手工艺文化广为弘扬。同时，手工艺的发展在推动经济发展的同时，也促进了民众与外界的交往和文化的交流，扩大了其对外部世界的认识，在提升自身素养的同时，提高了对外宣传的意识，让更多人认识到云南民族手工艺的独特魅力，为民族手工艺传承提供了广阔的空间。

其次，经济结构的变更使外部的目光从生产的产品集中到了生产产品的村落，大量的外地人到村落订货、考察手工艺，使本地村民了解了外部世界，自然条件较好的村落开始发展旅游，带动了特色少数民族文化村落的开发，使这些村落得到了全面的发展。少数民族村落优美的生态资源和浓郁的民族风情，吸引了大量的外地游客到村落旅游、休闲，同时也带动了手工艺品的销售和传播。

最后，旅游业的发展带动了其他产业的发展。如临沧遮哈村、西双版纳曼召

---

① 云南工信网。

村等少数民族村落近年来发展起来的橡胶、甘蔗、热带水果等种植,大理鹤庆新华村利用湖泊发展渔业,香格里拉汤堆村针对黑陶土锅的销售发展土鸡养殖业等。

2. 挑战

经济结构的变更在带来诸多优势的同时也带来了弊端。首先是对环境的破坏。尽管旅游业带来的经济利益可以使村里意识到环境保护的重要性,重视对环境的保护,但一些产业的发展却造成了环境的破坏。如大理周城的扎染手工艺,传统扎染用的是板蓝根,由于受到板蓝根产量及利用技术的限制,目前,村里基本使用的是化学染料,色彩丰富、稳定,调制简单,且不存在褪色问题,现已有很多人用化学染料代替板蓝根,传统的板蓝根已经很少使用,而化学染料的长期使用带来的直接影响就是污染问题。

其次是随着村落旅游的发展,外来文化的影响不断加深,订单式的手工艺产品生产使少数民族手工艺特色淡化。外来的产品订单往往提供了各种图案,过分按订单制作使手工艺品的民族特色淡化,如大理白族银器、木雕、石雕使用了大量的汉族传统图形,白族文化特色减少,甚至部分手工艺人已习惯将这些外来图形应用到手工产品中。原始粗犷的尼西藏族黑陶则开始使用外部提供的非洲木雕图形,民族特色淡化。除此之外,在变更的同时还带来了无序竞争的问题。如摩梭编织、彝族刺绣被大量引进的机器仿造手工制作成产品,并以手工产品的名义出售,对传统手工产品造成了很大的冲击。

因此,应从长远着眼,注重可持续发展,注重对手工艺的保护和推广,使民族手工艺发挥更为重要的作用,推动云南少数民族地区的经济发展。

第三篇

区域与城乡

第八章 区域经济差异与协调发展

受地势地貌、气候条件、自然资源禀赋、区位与交通条件等因素的影响，云南省区域经济要素的空间分异规律明显。大致以哀牢山—元江一线为界，东部、西部分异较大。以东地区人均收入水平、人口密度、城镇人口密度等超过西部地区。东部地区（滇东高原）的东北部、东南部与中部地区分异明显。基于云南省自然、经济要素及其组合的地域分异规律，可将全省划分为滇东北、滇中、滇东南、滇西、滇西北、滇西南六大综合经济区。结合各经济区的基本特征、存在矛盾和未来发展方向，推进云南省区域经济协调发展，具有重要的实践意义。

第一节 区域经济差异

一、区域经济差异的基本格局

云南省区域经济差异的基本格局十分明显。大致以哀牢山—元江一线为界，东部（滇东高原区）、西部（西部纵向岭谷区）分异较大。整体上，滇东高原区经济发展水平较高。西部纵向岭谷区除了洱海盆地外，大部分区域经济发展水平较低。西部纵向岭谷区以洱海盆地为中心，向南、向北递减。滇东高原区以中部地区（滇中地区）经济发展水平最高，东南部的个开蒙地区经济发展水平相对较高，滇东北地区由于人口密度较大，经济密度也相对较高。云南省 2005 年、2010 年 1 千米格网 GDP 如图 8-1、图 8-2 所示。

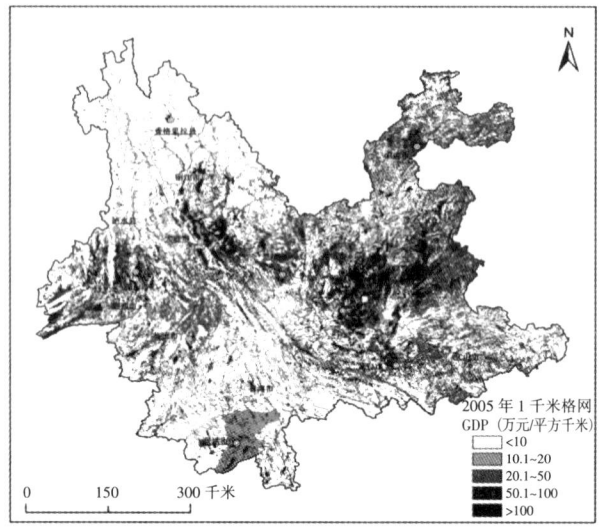

图 8-1　云南省 2005 年 1 千米格网 GDP

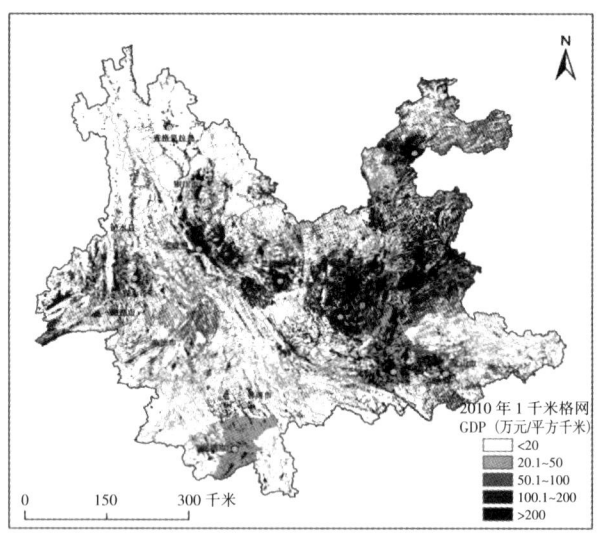

图 8-2　云南省 2010 年 1 千米格网 GDP

总体上，云南省经济发展水平较高的区域呈现"一核三区"格局。即以昆明为中心的经济发展核心，以昆明、曲靖、玉溪、楚雄等城市为中心的滇中区，以大理市为中心的洱海盆地区，以个旧、开远、蒙自等城市为中心的滇东南区。

二、区域经济差异的成因分析

造成云南省经济发展差异的因素包括自然条件、社会经济、历史发展基础等多个方面,这些影响因素之间相互关联、相互影响。主要体现在以下几方面:

(一) 地势地貌与气候条件

地貌格局对气温、降水的影响较大,导致气温、降水等水热条件的空间分异,也是区域人居环境、经济发展成本、交通建设、经济布局的重要影响因子,是形成区域经济发展差异的基本因素。气候条件与农业发展密切相关,对区域农产品的结构以及农业生产成本、效益等具有重要的影响。

云南省大致以哀牢山—元江一线为界,西部为纵向岭谷区,地势起伏较大,东部为滇东高原区,地势起伏和缓。这种大地貌的空间分异格局,形成了云南省区域经济发展差异的基本框架。西部纵向岭谷区的洱海盆地以及滇东高原中部(滇中地区)、个开蒙地区(山原陷落盆地)地势相对平坦,经济发展水平较高。

(二) 自然资源禀赋的差异

自然资源是区域经济增长的物质基础和基本条件,自然资源禀赋的优劣往往决定区域的发展方向和区域分工,资源结构和匹配关系在一定程度上影响着区域的产业结构。自然资源禀赋的空间差异是区域经济发展差异最初的、最直接的原因。云南省矿产、土地、生物、水、能源等自然资源空间分布的差异较大,尤其是土地资源的空间分布差异十分明显,对全省区域经济发展的差异产生了重要影响。全省水田主要集中分布在滇中地区、滇西南的德宏和保山、洱海盆地,这些区域经济发展水平较高。滇西北的迪庆、怒江耕地少,尤其水田分布少,对经济发展制约明显。

(三) 区位与交通条件差异

区位和交通条件决定了一个区域与其他区域的空间关系和可达性,其差异造成各个区域在获取技术和信息、产品和原料运输成本,以及得到大城市辐射带动等方面的差异,进而影响区域获得投资、政策支持以及降低生产成本等机会。

滇中、滇东南的部分地区地处云南高原中部和南部山原陷落盆地,地势相对平缓,交通便利,区位条件优越,分布着昆明、玉溪、曲靖、开远、蒙自等城市,成为云南省人口、城镇和产业集中区,经济发展水平较高。位于洱海盆地的大理市是连接滇中、滇西北、滇西南和保山、德宏的主要交通节点,交通条件较好，经济发展水平相对较高。滇西北地区（尤其是怒江州）高山峡谷相间，区位条件较差，交通闭塞，远离云南省经济中心（昆明），接受经济中心的辐射和带动作用弱，经济发展水平较低。滇西南大部分地区的交通发展落后，连接南亚、东南亚的地缘优势没有得到充分发挥，经济发展水平偏低。

（四）人力资本和科技进步

人力资本和科技进步是影响区域经济差异的重要因素。云南省高层次人才主要分布在滇中地区，使其研发投入密度较高，成为全省综合科技水平和经济发展水平最高的区域。其中，以昆明地区（昆明市区及附近郊区）最为集中，昆明市以外的地区分布较少且主要集中在玉溪、曲靖等大中城市。滇中地区以外的其他区域高层次人才偏少，综合科技水平偏低，经济发展水平也较低。

在常住人口中研究生人口的空间分布方面，第五次、第六次全国人口普查数据显示，研究生人口主要集中于滇中地区，尤其集中分布于昆明、曲靖、玉溪、楚雄市区。其中，昆明城区是研究生分布最为集中的区域。2000~2010年，研究生人口在滇中地区集聚最为明显，形成以昆明为中心，曲靖、玉溪、楚雄为次中心的滇中核心区。另外，还形成以蒙自、文山为中心的滇东南集中区，以大理市为中心的滇西集中区。滇西南、滇东北、滇西北则分布较少（见图8-3至图8-6）。

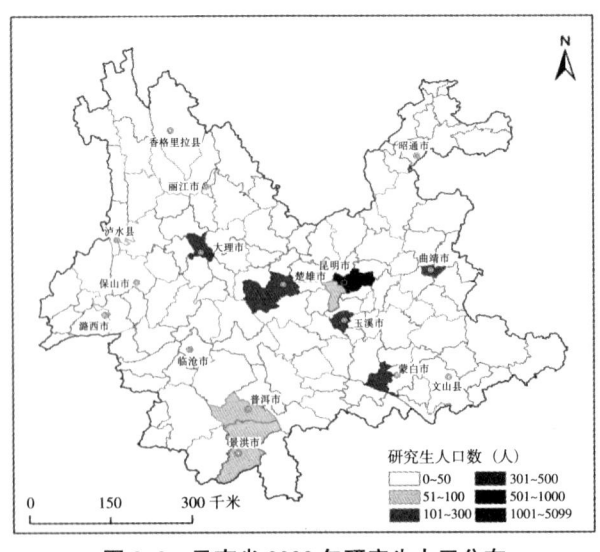

图8-3 云南省2000年研究生人口分布

第八章 区域经济差异与协调发展

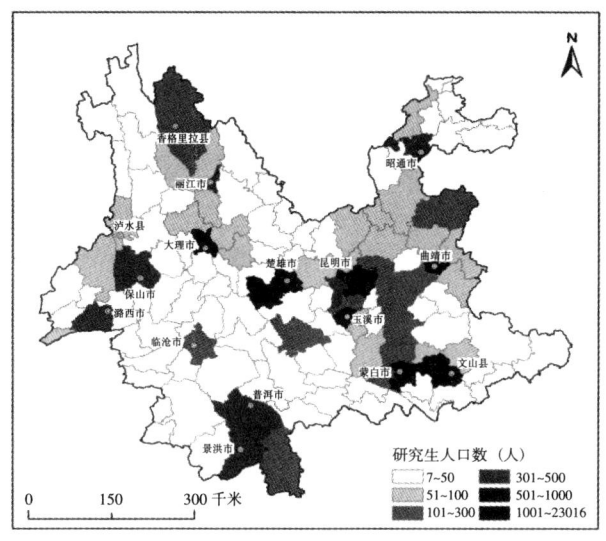

图 8-4 云南省 2010 年研究生人口分布

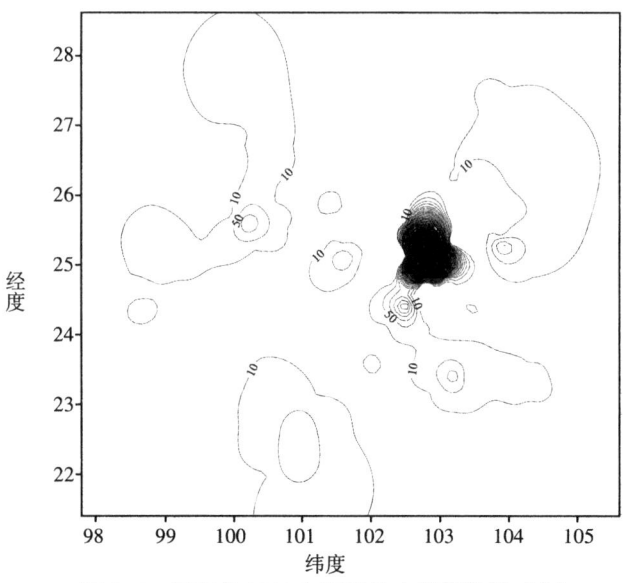

图 8-5 云南省 2000 年研究生人数等值线（人）

在创新人才和后备人才的空间分布方面，2001~2011 年，云南省入选省技术创新人才培养对象的共 410 人。其中，349 人分布在昆明市辖区内；分布在昆明市以外的市（州）的仅有 61 人，占总数的 14.88%。昆明以外的市（州）中，排在前三位的是大理市（9 人）、文山州（8 人）、曲靖市和西双版纳州（6 人），楚

· 195 ·

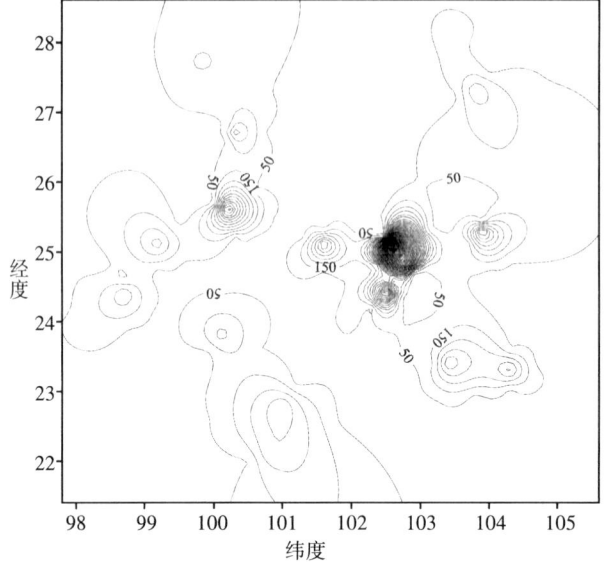

图 8-6 云南省 2010 年研究生人数等值线（人）

雄州、怒江州、迪庆州均仅有 1 人。1995~2011 年，云南省入选省中青年学术和技术带头人后备人才的共 699 人。其中，669 人分布在昆明市辖区内；分布在昆明市以外的市（州）的只有 30 人，仅占总数的 4.29%。

（五）政策因素和资金投入

区域经济政策包括区域产业政策、财政政策、投资政策等方面的内容，并通过基础设施建设、直接补贴、低息贷款、税收优惠、土地利用等手段调控资源的空间配置和实现区域经济发展目标。政策倾斜和扶持往往与资金投入密切相关，而资金是区域经济增长中完成各种资源配置的重要因素，区域所拥有的资金量直接决定了它所能配置的资源的种类、数量和质量，影响着经济增长的速度和质量。

滇中地区凭借其优越的区位、交通条件和较好的发展基础，成为国家和云南省优先支持发展的重点区域，获得了更多的财政、资金投入、土地、产业发展等优惠条件和机遇，经济得到了较快的发展，成为云南省综合经济实力最强的区域。例如，2015 年 9 月，国务院批复设立云南滇中新区。随后国家发改委印发《云南滇中新区总体方案》，提出国务院有关部门要在规划编制、政策实施、项目布局等方面，加强对新区建设发展的支持。云南省要在有关政策、资金、重大项目安排上向新区倾斜，并完善土地、金融、产业、人才等支持政策，推动新区持续健康发展。总体上，滇西北、滇西南等地区的大部分区域累计获得优惠政策、

第八章 区域经济差异与协调发展

政府投资等相对较少，使得经济增长速度和质量落后于滇中地区。

（六）产业规模和产业结构

产业结构对区域资源配置模式、配置效率产生了很大影响。区域经济增长速度、质量、水平、规模与产业发展规模、产业结构演进有很强的对应关系。产业发展规模、产业结构的差异是形成区域经济发展差异的最直接因素。

总体而言，滇中地区产业发展规模较大，工业化水平、产业结构层次较高，经济发展速度、质量较高，经济总量大，成为全省经济发展水平最高的区域。滇西南尤其是滇西北的大部分地区产业发展规模较小，农业占较大比重，工业化水平、产业结构层次低，制约着经济的发展，经济总量小。滇东北地区虽然产业层次不高，但人口密集，产业发展规模较大，使得经济总量偏高。滇东南个开蒙地区、洱海盆地等区域得益于交通便利、自然资源丰富、地势相对平坦等有利条件，产业发展规模也较大，经济总量较大，成为云南省经济发展水平较高的区域。

（七）人口城镇化水平差异

城镇作为区域经济的增长中心或增长极，是区域的生产中心、流通中心、人力资源培育中心、对外交流中心和服务管理中心，对区域经济增长起着组织、带动作用。城镇化为工业化和服务业发展提供了条件和推力，引发和增强区域经济结构、空间结构等以城镇为导向发生相应的变化，从而推动区域经济的发展和演进。因此，人口城镇化水平是造成区域经济发展差异的一个重要因素。

云南省大致以元江—哀牢山一线为界，人口城镇化水平存在明显的东西差异，东部城镇人口密度高于西部。滇中地区、滇东南、洱海盆地等区域的城镇人口密度较高，滇东北地区的城镇人口密度也相对较高。总体上，云南省城镇化水平的空间分布态势，与全省区域经济差异的基本格局相吻合（见图8-7、图8-8）。

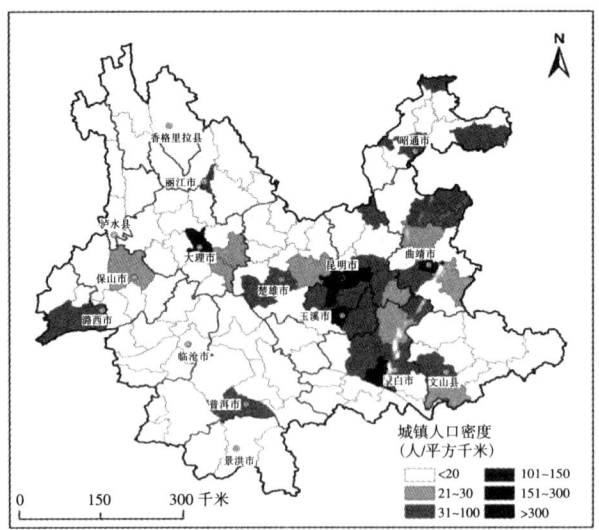

图 8-7 云南省 2000 年城镇人口密度

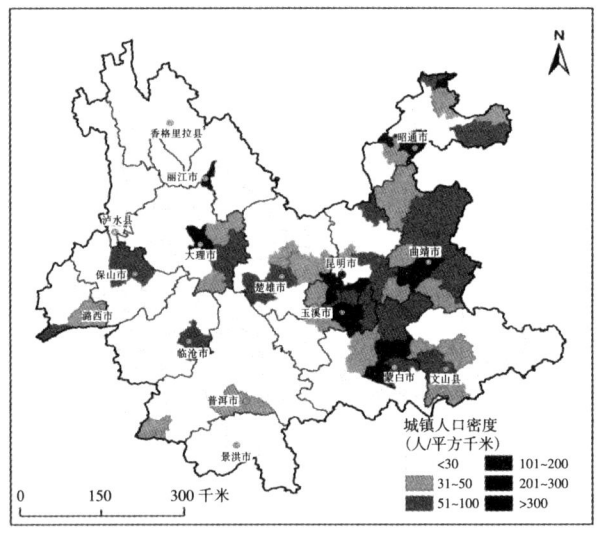

图 8-8 云南省 2010 年城镇人口密度

第八章 区域经济差异与协调发展

第二节 综合经济区划

一、综合经济区划的依据

（一）综合经济区划的目的

综合经济区是在揭示区域自然、社会经济要素及其组合的地域分异规律以及劳动地域分工等基础上，按照资源组合的特殊性、经济发展条件的类似性、经济发展方向的一致性等，将区域划分为不同层级结构的空间单元。目的是明确各经济区在大区域劳动地域分工和发展战略中的地位与作用，充分发挥其优势和潜力，统筹安排、因地制宜地指导区域分工与合作，实现区域经济协调和高效发展。

云南省地理环境、自然资源禀赋、社会经济条件、经济发展水平的地区差异明显，是形成各具特色的综合经济区域的基础。因此，应在明确每个经济区域资源环境基础的地域分异规律以及产业结构、发展优势、发展潜力、发展方向等基础上，开展综合经济区划，为指导云南省区域经济分工、合作和协调发展提供科学依据。

（二）云南省地域分异规律

1. 大地貌格局

云南大致以元江—哀牢山一线为界，以西主要为纵向岭谷区，以东为滇东高原区。西部纵向岭谷区受欧亚板块碰撞挤压和青藏高原隆升的影响，形成南北走向为主的山系河谷，自西向东分布着高黎贡山、怒江、怒山、澜沧江、云岭、金沙江以及南部地区的无量山、把边江、哀牢山、元江等山地和河流。该区北部为典型的纵向岭谷区，是本区主要山脉的策源地。南部以中低山宽谷、盆地地貌为主，河谷发育和水系展布总体上仍受横断山脉南部帚状山系的控制。滇东高原虽然受到元江、南盘江及其支流的切割，但总体上地势起伏相对和缓（见图8-9）。

2. 气候要素格局

自南向北逐步抬高的地形，导致随着纬度增加，温度、降水总体呈现递减趋势。南北走向的岭谷地形对气流的阻挡作用，造成水热因子的空间再分配，是云

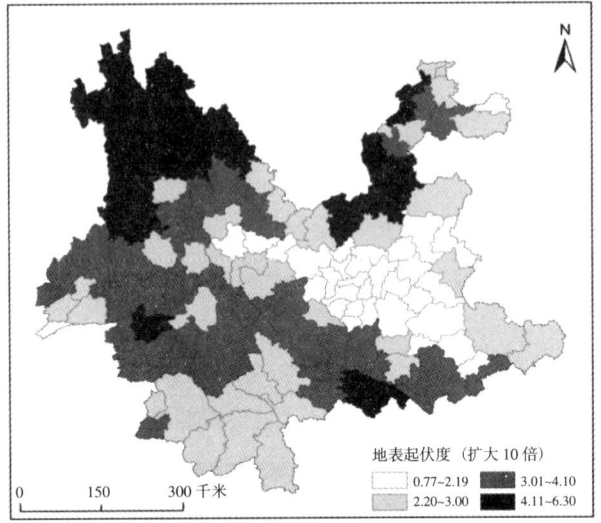

图 8-9 云南省地表起伏度

南省南部主要气候因子空间分异格局的关键影响因素。哀牢山以西气温较高、水分充足，以东地区气温较低、降水稀少。

3. 社会经济要素格局

上述地貌和气候要素的空间分异规律，对社会经济要素产生了强烈影响。哀牢山—元江以东地区 GDP、人均 GDP、农民人均纯收入、人口密度、水田面积比重等均超过西部。西部纵向岭谷区洱海盆地附近人口密度较大，向南、向北递减（见图 8-10 至图 8-12）。

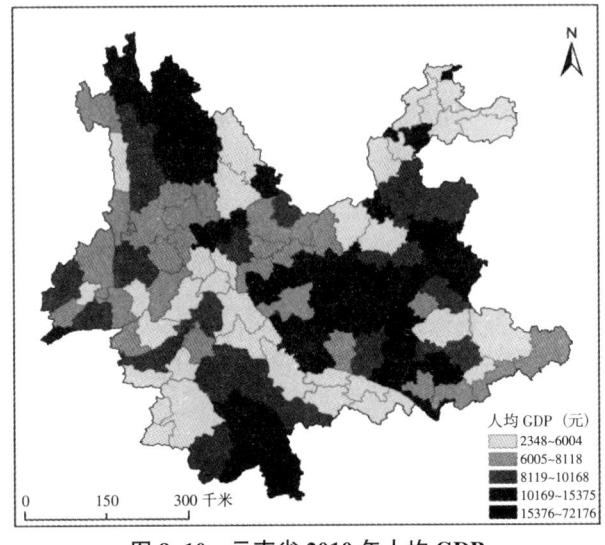

图 8-10 云南省 2010 年人均 GDP

第八章 区域经济差异与协调发展

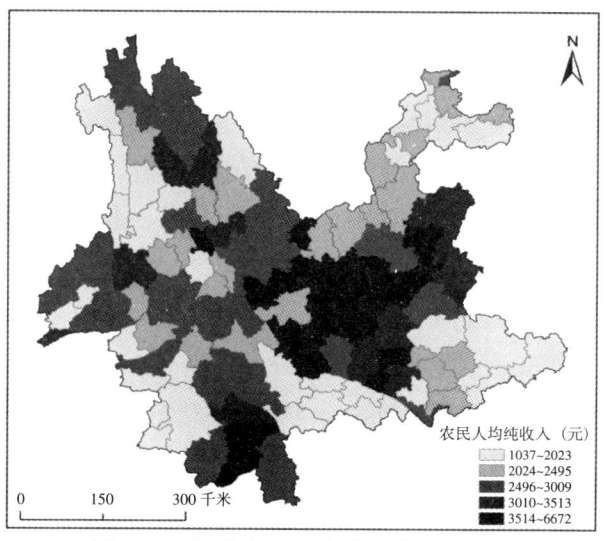

图 8-11 云南省 2010 年农民人均纯收入

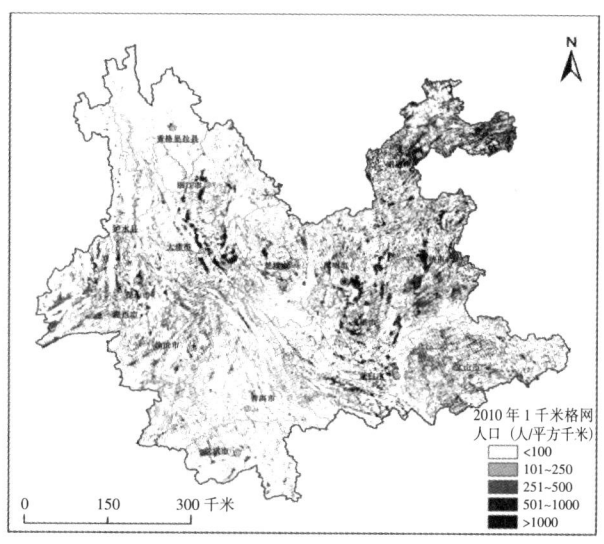

图 8-12 云南省 2010 年 1 千米格网人口

4. 全省综合分异格局

云南省地形地貌、气候要素和社会经济要素以哀牢山—元江为界，东部、西部分异十分明显。另外，滇东高原的东北部、东南部与中部地区分异明显。

·201·

(三) 综合经济区划的原则

1. 区域共轭性原则

区域共轭性原则又称空间连续性原则，是区划的基本要求，也是区域划分与类型区划分的不同之处。即分区界线既要体现地域分异，又要保证地域在空间上是一个连续的地域单位，不存在地理范围上彼此分离、重叠和交叉的部分。

2. 区内相似性和区际差异性原则

区内相似性原则又称为同一性原则，是将自然、经济、社会方面诸多条件相近或类似，或者组合有一定特点的地域划在一起，如自然地理条件类同，经济发展水平及其存在问题、影响因素相近，产业结构特点与发展方向相近等。区内的相似性是综合经济区存在的基础，是形成区内稳定、密切的经济联系而成为整体的条件，是一个综合经济区区别于其他综合经济区的主要依据。区内的相似性体现在区际之间就是区际的差异性，这是区域分工的基础。

3. 经济中心与其腹地相结合原则

综合经济区由其经济中心（中心城市）及其邻近地区组合而成。经济中心作为区域经济发展的核心，也是区内外经济联系的枢纽，对其邻近区域（腹地）的经济发展起到组织、辐射和带动功能。腹地经济发展又进一步加强经济中心的地位和作用。经济中心与腹地之间经济联系的强度与距离经济中心的远近相关（距离衰减原理），一般越靠近经济中心区，受经济中心的影响越大。因此，经济中心与其腹地形成的稳定和密切的经济联系，是划分经济区的重要依据之一。

4. 适当考虑行政区划完整性原则

由于行政区内部具有完善的行政管理体系，拥有一定的人权、事权和财权，对区域经济发展具有决策权、管控权，并追求区域自身的利益。因此，区划界线应适当考虑行政区划的完整性，即区划界线与行政区边界范围相一致。

二、综合经济区划的方案

(一) 综合经济区划方法

1. 调查研究和综合分析

在对云南省资源环境基础、城镇体系、交通网络、人口分布、经济发展水平等自然地理、社会经济要素地域分异规律认识的基础上，结合各地区之间的经济联系、产业结构特征、比较优势、发展方向、存在问题、区际差异、空间关系以

第八章 区域经济差异与协调发展

及在云南省区域分工中的地位和作用等，按照"区内相似、区际差异"，将经济联系紧密、发展方向相同、空间上相连的地区划分出来，形成区划的基本轮廓。

2. 划分经济区基本界线

通过ArcGis软件平台，以县（区、市）级行政单位区划为底图，通过GIS空间分析，确定基本界线。①综合判断和划分大地貌、气候要素界线。②对人口密度、经济发展水平（人均GDP）、产业结构等主要社会经济要素、结构的界线进行划分。③对上述要素、结构等界线矢量图进行空间分析，以及空间关系的视觉信息比较分析，确定区划的基本界线。

3. 确定综合经济区界线

在上述基础上，综合考察云南省经济发展战略以及城镇、产业、交通网络等空间布局和规划，兼顾市（州）行政区划的完整性，将得到的基本界线进行适当调整，确定云南省综合经济区划分的界线。

（二）综合经济区划结果

综合上述分析，将云南省划分为六大综合经济区（见表8-1、图8-13）：滇东北经济区（Ⅰ）、滇中经济区（Ⅱ）、滇东南经济区（Ⅲ）、滇西北经济区（Ⅳ）、滇西经济区（Ⅴ）、滇西南经济区（Ⅵ）。

表8-1 云南省六大综合经济区及其空间范围

综合经济区	空间范围	
	地级行政区	县级行政区
Ⅰ滇东北经济区	昭通市、曲靖市	昭通市：昭阳区、鲁甸县、巧家县、盐津县、大关县、永善县、绥江县、镇雄县、彝良县、威信县、水富县 曲靖市：会泽县
Ⅱ滇中经济区	昆明市、玉溪市、曲靖市、楚雄州和红河州	昆明市：禄劝县、东川区、寻甸县、盘龙区、五华区、官渡区、西山区、呈贡县、晋宁县、富民县、宜良县、石林县、嵩明县、安宁市 玉溪市：红塔区、江川县、澄江县、通海县、华宁县、易门县、峨山县、新平县、元江县 曲靖市：麒麟区、马龙县、陆良县、师宗县、罗平县、富源县、沾益县、宣威市 楚雄州：楚雄市、双柏县、牟定县、南华县、姚安县、大姚县、永仁县、元谋县、武定县、禄丰县 红河州：弥勒市、泸西县
Ⅲ滇东南经济区	红河州、文山州	红河州：个旧市、开远市、蒙自市、石屏县、建水县、屏边县、河口县、元阳县、金平县、绿春县、红河县 文山州：文山市、砚山县、西畴县、麻栗坡县、马关县、丘北县、广南县、富宁县

· 203 ·

续表

综合经济区	空间范围	
	地级行政区	县级行政区
Ⅳ滇西北经济区	迪庆州、怒江州、丽江市	迪庆州：香格里拉市、德钦县、维西县 怒江州：泸水县、福贡县、贡山县、兰坪县 丽江市：古城区、玉龙县、宁蒗县、永胜县、华坪县
Ⅴ滇西经济区	大理州、保山市、德宏州	大理州：大理市、剑川县、云龙县、洱源县、漾濞县、祥云县、鹤庆县、宾川县、弥渡县、南涧县、巍山县、永平县 保山市：隆阳区、昌宁县、施甸县、龙陵县、腾冲县 德宏州：梁河县、陇川县、潞西市、瑞丽市、盈江县
Ⅵ滇西南经济区	普洱市、临沧市、西双版纳州	普洱市：景东县、景谷县、宁洱县、镇沅县、墨江县、孟连县、澜沧县、思茅区、西盟县、江城县 临沧市：凤庆县、云县、临翔区、永德县、耿马县、沧源县、镇康县、双江县 西双版纳州：景洪市、勐海县、勐腊县

注：云南省共辖16个市（州），116个县（市）、13个市辖区，共129个县（区、市）。

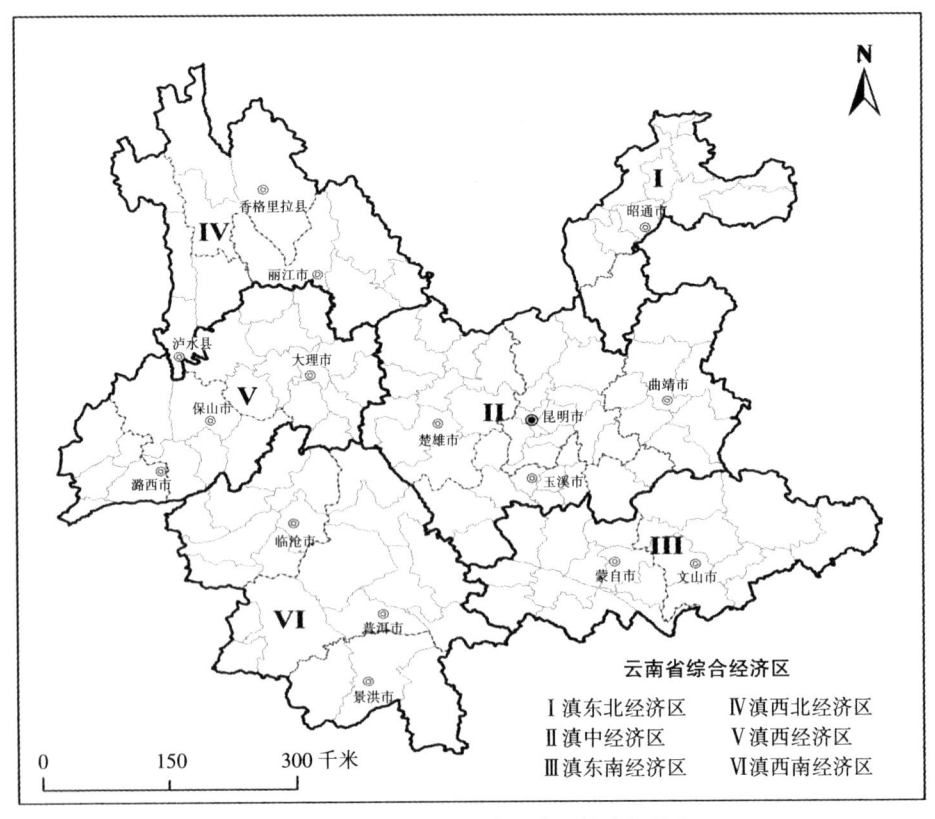

图 8-13 云南省六大综合经济区的空间分布

三、综合经济区的基本特征

（一）滇东北经济区（Ⅰ）

本区地处云、贵、川三省结合部，是滇东高原与黔西北高原和川西南山地的过渡带。包括昭通市的11县（区）、曲靖市的会泽县。本区是云南开发较早、人口密度最大、农业人口比重最高、经济发展最落后、土地垦殖率最高、人类活动强度大、人地关系矛盾最突出的地区。

以旱地为主，土地利用强度大，土地退化严重。会泽、永善、大关等地处高山峡谷区，土层浅薄，低产旱地较多。东北部的镇雄、威信、水富等地势较低，水热条件好，但地形破碎，耕地多为旱作坡地。林地以灌木林地和疏林地为主，植被状况较差，生态功能退化严重。草地面积比重大，尤其是高覆盖度草地面积比重较大，具有发展草食性畜牧业的良好条件。岩溶地貌发育，水土流失严重，高山峡谷区泥石流、滑坡等地质灾害频繁。

特色农业资源丰富，发展高原特色农业潜力较大。①药材、水果和蔬菜资源丰富。本区是名贵中药材天麻的主产地，区内各县均为天麻产区。杜仲、黄连、柴胡、党参、贝母、重楼、半夏、龙胆草等野生药材十分丰富，国家级自然保护区药山因盛产药材而得名。昭通苹果品质优良，被国家农业部列为"中国南方优质苹果生产基地"。樱桃、柑橘、猕猴桃、石榴等水果产量较大。区内各县均为魔芋、辣椒的优势产区，花椒、木耳、马铃薯也具有明显优势。东北部各县竹林面积较大，特产鲜笋、竹荪食用菌。②生漆、油桐、蚕茧和花卉优势明显。本区为云南省生漆的主产区，镇雄为国家生漆生产重点县。镇雄、巧家、威信为云南蚕桑基地县。区内各县均为种球花卉的优势产区。昭通市为云南省第二大油桐籽产区。③畜牧业发展基础较好。区内各县均为乌金猪的优势产区，拥有鲁甸黑山羊、盐津乌骨鸡等地方禽畜良种。

煤炭、水能和矿产资源丰富，但工业发展水平较低。本区是云南最大的褐煤产区，煤炭资源丰富，昭阳区褐煤储量达到80.97亿吨。镇雄、彝良、威信、盐津等无烟煤储量丰富，尤其镇雄储量较大，为45.17亿吨。区内金沙江下游水能资源蕴藏量大，具备开发大型梯级电站的良好条件。会泽、昭通铅锌矿资源储量大。彝良石英矿储量80亿吨，居全省首位。板岩、大理石等石材资源储量较大。

旅游资源较丰富，但旅游业起步较晚，发展相对缓慢。开发历史较早，古滇文化遗风、茶马古驿道等文化旅游丰富，彝族、苗族、布依族等少数民族风情浓郁。境内富含铁质而色彩绚烂的红土地分布较广。拥有药山国家级自然保护区、会泽黑颈鹤国家级自然保护区、大山包国际重要湿地、铜锣坝国家级森林公园、国家2A级黄连河景区等旅游资源。由于旅游业起步晚，旅游业发展水平还较低。

（二）滇中经济区（Ⅱ）

本区包括楚雄州的10个县（区）、玉溪市的9个县（区）、曲靖市的8个县（区）、昆明市的14个县（区、市）以及红河州的泸西、弥勒2个县。地处滇东高原，地势起伏相对和缓，分布着昆明、玉溪、楚雄、曲靖等大中城市。交通条件便利，工农业基础好，经济实力雄厚，人口密度较大，是云南城镇和产业的集聚区。区内坝子（盆地）较多，坝区水利条件较好，土地较为肥沃，耕作水平较高，是云南省粮食、蔬菜、蚕桑、水果、生猪、禽蛋、水产等农产品的主要生产基地，也是全省农产品最大的消费市场。区内矿产资源储量大，分布有磷、铁、铜、煤等矿产资源。人类活动强度较大，是全省环境污染最为严重的地区。

滇中经济区可分为三个亚区：①西北中山河谷区。主要包括楚雄州的大部分县区，昆明市的禄劝县、寻甸县、东川区。人类活动强度相对较小，经济发展水平相对较低。农业人口和农业增加值比重较大，工业发展水平较低，第三产业发展滞后。该区是云南猪肉、牛肉、羊肉的主产区，松茸、牛肝菌、鸡枞等野生食用菌丰富，大姚、双柏、南华等为核桃优势产区。②中部高原湖盆区（滇中核心区）。主要包括昆明市、玉溪市的大部分县区，楚雄州的禄丰县。地势起伏较为和缓，交通便捷，人口密度较大，城镇化和产业发展水平较高，是全省经济实力最强的区域。人类活动强度大，对生态系统的扰动较大。③东部岩溶高原区。主要包括曲靖市的大部分县区，红河州的泸西县和弥勒市。地势起伏和缓，岩溶地貌发育，地表缺水易旱。交通便利，土地资源丰富，大坝子多，农业发展条件较好。工业发展具有较好的基础，人类活动强度较大。烤烟、油菜、蜂产品、花卉、蚕茧等农产品在全省具有明显优势，是大河乌猪的优势产区。煤炭资源储量较大，品种齐全，宣威市、富源县均为全国重点产煤县。

（三）滇东南经济区（Ⅲ）

地处云南东南部岩溶山原区，南与越南交界，东与广西、贵州接壤。包括红河州的11个县（市），文山州的8个县（市）。红河、文山两州均毗邻越南，交通条件优越，具有对外开放的区位和地缘优势。红河州开发较早，工业和交通基

第八章 区域经济差异与协调发展

础较好。生物、矿产资源富集，旅游资源独具特色，是云南省多数经济作物的最适宜种植区和主产区。拥有联合国世界文化遗产元阳哈尼梯田、丘北国家 3A 级旅游风景区普者黑、广南坝美、国家级历史文化名城建水、全国重点风景名胜区燕子洞、国家级自然保护区屏边大围山、省级历史文化名城广南、省级历史文化名城石屏、省级风景名胜区异龙湖等知名景区和旅游资源。

滇东南经济区可分为两个亚区：①东部低山丘陵区。主要包括文山州的大部分县（市），区内地势起伏不大，主要为起伏和缓的低山和浑圆丘陵。峰林、槽谷、溶蚀洼地等岩溶地貌发育。除丘北、砚山一带有较大盆地外，其他地区地形较为破碎。气候干湿分明，雨季高温高湿，年平均降水量较多。但蒸发量大，加上岩溶地貌发育，地表缺水易旱。农业人口比重大，经济发展水平较低，人类活动强度较小。大部分地区人均 GDP、人均工业总产值、第三产业增加值均远低于全省平均水平，人均农业总产值也明显低于全省平均水平。本区是名贵药材三七的重点生产区，文山县是全国最大的三七生产基地。本区也是全省最大的油茶种植区。三七、草果、八角、花椒、辣椒、亚麻、油桐籽等在全省具有明显优势，丘北县被称为中国辣椒之乡。本区是云南喀斯特地貌的主要分布区，喀斯特地貌景观多样。②西部河谷盆地区。主要包括红河州的大部分县区。属于干暖性山原陷落盆地和干热河谷区。屏边、河口的红河谷地热量丰富，但降水少，气候干热，为典型的干热河谷。部分地区石漠化较为严重。人类活动强度相对较大，经济发展水平相对较高。靠近滇中地区，毗邻东南亚，境内公路、铁路交通便利。蒙自市为滇越大通道的重要枢纽，拥有国家一级口岸河口和天保口岸，具有发展物流业的便利条件。工农业发展基础较好，自然资源丰富，经济发展势头强劲。开远煤炭储量大，其中小龙潭褐煤储量达 12 亿吨，是云南褐煤的主产区。本区是云南热带、亚热带经济作物的重要基地。杨梅、石榴、番木瓜、龙眼、荔枝、菠萝、香蕉等农产品在全省均具有明显优势。本区也是云南热带鲜切花（叶）的主产区之一。

（四）滇西北经济区（Ⅳ）

包括迪庆州、怒江州、丽江市的 12 个县（区、市）。本区位于云南西部纵向岭谷区北部，是一个集自然地理的特殊性与复杂性、生物的多样性与典型性、民族文化的多元性为一体的特殊区域。地处亚欧板块与印度洋板块碰撞隆升地带，地势高差悬殊，高山纵谷相间并列。自然地理环境复杂，立体气候明显，生物多样性突出,是世界著名的物种基因库。大部分地区气温低,植被生产能力较低,生态系统稳定性较差,生态环境脆弱。地理位置偏僻,交通极其闭塞,是全省人口密度最低的区域。耕地资源量少质差,大部分地区缺乏大规模集聚产业和人口的有利条件。农业类型单一,经营较粗放,河谷区陡坡垦殖导致局部地区水土流失严重。森林资源丰富,但多属于自然保护区。工业起步较晚,发展水平低。

旅游资源富集,是全省旅游资源品位最高、旅游发展潜力最大的地区。处于藏文化、南亚—东南亚文化和中原文化三大文化交汇过渡的边缘地带,藏族、纳西族、傈僳族、怒族、独龙族、普米族等多民族聚居,多种宗教长期融合共存,不同宗教和文化交融互动,是世界罕见的多民族、多文字、多语言、多种宗教信仰并存的汇聚区。地貌类型多样,雪山冰川、险峻峡谷、高山草甸、高山湖泊、丹霞峰丛和喀斯特台地等自然景观汇聚。拥有三江并流世界自然遗产地、丽江古城世界文化遗产地、玉龙雪山、泸沽湖、香格里拉、梅里雪山等著名景区。自然景观壮丽,民族风情绚丽,人文与自然景观交相辉映,旅游资源品位高且独具特色。

水能和矿产资源丰富。地处三江成矿带,矿产资源丰富,但开发条件较差。兰坪县金顶凤凰山大型铅锌矿品位高,金属储量达1500多万吨,居全国首位。金沙江、澜沧江、怒江三大水系的水能资源蕴藏量大。

特色农产品资源丰富多样。虫草、当归、木香、贝母、红豆杉等野生药材和鸡枞、松茸、牛肝菌、香菌等野生食用菌资源十分丰富,兰花、报春花、杜鹃、山茶等野生观赏植物多样。华坪、永胜、玉龙、宁蒗、香格里拉、德钦、维西等为花卉种球优势产区。拥有独龙牛、牦牛、藏绵羊、藏山羊等优良畜种,香格里拉、德钦、维西、玉龙、宁蒗是牦牛优势产区。

(五) 滇西经济区 (Ⅳ)

本区位于云南西部纵向岭谷区中部,地处横断山脉中段。包括大理州、保山市、德宏州的22个县(市、区)。大理市是本区的经济中心,也是连接滇西南和滇中、通往内地的交通枢纽。地表起伏较大,中山与盆地相间分布。盆地内部气候温凉湿润,土层深厚,为主要农耕地区。本区开发较早,人口密度较大,农业发展水平相对较高。人类活动强度较大,生态系统有一定程度的退化。

与缅甸相邻,地缘优势明显。本区是中国通往南亚、东南亚的重要通道。德宏是中缅国际大通道、中缅输油输汽管道的出入口,拥有瑞丽、畹町两个国家一

第八章 区域经济差异与协调发展

类口岸,章凤、盈江两个国家二类口岸,以及瑞丽国家重点开发开放试验区。保山市拥有腾冲猴桥国家一类口岸。

特色优势农产品多样。大理州是云南重要的核桃生产基地,漾濞、祥云、宾川、弥渡、南涧、永平、洱源、鹤庆等均为核桃优势产区。也是云南第二大茶叶产区,南涧、巍山、弥渡茶叶单产水平高。祥云、鹤庆为桑蚕优势产区。洱源县果梅产量居全省第一。鹤庆、永平是云南白木瓜种植基地。宾川、剑川、弥渡、云龙、洱源等为枇杷优势产区。洱源县乳牛养殖业具有较好的产业基础。大理州茶花、兰花、杜鹃等花卉资源丰富,占全国茶属观赏植物的33%。德宏州和保山市是云南省咖啡、茶叶、柠檬、核桃、橡胶等农产品的重要产区。

矿产和水能、地热资源富集。境内硅、硅藻土等储量较大。大理石、花岗石等石材资源丰富,质地优良。地热资源丰富,腾冲县有我国最密集的火山群和地热温泉。境内澜沧江、怒江等水系的水能资源理论蕴藏量大,开发潜力较大。

旅游资源独特、集中。本区白族、傣族、景颇族、阿昌族、德昂族、傈僳族等多民族聚居,民族民间文化独特多样。历史文化悠久,拥有大理古城、洱海、点苍山、宾川鸡足山、巍山巍宝山、南诏古城遗址、剑川石宝山、腾冲火山群国家公园、腾冲热海景区、北海湿地、和顺侨乡、瑞丽江—大盈江国家重点风景名胜区等著名景区(点)。旅游景区(点)集中连片,品位高且独具特色。

(六)滇西南经济区(Ⅵ)

包括临沧市、普洱市、西双版纳州3个州(市)的21个县(区)。地处云南西部纵向岭谷区南部,以中低山、丘陵和河谷为主。气候温和,雨量充沛,植被类型丰富多样,是云南省森林覆盖率最高的地区。水土资源匹配较好,是云南省热带作物主产区。矿产资源、水能资源、生物资源、旅游资源以及农业资源丰富,发展潜力大。人口密度较小,人类活动强度较小。经济发展水平较低,工业基础薄弱,农业增加值比重较大,是全省人均工业总产值最低、农业增加值比重最大的区域。

地缘优势十分明显。与缅甸、老挝和越南接壤。历史上曾是"南方丝绸之路"的通道和茶马古道的缘起地。拥有孟定、勐康、磨憨、打洛、景洪港、思茅港、西双版纳机场等国家一类口岸和南伞、沧源、孟连国家二类口岸,以及临沧边境经济合作区、勐腊(磨憨)重点开发开放试验区,是我国通往缅甸、连接中南半岛、沟通中国与印度洋周边国家的便捷陆上通道和重要门户,是我国实施大湄公河次区域经济合作、中国—东盟自由贸易区建设等国家重大发展战略的热点区域。

发展绿色农业的气候、土地、生物资源和生态环境优势突出。工业起步较晚，环境污染小。气候温热，降水充沛，土地资源丰富，具有发展绿色农业的良好条件。橡胶、紫胶、松香、木材、蔗糖、药材、香料、茶叶、咖啡、热带水果、热带花卉等产品在全省占有重要地位。是全省最大的茶叶、咖啡产区，区内大部分县（区、市）均为咖啡、茶叶的优势产区。茶园主要分布于山区和半山区，水源清洁，远离污染源，拥有发展有机茶的优越生态环境。本区是云南重要的核桃产地，除位于热带北缘的县（区、市）外，其余大部分县（区、市）均为核桃的优势生产区。本区是全省最大的天然橡胶生产基地和第二大油茶种植区，是云南热带水果的最大产区。草果、八角、砂仁、香荚兰等香料作物生产优势明显。柯子、杜仲、苏木、白豆蔻、金鸡纳、檀香等野生药材资源丰富。西双版纳、普洱为云南主要热带鲜切花（叶）主产区。森林资源丰富，临沧市、普洱市是云南省重要的木材产区。

矿产、水能等资源丰富。成矿地质条件优越，矿产资源较为丰富。锗、金、铅锌、铜、锑、镍、钾盐、硅藻土、高岭土等矿产储量较大。澜沧江、怒江两大水系水能资源丰富，沿澜沧江分布着漫湾、大朝山、小湾、糯扎渡等大型水电站。

旅游资源丰富而独特，旅游开发潜力大。地处南亚—东南亚文化和中原文化交汇过渡的边缘地带，景颇族、阿昌族、佤族、拉祜族、傣族等20多个少数民族聚居，是云南民族文化多元性最丰富的地区之一。拥有茶文化、佤族文化、傣族文化、民族风情、民族村寨、热带风光、热带雨林景观与沿边境一线的国门、界碑、跨境村寨、边民互市点等自然、人文景观和旅游资源，以及西双版纳热带雨林自然保护区、勐仑植物园、西双版纳傣族园、野象谷等知名景区（点）。

第三节 区域经济协调发展

一、协调发展的意义和约束

（一）协调发展的意义

区域经济系统的整体功能取决于其整体结构。区域经济协调发展有利于充分发挥各区域的比较优势，将区域经济发展差距控制在合理的范围并逐步缩小，推进区域之间基本公共服务的均等化，加强区域之间市场一体化进程，实现各区域资源和环境的有效利用与改善，提高资源在区域之间的配置效率，形成各区域之间合理分工、优势互补、相互促进和互惠发展的新格局，实现区域经济的高效、稳定、健康和可持续发展。当前，云南省经济发展不充分、不平衡、不协调、不可持续问题仍然突出。因此，推进云南省区域经济协调发展具有重要的意义。

（二）面临的问题和约束

1. 区域之间社会经济发展差距仍然较大

云南省各区域经济发展加快，但区域之间经济发展差距仍然较大。经济发展水平较高的滇中地区和其他经济发展水平偏低的地区在基础设施、医疗卫生、文化教育、社会保障、人口素质、城镇化水平等方面存在明显的差距。经济发展水平较低的地区财政收入较低，难以提供与滇中地区水平相当的基本公共服务。上述社会经济发展水平的差距，造成滇西北、滇西南部分地区等经济发展较低的区域对资金、技术、人才等要素吸引不足，经济发展效率、效益等偏低，成为影响云南省区域经济协调发展的突出问题。

2. 产业结构层次偏低和产业分工不合理

全省大部分区域产业结构层次偏低，各区域产业结构的层次和素质差异较大，没有形成完善、科学的分工与合作体系。滇中经济区产业层次相对较高，已向高级化方向演进。而滇西北、滇西南等经济区的产业层次偏低，还处于较为低级的阶段。结果导致产业集聚化水平偏低，区域产业分工不科学、不完善和不合理，各经济区的优势和潜力没有得到发挥，产业发展特色不鲜明，专业化分工不明显，造成区域之间产业结构趋同化和产业的同质化竞争，制约着区域经济的协调发展。

二、协调发展的思路和路径

(一) 协调发展的基本思路

统筹规划、协调云南省区域经济关系，在平等、互利、共赢的基础上促进区域分工与合作，实现要素区际自由流动和资源优化配置，互通有无，合理分工，更好地发挥各自优势，弥补自身不足，增强各自的经济实力和竞争能力。

(二) 协调发展的基本路径

1. 因地制宜，加速区域经济发展

总体上，云南省经济发展的综合实力还较弱。因地制宜，加速各个区域经济发展是当前和未来较长时期的主要任务，也是协调区域经济发展的重要条件。应继续支持滇中地区、洱海盆地、滇东南个开蒙地区等相对发达区域的经济发展。重点加快滇西北、滇东南、滇东北欠发达区域的经济发展。采取各种措施，加大生态补偿等财政转移支付力度，合理配置基本公共服务资源，加强欠发达区域的交通基础设施、基础教育、医疗卫生等投入，改善其投资环境和发展条件。

2. 加强区域间产业分工与协作

科学规划各大经济区产业布局，加强产业对接和整合，推进产业发展一体化，构建各大综合经济区分工协作、优势互补、差异竞争、合作共赢的产业发展体系。通过产业之间的技术和经济联系、要素的市场供给与需求关系、企业之间的组织联系等，形成发展上的相互依赖、依存关系。滇东北经济区积极发展水电与火电、现代煤化工和有色冶金加工。滇中经济区巩固提升传统优势产业，积极培育新材料、先进装备制造、节能环保、现代生物、电子信息等战略性新兴产业，加快发展金融、物流等现代服务业，引领和带动全省产业结构升级。滇东南经济区积极促进烟草、煤炭等传统产业升级，加快发展食品加工、生物制药产业。滇西北经济区、滇西南经济区立足生物、水电、特色农产品等优势，发展水电、轻工业和旅游业。

3. 推进基础设施建设一体化

推动全省路网、航空网、能源保障网、水网、互联网的统筹规划和共建、共享，形成互联互通的现代基础设施体系。统筹安排全省交通结构，加快路网建

第八章 区域经济差异与协调发展

设,建设昆明市全国性综合交通枢纽和曲靖市、红河州、大理州等区域性综合交通枢纽。构建国际化、广覆盖航空网,推进民用机场和新建、改扩建机场建设。建立各大经济区之间和内部互联互通的综合交通网络。完善能源保障网,构建电网,依托中缅油气管道和安宁石油炼化基地,完善全省成品油管网布局。加强水网建设,重点推进滇中引水工程及配套工程,建设一批大中型水库和大中型灌区。加强互联网建设,建设面向南亚、东南亚的国际通信枢纽,区域信息汇集中心。

4. 推进区域间要素市场一体化

突破行政区划的分割,从体制上消除限制区域之间要素自由流动的制度根源,取消阻碍要素合理流动的区域壁垒,加大区域开放程度。构建区域之间统一、开放、竞争、有序的要素大市场,使全省资本、人才、技术等要素在市场供求机制、价格机制作用下在各区域之间合理流动,提高资源配置效率。

5. 推进区域间生态环保一体化

促进各经济区之间生态同保共育,完善全省生态安全格局。强化区域环境联防联控,加强跨界水污染和大气、土壤及固体废弃物污染等综合整治。共建共享环保基础设施,搭建环境监管协作平台。加大滇中经济区滇池流域、抚仙湖流域、牛栏江流域等的保护与治理力度,加强滇西北经济区、滇西南经济区的自然生态保护和恢复,重视滇中经济区东部、滇东南经济区的石漠化综合治理。

三、各综合经济区发展方向

(一)滇东北经济区(Ⅰ)

加快推进"昭鲁一体化",培育以昭阳、鲁甸为核心,以水富为节点,与成渝经济区紧密联系的滇东北城镇体系。建设"昆明—昭通—成渝"对内经济走廊,连接成渝经济区、黔中经济区,沟通长江沿线,融入长江经济带。

做强农业,壮大工业,加快发展服务业,建设滇东北水电与火电基地、昭通有色冶金加工基地、昭通现代煤化工基地、天麻生产加工基地、滇东北生态及历史文化旅游区、滇中经济区和成渝经济区的特色农副产品供应基地,以及云南面向西南、中部和沿海地区的物流基地。主要包括:

(1)加快农业结构调整,发展绿色农业,扩大优势农产品生产规模。①提升林业的战略地位,促进生态恢复和重建,改善农业生态环境。建设以杉木、泡桐、桤木等为主的速生用材林基地。加快竹林基地建设，扩大鲜笋、竹荪食用菌生产规模。扩大油桐（膏桐）种植规模，建设生物柴油膏桐原料基地。扩大生漆种植规模，加强野生食用菌、野生药材资源的保护和开发利用。②适当压缩粮食种植面积，提高粮食单产水平。充分发挥农业资源优势，扩大药材、水果、蔬菜、蚕茧、花卉等优势农产品生产规模。建设以天麻、杜仲、半夏为主的药材生产基地，种球花卉繁育区，蚕茧生产基地以及蔬菜和水果优势生产区。③调整畜牧业结构，结合退耕还林（草）和生态重建，充分利用本区草地面积比重大的条件，积极发展肉牛、肉羊等食草性节粮畜牧业。

（2）以现代煤化工、水电、有色金属、绿色食品加工业、建材工业为重点，壮大工业发展规模，提升工业发展水平。充分利用煤炭资源丰富的优势，加快煤化工产品结构调整，重点发展以煤制油、煤制烯烃为主要产品的现代煤化工，建设昭通现代煤化工基地。科学有序地发展火电，建设滇东北火电基地。加快金沙江下游水电梯级开发，建设滇东北水电基地。利用本区铅锌矿资源和水电、火电，建设有色冶金加工基地。发展以水果、蔬菜、马铃薯、食用菌、畜禽产品等为原料的绿色食品加工业。利用板岩、大理石、石英矿、木（竹）材发展建材工业。

（3）加快发展现代物流业和旅游业。提升旅游业在经济发展中的地位，建设滇东北生态与历史文化旅游区，共建滇、川、黔交界旅游经济区。加快交通基础设施建设，利用水富港以及毗邻四川、贵州的区位优势，加快水富港物流中心建设，将本区建设成为云南面向西南、中部和沿海地区的物流基地。

（二）滇中经济区（Ⅱ）

培育以昆明为核心，以曲靖、玉溪和楚雄为重要节点的滇中城市群。推进滇中昆明国际旅游休闲区、昆明—曲靖绿色经济示范带以及昆明—玉溪旅游文化产业经济带、昆明综合保税区物流基地、楚雄综合物流园区、玉溪研和综合物流园区等物流基地（园区）等建设。将滇中经济区建设成为我国连接东南亚、南亚的陆路交通枢纽，面向东南亚、南亚对外开放的重要门户，全国烟草、旅游、文化、能源和商贸物流基地，以化工、冶金、生物为重点的区域性资源深加工基地，以及交通物流枢纽、商贸中心、生产加工中心、区域性金融中心、旅游中转中心和目的地，示范和引领全省经济发展。主要包括：

（1）西北中山河谷区。①发展绿色农业，建设滇中核心区的绿色农产品供给

第八章　区域经济差异与协调发展

区。充分利用山地资源，积极发展林业，改善农业生态环境，将本区建设成为滇中核心区的生态屏障。重视发展肉牛、肉羊等草食性节粮畜牧业。扩大中药材生产规模，建设中药材生产基地。保护和开发松茸、牛肝菌等野生食用菌。推进核桃生产基地建设，壮大核桃生产规模。积极发展无公害蔬菜，利用元谋、武定、永仁、大姚干热河谷区天然温室的条件，生产冬春早熟蔬菜，推进蔬菜产业化基地建设。②以绿色食品加工、生物制药、建材为重点，推进工业发展。发展核桃、蔬菜、生猪、肉牛、肉羊、野生食用菌加工等绿色食品加工业，培育绿色食品加工产业群。利用禄劝、武定、永仁砂岩等资源，发展建材产业。培育楚雄生物制药产业集群，加快生物制药发展。③建设滇中经济区西北休闲游憩区。依托彝族文化和土林、狮子山、轿子雪山等景区，发展生态旅游。利用靠近滇中核心区的区位优势，推进乡村旅游发展，将本区建设成为滇中核心区的休闲游憩区。

（2）中部高原湖盆区（滇中核心区）。①拓展农业功能，提升农业整体素质。重点发展鲜奶、蔬菜、水果、水产、花卉等农产品。拓展农业的生态建设、休闲观光等功能，延伸产业链，推进农业向深度发展，发展观光休闲农业和绿色农业。充分利用科技、人才和资金优势，建设绿色农产品生产基地和现代农业示范区。②优化工业结构和空间布局。重点发展低污染、技术密集型的生物医药制造、光电子信息、新材料、先进装备制造等高端产业，构建现代工业体系，将本区建设成为全省新型工业化示范基地。建设有色金属、稀贵金属、磷化工等新材料研发和生产基地。优化装备制造业产品结构，重点发展大型数控机床、大型铁路养护机械、自动化物流成套设备、电力装备等装备制造业。建设生物医药制造业研发和生产基地，培育生物医药制造业产业集群，壮大生物医药制造业规模。巩固和提升烟草制造业，推进光电子信息产业发展。利用高新适用技术改造黑色金属、有色金属、磷化工等传统原材料工业，推进原材料精深加工，提高产品附加值。加快农副产业加工向楚雄市、曲靖市转移和集聚。逐步将环滇池核心区的有色金属冶炼、磷化工等行业向本区远郊县、曲靖市和红河州转移。③提升第三产业素质。发展以物流、商贸、金融、教育、商务会展、康复养老、文化创意、信息服务等为主的现代服务业。重点发展旅游业、现代物流业和环保服务业。转变旅游业发展方式，发挥气候宜人和湖泊、温泉较多的优势，发展度假休闲、康体休闲产品，加快昆明环滇池、宜良阳宗海、澄江抚仙湖等休闲度假基地建设，将本区建设成为全省最大的康体休闲旅游基地。推进商务会展的发展，将昆明建成面向东南亚、南亚的商务会展基地。加强物流基础设施和基地建设，将昆明市建设成为全国性物流节点城市和面向南亚、东南亚的区域性国际物流中心，加快现代物流业发展。④充分发挥"滇中产业新区"区位条件优越、科教创新实力较强、产业发展优势明显、对外开放基础好等优势及其在云南经济发展中的龙头作用，形成全省最具活力的增长核心和我国面向南亚、东南亚辐射的重要支点。

（3）东部岩溶高原区。①壮大油菜、蜂产品、花卉、蚕茧等优势农产品的生产规模。建设蚕桑生产基地、油菜籽和蜂产品生产基地以及鲜切花、工业用花卉生产基地。建设瘦肉型生猪养殖基地，培育龙头企业，促进生猪的规模化和标准化养殖，为宣威火腿提供原料。结合林业发展和蚕桑生产基地建设，发展肉牛、肉羊等草食性畜牧业。②以现代煤化工、食品加工为重点，推进工业发展。发展以煤制油、煤制天然气、煤制乙二醇等为主的现代煤化工，培育现代煤化工产业集群。巩固和提升火腿加工业，推进猪肉产品精深加工。积极承接中部高原湖盆区（滇中核心区）转移出的有色金属冶炼和加工业，培育有色金属冶炼和加工产业群。③发展旅游业和现代物流业。以珠江源、彩色沙林、多依河景区等为依托，发展生态旅游业。利用公路、铁路等交通便利优势，发展现代物流业。

（三）滇东南经济区（Ⅲ）

建设以个旧、蒙自、开远为核心，以建水、河口以及文山、砚山、丘北等为重要节点的滇东南城市群，使之成为面向北部湾、越南开展区域合作、扩大开放的前沿型城市群。加快区内连接、出境、沿边境线公路建设，形成区内互通、连接滇中和滇西南经济区、通达广西和越南的便捷交通网。打造"昆明—文山—广西北部湾—广东珠三角"对内经济走廊和滇越（泛亚东线）对外交通—经济走廊。推进河口国家级边境经济合作区、麻栗坡（天保）边境经济合作区建设，形成向东连接北部湾、珠三角地区，向南连接越南等东南亚国家的"北融滇中、南下东盟、西接滇西南、东应北部湾"的开放发展与合作格局。建成云南省东南部面向东盟开放的重要交通枢纽和全省经济增长的第二极。

建设成为云南省以绿色食品加工、生物制药为重点的生物资源开发创新产业的重要地区和云南省面向东南亚开放的重要门户。东部低山丘陵区（文山州）侧重加快发展三七系列保健品和特色优势农产品，建设三七生产加工和交易基地。西部河谷盆亚区（红河州）着力发展绿色食品，建设有色冶金加工基地。建设文山市、蒙自市等区域性物流节点城市和红河综合保税区物流基地、河口口岸物流

第八章 区域经济差异与协调发展

基地,发展现代物流业。以民族风情、独特的自然风光为重点发展旅游业,建设滇东南喀斯特山水文化旅游区、泛北部湾区域旅游合作区。主要包括:

(1)东部低山丘陵区(文山州)。①推进三七、草果、八角、花椒、辣椒、亚麻、油桐籽等优势农产品基地建设。建设油茶种植基地、红豆杉种植基地。②以建材工业、铝材工业、生物医药制造业、绿色食品加工业为主,推动工业发展。发展铝塑复合管材与框架型材,建设铝型材产业基地。利用本区和河口、屏边的大理石资源,发展石材建材业。发展以三七、红豆杉为原料的生物医药制造业。发展和壮大辣椒、花椒、畜产品等绿色食品加工业。利用文山铝土矿资源,适度发展电解铝生产,生产高精度板带与线材、汽车用铝材部件、铝合金部件。③依托喀斯特山水文化景观,建设普者黑康体休闲度假基地和喀斯特山水文化旅游区。

(2)西部河谷盆亚区(红河州)。①巩固提升杨梅、石榴、番木瓜、龙眼、荔枝、菠萝、香蕉、热带鲜切花(叶)等优势农产品,建设灯盏花生产加工基地。②以现代煤化工、绿色食品加工、锡矿冶炼和精深加工为主,推进工业结构优化和升级。建设开远现代煤化工产业基地,重点生产煤制油、煤制烯烃产品,提高煤化工产品的附加值。利用本区以及邻近地区的水果资源,发展以水果饮料、保健型饮料以及水果罐头等为主的绿色食品加工业。巩固以红河集团为龙头企业的烟草制造业。以个旧为中心,利用本区个旧、蒙自以及文山马关的锡矿资源,建设锡化工和锡基新材料基地。结合现代物流业发展,积极发展静脉产业,建设个旧废旧金属再生产业化基地以及蒙自废纸、废塑料加工利用基地。③发展面向东南亚、南亚的现代物流业,建设蒙自物流枢纽基地和进出口加工基地。依托国家历史文化名城建水古城、建水燕子洞、屏边大围山国家级自然保护区,充分利用少数民族文化和历史文化资源,开发文化旅游产品。挖掘个旧锡文化、锡矿山等旅游资源,依托锡化工和锡基新材料基地,开发锡文化和锡工业旅游产品。

(四)滇西北经济区(Ⅳ)

培育以丽江为核心,以香格里拉、泸水等为节点的旅游休闲城镇体系。培育丽江成为滇西北区域主中心,发挥南承大理、北连迪庆、东进四川、西接怒江的区域交通枢纽作用,成为带动滇西北发展的区域中心城市。培育香格里拉成为带动滇西北北部山区发展的增长极,依托滇藏经济走廊建设,深化香格里拉与丽江、西藏的合作,将香格里拉建成滇藏发展轴的重要经济文化节点。培育泸水成为带动滇西北怒江流域发展及沿边对外开放的重要增长极。建设"昆明—丽江—香格里拉—西藏昌都"对内经济走廊，深化与四川、西藏的合作。

立足生物资源、旅游资源、特色农产品等优势，发展绿色农业、绿色食品加工、水电和生态旅游业。推进滇藏交通走廊、泸水（片马）边境经济合作区建设。建设滇西北水电开发基地、丽江螺旋藻生产加工基地和滇川藏"大香格里拉"生态旅游合作区。主要包括：

（1）充分发挥生物资源优势，发展绿色农业。保护和开发野生食用菌、野生药材、野生蔬菜等产品。推进迪庆中药材种植基地建设。利用野生观赏植物资源，培育花卉和绿化苗木，加快特色花卉、球根类种球繁育基地建设。重点发展以独龙牛、牦牛、藏绵羊、藏山羊等优良畜种为主的草食性节粮畜牧业，建设滇西北畜牧产品生产基地。

（2）以绿色食品加工、水电为主，推动工业发展。发展野生食用菌、野生蔬菜等无公害绿色食品加工，建设野生食用菌加工出口基地。建设丽江螺旋藻生产加工基地，加快螺旋藻系列保健品的研发和生产。推进澜沧江、怒江流域的水电开发，建设滇西北水电开发基地。适度发展铅锌冶炼及深加工。

（3）充分发挥旅游资源优势，发展生态观光旅游产品、民族文化体验产品、科考探险旅游产品、休闲度假旅游产品。重视与西藏昌都、四川甘孜和青海玉树等区域间的合作，合力打造滇川藏"大香格里拉"生态旅游合作区。

（五）滇西经济区（V）

培育以大理为中心，以隆阳、芒市和瑞丽等为重点，以腾冲、龙陵、祥云、盈江等为节点的滇西城镇体系，成为支撑孟中印缅经济走廊的门户型城市群。加快滇缅（泛亚西线）交通走廊、"昆明—大理—瑞丽—缅甸"对外经济走廊、瑞丽国家重点开发开放试验区、腾冲（猴桥）边境经济合作区以及瑞丽、畹町国家级边境经济合作区建设。将本区建设成为中国面向西南开放重要桥头堡的先行区及国际陆路大通道的门户，成为以发展文化旅游产业和特色农业等为主的重要区域。

保护利用好境内丰富的生物、农业、旅游等资源，推进特色优势农产品、生物资源精深加工，形成滇西经济区的特色产业体系。主要包括：

（1）扩大亚麻、桑蚕、梅子、白木瓜、枇杷等优势产品生产规模。重视低产茶园改造，推进良种繁育，结合茶叶生产基地建设，提升茶叶品质。加快规模化和标准化的核桃生产基地建设，引种美国山核桃，壮大核桃发展规模。建设乳

第八章 区域经济差异与协调发展

牛、肉牛产业化生产基地。建设以茶花、兰花、杜鹃花为主的大理花卉产业基地。

（2）以绿色食品加工、生物制药、建材等为主，推动工业发展。利用本区和邻近地区的核桃原料，扶持核桃油生产龙头企业，推进核桃油等深加工。开发梅子、白木瓜、琵琶等果汁、果脯、果酒等绿色食品。加快乳业发展，把洱源建设成为云南重要的乳制品加工基地。利用区内亚麻、蚕茧原料，建设保山亚麻、蚕丝纺织工业基地。发展大理石、木材建材产业。

（3）壮大和提升旅游业，加快发展现代物流业。建设大理洱海、保山腾冲休闲度假旅游基地和滇西火山热海文化旅游区。抓住国际大通道建设、孟中缅印经济合作和中国—东盟自由贸易区建设等机遇，建设大理区域性物流节点城市、保山市物流中心及瑞丽、腾冲（猴桥）口岸物流基地，发展现代物流业，将大理建设成为面向东南亚、南亚的现代物流基地以及全国茶花生产集散地。

（六）滇西南经济区（Ⅵ）

以景洪、思茅、临翔为核心，以宁洱、澜沧、云县、耿马等为节点，建设滇西南城市群。建设澜—湄（泛亚中线）交通走廊和耿马（孟定）、孟连（勐阿）、勐腊（磨憨）边境经济合作区，共建云南省沿边开放经济带。推进普洱绿色经济实验示范区建设。

巩固和壮大特色优势农产品，积极发展绿色食品加工、建材、水电、生物化工、旅游、现代物流和边境贸易。着力建设高效林业、滇西南水电开发、生物化工等基地和大湄公河跨国旅游区。主要包括：

（1）巩固和壮大特色优势农产品，提升农业综合效益。建设热带香料种植基地，核桃、油茶木本油料基地，茶叶生产加工基地，高产甘蔗生产基地。引导天然橡胶、甘蔗向优势产区集中，提升生产的基地化、规模化和集约化水平。北部地区加快林业发展，建设高效林业基地，壮大木材、松香、紫胶的生产规模。南部地区着力建设我国重要的热带水果产区，以名、特、优、新为导向，优化产品结构，重点发展香蕉、荔枝、芒果等热带水果，积极发展无公害反季蔬菜。

（2）以绿色食品加工、建材、水电、生物化工为主，推进工业发展。推进澜沧江、怒江中下游河段水电梯级开发，建设滇西南水电开发基地。加快蔗糖生产基地建设，生产精制糖、木糖醇等高附加值产品。推进茶叶、咖啡精加工。充分利用本区水果、茶叶、咖啡等优势资源，发展果汁饮料、保健型饮料。利用橡胶木材、竹材、茅松等原料发展建材和家具制造。积极发展生物化工，推进松脂、松香、松节油深加工，利用竹材生产竹碳、竹醋液等产品，建设香料深加工基地。

（3）以旅游、现代物流和边境贸易为主，推动服务业发展。深度开发茶文化、傣族文化、佤族文化、边境风光、热带风光等旅游资源，发展热带观光、民族风情、边境风光、科普考察、休闲度假、跨境旅游等旅游产品，建设茶文化旅游区、民族文化旅游区、边境（跨境）旅游区、大湄公河跨国旅游区，培育澜沧江—湄公河水路黄金旅游线。发挥地缘优势，抓住国际大通道建设以及澜沧江—湄公河次区域合作和中国—东盟自由贸易区建设等机遇，建设景洪、临沧、普洱等区域性物流节点城市，磨憨、孟定口岸物流基地，普洱市茶叶物流基地，加快发展现代物流业和边境贸易。

参考文献

［1］王声跃，张文.云南地理［M］.昆明：云南民族出版社，2002.

［2］张忠孝.青海综合经济区划探讨［J］.青海社会科学，2006（3）：54–57.

［3］李小建，李国平，曾刚等.经济地理学（第2版）［M］.北京：高等教育出版社，2006.

［4］郑度，周成虎，申元村等.地理区划与规划词典［M］.北京：中国水利水电出版社，2012.

［5］黄耀欢，江东，付晶莹.中国公里网格GDP分布数据集（GDPGrid_China）［DB/OL］.全球变化科学研究数据出版系统，2014，DOI：10.3974/geodb.2014.01.07.V1.

［6］付晶莹，江东，黄耀欢.中国公里网格人口分布数据集（PopulationGrid_China）［DB/OL］.全球变化科学研究数据出版系统，2014，DOI：10.3974/geodb.2014.01.06.V1.

第九章　基础设施与公共服务体系建设

21世纪以来，云南紧扣时代脉搏，坚持以人为本、统筹规划，着力完善基础设施建设，加快推进城乡基本公共服务均等化，构筑适应云南省跨越式发展的基础设施和公共服务体系。实施城乡基础设施统一布局和建设，推进交通网、航空网、能源网、水网、通信网"五大网络"建设适度超前发展，逐步形成"普惠式"基本公共服务体系，稳步推动云南与周边国家及地区基础设施互联互通。

第一节　基础设施体系建设概况

由于历史与现实原因，处于西南边疆的云南省基础设施建设处于相对落后水平。改革开放后，经过了30多年有计划、有步骤的发展，以公路、铁路、水运、航空为主的交通基础设施有了较大改善，但与云南致力于跨越式发展、2020年全省完成脱贫摘帽并与全国同步实现全面小康等对基础设施的需求相比，尚存在较大差距。当前，云南要打造面向南亚、东南亚的辐射中心，基础设施的互联互通则是先导项目。

一、基础设施体系建设内容

基础设施是指为直接生产部门和人民生活提供共同条件与公共服务的设施及其组合体系。云南省基础设施建设被赋予了时代新内涵，从特指公路、铁路、水运、航空及管道等交通运输条件与组合方式，逐渐扩展延伸为包含交通运输网络、能源保障网络、水利设施网络、通信网络及城镇基础设施网络在内，用于保

障企业、单位和居民开展生产经营与生活的共同物质基础。良好的基础设施既是物质生产的重要条件,也是劳动力再生产的必要条件

基础设施存在多种划分方式,按其所在地域或使用性质可划分为两大类:一是农村基础设施。根据新农村建设的相关法规文件,农村基础设施主要包括农业生产性基础设施、农村生活基础设施、生态环境建设基础设施、农村社会发展基础设施四个大类。加强农村基础设施建设对增加农民收入、缩小城乡差距、实现农村现代化具有重要意义。二是城市(城镇)基础设施。是指为城市直接生产部门和居民生活提供共同条件与公共服务的工程设施,是城市生存和发展之基,也是顺利进行各种经济活动和其他社会活动所必须具备的工程性基础设施与社会性基础设施的总称。一般而言,城市基础设施多指工程性基础设施,主要由能源供应系统、供水排水系统、交通运输系统、邮电通信系统、环保环卫系统、防卫防灾安全系统六个方面构成。城市基础设施对生产单位尤为重要,是实现经济效益、环境效益和社会效益的必要条件之一。

二、基础设施体系建设历程

(一)起步阶段

改革开放初期,基础设施设备的发展任务越发显得紧迫。一方面,云南依托边疆地缘优势,积极探索对外开放的路子,积极发展边境贸易,初步打开了面向东南亚的对外开放之门。早在1980年,云南省决定首先在中缅边境恢复小额贸易。1985年公布了《云南省关于边境贸易的暂行规定》,放宽边境贸易政策,进而在云南边境地区全线开展边境贸易。1990年12月,瑞丽成为云南省第一个经国家批准的经贸、旅游型经济开发实验区。另一方面,筹措资金,着手整修、改建、扩建交通运输设施设备,重点交通干线得到显著改善。

(二)快速发展阶段

20世纪90年代以后,云南立足东南亚、面向南亚,加大了对外经济合作与交流。1990年,云南提出对外开放要以东南亚为重点的方针。1991年,进一步明确"打开南门,走向亚太"的发展战略。1992年,制定了全省对外开放的基本方针,提出要充分发挥云南的区位优势,把对外开放工作的重点转移到东南亚方面来,使云南逐步成为祖国西南对外开放的前沿。从1993年起,在昆明每年联合举办一次中国昆明出口商品交易会,从而打开了云南对外开放的窗口,使云

南在全国对外开放格局中占据越来越重要的地位。

随着对外开放步伐的加快，云南落后的基础设施更加难以适应经济社会的发展需求。突破交通运输这一发展瓶颈，成为了该时期云南省经济社会发展的一大重要任务。云南省加大了交通设施建设的投入，1990~1999 年，铁路运营里程增加了 320 千米，公路通车里程增加了 45869 千米，内河航道里程增加了 400 千米，民用航空航线里程增加了 106466 千米。

（三）西南对外开放大通道建设阶段

新时期以来，尤其是随着国家西部大开发战略的实施，云南省紧抓历史机遇，扩大对内对外开放，构建全方位对外开放体系，基础设施建设随之进入了发展新阶段。云南通过国民经济和社会发展第十个五年计划的大通道建设、"十一五"国际大通道建设、"十二五"桥头堡建设，以及正在实施的"十三五"制定的面向南亚、东南亚的辐射中心建设等重大发展举措，着力推动基础设施取得新进展，全面提升对外开放水平。

其中，以互联互通为核心内容的国际大通道建设是云南在基础设施发展中的最大亮点，其进展表现为：一是通向周边国家的"泛亚铁路"东线、西线和中线均已投入建设和规划。2015 年，云南全省铁路正线营运里程达到 3105 千米。高铁进入联调联试阶段，并在 2017 年进入高铁时代。二是通向周边国家公路和省内省际公路建设大幅扩展，省内各地州市与省会城市基本实现高速公路连通，云南省与周边省份主要城市之间的交通干线也已实现高速化。三是民用航空大力发展，全省建成 13 个民用机场，成为全国民用机场最多的省份。从昆明始发的国内外航线共有 200 多条，航线里程达 11.2 万千米，其中国际航线超过 1.5 万千米。四是包括水运等其他各种运输方式在内的基础设施建设都得到了全面推进。

得益于国家加大边疆省区开发开放的力度，云南省从中国区域经济发展的边缘与末梢，转变为对东南亚、南亚开发开放的前沿。为加快推进经济社会快速发展并充分发挥外联内引的作用，国家与云南省加大了对基础设施建设的投入力度，铁路、公路、航空、水运、邮电通信等基础设施有了明显改善，为加快经济发展与进一步扩大对外开放夯实了基础、提供了良好的条件。

三、基础设施"五大网络"建设

2013 年，云南省委、省政府启动实施了综合交通基础设施建设三年攻坚战，提出并加快推进"八出省、四出境"铁路通道、"七出省、四出境"公路通道①、"两出省、三出境"水运通道建设，综合交通基础设施建设取得阶段性成效。但是，云南基础设施落后的局面还没有根本改变，基础设施支撑能力薄弱，仍然是制约云南经济社会发展的最大瓶颈。2015年1月，习近平总书记在云南考察指导工作时指出："基础设施特别是交通设施建设滞后，是制约云南发展的重要因素。要以改革的思路，多渠道筹措建设资金，着力推进路网、航空网、能源保障网、水网、互联网等设施网络建设，加快国际大通道建设步伐，形成有效支撑云南发展、更好服务国家战略的综合基础设施体系，从根本上改变基础设施落后状况。"

云南省凝聚共识，将基础设施"五大网络"建设纳入了"十三五"经济社会规划纲要，并研究制定了《云南省五大基础设施网络建设规划（2016~2020年）》、《关于推进五大基础设施网络建设5年大会战的意见》、《关于实施综合交通建设5年大会战（2016~2020年）的意见》多个配套文件。云南现代基础设施"五大网络"建设涵盖了五大相互联系、相互促进的分系统：综合交通运输体系、能源保障网、水网、通信网、基本公共服务体系。以下分节介绍。

第二节 综合交通运输体系

近十年来，云南省围绕建设成为我国面向西南开放的重要桥头堡与辐射中心，以构建连通中南半岛、南亚及印度洋的国际大通道为重点，着力打造以航空为先导，以铁路和公路为骨干，以水运为补充，以管道运输为辅助的五大运输体系，以及以昆明为区域性综合枢纽，以曲靖、蒙自、大理等城市节点为次级中心（省"十二五"规划），各级节点城市相互连接的区域交通运输网络，多种运输方

---

① 所谓铁路"八出省、四出境"："八出省"即滇藏线、成昆线、渝昆线、内昆线、南昆线、贵昆线、云桂线、沪昆客运专线八条省际铁路；"四出境"即泛亚铁路东线（昆明—河口—越南）、泛亚铁路中线（昆明—磨憨—老挝—泰国）、泛亚铁路西线（昆明—瑞丽—缅甸），以及昆明—腾冲猴桥—缅甸—孟加拉国—印度四条出境铁路。所谓公路"七出省、四出境"："七出省"即昆明—广州、昆明—汕头、昆明—贵阳—上海、昆明—遵义—杭州、昆明—重庆、昆明—北京、昆明—拉萨七个出省方向的高速公路；"四出境"即昆明—河口、昆明—瑞丽、昆明—磨憨、昆明—猴桥四条通向东南亚、南亚的出境高等级公路。

第九章 基础设施与公共服务体系建设

式相互衔接、优势互补、高效便捷，内联川渝黔桂藏周边省区，沟通长三角、珠三角等东部，南部发达地区，外通东南亚、南亚等周边国家，形成通边达海、内通外畅、城乡一体的现代综合交通运输体系，服务与融入国家发展战略，助力云南经济社会跨越式发展。1988~2010 年末，云南省交通基础设施累计完成投资2042 亿元，通车里程数为 20.9 万千米以上，位居全国第三。2011~2014 年，云南省综合交通建设累计投资 3404 亿元，新增铁路运营里程 265 千米、公路通车里程 2.1 万千米、高等级公路 5784 千米、航道里程 659 千米、民用航空航线 1.16 万千米。

一、铁路建设

在铁路建设上，云南有着辉煌的历史记录，100 多年前就建成了中国第一条国际铁路——滇越铁路。但是，受制于云南地形复杂、地质条件恶劣等多重困难与障碍，中华人民共和国成立以来云南铁路发展缓慢。中华人民共和国成立初期，云南铁路仅有 656 千米，而且是偏于东南一隅的米轨和寸轨。1980 年，全省铁路通车里程近 1700 千米，直接与贵州、四川相连。直至 2010 年，境内铁路里程仅 2229 千米，仅占全国铁路运营里程的 4%左右，而且云南目前还是全国唯一的准米轨并存的省区。

新时期，随着中国与东南亚国家自由贸易区建设的深入推进，孟中缅印经济走廊建设共识的形成，尤其是《中长期铁路网规划》的出台、调整与逐步落实，云南铁路建设迎来黄金时期。

（一）铁路建设规模及速度不断加大

1988~2010 年，云南省铁路建设共完成投资约 383 亿元，全省铁路运营里程达到 1924 千米。"十二五"以来，铁路建设投入大幅提高，2015 年底铁路运营里程达到 3105 千米，按照云南省经济社会发展"十三五"规划，预计 2020 年云南省铁路里程将达到 6000 千米。

（二）铁路发展现状与运营里程

云南省境内现以标准轨铁路为主，尚有少量窄轨铁路（见表 9-1）。2017 年，开通了沪昆高铁、云桂高铁，步入高铁时代。2014 年，全省铁路共完成铁路货物运输量 11917 万吨，旅客运输量 3300 万人次。昆明市轨道交通 1 号线、2 号线首期工程和 6 号线机场段建成运营，滇中城市圈的城际轨道正在加快构建中。

表 9-1 云南铁路网建设

类别	名称	路线	里程（千米）	建设运营状态
高铁	沪昆高铁	昆明—贵阳—上海	2252	运营
	云桂高铁	昆明—弥勒—百色—南宁	710	运营
	弥蒙高铁	弥勒—蒙自	128.5	规划建设
	昆台高铁	昆明—台湾高雄	—	规划中
	渝昆高铁	昆明—重庆	720	规划中
标准轨	成昆铁路	昆明—攀枝花—成都	1096	运营
	沪昆铁路	昆明—贵阳—上海	2633	运营
	南昆铁路	昆明—兴义—南宁	898	运营
	内昆铁路	昆明—昭通—内江	872	运营
	昆玉铁路	昆明—玉溪	55.4	运营
	广大铁路	广通—大理	213	运营
	大丽铁路	大理—丽江	164	运营
	玉蒙铁路	玉溪—蒙自	141	运营
	蒙河铁路	蒙自—河口	143.3	运营
	大瑞铁路	大理—保山—瑞丽	330	建设中
	丽香铁路	丽江—香格里拉	161	建设中
	丽攀昭铁路	丽江—攀枝花—昭通	1074	建设中
	滇藏铁路	昆明—拉萨	1573.3	规划中
窄轨	昆河铁路	昆明—河口	468	运营
	昆石铁路	昆明—石咀	12.4	运营
	蒙宝铁路	蒙自—宝秀	143	运营
	鸡个铁路	鸡街—个旧	34.1	运营
	草官铁路	草坝—官家山	31.9	运营

资料来源：云南省发展和改革委员会规划处工作汇报材料。

（三）构建"八出省、四出境"铁路大通道格局

以昆明为西南对外开放的区域性铁路交通枢纽，以"三纵三横"铁路线为骨架，构筑起通江达海、连接周边的铁路网络，基本形成"八出省、四出境"的铁路运输大通道格局。在境内，云南省正在构建与周边省会城市乃至长三角、珠三角地区之间的快速、高速铁路通道，加快形成适应经济社会发展的现代化铁路网。在泛亚铁路建设上，与东南亚各国相连接的三条线路的工作也在紧密开展

第九章 基础设施与公共服务体系建设

中。[①] 其中,泛亚铁路中线的中老铁路磨丁至万象段已于 2015 年 12 月 2 日举行开工奠基仪式,昆磨铁路玉溪至磨憨段正在加快建设中,泛亚铁路西线的大瑞段亦在建设与推进中。由此可见,云南正在从全国铁路网的末梢战略性地转变为面向东南亚、南亚,沟通太平洋和印度洋的国际大通道前沿。

二、公路建设

(一) 公路建设规模及速度大幅提升

中华人民共和国成立初期,云南省只有 2783 千米公路 (其中,柏油路只有 21 千米)。到 1980 年,公路通车里程已达 45172 千米 (其中,柏油路为 6446 千米),增长了 5 倍 (其中,柏油路增长了 306 倍)。1980~2010 年的 30 年间,云南省公路投资建设步入加速期,公路里程达到了 209231 千米。

到 2013 年底,公路通车里程约 22.29 万千米,其中高速公路约 3200 千米 (居西部地区第一),高等级公路约 1.4 万千米,农村公路里程约 18.9 万千米。全省 16 个州市已全通高等级公路,除临沧、怒江、迪庆 3 个州市以外的 13 个州市已通高速公路。全省 129 个县级以上城镇中,已有 123 个通高等级公路。99%的乡镇通了公路,98.7%以上的行政村通了公路。

(二) 基本形成全域覆盖的干线公路网

云南省近 20 年来公路技术等级结构变化大,已愈加趋向合理化,基本形成全省覆盖的、比较完善的干线公路网络。

从公路等级的变化来看,1990 年至 2004 年、2013 年,高等级公路占比从无到有,渐次上升为 0.9% 和 6.3%,二级以上公路占比从 0.3% 上升为 2.76% 和 15.3%,等级公路占比逐步上升为 66.4% 和 78.5%。在干线公路规划与建设上,云南省通过经济社会"九五"、"十五"发展计划,制定与实施了以"三纵三横"、"九大通道"为主的云南高等级公路网规划。"十一五"和"十二五"期间,进一步规划与建设以昆明为核心的综合交通体系,打造综合运输网络骨架,构建"七出省、四出境"的综合陆路通道体系。迄今,基本形成以 7 条国道、61 条省道等干线公路为连线,覆盖全省的干线公路网。截至 2015 年,全省 16 个州市实现了全通高等级公路。滇中城市圈建成以昆明为中心、以高速公路为纽带的 90 分

[①] 刘稚. 泛亚铁路建设的由来与发展 [J]. 当代亚太,2002 (11):45-48.

钟经济圈。

(三) 初步建成"七出省、四出境"公路大通道体系

在出省通道建设上，从昆明通向广西、贵州、四川、西藏的 7 条干线公路已经实现高速化，沪昆、广昆、京昆等高速公路将居于西南边陲的昆明与长三角、珠三角和京津冀等经济中心紧密联系起来。在出境通道建设上，昆明至老挝万象至泰国曼谷、昆明至越南河内、昆明至缅甸仰光、昆明至缅甸密支那至印度雷多的 4 条国际公路通道境内段基本实现高等级化。

三、民航建设

(一) 航空事业保持较快发展速度

云南作为一个内陆边疆省份，高山峡谷相间，江河湖泊纵横，陆路水路交通发展长期受限，而航空事业的发展则被寄予厚望。加之云南毗邻西南多国的地缘关系，以及在全国领土格局中的特殊性，国家十分重视对边疆民族地区发展稳定具有战略意义的云南航空交通。中华人民共和国成立后，昆明机场被视为西南地区航空枢纽进行了长远规划与改建、扩建，并改扩建了保山、昭通、思茅等老机场，新建了西双版纳、丽江等机场，逐步实现了军民合用、军改民的转型。

1980 年，地处西南边陲的云南率先迈出了发展民用航空业的步伐，成立了全国第一家地方航空公司，云南省的民航事业由此起步并在改革开放中不断实现跃升。1984~2015 年，客运量从 18.5 万人次增加到 1104.1 万人次，运输旅客周转量从 0.43 亿人千米上升到 146.98 亿人千米，货运量从 0.4 万吨增加到 9.35 万吨，运输货物周转量从 0.05 亿吨千米上升到 1.6 亿吨千米（见表 9-2）。经过几十年的发展，尤其是在民航体制的深度改革与创新中，云南省的民航事业有望实现从航空大省变为航空强省的发展之梦（见表 9-2）。

表 9-2　云南省民用航空航运能力发展情况

	1984 年	1990 年	2004 年	2010 年	2015 年
客运量（万人次）	18.5	34	465	753.8	1104.1
客运周转量（亿人千米）	0.43	4.22	52.34	89.03	146.98
货运量（万吨）	0.4	0.43	7.5	8.74	9.35
货运周转量（亿吨千米）	0.05	0.07	1.18	1.29	1.6

资料来源：历年《云南统计年鉴》。

第九章 基础设施与公共服务体系建设

（二）基本建成功能完善的航空网络

截至 2015 年底，云南运营民用运输机场共有 13 个：1 个一级机场，即昆明长水国际机场，也是区域性枢纽机场；12 个二级机场，包括丽江、西双版纳、腾冲、大理、保山、芒市、香格里拉、临沧、普洱、昭通、文山、泸沽湖支线机场。机场密度达每万平方千米 0.3 个，成为拥有机场数量较多、等级较高、航空资源富集、机场管理一体化的航空大省，构建起以国家门户枢纽机场——昆明新机场为核心，丽江、西双版纳、芒市、香格里拉、腾冲和大理等干线、支线机场为次级节点，干线、支线和小型机场全面均衡发展，布局相对密集、等级结构合理、规模适度、功能完备的轮辐式机场网络体系。

现已开通航线 367 条，国内、国际和地区航线分别为 307 条、50 条和 10 条。通航城市 137 个，进驻国内外航空公司 46 家。2014 年，云南航空运输起降 38.4 万架次，旅客吞吐量 4433.7 万人次，货邮吞吐量 34 万吨。基本建成国际航线、国内直飞航线、省内环飞航线三级航线网络。

（三）着力打造连通东南亚、南亚的航空大通道

2012 年，昆明长水国际机场建成并实现转场运营，如今已经是全球百强机场之一，是中国面向东南亚、南亚和连接欧亚的国家门户枢纽机场、区域性国际空港。在国际航运方面，开通了前往曼谷、新加坡、吉隆坡、河内、内比都、万象、暹粒、首尔、大阪、迪拜、巴黎、温哥华等地的国际航线，直飞东南亚、南亚、中东、欧洲、澳洲、美洲等主要国家及地区。此外，丽江三义国际机场和西双版纳嘎洒国际机场也已开通部分国际航班，其中丽江机场开通地区和国际航线 6 条，分别为台北、高雄、香港、首尔、曼谷及新加坡，西双版纳机场开通了至泰国曼谷、老挝琅勃拉邦的 2 条国际航线。在国内航运方面，云南开通了飞往国内各大中城市的 100 余条航线，正在倾力打造对内对外全方位开放的空中经济走廊。

四、水运建设

（一）水运航道开发利用潜力巨大

云南省拥有金沙江、澜沧江、红河、南盘江、怒江 5 条干流及其支流 63 条，长 14200 千米。可开发利用的航道大约有 8000 多千米，分属于长江、澜沧江、珠江、红河、怒江、伊洛瓦底江六大水系，此外还有可通航的高原湖泊 30 多个

和各类水库 5500 座。

云南省内河航运始于 20 世纪 60 年代，主要是对金沙江、澜沧江等河流的勘测、设计、滩险整治及试航。90 年代以来，国家实施的内陆沿边开发开放政策带来了发展新机遇，在交通部、省政府的支持下，云南省内河航道开始了较为系统的整治，水运事业得到了较快发展。云南省内河航道里程从 1990 年的 1100 千米增加到 2004 年的 2500 千米、2012 年的 3400 千米，水运旅客运输周转量从 0.46 亿人千米逐步增加到 0.91 亿人千米、2.02 亿人千米，水运货物运输周转量从 0.59 亿吨渐次增加到 2.12 亿吨、8.71 亿吨。[①]

(二) 初步构建内河湖泊水运体系

长期以来，受制于航道条件和资金投入不足，云南省内河航运总体上处于起步发展阶段。截至 2012 年底，云南省内河航道通航里程为 3374.76 千米，分属长江水系、珠江水系、澜沧江水系、红河水系和其他水系。航道的等级构成为：三级航道 14 千米，四级航道 540.21 千米，五级航道 295.4 千米，六级航道 958.53 千米，七级航道 799.33 千米，七级以下航道约 767 千米。拥有景洪港、思茅港、水富港、绥江港、昆明港、大理港等 12 个港口，泊位总数 192 个，货物吞吐能力 457 万吨，其中 300 吨级以上泊位为 48 个，码头最大规模为 500 吨级。另有 909.3 千米库湖区航道。云南省内河航运基础设施及其配套设施普遍比较落后、规模较小；运输船舶以中小型为主，缺少专业化、大型化运输船舶；营运组织水平较低。

"十一五"以来，尤其是《云南省内河航运发展规划 (2006~2020 年)》出台后，经过十多年的大力推进，初步建立起内河水运体系。该体系主要包括澜沧江、金沙江、南盘江、洱海、滇池、右江六大航运系统。澜沧江下游南得坝至中缅边界的 262 千米河段，已达到六级航道标准，常年通航 100 吨级的机动船舶。景洪以下境内达到五级航道标准，常年通航 300 吨级的船舶。金沙江主要通航 500 吨级的机动船，达到了四级航道标准。南盘江下游天生桥库区为六级航道，通航 100 吨级的船舶。在洱海和滇池等高原湖泊，其航运以水上游船、游轮航运为主，最大吨位游轮载客超过 1000 人。右江—珠江水运通道正在形成，预计可通航 1000 吨级的机动驳船。

[①] 原始数据来自《云南统计年鉴》(2013 年)。

第九章 基础设施与公共服务体系建设

（三）加快建设"两出省、三出境"水运通道

在水运出省方面,"十一五"以来,云南省加快推进金沙江—长江和右江—珠江两条出省水运通道建设。通过水富港和千吨级向家坝通航设施建设,以及航道改造提升,进一步改善了云南通往长江及东部沿海地区的航运通道。通过对富宁港等港口、码头的建设和航道整治,初步打开了云南通往珠江及东南部沿海地区的水运出海通道。

在航运出境方面,云南加快推进与周边国家合作,力争将澜沧江—湄公河、沅江—红河、中缅伊洛瓦底江三条国际河流打造成为国际陆水联运通道。2000年4月,中老缅泰四国签署了《澜沧江—湄公河商船通航协定》,次年四国商船正式通航,国际航线已经开通到泰国清盛,取得了良好的经济和社会效益。目前,相关部门正在积极促成中越、中缅陆水联运协议,尽快开通中越红河水运通航、中缅伊洛瓦底江陆水联运通航,打通云南直入南海与印度洋的国际水运通道。

第三节 能源保障网

云南省能源资源得天独厚,尤以水能、煤炭资源储量较大,开发条件优越,地热能、太阳能、风能和生物能也有较好的开发前景,历来是全国重要的能源大省。云南省的水能资源主要集中于滇西北的金沙江、澜沧江、怒江三大水系,蕴藏量达1.04亿千瓦,居全国第三位,可开发装机容量0.9亿千瓦,居全国第二位。煤炭资源主要分布在滇东北,已探明储量240亿吨,居全国第九位,煤种也较齐全。地热资源以滇西腾冲地区的分布最为集中,全省有出露地面的天然温热泉约700处,居全国之冠,年出水量3.6亿立方米。太阳能、风能资源较为丰富,仅次于西藏、青海、内蒙古等省区。改革开放以来,云南省通过加大自身能源建设,并利用中缅石油天然气管道输送等措施,在打造更加坚实的能源保障网、努力扩大能源开发与跨区输出、积极开展与周边国家的能源国际贸易与合作等方面,取得了显著成效。

一、能源生产

(一) 能源生产与供给能力大幅提高

煤炭和水能是云南省能源的主要构成部分，开发历史较早。其他能源包括地热能、太阳能、风能和生物能等，受技术条件和经济条件限制，未能大规模地开发利用，石油、天然气则储量不明。中华人民共和国成立以来，云南省进行了大规模的常规能源工业建设，1984年一次能源生产量达到了1076.3万吨标准煤，自此基本保障了云南省经济社会发展的需要。自1993年8月云南省响应并开启"西电东送"以来，加大的能源需求又进一步促使能源生产的扩大，次年云南省一次能源生产量提高至2073.8万吨标准煤，于2004年进一步增加到4455.7万吨标准煤。

"十五"期间，为加快"西电东送"的电源和输电线路建设，云南开工建设了小湾水电站及开远、曲靖、滇东等一批火电项目。"十一五"至"十二五"，云南省能源发展进入前所未有的新阶段，小湾电站、溪洛渡电站、金沙江中游电站等大江干流水电进入投产高峰期，电力、煤炭供应彻底扭转供求关系，120亿立方米/年的天然气由中缅管道输入，太阳能光伏、风能发电推广应用，能源保障水平显著提高，各项能源发展任务顺利完成，至2012年一次能源生产量达到10577.6万吨标准煤。云南能源基本形成以水电和煤炭为主，火电为辅，新能源及石油炼化加快发展的多元化能源产业发展格局，正在构建"西电东送"的清洁可再生能源基地、新兴石油炼化基地、新能源示范基地。

(二) 能源结构不断调整与优化

以云南省能源占比最大的煤炭与水电能源的结构比例来看，从1952年到1984年、1994年、2004年、2012年这几个时间断面，二者发生了巨大变化。煤炭占比从1952年的90.3%下降到2012年的59.33%，降低了约30个百分点。水电生产则从1952年的9.7%上升到2012年的39.15%，提高将近30个百分点（见表9-3）。

由此可见，煤炭资源的开发利用比例大为下降，而作为清洁、可再生能源的水电能源，生产比例持续上升，表明云南省能源结构得到了较大的调整与优化。尤其是"十二五"以来，水电建设出现大幅度增长，包括溪洛渡、糯扎渡、梨园、阿海等在内的一批大型水电站陆续投产，云南电源建设真正开启了"水电时

第九章 基础设施与公共服务体系建设

表9-3 云南省主要能源生产占比

单位：%

	1952年	1984年	1994年	2004年	2012年
原煤占比	90.3	81.5	89.99	69.26	59.33
水电占比	9.7	18.5	10.01	27.48	39.15

资料来源：历年《云南统计年鉴》。

代"。2010年，云南省水火电装机比例为65∶35。在"十二五"新增的装机中，水电装机3200万千瓦，火电装机600万千瓦，新增水电装机是新增火电装机的5倍以上。"十三五"期间，云南以水电为主的电源建设还将有进一步发展，到2020年，云南省水电装机将增加到7500万千瓦以上，云南省水电装机比例可提高到80%以上。

此外，云南省新能源示范基地建设步伐加快。截至2014年7月，全省风能、太阳能、生物质能等新能源电力装机近300万千瓦。预计至2020年，全省新能源装机还将会有巨大提升。

二、能源输配与跨区输出

云南省围绕境内外电力交换枢纽和现代新型载能工业基地建设目标，立足于保障省内电力需求，进一步扩大西电东送，加快电网建设步伐；以建设新兴石油炼化基地和保障油气供应为目标，大力推进中缅油气管道、省内天然气和成品油输送管道建设；以保障省内能源供给安全和市场平稳运行为目标，统一规划，合理布局，分步实施，加快建设石油储备，启动天然气储备，积极推进煤炭储备，建立多方面、全方位的能源保障体系。

近年来，在云南省大型电源投产和西电东送、省内用电量不断增长的推动下，云南电网主网迎来新一轮大规模发展，全省主网基本建成"五横四纵"省内输电网络和"五交四直"云电外送通道。所谓"五横四纵"，即云南省内电网形成覆盖全省自北向南、自西向东的500千伏供送电网络。"五横"是指营盘—黄坪—大姚—花山、大理—和平—厂口—嵩明—曲靖、大潮山—宝峰—七甸—罗平、德宏—博尚—墨江—红河—砚山、普洱换流站—思茅—通宝—兴街。"四纵"是指香格里拉—丽江—黄坪—大理、鲁地拉—楚雄换流站—和平—草铺—宝峰—玉溪—墨江—思茅—景洪、金安桥—大姚—厂口—七甸—宁州—红河—通宝、溪洛渡—牛寨换流站—甘顶—永丰—多乐—花山—曲靖—罗平。所谓"五交四直"，即罗天单回、罗百双回、砚崇双回五回 500 千伏交流通道和云广、糯扎渡、溪洛渡、茶树坪 4 个直流通道。

至 2015 年，基本形成了 220 千伏电网覆盖全省，500 千伏电网覆盖滇中、滇东、滇南地区，500 千伏、800 千伏的电力外送输送通道，支撑电力外送和省外、国外电力市场开拓的输电网络大格局。

三、能源国际贸易与合作

能源合作取得一定成效。特别是"十一五"以来，云南省能源加快了"走出去"步伐，国际能源合作的地域和领域不断拓展。截至 2013 年底，云南省已形成与越南、缅甸、老挝的电力联网，在印度尼西亚开展了风能前期测风工作，与孟加拉国已签订或拟签政府间能源合作《谅解备忘录》，并推动了与孟加拉国、斯里兰卡、马尔代夫南亚三国的新能源合作。

四、中缅石油天然气管道

中缅油气管道和炼化基地建设任务基本完成。中缅油气管道建设计划早在 2004 年就已提出，经过六年的谈判和磨合，中缅油气管道合作协定终于敲定，并于 2010 年开工建设。2013 年 9 月 30 日，中缅天然气管道全线贯通，开始输气。2015 年 1 月 30 日，中缅石油管道全线贯通，累计建成油气管道超过 5000 千米。

中缅油气管道年输油能力 1000 万吨，年输气能力 120 亿立方米，是继中亚油气管道、中俄原油管道、海上通道之后的第四大能源进口通道。初步改变了云南省缺油的局面，云南省成为能源品种完备的能源大省。新兴石油炼化基地基本建成，1000 万吨/年炼油项目有望于 2017 年底投产。

第四节　水网建设

云南水资源丰富，开发潜力大。但受高原特殊环境限制，云南水资源同时存在时空分布不均、开发难度大、水生态脆弱等问题。更需要指出的是,由于云南的主要河流大多为跨境河流,水资源的开发利用往往涉及下游流域国的多重权益,已经和必将引发相关国家的更多关切与利益博弈,如若处理不当则可能引发某种国际争端。构建安全可靠的水网,合理利用与保护水资源,云南省在依托"青山绿水"实现可持续发展的道路上已经迈出了坚实而可喜的一步。

一、水资源状况及特征

(一)水资源丰富

云南省境内河流众多,水资源丰富。流域面积超过 100 平方千米的河流有 908 条,大致分为长江、珠江、红河、澜沧江、怒江和伊洛瓦底江六大水系。其中,红河、澜沧江、怒江、伊洛瓦底江为国际河流。全省多年平均降水量 1258 毫米,水资源总量 2222 亿立方米,排名全国第三位,人均水资源占有量近 5000 立方米。云南省拥有高原湖泊 40 多个,总容水量 290 亿立方米,其中水域面积 30 平方千米以上的有滇池、洱海、抚仙湖、程海、泸沽湖、异龙湖、杞麓湖、阳宗海、星云湖,俗称"九大高原湖泊"。此外,各类水库 5500 多座。地下水资源量为 766.9 亿立方米,占全省水资源总量的 34.9%,占全国地下水资源总量的 9.3%,仅次于西藏、四川,居全国第三位。全省总体水质状况尚好,但局部污染严重。2013 年监测数据表明,符合地表水Ⅰ~Ⅲ类水质河长 12253.7 千米,占评价总河长的 82.5%。湖泊水质按评价水面面积统计,符合Ⅰ~Ⅲ类水质湖面占评价总面积的 49.3%,Ⅳ~Ⅴ类面积占 17.8%,劣Ⅴ类面积占 32.9%。在水库和水源地水质检测中,60 座水库中符合Ⅰ~Ⅲ类水质标准的有 52 座,占比为 86.7%;Ⅳ类有 4 座,占比为 6.7%;Ⅴ类至劣Ⅴ类有 4 座,占比为 6.7%。对 46 处集中式供水水源地(地表水水源地 38 个,地下水水源地 8 个)的监测结果表明,总体达标率为 87.0%,未达标水源地主要超标项目为总磷、铁、锰、溶解氧及五日生化需氧量。

(二)水资源利用问题

一是水资源时空分布不均匀,开发利用难度较大,空间差异大。目前,云南省水资源开发利用率仅占可开发利用总量的 6.8%,远低于全国平均水平(25.9%)。其中,昆明市的开发利用率最高,约为 28.7%;怒江州的开发利率最低,约为 0.7%。与此同时,生活和工业用水量逐年递增,城市水资源供需矛盾日益突出，全省水资源安全保障形势依然十分严峻。

二是云南省水资源集中在滇西南的横断山区。但由于横断山脉深度切割，高差悬殊，地形地貌复杂，"人在高处住，水在低处流"，水资源总量丰沛但开发利用的难度大、成本高、边际效益低。

三是水资源与人口、耕地等经济要素不匹配。仅占云南省土地面积6%的坝区，集聚了超过60%的人口和30%的耕地，然而其可供利用的水资源量只占全省水资源总量的5%左右。在滇中地区集中了全省近一半的坝子，可利用土地资源条件相对较好，但是人均水资源量却只有700立方米左右，尤其是滇池流域的人均水资源量不足300立方米，耕地用水缺口很大，成为制约农业发展的瓶颈。

四是云南省特殊的地理环境不仅使得水资源开发利用程度低，还容易导致灾害发生。由于云南特殊的地形环境和气候条件，降水时空分布极不平衡，高原山谷深，难以蓄水积水，而水利设施建设难度大，水灾害频繁。在每年5~10月的雨季，其降水量高达全年总降水量的85%左右，而多年干季降水量仅占全年总降水量的15%，同时由于全省94%以上的国土面积为山区和高原，云南省自古就是一个"无灾不成年"的省份，无雨就旱、有雨则涝，旱涝急转、涝中有旱并相互交替的情况较为突出，而且这种灾害频率高、灾害强度大、持续时间长、受灾范围广、损失程度深，防汛抗旱救灾形势非常严峻。

五是云南省的水生态环境较为脆弱，作为高原地区水环境承载能力低，防污治污任务重。全省水土流失面积超过国土面积的30%。省内主要河流将近40%的水体污染严重。根据统计资料显示，在云南省的九大高原湖泊中，滇池外海和草海、异龙湖、杞麓湖、星云湖等常年处于中度甚至重度污染状态。截至2015年，将近一半的湖泊断面水质不达标。

二、水资源的开发利用

中华人民共和国成立以来，特别是改革开放30多年以来，在国家水利部的支持下，在云南省各级政府的高度重视下，云南省持续掀起兴水利、除水害、保水土的水利建设热潮。云南水利资源开发利用情况可大致划分为三大阶段：

（一）改革开放之前的水利建设

第一波水利建设热潮集中在1953~1957年三年经济恢复和第一个五年计划时期，以及1958~1966年的第二个五年计划和国民经济调整时期。前期，水利建设

第九章 基础设施与公共服务体系建设

以防治水害为主,兼顾水利灌溉,制定了"以蓄为主,小型为主,群众自办为主"的方针,建成中小型水库23座,小坝塘1万余个。1957年末,全省有效灌溉面积达到667万亩,灌溉面积占耕地的15.7%。后期,水利建设受"大跃进"时局势的推动,6个大型水库工程和近百个中型水利工程同时上马,导致不少工程质量问题。

(二) 改革开放 20 年的水利建设

改革开放为水利事业大发展带来了契机,云南省通过一系列改革创新,水利建设取得了显著成效。改革开放20年,云南省水库总座数增加到5403座,库容超过106亿立方米。这一时期,云南省水利水电建设累计完成投资792亿元,是1949~1978年全省水利水电总投资的7.5倍;累计建成大中小型水库1298座,其中大型水库6座、中型水库72座、小型水库1220座;全省新增水库库容超过54亿立方米,新增库容比1978年以前的总库容翻了一番多;新增有效灌溉面积1174万亩,高稳产农田累计突破3000万亩;解决了2312万人的饮水困难问题和饮水安全问题;治理水土流失面积4.69万平方千米;新增农村水电装机761万千瓦;建设各类堤防长度累计达8303千米。

(三) 西部大开发实施以来的水利建设

国家实施西部大开发战略以来,云南省抢抓机遇、创新思路、突出重点,因地制宜地开展水利建设。截至2010年,全省累计建成330座大中小型水库,增加水库总库容21.5亿立方米,水库总数达到5500座,库容达到108.2亿立方米;新增年供水能力24亿立方米,人均供水量达到320立方米;新增有效灌溉面积29.67万公顷,节水灌溉面积30.33万公顷;解决1340万农村人口的饮水困难和饮水安全问题;新增及治理各类堤防962千米,新增治理水土流失面积2.54万平方千米。各类水利设施发挥的防洪减灾效益达500多亿元。

三、构建安全可靠的水网

针对长期以来水资源保障能力不足的问题,新时期云南省提出并着力实施构建安全可靠的水网工程,以提升水保障能力。突出体现在云南省全力、持续推进的润滇工程和兴水强滇战略。

(一) 润滇工程

云南省水利建设一直受到投资不足的严重制约,导致水源工程底子薄、基础差、欠账多，工程性缺水、资源性缺水和水质性缺水并存，尤以工程性缺水最为突出。云南省积极抢抓国家实施西部大开发战略和发行国债资金加大水利建设投入的机遇，把水源工程建设定位为全省水利建设和投资安排的重点领域，将2个大型和48个中型水库项目打造为实现水利建设中长期发展目标的润滇工程。

2000~2010年，云南省通过两个五年计划加快实施润滇工程，成效显著。其中，2003年前开工1个大型、20个中型水利项目；2007年开工1个大型、10个中型水利项目，2008年开工9个中型水利项目，2009年拟开工11个中型水利项目。52个工程总投资达98.29亿元。截至2009年3月，累计完成投资45.31亿元。随着润滇工程的建成，全省蓄水工程的供水量从"九五"末的58.4亿立方米提高到2008年的66.1亿立方米，其中为工业和城镇生活供水增长最快，增加了3.51亿立方米，为当地经济的快速发展奠定了坚实的基础。润滇工程新增灌溉面积200万亩，新增供水量11.8亿立方米，极大地改善了农村生产生活条件，为保证全省粮食安全，巩固提升烟、糖、茶等传统优势产业，加快发展花卉、中药材等新兴特色产业和促进山区群众脱贫致富打牢了基础。

(二) 兴水强滇战略

富民强滇，必先兴水。兴水利是关系云南经济社会发展与民生的长远大计，是全面实现小康社会的重要保障。2008年以来的3年连旱，更是坚定了全省大兴水利的决心。在此背景下，云南省委、省政府乘势而为，科学谋划，做出了加快实施兴水强滇战略决策，接续润滇工程，以彻底解决水资源这一发展瓶颈，并构建起安全可靠的水网。

2010年以来，云南省多方筹措，加大投入，强调科学治水、依法治水，大力发展民生水利。着力实施重大水源工程建设、城乡供水保障能力建设、城镇污水处理设施建设。一是启动滇中引水工程，引金沙江水入滇中大地。目前，已完成牛栏江—滇池补水工程建设，截至2015年底，已累计向滇池补水11.8亿立方米，完成清水海调水一期工程建设，将适时实施二期工程。二是全面完成100多项续建重点水源建设项目，新开工200多个重点水源工程，完成1400万农村人口的饮水安全建设项目，基本解决全省农村饮水安全问题。三是大力开展对病险水库除险加固、江河堤防治理、"五小水利"等项目建设。完成70%以上的大型灌区、50%以上的重点中型灌区的骨干工程，以及100个小型灌区的续建配套与节水改造；完成国家专项规划外的14座中型和251座小Ⅰ型病险水库除险加固，

第九章 基础设施与公共服务体系建设

基本完成3420座小Ⅱ型病险水库除险加固，统筹安排95座中型病险水闸除险加固；完成200万个以上小水窖、小水池、小塘坝、小泵站、小水渠"五小水利"工程。

第五节 通信网

改革开放后，云南省通信网络事业得到了较快的发展，基本实现了广播电视网、通信网、互联网等多重网络全省城乡全覆盖的新格局。

一、广播电视网的发展

（一）改革开放后广播电视事业的发展

整个发展进程大致可以分为两个阶段。1984~2000年，属于云南广播电视网的初步发展阶段。期间，产生了三次大的技术性突破：一是20世纪80年代末，全省各单位自发采用共用天线系统接收无线电视，省厅的管理仅限于技术验收。二是20世纪90年代中期，以大姚有线电视会议为标志，全省各地掀起了有线电视大联网的高潮，128个县区及大部分乡镇均建成有线电视网，不过大多属于分散的、没有形成规模的系统。三是20世纪90年代末，在云南省广电系统海埂会议之后，各地州市开始建设光纤大联网，广电网络建设进入了一个新的阶段。

截至2000年，全省建成大中功率的广播电视转播台、发射塔49座，调频转播台28座，电视发射塔100多座，省光缆干线4010千米，电缆总长约10万千米。省干线网络已经连通所有16个州市，而且还连到了90多个县级局，全省128个县均已建成有线电视网，全省拥有广播电视地面卫星收转站28000多座，已通电的行政村基本都能收看电视节目，电视人口覆盖率达到86.8%，广播电视网全省覆盖的格局已初步形成。

（二）新时期广播电视网的建设与发展

近年来，云南省大力开展广播电视公益覆盖事业建设，通过实施广播电视"村村通"直播卫星覆盖工程、中央和省级广播电视节目无线覆盖工程和边境地区广播电视建设项目，极大地提高了农村地区广播电视综合覆盖水平。

云南省于 2006 年开始大规模推动实施广播电视"村村通"工程建设。截至 2010 年底，扩建、更新了 16 个州市 148 个广播电视无线发射台 670 部调频广播、电视和中波广播发射系统，极大地提高了各台站广播电视节目安全播出保障能力，基本完成了全省 20 户以上已通电自然村的卫星覆盖工程建设任务，有效解决了 235 万农户约 850 万人听广播、看电视难的问题，巩固和加强了 5 个边境州 16 个边境县转播州级广播电视（民语）节目的能力，夯实了文山、红河 2 个州 3210 个边境自然村和全省 110 个边境互市点的有线广播能力。2011 年以来，云南省广播电视"村村通"工程全面建成验收，累计完成 60583 个村广播电视"村村通"工程建设任务，并更新改造 80 余座县级以上高山无线发射台站基础设施，大幅提升了云南广播电视事业建设和覆盖水平。

二、通信网的发展

云南省通信事业在近 20 年来发生了巨大而深刻的变化，从第一代的模拟通信技术到第二代的 TDM 电路交换数字通信技术、第三代以 ATM 为核心的宽带综合业务数字网，云南省电信技术已历经三代发展。在通信业务领域，已经从单一话音通信全面升级为当前的集语音、文字、数据、图像于一体的现代化复合型通信模式，可视电话成为现实并逐步推广；在话音通信业务领域，从以固定电话为主向移动式数字模拟与数字电话发展，移动电话现已占据主导地位；在移动互联网业务领域，移动互联网业务全面普及，已经成为商务、工作、学习、生活的全方位、通用化工具。

截至 2010 年，全省电信光缆总长超过 27.9 万千米。其中，长途光缆总长超过 3 万千米；固定长途交换机总容量达 37 万路端，固定局用交换机容量超过 351 万门，移动交换机总容量超过 3705 万户，基础电信运营企业互联网宽带接入端口多达 259.9 万个。软交换、大容量光纤传输、第二代移动电话等新技术得到广泛应用，电信、移动、联通三家运营公司的 3G 网络已覆盖全省大部分县市，通信能力空前提高。10 年间出省干线光缆由 3 条增加到 10 条，连接云南省与毗邻国家缅甸、老挝的国际光缆以及昆明区域性国际出入口局的相继建成并投入使用，标志着云南建设面向东南亚的通信中心迈出了关键一步。2012 年，全省固定电话 524.3 万户，是 2000 年的两倍左右；移动电话用户注册数目为 2895.8 万户，是 2000 年的 12 倍多。2012 年，全省年度电信业务总量达到 712 亿元，比

2001年的93.36亿元增长662%;全省电信业务收入达到208亿元,比2001年的76.1亿元增长173%。

"十二五"以来,围绕第三代移动通信,按照宽带化、无线化的发展要求,云南继续建设和完善具有先进水平的通信基础设施,提高网络传输能力和覆盖率,加快云南通信网络朝着数字化、分组化、宽带化、智能化和个人化的方向发展。目前,云南通信骨干网络光纤覆盖面、出省网络带宽、国际出入口带宽快速增长,协同下一代互联网、下一代广播电视网、2G/3G网络、宽带接入网络,在县级以上城市主要区域实现WiFi网络全覆盖,打造天地合一的信息传输网络。电信普惠服务取得新突破,宽带网络在广大农村、边远城镇得到普及,建制村、自然村覆盖率分别达到95%和80%,电话普及率达到80部/百人左右。

三、互联网的发展

(一)互联网快速发展

与全国互联网发展水平比较,云南省互联网基础设施建设起步晚、起点低,互联网业务普及率较低。近十几年来,云南省加快了建设步伐并取得了显著成绩,正逐渐缩小与全国平均水平的差距。

在互联网用户方面,据云南省互联网协会、艾瑞集团发布的《2015上半年云南省互联网络发展状况报告》显示,2012年底,云南省网民规模达1666.2万人,整体上保持稳定增长态势,互联网普及率为28.5%,比全国平均水平(42.1%)低13.6个百分点。云南省IPV4地址数量为327.2万个,占全国的1%,在中国31个省、直辖市、自治区中名列第23位。云南省域名数量达到60920个,占全国总数的0.5%,位居第23名。有超过85%的受访企业拥有自己的独立网站,其中有77.5%的企业拥有自建企业官网;有29.2%的企业采用自建垂直类电子商务平台,另有19.1%的企业在第三方平台开设店铺。

在互联网基础设施建设及应用方面,云南省加大了对互联网基础设施建设的投入,着力推进与完善电子政务专网和电子政务外网建设,初步建成公共办公系统、公共信息系统和公共服务系统三大信息化共享平台。并按照国家统一部署,在建设好六大部门专网的同时,积极启动建设金宏、金盾等十大"金字号工程"。有序推进城市信息化、农村信息化和公共服务信息化建设,实现政务信息化与社会信息化有机结合,提高政府综合管理和服务能力。

(二) 建设共享高效互联网

截至 2015 年，全省光缆总长度达 75.53 万千米，互联网宽带接入端口达 912.5 万个，光宽带端口 483.2 万个，97%的行政村已通宽带互联网。云南正在加快推进泛在、高速、融合与安全的互联网基础设施建设，建立网络和信息安全保障，以移动互联网、云计算、大数据、物联网等新技术为支撑，创新发展互联网新业态、新模式，以"互联网+"行动计划为突破口，全面提升信息化发展水平。一是启动实施"宽带云南"工程，加快高性能网络建设，全面推进电视网、电信网、互联网实现三网融合。二是推动互联网应用与现代制造业和服务业的融合创新。三是加强网络空间安全保障体系建设。四是推进"智慧云南"建设，促进资源开放共享，搭建互联网公共服务平台，提升城市管理水平和服务体系的智能化水平。五是加快建设云南省面向南亚、东南亚的区域信息辐射中心。

第六节　基本公共服务体系

发展基本公共服务，是调控城乡之间、地区之间、社会成员之间收入差距，促进社会公平正义，保障社会安定有序的制度性手段和机制。现阶段是云南省经济社会加快发展期，按照逐步形成惠及全民的基本公共服务体系的要求，在不断增加公共服务的种类和总量，向社会提供更多更好公共服务的同时，还应着力优化公共服务的结构和布局，促进基本公共服务均衡发展。

一、基本公共服务体系建设概述

(一) 基本公共服务体系建设的内涵及意义

基本公共服务是公共服务中最为基础和核心的部分，是在一定发展阶段上公共服务应该覆盖的最小范围和边界。基本公共服务的内容随着经济社会的发展而不断增加与丰富，通过提供的必需公共服务产品和公共服务，维护特定国家或者地区的社会稳定和经济发展，保护人们最基本的生存权和发展权。

(二) 基本公共服务体系建设的范围

基本公共服务的范围比较广，国际上尚未有统一界定。综合国内外主要国家

第九章 基础设施与公共服务体系建设

关于基本公共服务的内涵与分类标准，可知各国的基本公共服务包括了由政府公共部门提供的教育、卫生、文化等社会事业，绝大多数国家将公共交通、公共通信等公共产品和公用设施建设纳入了基本公共服务的范畴，而多数国家已经和正在将关系人的生存、发展及维护社会稳定所需要的社会就业、社会分配、社会保障、社会福利、社会秩序等制度建设与制度规范，列为"一篮子"基本公共服务项目。需要指出的是，在各国经济社会发展的不同阶段，其能提供的基本公共服务的范围、项目及内容是不尽相同的。在工业化初期，由于公共部门能提供的资金有限，政府更愿意将投资集中在生产性公共基础设施设备上，特别是城镇道路交通、水电通信及市政设施等方面，且政府投资占社会总投资的大部分；在工业化中后期，即国家经济达到中等以上水平，基本公共服务的内容领域转向教育、福利、社保、就业、环保等方面，而且服务需求量不断增加，服务支出也随之大幅增加，更加注重基本公共服务在城乡、区域的均等化发展。

结合云南省省情，当前的基本公共服务体系建设主要包括公共设施、社会事业、社会保障、教育、科技、文化、医疗卫生及就业等方面（见表9-4）。

表9-4 云南省基本公共服务内容一览表

序号	项目	服务内容
1	基础教育	政府提供的义务教育及特殊教育
2	科学技术	公益性研究、科技普及、农业技术推广等
3	劳动就业	公共就业机构建设、培训、就业信息、就业指导等
4	公共医疗卫生	疾病控制与疫情监测、计划生育、妇幼保健、艾滋病防治
5	社会保障	养老保险、基本医疗保险、失业保险、伤残补助、最低生活补助
6	公共文化体育	图书馆、博物馆、文化馆、广播电视、文化活动室等
7	公用事业与设施	供水、污水处理、电气供应、交通、通信等
8	社会救助与福利	城乡最低生活保障、救孤、扶贫、住房救助、司法救助等
9	环境保护	污染防治、水土保持、绿化造林、自然保护、生态建设
10	其他特殊需求	少数民族地区特殊用品和食品，特殊生活习俗需要，民族语言文字传授、使用和保护，传统文化、保护、挖掘和弘扬

资料来源：焦振华.云南省基本公共服务均等化实证研究[D].财政部财政科学研究所博士学位论文，2013.

2012年，云南省一般公共服务投入为338.16亿元，占全部财政支出的9.5%，比全国平均水平低1.5个百分点；基础教育投入为674.8亿元，占比为

18.9%，比全国平均水平高 1.4 个百分点；科学技术投入为 32.7 亿元，占比为 1%，比全国平均水平低 1.3 个百分点；公共医疗卫生投入为 266.9 亿元，占比为 7.5%，比全国平均水平高 0.6 个百分点；社会保障与就业投入为 439.1 亿元，占比为 12.3%，比全国平均水平高 0.7 个百分点；文化体育与传媒投入为 62.1 亿元，占比为 1.7%，比全国平均水平低 0.3 个百分点。

二、基本公共服务体系建设的现状及特征

新时期以来，云南切实加大对社会公共产品的投入，基本公共服务体系建设成效显著。全省紧紧围绕跨越式发展的战略目标，坚持以人为本、民生为重，创新社会服务，促进社会和谐，将基本公共服务体系建设作为全省经济社会发展规划的重要任务之一。为此，还出台了《云南省城乡基本公共服务"十二五"专项规划》，强化目标管理和保障措施，确保实现基本公共服务的健康持续发展。

（一）基础教育水平不断提高

1. 学前教育加快发展

发布了《云南省学前教育条例》，完善了政策制度。积极推进学前教育改革试点，建立普惠性民办园资助机制，民办学前教育在农村快速发展。2010~2015 年，全省共启动实施"农村学前教育推进工程"新建项目 287 个，用于购置设备 2176 万元；利用农村闲置校舍改建幼儿园 2067 所，用于购置设备 28825 万元；在 3136 所农村小学增设附属幼儿园，设立班级数达 10686 个。省政府从 2011 年起每年投入 1 亿元专项资金发展学前教育。与 2010 年相比，全省幼儿园增加 1536 所，新增省一级示范性幼儿园 72 所。在园（班）幼儿增加 20.33 万人，学龄前儿童入园率为 74.88%，学前三年毛入园率为 54.19%。

2. 义务教育得到巩固

"十二五"期间，云南积极推进义务教育均衡发展，合理调整优化中小学校布局。大力实施农村义务教育薄弱学校改造计划，推进义务教育学校标准化建设，保障进城务工人员随迁子女义务教育权益，大力实施教育信息化工程，实现农村义务教育寄宿生生活补助和营养改善计划补助两个"全覆盖"，惠及全省 129 个县的 8110 所中小学，受益学生分别达 277 万人和 520 万人。2013 年，云南省九年义务教育巩固率为 91.6%。

3. 普通高中教育水平持续提升

不断提高普通高中办学规模，强化薄弱普通高中建设，深化普通高中课程改革，推动普通高中特色化、多样化发展。全省建立专项资金，加强对民族地区薄弱县和集中连片特困地区普通高中的校舍建设与设备配置。实施普通高中提质创优工作，加大对薄弱高中的支持和指导力度，向薄弱高中学校和教师提供更多的优质教育教学资源。2013年，高中阶段毛入学率为72.1%。

4. 中等职业教育发展较快

全省已建成7个区域性职教园区，促进职业教育基地化、集团化、专业化、国际化发展。积极推进现代职业教育建设，建立健全办学机制，推进新型办学模式，全省组建了33个职业教育集团，涵盖了农业、烟草、轻工、旅游、工业、冶金矿业、交通等领域，培养服务于地方的实用人才。

（二）基本医疗和公共卫生服务不断加强

1. 基本药物制度全面实施

目前，基本药物制度在公办基层医疗卫生机构、村卫生室实现全覆盖。基层医疗卫生机构配备和使用基本药物并实行零差率销售，基本药物报销比例高于非基本药物10%以上，直接让利于广大群众。在全省二级及以上医院推行使用基本药物，省、市、县综合医疗卫生机构使用基本药物的金额比例分别不低于10%、20%、35%，采取购买服务方式，将部分社区、乡镇卫生服务站、民营医院等非政府办基层医疗卫生机构纳入基本药物实施范围。实行基本药物省级集中招标采购，规范完善采购机制，保障基层群众的用药需求。统筹推进基层医疗卫生机构编制、人事、收入分配、补偿等综合改革，基层医疗卫生机构运行新机制步入轨道。

2. 全民医保体系进一步完善

基本医疗保障实现全覆盖。截至2013年底，全省三项基本医保（职工、城镇居民、新农合）基本实现全覆盖，参保（合）人数达到4369.18万人；城镇职工、城镇居民和参合农民在住院费用政策范围内平均报销比例分别达到82.23%、70%和76.45%。

全省城乡居民大病保险全面实行。在全省129个县（市、区）全面开展医疗救助"一站式"即时结算管理服务。率先在全国建立了城镇职工和居民医保异地持卡就医购药服务体系，保障水平不断提高。

3. 公共卫生服务体系建设加快推进

实施了疾病预防控制、卫生监督、精神卫生防治、农村急救体系等专项建设，极大地改善了全省公共卫生服务体系的基础设施条件，公共卫生服务能力得到加强，促进了以疾病预防控制、妇幼保健、医疗保障、宣传教育为主体的基本公共卫生服务体系建设，公共卫生服务的均等化水平逐步提高，国民健康指标继续改善。2013年，全省孕产妇死亡率已下降到26.73人/10万人，婴儿死亡率下降到8.47‰，人均期望寿命增加到70.3岁。

（三）社会保障体系日益完善

1. 社会保险制度进一步健全

全省实现职工基本养老保险"两级调剂、三级管理"的省级统筹制度，统一了全省缴费基数、缴费比例和养老金计发办法。在新型农村养老保险和城镇居民养老保险分别实现制度全覆盖的基础上，建立统一的城乡居民养老保险制度，实现了城乡居民养老保险的一体化和普惠制。2005年以来，连续10年调整增加了企业退休人员的基本养老金，积极推进企业年金制度建设。2013年底，全省参保职工378万人，月均基本养老金1792元；292家企业建立了企业年金制度，参加人数30万人。在全国率先将机关、事业单位人员纳入工伤、生育保险统筹范围，实现职业人群制度全覆盖。失业保险制度基本覆盖。2013年底，全省工伤保险参保333.85万人，失业保险参保232.52万人，生育保险参保271.13万人。社会保险经办管理服务网络基本形成。目前，社会保险经办服务已逐步由城乡企业、单位向城镇社区、农村乡镇和行政村延伸，省、州（市）、县（市、区）、乡（镇）四级管理服务网络已初步形成。

2. 社会救助体系不断完善

低保制度实现城乡全覆盖。2014年，城乡低保基本全面覆盖了所有符合条件的困难人群，保障水平进一步提升，全省城市低保对象103万人，保障标准为325元/月，月人均补助276元；农村低保对象465万人，保障标准为199元/月，月人均补助124元。积极开展重特大疾病医疗救助，建立医疗机构垫付制度，开展"一站式"即时结算工作，将儿童白血病和先天性心脏病等20多个病种纳入救助范围，进一步提高了医疗救助实效。逐步健全临时救助制度，贫困家庭临时性、突发性生活困难问题得到缓解。

3. 社会福利水平稳步提高

更加重视养老服务事业。面向老年人、残疾人、孤儿等特殊困难群众的福利服务建设不断加强，社会福利制度开始由补缺型向适度普惠型转变，保障范围由传统的"三无"人员逐步向所有需要提供福利服务的社会公众拓展。

（四）公共文化体育事业快速发展

1. 城乡公共文化网络初步形成

城乡全覆盖的云南公共文化服务网络初步形成。截至2013年末，云南省共有公共图书馆149个，文化馆148个，建成乡镇文化服务站1384个，其达标率分别为80.4%、68.9%和50%。全省共建有文化信息资源共享工程云南省分中心1个，地州市支中心16个，县级支中心129个，基本实现全省覆盖，构建起由省级分中心、州市支中心、县级支中心、乡镇服务点和行政村服务点组成的文化共享工程五级服务网络。

2. 文化惠民工程成效显著

高度重视文化服务工作，着眼于满足人民不断增长的精神文化需求，将"文化惠民"作为新时期的一项重要民生工程，大力推动城乡公共文化资源的优化配置与均衡发展。秉持"文化乐民、文化育民、文化富民"等文化惠民理念，实施文化信息资源共享工程、文化惠民示范村等文化惠民重点工程项目，积极探索"文化惠民"与服务"三农"相结合的农村文化建设创新模式，形成了文化惠民事业的"云南经验"。2015年底，云南省已建成235个文化惠民示范村和300个农村文化产业合作社。

3. 公共体育事业加快发展

全省推动全民健身深入开展，着力推进"健身设施"、"健身组织"和"健身活动"三个工程建设。2010~2013年，共实施了76个县（市、区）体育场馆新建和改造项目，442个乡（镇、街道）建起了灯光球场，6096个村（社区）建起了篮球场，配备了乒乓球桌，有效改善了基层公共体育设施薄弱的状况。积极创办"七彩云南全民健身运动会"，每年重点推动一个州（市）的全民健身工作，组织一次"全民健身日"集中展示，促进了全省群众体育事业的发展，开展了有地域特点、民族特色和全民参与的全民健身示范活动，构建了云南特色的全民健身服务体系，推进了体育公共服务的均等化。

(五) 公共科技服务水平不断提高

1. 科普投入和服务能力继续提高

省级科普专项经费投入由 2008 年的人均 0.3 元提高到 2013 年的人均 1 元，2015 年人均科普经费投入标准达到人均 1.5 元。开工建设云南省科技馆新馆和楚雄州、临沧市、普洱市、曲靖市、丽江市州（市）级科技馆。

2. 科普服务设施条件不断改善

科普基地建设和科普惠农取得新成效。建成一批全国和省级科普教育基地，发展各类农村专业技术协会 6532 个，社区科普大学 4 所。全省共有 851 个先进集体和个人被中国科协和财政部列入"科普惠农兴村计划"，科技服务范围达 1035 个乡镇、9281 个行政村，辐射带动农户超过 100 多万户，共获中央财政奖补资金 1.42 亿元。同时，云南省在 840 个行政村开展省级科普惠农兴村计划，投入专项经费 4200 万元，科普惠农成效明显。

3. 科技创新和服务社会的工作进一步强化

启动实施新一轮建设创新型云南行动计划，云南科技创新体系建设的步伐不断加快，科技支撑、引领经济、社会发展的作用进一步凸显。以科技惠民为重点，突破一批公共服务领域的关键核心技术，科技成果应用示范效果显著。

第十章　新型城镇化建设与城乡统筹发展

城市的出现和城镇化进程是人类文明史上的重大事件，人类社会的发展与城市发展、城镇化进程密切相关。21 世纪以来，云南与全国一样，城市建成区面积大幅增长，城镇化进程加快，但云南山高谷深的特点，决定了大规模人口集聚区域稀少，实行新型城镇化是实现人口转移的客观必然。改革开放近 40 年来，通过以昆明为核心的滇中城市群、个开蒙建城市群引领人口聚集，以旅游小镇为代表的特色小镇、县城集镇建设转移人口，改善农村基础设施，推进新农村建设，大力发展高原特色农业与建设美丽乡村，最终实现既推进就业非农化又留住乡愁的美好蓝图，云南新型城镇化建设成效显著。

第一节　城市的兴起与城镇化概述

人类在漫长的文明史上，随着生产效率的提高，出现了产品剩余，交换开始出现，劳动分工应运而生，城市开始出现。进入工业革命之后，大量的工厂设置于各城市附近，吸引了大量农业人口进入工厂流水线作业并逐渐定居于城市中，开启了现代意义的城镇化进程。

一、城市的产生与发展

人类出现以后，一开始主要依靠种植和渔猎（第一产业）生存，年长者或善于思考者成为种植和渔猎行业的经验总结者、组织者或对外交换的承担者（第三产业），这部分人逐渐脱离具体的种植和渔猎活动而成为部落的管理者。交换催生出市场，市场从不固定场所、不确定时间逐渐发展成固定场所、固定时间。为方便市场交易，各部落代表相对聚集在某个方便各部落产品运送的宽阔区域，经过几万年的演化，这些宽阔区域逐渐发展成人口聚集区，城镇开始出现。随着铜器和铁器的使用，种植和渔猎等活动的效率得到提高，生产工具的生产成为催生人类快速发展的动力，城镇开始出现专门生产的部门（第二产业），城镇除了作为交换市场外，自己也具备了生产能力。

位于叙利亚的阿勒颇城由于其西面毗邻地中海，北面经土耳其可达欧洲，东面可方便抵达中东"新月沃地"，南面经宗教圣地耶路撒冷可达非洲，显然是世界上地缘区位明显的区域，适合建立城市。据史料记载，阿勒颇公元前4300年前就有人类居住，公元前800年以后，被罗马人、拜占庭人、阿拉伯人、十字军、蒙古人和土耳其人分别占领过。历史名城阿勒颇的悲剧在于地缘区位太过显著，却隶属于叙利亚，许多世界大国都会惦记。2011年，在大国利益的驱使下，叙利亚陷入反对派与巴沙尔·阿萨德政权之间的内战，截至2017年有近30万人在内战中死亡。

我国的西安拥有6000多年的建城史，由于西安向南翻越秦岭可达成都平原，东出借助黄河可达中原，西进穿越太白经西域可达中亚、欧洲，北过北山可达蒙古高原，有"膏腴天府"、"陆海丰饶"之称。得益于易守难攻、沟通四方的地缘优势，历史上周、秦、汉、隋、唐等13个朝代在此建都，作为华夏民族的政治、经济、文化中心长达1200多年。进入现代以后，西安一直是中国的文化科技中心之一，2014年中国提出的"一带一路"丝绸之路经济带的起点城市也定位为西安。

云南崇山峻岭的特点不适于大规模的人口居住，但据考古证实，大约在170万年前，元谋人就在云南境内生存繁衍。人类有记载之前，云南境内主要居住着白族、纳西族、傣族、傈僳族、哈尼族、拉祜族、佤族、景颇族、布朗族、普米族、阿昌族、怒族、基诺族、德昂族、独龙族15个云南独有民族。春秋战国时期，为了与秦国抢夺成都平原，楚国派出庄蹻入滇试图通过滇池出口与金沙江航道输送兵力（公元前298~277年），庄蹻抵滇池地区后，建立"滇国"，开启了汉文化与少数民族的交融史。汉王朝时期，设置了以滇池地区为中心的益州郡，开启了中央王朝统治云南的历史。从中可以看出，昆明具有悠久的建城史。昆明处

第十章 新型城镇化建设与城乡统筹发展

于云贵高原西部、滇池湖畔,南下玉溪过西双版纳可达老挝及东南亚,东南出文山可达两广和香港,向东经曲靖过贵州可达两湖,向北出昭通可达成渝平原及西安,向西经大理可达缅甸并抵南亚和印度洋。"十三五"期间,昆明被定位为中国面向南亚、东南亚的辐射中心城市。

二、城镇化与新型城镇化

城镇的出现及发展经历了漫长的过程。人类历史上出现过许多重大事件:罗马帝国的兴起、一神教间的圣战(含十字军东征)、大航海时代、新大陆的发现,这些重大事件催生了欧洲文艺复兴和工业革命等人类文明史上的重大变革,尤其是始于英国的工业革命,第一次把人置于流水线旁从事工作,需要大量的人口守纪律地从事非农产业。由于工业对工人的需求、城市生活的相对安全和舒适,大量从事种植和渔猎工作的人口逐渐转向城镇和工业,开创了现代意义的城镇化进程。我们经常听到城镇化和工业化是一对孪生姐妹的说法,正是因为工业化催生了城镇化。

严格来说,城镇化和工业化不是一回事,城镇化是指农业人口转化为非农业人口的过程,包括就业从农业转向非农业,居住地点从农村变为城镇,社会由以农业为主的乡村型社会向以工业(第二产业)和服务业(第三产业)等非农产业为主的现代城市型社会转化,相应的生活习惯、生育观念也经历一系列的转化过程。城镇化的重点在于人的社会转化,工业化的重点在于产业结构的变化。对于人口迁移变化的这一过程,国际通行的提法是"城市化"(Urbanization),1991年,辜胜阻提出"城镇化"的概念[①],2000年,中国官方文件正式采用"城镇化"一词之后[②],中国学术界也基本达成使用"城镇化"的共识。

城镇化的核心是就业非农化,世界上大多数国家的城镇化过程主要是市场行为过程。当城市的非农产业需要大量人员聚集的时候,城镇化提高也较快;当非农产业转往他地之后,城镇化将会停滞或者下降,如资源型城市的兴衰史就是资源开发与资源枯竭的结果,又如海岸城市工业革命后的兴起就是海运成本低廉的

---

① 辜胜阻. 非农化与城镇化研究 [M]. 杭州:浙江人民出版社,1991:15-21.
② 中国共产党第十五届中央委员会第五次全体会议. 关于制定国民经济和社会发展第十个五年计划的建议 [Z]. 2000.

竞争优势导致的产业集中和人口聚集。

城镇化的关键内容是人口城镇化，如果仅是城市在扩大，而人口城镇化没有跟上，那么这样的城镇化就是伪城镇化。中国改革开放近40年来，国家整体实力显著提升，各项事业取得了辉煌成绩，城镇化也得到了较快发展。但城市空间的扩张更快，近40年间扩大了3倍左右，大量的土地被用来造城，2000~2010年的10年，国内城市建设用地扩张83%，而同期包括农民工在内的城镇人口仅增长45%，土地城镇化与人口城镇化速度极不匹配。针对这一现象，中共十八大明确提出了"新型城镇化"概念，所谓"新型城镇化"，是以城乡统筹、城乡一体、产业互动、节约集约、生态宜居、和谐发展为基本特征的城镇化，是大中小城市、小城镇、新型农村社区协调发展、互促共进的城镇化。

第二节　新型城镇化建设现状

云南地处云贵高原西部和横断山南部，具有山高谷深的特点，决定了大规模人口集聚区域稀少，实行新型城镇化是实现人口转移的客观必然。改革开放40年来，通过以昆明为核心的滇中城市群引领人口聚集，以旅游小镇为代表的特色小镇建设转移人口，以国际交通大通道为廊道的节点城市吸纳人口，云南新型城镇化建设成效显著。

一、建设新型城镇化的资源禀赋

云南地处横断山腹地，金沙江、澜沧江、怒江从北至南将国土面积切割成崇山峻岭，发源于云南的南盘江（珠江上游）、红河（元江）向东南方向奔流而去，印度洋暖湿气流带给云南充沛的雨水，子午线穿境而过，全省分三个梯层，滇西北德钦、香格里拉县一带为第一梯层，滇中高原为第二梯层，南部、东南部和西南部为第三梯层。云南具有地貌多样性、气候多样性、物种多样性、民族多样性、文化多样性五大显著特点。大自然为云南提供了得天独厚的旅游资源，世界自然遗产石林、世界文化遗产丽江古城、浪漫而神秘的世外桃源香格里拉、风花雪月的苍山洱海、热带雨林西双版纳等都是大自然的馈赠。事物都有两面性，山高谷深的特点决定了交通设施建造成本高昂,商品运输成本偏高,大规模制造业较少,人口承载能力有限,实行新型城镇化是云南人口转移的必由之路。

二、滇中城市群引领人口聚集

滇中高原是云南相对平缓的区域,多盆地,集中了云南近一半的山间平地(坝子)。滇中地区集中了全省大部分的磷、铜、铁、铅、煤等矿产,储量大、经济价值高,相应的产业已经发展起来,矿业开发可以聚集大量的人口,在矿业开发的带动下,烟草业、药业、机械制造、高原特色农业等产业也初具规模,实现人口就业转化的条件较好。行政区划涵盖昆明市、玉溪市、曲靖市、楚雄州四州市,是云南产业聚集、人口聚集的优势区域。

以昆明为核心城市,以曲靖、玉溪、楚雄为骨干城市,以连接四州市的高速公路、高速铁路为纽带的滇中城市群正在建设中。改革开放以来,滇中经济和产业结构不断优化,经济活力不断增强,形成了以烟草、有色金属冶炼、装备制造等产业为主的高新技术产业,在国内及周边地区具有较强的竞争能力。为了加快经济建设发展,滇中地区加快合作交流,不断加快铁路、机场、高速公路等交通设施的建设,开通动车、昆明地铁,建设沪昆高铁等,一系列的举措都使得滇中地区的经济发展更快更好。

21世纪以来,滇中城市群常住人口占全省总人口的比例稳定在37.6%左右,在全省16个州市中,滇中城市群的人口吸收能力最强(见表10-1)。2015年,滇中四州市实现GDP合计7609亿元,占全省GDP的56%,已成为云南名副其实的经济核心区。在国家"一带一路"建设、长江经济带战略实施的背景下,滇中城市群作为云南经济中心,其辐射力和聚集力都在不断增强,经济地位更加突出。随着户籍制度改革的深入,滇中城市群对流动人口的吸引力越来越强,人口越来越多地涌入昆明、曲靖、玉溪、楚雄四大城市。另外,滇中城市群自身的发展也引发了对劳动力和各级人才的需求,客观上促进了人口的迁入。

表10-1的数据显示,2000年滇中四州市常住人口占全省总人口的比例为37.4%,2010年这一数字也是37.4%,2015年占比为37.6%。说明四州市人口变化率与全省高度一致,经历了缓慢增长,但也进一步说明,四州市人口聚集优势并没有充分发挥出来。因此,推行新型城镇化是滇中城市群未来发展的重要任务之一。

表 10-1 滇中城市群常住人口及占云南总人口比率

单位：万人

年份	楚雄	曲靖	昆明	玉溪	全省总人口	滇中城市群	比率
2000	254.20	546.60	578.10	207.3	4240.80	1586.2	0.3740
2006	267.20	570.00	615.50	224.60	4483.00	1677.3	0.3741
2007	268.40	572.92	619.35	226.40	4514.00	1687.1	0.3737
2008	269.00	578.20	623.90	227.60	4543.00	1698.7	0.3739
2009	270.10	581.80	628.00	228.70	4571.00	1708.6	0.3738
2010	268.71	586.14	636.00	230.60	4602.00	1721.5	0.3741
2011	270.43	589.89	648.64	231.80	4630.80	1740.8	0.3759
2012	271.90	593.60	653.30	233.00	4659.00	1751.8	0.3760
2013	272.40	597.40	657.90	234.00	4686.60	1761.7	0.3759
2014	272.80	600.90	662.60	235.10	4713.90	1771.4	0.3758
2015	273.30	604.72	667.7	236.0	4741.80	1781.7	0.3757

资料来源：历年《云南统计年鉴》、《中国统计年鉴》。

三、以旅游小镇为代表的特色小镇兴起

随着全国人民追求健康生活的愿望越来越强烈，对比国内许多大城市出现的雾霾等恶劣环境气候，云南的旅游资源优势充分显现。到云南旅游不仅可以远离喧闹的都市，还能欣赏大自然的美丽风光。由于旅游业的兴旺，近几年在云南兴起了一大批以旅游小镇为代表的特色小镇。

云南省政府因势利导，将新型城镇化与旅游产业发展相结合，通过特色"旅游小镇"系列品牌的建立，提升云南文化旅游的内涵，提高城镇化水平，走出一条具有云南特色的人口城镇化发展道路，明确提出"要把历史文化名镇保护和旅游小城镇建设结合起来，通过对现有历史文化名村镇的改造，高水平规划建设一批特色旅游名镇，促进群众脱贫致富，带动当地经济发展"，并要求将特色旅游村镇建设作为云南省旅游新亮点。

旅游特色小镇建设是利用独具特色的人文景观和自然景观旅游资源，通过市场化运作，把小城镇建设与旅游开发结合起来，鼓励当地民众办餐饮、跑运输、销售旅游商品，实现从农业从业人员转化为旅游业从业人员，为加快地方社会经济发展、脱贫致富提供新的支撑。旅游小镇的建设既为有效促进新型城镇化找到

第十章 新型城镇化建设与城乡统筹发展

了一条创新之路,又为云南旅游深度开发、提质增效提供了新办法、新思路。

云南旅游小镇已经出现了部分良好品牌,如丽江古城,是一座低纬度高海拔雪山之下的古城,没有城墙,窄窄的青石板路旁纳西风格的民居鳞次栉比,清澈的溪流穿城过巷,一排排垂柳在清风中摇曳,明亮的阳光下,总会有身着遥远年代的靛蓝色衣服的纳西老人悠闲地踱步。四方街是丽江大研镇的中心,这里曾是茶马古道上各路商客们聚首交易的地方,至今古风犹存,每天都有来自世界各地的游客到访。其他特色旅游小镇还有(大理)喜洲古镇、(腾冲)和顺镇、(盐津)豆沙关等。这些品牌旅游小镇的成功实践,充分证明了特色小镇建设符合云南省的省情,适应"本土气候",具有强大的生命力,是云南推进新型城镇化的突破点。

四、以"一带一路"为轴的廊道城市分布

改革开放近40年来,依靠完备的工业体系和快速提高的城镇化水平,中国不仅迅速告别了短缺经济,而且向世界提供了绝大多数产品,产品生产能力独占鳌头,许多产能已经过剩。为适应经济新常态,中国政府提出了"一带一路"倡议,并组织成立了与之对应的"亚投行",目的在于推动"一带一路"沿线国家基础设施建设,将中国经济发展的成功经验与相关国家分享,将中国和平崛起的发展红利惠及周边国家,同时也为中国巨大的产能和人口城镇化开拓国外市场和空间。

"一带一路"倡议明确了云南在全国的新定位:推进与周边国家的国际运输通道建设,打造大湄公河次区域经济合作新高地,建设成为面向南亚、东南亚的辐射中心。[1] 从区位上看,云南处于古代从成都通往印度的南方丝绸之路要道,与缅甸、老挝、越南等东南亚国家接壤,是中国从陆上同时沟通东南亚、南亚的唯一省区。从空间距离来看,云南刚好处在亚洲的地理中心,是贯通亚洲的南北泛亚铁路与贯通太平洋、印度洋的新亚欧大陆桥的交汇枢纽。

依托"一带一路"建设,云南以"一带一路"为轴的廊道城市迎来了新机遇,廊道城市包括大理、保山、腾冲、芒市、瑞丽等。作为云南历史上开发最早

---

[1] 国家发改委,外交部,商务部. 推动共建丝绸之路经济带和21世纪海上丝绸之路的愿景与行动[Z]. 2015.

的地区之一，保山历来都是滇西交通枢纽和商贸集散地。目前，保山正在重点推进铁路、公路、航空、水利、国土（地）整治、口岸等基础设施建设，以及完善新型城镇化体系和相应的支撑产业。在基础设施建设上，提升"二战"时期建成通车的中印公路（史迪威公路）的通行能力；昆明至腾冲、瑞丽的公路已全程高速化；腾冲猴桥至缅甸密支那建成二级公路；大瑞铁路正在建设中，保山境内跨怒江大桥和隧道、太保山隧道控制性工程都已开工建设；仅有5个区县（市）的保山市境内拥有保山、腾冲两座机场。保山作为云南省规划的滇西中心城市之一，2030年以前，规划建设成为50万~100万人的中等城市。

作为桥头堡建设的前沿窗口和瑞丽国家重点开发开放试验区建设主阵地的德宏州，将用好政策"洼地"，为融入"一带一路"建设打牢坚实基础。以瑞丽试验区建设为突破口，继续强化中国瑞丽—缅甸木姐跨境经济合作区建设，争取姐告边境经济贸易区扩区移位、转型升级，加快瑞丽（弄岛）、畹町（芒满）边境经济合作区建设。早谋划、快出手，尽快开展瑞丽沿边自由贸易区建设前期工作，争取瑞丽试验区成为孟中印缅经济走廊建设先行区。德宏州将紧紧围绕交通基础设施建设，加快构建以航空为先导、铁路为骨架、公路成网络、水运做补充，以及通信、管道运输等呈立体构架的综合交通运输体系。积极推动瑞丽至缅甸曼德勒高等级公路建设，打通境外交通线，形成八莫、曼德勒等伊洛瓦底江沿线港口与德宏州全面内联外接的通道优势。

云南"一带一路"廊道城市大理、保山、腾冲、德宏、瑞丽将在未来数年内，发挥辐射南亚、东南亚的区位优势，推动经济社会快速发展，带动周边城市经济发展，从而促进廊道区域新型城镇化快速发展。

第三节　新城新区建设与城市群体系优化

城镇化过程包括就业非农化、居住地城市化过程，随着城镇人口的增多，城镇也必然随之扩大。云南省在新城新区建设和城市群建设中，通过特色鲜明地建设新城新区、优化滇中城市经济圈、发展个开蒙建城市群等方式，将新型城镇化推进与城镇体系优化有机结合，为人口就业非农化、居住地城市化提供了物质

第十章　新型城镇化建设与城乡统筹发展

基础。

一、21世纪以来中国城市及城镇化发展的逻辑

城镇化过程不仅包括就业非农化过程,而且包括居住地的迁移过程,随着城镇人口的增多,城镇也必然随之扩大。中华人民共和国成立后,城镇居民住房一直实行分配制度,致使人均住房面积仅十几平方米,许多人住在"筒子楼"、"烟熏楼"内数十年,这一时期城市建成区缓慢增长。进入21世纪以后,城镇职工住房货币化,不再分配"福利房",居民对房地产的需求被激发出来,同时各地方政府经营城市的理念得到普及,通过低价增加征收农用地,"三通一平"后再以数十倍、百倍的价格出售给房地产开发商,房地产开发商盖楼销售给城镇居民。在城镇居民、房地产开发商、地方政府三方的推动下,中国迎来了近20年的房地产热,城镇职工居住面积大幅提高,城市建成区面积急剧扩大,出现了新城新区,但城镇化率提高的幅度有限。鉴于中国耕地有限、人口众多的现实,中央政府划定了严格的18亿亩耕地红线,提出了保护耕地、发展新型城镇化的方针。

城市群是地域相近、沟通便利、产业互补的城市之间形成的城市"集合体",依托一定的交通条件和产业交融,城市之间的内在联系不断加强,共同构成一个相对完整的城市群体。城市群的发展可以避免产业重复建设,可以形成合力打造支柱产业,对推进新型城镇化起着举足轻重的作用。

二、呈贡大学城等新城区的发展

作为云南省唯一的大城市,昆明承担了云南省委、省政府推进新型城镇化的重任。21世纪初,云南省提出"一湖四片"的现代新昆明战略,呈贡新城作为现代新昆明东城先期启动,功能定位为大学城,目的是把部分大学迁往新城,有利于大学扩招后改善校园拥挤的状况,同时腾出老城区校园,有利于老城区的改造。为了新城区的快速发展,昆明市政府已于2010年搬迁至呈贡。

呈贡新城区占地43.15平方千米,是集产、学、研于一体的科技文化城市功能区。呈贡大学城从2005年12月28日开始建设,经过十多年的发展,云南大学、昆明理工大学、云南师范大学、云南民族大学等在昆十余所高校基本搬迁到呈贡新区,2016年入住呈贡新校区的师生近20万人,大学城已基本形成以科

技、文化为重点的、无污染的科技文化产业区。

呈贡大学城在建设过程中征收了当地农民的土地，不仅对其进行了必要的补偿，而且组织失地农民按原来的村组注册公司，将大学校园内的后勤工作承接下来，就地实现就业非农化。针对大学城的特点，美食、服饰、数码、文化、运动、生活、娱乐休闲等产业业态得到了快速发展，创造工作岗位3万余个。

除呈贡大学城外，云南还建设有大理海东新城、滇中产业新区等新城区，这些新城区都以特色方式健康发展。

三、滇中城市经济圈的优化

构建滇中城市经济圈一体化的要点，是建好"一区、两带、四城、多点"。实现能源、交通、基础设施、公共服务和社会管理等方面的一体化，则是经济圈发展的目标。滇中城市经济圈的定位是我国面向南亚、东南亚的辐射中心，是长江上游的重要经济增长极，是我国新型城镇化战略格局的重要组成部分，是全省全面建成小康社会的强大引擎。经过几年的努力，现已实现昆明至曲靖、玉溪、楚雄等中心城市的城际铁路网、高速公路网，从而实现1小时交通圈。在经济圈内，医疗卫生领域的检查检验结果要互认，教育资源也要实现共建共享。作为云南地区的经济核心区域，其经济、文化等辐射作用和影响力毋庸置疑，但要实现带动整个经济圈乃至云南经济的突破性发展，务必需要对其各项功能做进一步的优化。

四、个开蒙建城市群的发展

红河州依托个旧的锡矿资源，在云南较早出现工业形态，从而工业带动文化的发展，文化的发展带动其他产业如化工的发展，城市发展基础较为厚实。进入21世纪以后，逐渐形成了以个旧、开远、蒙自、建水为一体的个开蒙建城市群雏形。为了个开蒙建城市群协调发展，基础设施需要不断完善，现在已建成昆明至蒙自的高速公路，昆明至蒙自到河口的铁路，正在建设蒙（自）文（山）砚（山）高速公路、玉（溪）蒙（自）高速公路、蒙自机场等项目。尤其是四城市间已经全部实现高速化，四城市间基本建成30分钟交通网。

个旧市的"双轮驱动"发展重点：传统产业升级与新型工业化"双轮驱动"互动发展，促产业转型；现代服务业与城镇化"双轮驱动"融合发展，育产业生成；规模种养与规模加工"双轮驱动"一并发展，促农业产业化；环境治理与淘汰落后产能"双轮驱动"，促生态文明；改善民生与发展社会事业"双轮驱动"，建和谐社会。

开远市的"差异化"发展重点：通过念好"山字经"，发展绿色经济，做足"水文章"，改善水生态，落实七星湖片区"城乡一体"整体城镇化、城市棚户区改造、易地扶贫搬迁等项目融资贷款，以七星湖片区整体城镇化项目为引擎，打造"生态城"；通过聚集产生人流、资金流，拉动文化、体育、娱乐消费，促进文体产业发展，吸引开远周边甚至全省各地的游客前来消费，促进开远从"资源消耗型"城市向"服务消费型"城市转变。

蒙自市的"着力"发展重点：着力抓好基础设施建设和完善，重点推进综合交通、水利、信息、能源基础设施建设；着力抓好产业培育和产业转型升级，调优做精一产、做大做强二产、激活突破三产，全面提升经济发展质量和效益；着力抓好农村脱贫攻坚，为全市贫困人口如期脱贫打下坚实基础；着力抓好生态文明建设，坚持保护优先、发展优先、治污有效，推动形成绿色发展方式和生活方式。

建水县的"特色"发展重点：走新型工业化道路，改造建水化工、陶瓷、制糖、建材等传统工业，大力发展以绿色食品加工和生物化工为主的生物资源产业；全力支持高锰酸钾、红河钢铁、电解铝等重点项目建设；完善"五网"基础设施，重点加强市政、水利、道路基础设施建设；加快建设文化旅游大县步伐，推进新型城镇化进程，提升旅游景区品质，开发特色旅游产品，规范旅游酒店管理，开发省内外旅游资源。

第四节　新农村建设与小城镇发展

全面建成小康社会，难点在农村；农民工市民化，小城镇是关键。加快县城建设引领小城镇发展，通过改善农村基础设施推进新农村建设，大力发展高原特色农业与建设美丽乡村，最终实现既推进就业非农化又留住乡愁的美好蓝图。

一、农民进城与留住乡愁

城镇化的主要内容是农民就业的非农化，农民进城必须找到非农岗位的工作才能实现城镇化，尤其是在远离家乡的大中城市，回家成本较高，因此必须有一份相对稳定的工作才会留在城市，经过几年的工作，经验积累了，效率提高了，工作也稳定了，城镇化过程也就实现了。但对于那些劳动技能和适应能力较弱、恋家的农民工来说，离家乡较近的城市或者小城镇成为其城镇化转化的首选。由于回家的交通成本低，农民工找到工作的时候在小城镇内工作，找不到工作的时候回家从事农业活动，作为"乡之首，城之尾"的小城镇对农民工的初级城镇化起到向上连接城市、向下辐射乡村、促进区域经济和社会全面进步的综合功能。当然，这种城镇化并没有完全实现，充其量只能算半城镇化。通过小城镇的非农就业，部分农民工会转向中小城市，从而实现真正的城镇化。中国特色的城镇化，就是在城务工的农民春节和节假日都要回到家乡，或者进城务工赚的钱只能回家乡建设一所民居，在大城市最终落户、真正实现城镇化的农民工比例不高。因此，新农村建设不仅是权宜之计，也是时代要求。

二、加快县城建设，引领小城镇发展

县城是一个县的政治、经济、金融、文化、教育中心，相对于大中城市，县城具有与"三农"联系紧密、生活舒适、生态良好等优势，相对于一般小城镇和乡村，县城具有基础设施相对完善、产业支撑能力较强、公共服务水平相对较高等优势，是县域经济发展的龙头，对全县经济发展起着重要的统领和支撑作用。加快县城建设，有利于引导产业、人口、项目等要素向县城聚集，释放进城农民工潜在消费能力，有利于农民工就近就业，有利于留住乡愁。只有加快县城建设，壮大县城经济，才有实力以城带乡、以工促农，实现城镇发展与美丽乡村和谐发展，实现新型城镇化与城乡统筹发展。经过十多年的发展，云南省129个县城的建设都取得了显著成绩，主要体现为建成区扩大，道路扩宽并增设绿化隔离带，城镇人口大幅增加，如腾冲市2016年建成区面积为25.7平方千米，城区绿化率为39.48%，城镇人口突破27.6万人。[1]

---

[1] 范明权.腾冲全力提升城市品质[N].云南法制报，2016-04-08.

县城建设还可以产生示范效应，带动县域小城镇的建设，小城镇是我国城镇化中实现农民就近转化为市民的平台。城镇化与新农村建设统筹发展，目的是破解城乡二元结构，促进城乡融合，小城镇提供了农村与城市之间良性互动的重要通道，小城镇建设是以工促农、以城带乡、城乡一体化发展的关键载体。云南城镇化率较低、农民占人口比例的多数、高山峡谷多而平地少、经济发展不足等特点，客观上要求云南小城镇建设不能照搬发达地区的模式，也不能走传统工业化老路，云南小城镇建设一定要突出"特色"，因地制宜，充分利用小城镇资源、气候、地缘、人文等方面的优势，打造具有浓郁云南特色的旅游小镇、生态小镇、口岸小镇、商贸小镇和现代农业小镇。全省已有210个特色小镇崭露头角，其中包括墨江碧溪历史文化哈尼文化古镇、新平嘎洒工业特色小镇、普洱依象茶产业畜牧业特色镇、云龙诺邓盐井文化白族文化特色小镇。

2016年，国家住房和城乡建设部公布的第一批中国特色小镇名单中，云南建水西庄镇、大理喜洲镇、瑞丽畹町镇入选。西庄镇是国家历史文明城市和国家级重点风景名胜区的重要组成部分；喜洲镇位于洱海西畔，背依苍山，是云南省著名的历史文化名镇和重点侨乡之一；畹町镇与缅甸九谷市相邻，东、西通道和中部口岸均与亚太交通对接，是一座口岸特色小镇。

三、推进就业非农化，留住乡愁

新型城镇化要"让居民望得见山、看得见水、记得住乡愁"。[①] "望得见山，看得见水"，直白地说，就是城镇化后的居住房屋前面应该看得见溪水或者水塘，后面要看得见山林，深层次含义是城镇化过程不应过分关注高楼大厦，城镇化建设应充分利用大自然，尽可能保护生态环境的原生性，把城镇化建设与大自然统一起来，把绿水青山留给城市居民，更多的是指保留自然层面和物质层面的东西。"记得住乡愁"，直白地说，就是农民工转化为市民以后，对乡村、对曾经生活过的地方的良好记忆与怀念能够在城镇中得以重现，深层次含义是在城镇化中需要保护和弘扬乡村传统优秀文化，延续家族和故乡历史文脉，主要是指历史文化层面和精神层面。对于新型城镇化来说，"记得住乡愁"倡导的是一种人文关怀、人性关怀，以满足人们内心深处的精神需求，这是一种真正以人为中心的城

---

① 中央城镇化工作会议文件，2013。

镇化的根本导向。

城镇化的必然结果是让农民离开乡村变为城市市民，农村人口逐渐变少，有的村寨已经无人居住，这一进程意味着传统农村的逐步消失、曾经习惯的生产生活方式的改变和故乡景观的变化与远去。在实现新型城镇化的过程中，既推动乡村经济和社会发展，改善人居环境质量，又保留人们赖以依恋的民俗文化、乡亲乡情和情感记忆，保护好传统乡村孕育的丰富的物质与非物质文化遗产，主动留住"乡愁"，这是亟待破解的难题。在新农村建设中，必须加大对农村特有文化建筑的保护，挖掘农村特有文化的经济价值，让农民在传承文化的同时有经济收入，实现农民非农就业岗位就近安置，避免不必要进城的农民流向大城市，就地实现城镇化。[①]

创造更多非农就业岗位是解决农民就业问题的前提，农民只有收入得到保障，才有可能进入城镇买房置业，才能更好地加速小城镇发展，从而让更多农民能够离开土地实现城镇化。首先，开展农民工职业培训，鼓励高职院校以培养新型农民工为主，不断提高农村劳动力的综合素质、能力水平以及文化教育程度，合理引导他们努力学习相应的技能和知识，提升岗位胜任能力，满足非农产业及岗位的现实需要。其次，放手发展个体工商户和中小企业，增强农民创业能力，不断增加农民家庭经营性收入，全力扶持农民工开办农家乐，发展山村旅游业，鼓励农民工创办小企业从事第二、第三产业，成立农民专业合作社，开办个体工商户、夫妻店等。最后，积极鼓励农民以土地承包经营权和集体经济组织土地所有权入股、参股，参与经营分配，不断增加农民的财产性收入。随着土地流转规模扩大和农民就业渠道多样化，农村土地的保障功能有所弱化，城市资本可以通过专业运作，对农业用地实行规模化经营，开展高原特色农业，大力发展生态农产品。

四、高原特色农业与美丽乡村

云南物种优势明显，地理优势独特，生态优势突出。但云南气候多样化的特点，使得云南发展任何农业都难以上规模，难以发挥规模效应，只能在特色上做文章，如云南生产的咖啡是全国产量的90%以上，基于此，开发高原特色农业成

---

① 刘沛林.新型城镇化建设中"留住乡愁"的理论与实践探索[J].地理研究，2015（7）：1205-1212.

第十章 新型城镇化建设与城乡统筹发展

为云南农业发展的首选。云南发展高原特色农业，可以实现营养、生态、安全、高产、优质等要求，但不能按照农民各自种植的传统模式发展，必须按照工业理念谋划高原特色农业发展的思路，在建基地、重质量、深加工、创名牌、拓市场、增效益上下功夫，汲取云南发展云烟云药的经验，把云南建成全国高原特色农产品生产、加工出口基地，打造成辐射南亚、东南亚及中东地区的优势特色农产品生产、加工、销售中心。

按照"守住红线、统筹城乡、城镇上山、农民进城"的思路[①]，走新型城镇化发展道路。云南通过大力发展乡村生态休闲旅游业，走出了一条建设美丽乡村和新型城镇化结合的新路；正在规划建设一批烟草、茶叶、咖啡现代特色农业精品庄园、一批高原特色农业示范县。云南省的美丽乡村具有独特的魅力，因为可以彰显云南的环境优势，体现云南的生态价值。云南建设美丽乡村，可以作为富裕农民、惠及农村、强化农业的基础工程。

云南高原特产褚橙是高原特色农业与美丽乡村城镇化结合的典型案例。褚橙是云南的一种特产冰糖脐橙，因种植人褚时健而得名。其形状为圆形至长圆形，颜色为橙黄色，油胞凸起，果皮易剥离，无苦味，中心柱充实，汁味甜而香，含有大量维生素 C，营养价值高。这种水果生长在远离市区，绿意葱茏的哀牢山中，2400 亩的橙园完全置于干热河谷气候的天然环境中，这是柑橘类果品的最理想生长环境。完全无污染的肥田沃土，长达 2000 小时的年日照量，1200 毫米的年降雨量，舒适的 21℃自然恒温，拥有充足日照和最佳温差，使甜橙充分积累糖分，达到最适合的甜酸比。"褚橙进京"就是褚橙与本来生活网合作首次尝试电商渠道进行销售，电商介绍了储橙的高原生态种植，与现在的农药化肥种植形成鲜明对比，再结合良好的味道，让褚橙刚上线就受到消费者的追捧。

五、改善农村基础设施，推进新农村建设

推进新型城镇化、统筹城乡发展是中国发展进程中的一个重大命题。新农村建设是国家高层在 21 世纪提出的重大发展战略，是新形势下推进农村改革发展、农民增收致富的行动纲领。大部分农村地区的农民都是分散居住，导致基础设施

[①] 中共云南省委、云南省人民政府关于印发《云南省新型城镇化规划（2014~2020 年)》的通知 [C]. 云发〔2014〕8 号，2014-04-19.

人均建设成本高于中小城市建设成本,同时由于农民基本不再向国家缴纳任何税费,农村基层组织建设力度变小,农村基础设施建设力度一直较小。但要实现全民小康,必须改善农村的基础设施建设,发展现代农业,增加农民收入,改善农村面貌,建设新农村。在新农村建设政策实施以来,"三农"问题得到显著改善。全国大多数农村基本形成了"道路硬化、河渠靓化、村庄美化、庭院绿化"的富有特色的新农村模式,农民用电实现了不缺电、不费电、能用电,农村交通实现了村村通、村组通。

推进新型城镇化,并非要所有农民全部转移离开农村,而是要实现城镇乡村和谐发展。经过近年来的努力,云南省新农村建设取得重大进展,全省16个州市绝大多数行政村都通了公路,涌现了上百个"美丽乡村"。通过新农村建设,云南乡村经济得到显著发展,各村社因地制宜地建立了农民增收长效机制,农民收入快速增加。新农村建设还加强了农民政治素质,有力推动了农村基层民主制度建设和农村法制建设,农民的民主权利意识得以增强。农村公共文化建设取得进展,开展了多种形式的、体现农村地方特色的群众文化活动。政府加大了对农村公共事业的公共财政投入,农村的义务教育、农村医疗卫生体系显著改善,农村社会保障制度得以建立,基本实现了农村幼有所教、老有所养、病有所医。

虽然新农村建设取得了进展,但仍需要各级政府继续支持。云南山高谷深,各村寨特点各异,基础设施历史积淀微弱,许多村寨人口外出务工的理念不强,经济收入主要还是来源于农业,急需扩大非农工作创造,让农民有稳定的经济来源,共享改革的成果;由于乡村没有乡镇企业,村级政府基本没有任何资金开展法律宣传,需要加大政治法律宣传力度,让每个村庄都有人学会依法办事、依法维权,进而带动全村农民文化法律意识的树立;发挥县乡地方政府的作用,保证医疗、教育、养老等配套设施全面提供。

参考文献

[1] 曹彦波,李永强,李敏,李兆隆,吴艳梅,李智蓉. 基于多源数据的云南人口空间分布模拟研究[J]. 中国地震,2014(1):118-131.

[2] 刘士林,刘新静,盛蓉. 中国新城新区发展研究[J]. 江南大学学报(人文社会科学版),2013(4):74-81.

[3] 刘沛林. 新型城镇化建设中"留住乡愁"的理论与实践探索[J]. 地理研究,2015(7):

1205-1212.

［4］罗应光.云南特色城镇化发展研究［D］.云南大学博士学位论文，2012.

［5］梁宏志.城市新区建设开发模式研究［D］.武汉理工大学博士学位论文，2010.

［6］武友德，王源昌.边疆少数民族地区特色城镇化发展道路研究——以云南为例的分析［J］.云南师范大学学报（哲学社会科学版），2010（2）：58-64.

［7］孙灿.影响云南人口城镇化的地理、历史与文化心理因素［J］.云南行政学院学报，2005（6）：114-117.

［8］宋京华.新型城镇化进程中的美丽乡村规划设计［J］.小城镇建设，2013（2）：57-62.

［9］云南省建设厅，云南省旅游局.加快"旅游小镇"建设 走云南特色城镇化发展道路［J］.小城镇建设，2006（7）：41-46.

［10］喻微锋，蒋团标，刘祎.滇中城市群与北部湾城市群比较分析——基于城市流视角的城市群发展研究［J］.重庆工商大学学报（西部论坛），2009（6）：37-44.

［11］曾小力.云南省高原特色农业发展路径问题探究［J］.云南农业大学学报（社会科学版），2013（6）：17-21.

［12］赵兴玲.云南人口发展功能区人口合理布局研究［D］.云南师范大学硕士学位论文，2009.

第十一章　生态建设与可持续发展

云南省生态环境保护意义重大，任务艰巨。作为生态脆弱的高原地区，云南省在步入工业文明之后的很长一段时期，片面强调经济发展速度，加快城镇化、工业化进程，自然资源透支严重，人地关系局部趋于恶化。在新时期，云南紧紧围绕全国生态文明建设排头兵的战略定位，以生态文明先行示范区建设为抓手，以健全生态文明制度体系为重点，优化国土空间开发格局，全面促进资源节约利用，加大自然生态系统和环境保护力度，大力推进绿色循环低碳发展，努力探索走出一条生态文明建设之路。

第一节　生态建设的现状和问题

近年来，云南省推进生态文明建设成效显著，也存在诸多具有代表性的实践难题，主要体现在：喀斯特地质特点典型，区域水土流失严重；九大高原湖泊生态系统脆弱，水污染综合防治难度大；森林覆盖率持续提升，生态补偿机制建设相对滞后；生境保护与商业开发矛盾突出，生物多样性保护缺乏系统性。

一、水土保持建设

云南省地处中国西南石漠化核心地区，岩溶地貌广泛分布，岩溶地貌总面积约为110875平方千米，省内16个州市均有岩溶分布，占全省面积的1/3左右。由于长时期土地资源使用超负荷、森林采伐过量以及山地坡度土地的开垦等生产生活行为，加剧了水土流失，导致土壤侵蚀和石漠化日趋严重，区域生态系统趋

第十一章 生态建设与可持续发展

于恶化。具体体现为以下生态环境问题：一是极易流失的水土资源。据遥感调查数据显示，云南省水土流失面积达到 13 万平方千米。作为喀斯特地质特点的典型区域，具有土壤土层薄、土壤质量差的特征，在降水等外力作用侵蚀下，区域水土流失严重，边缘性荒漠化突出，生态系统脆弱，系统恢复力不可逆，成为云南生态文明建设所面临的问题之一。二是石漠化较为易发。作为世界喀斯特出露率最高的地区，一方面，云南省东南部区域承载着较为密集的人口、较为频繁的经济活动，人地关系较为紧张；另一方面，频繁的生产生活活动导致地表生态不同程度地遭受破坏，地表覆被不断减少，土壤土质退化，基岩表层裸露，石漠化趋势显著，生态环境系统恢复力较弱，石漠化反作用于生态系统，极易诱发次生灾害。三是地下水系统易受污染。喀斯特地区地下暗河密布，地下水系统复杂，地表裂缝渗透率高，农业、工业污水容易渗透到地下，并由地下水系统运输污染源，进而造成治理难、成本高的地下水污染问题。

二、高原湖泊治理

在经济快速增长和人口环境压力日益增大的情况下，云南省九大高原湖泊及其流域经济在云南省经济发展中的战略地位和作用举足轻重，但流域生态保护形势日益严峻。九大高原湖泊水污染综合防治工作成为云南省生态文明建设的重点领域之一，旨在通过约束破坏行为，强化治污投入，大幅削减主要入湖污染物，改善湖体水质，修复湖泊生态系统。一般来说，湖泊污染程度与流域经济功能、承载人数、经济效益成正比。近年来，随着九大高原湖泊水污染综合防治实施力度的不断加大，高原湖泊流域生态系统保护成效显著。截至 2015 年，云南省在"十二五"高原湖泊治理规划项目上总投资 332 亿元，完成了 141 个项目，正在建设的有 116 个项目。九大高原湖泊湖水整体质量保持稳定，污染物排放总量得到控制，湖泊水质主要污染指标有显著改善。其中，2014 年与 2010 年相比，滇池综合污染指数从 24.5 下降到 17.2，主要污染物氨氮、总磷和总氮分别下降了 61.5%、46.3%、42.4%，湖区水质由富营养化向中度富营养化过渡。

三、天然林保护行动

根据国务院 1998 年做出的实施天然林资源保护工程的战略部署，云南省启动了全省 13 个州市、17 个国有重点森工企业的天然林全面禁伐工作。按照国家批复的一期工程实施方案，云南省天保工程一期工程区总面积3.5亿亩，其中林业用地2.4亿亩，占工程区总面积的七成左右。工程区涉及人口2884万人，约占全省63%的人口规模。首先，为了建立生态环境系统协同保护治理机制，云南省兼顾全省经济社会发展和生态环境保护目标，确立两类林地结构指标，即18255万亩商品林区划、18840.6万亩公益林区划，以中央和省级财政投入为主，补偿标准提高到15元/亩，逐步实现同标准全省全覆盖，基本形成森林生态效益补偿机制，为探索长江、珠江流域生态补偿机制提供经验借鉴。其次，加快云南省生态修复与治理，深入实施天然林保护、退耕还林、森林保护项目和一批重大林业生态建设，林业总投资达322亿元，完成造林3634万亩，义务植树5.28亿株，林地面积增加到3.75亿亩，森林覆盖率提高到55.7%，森林蓄积量增加17亿立方米。然而，云南省还面临着以下问题：一是最原始的森林已被纳入保护区，保护区达到30000平方千米的总规模；二是森林火灾、水土流失依然严重，石漠化还没有得到有效控制，一些高坡度耕作、过度开垦的现象仍然存在；三是人口的增长，土地、水、森林资源和相关需求的增加，特别是社会经济的快速发展，加剧了栖息地的毁坏，栖息地的污染和生境破碎化、偷砍滥伐和旅游业的发展已成为企业保护天然林的重要威胁。

四、生物多样性保护工程

云南是中国生物多样性最丰富和最独特的地区，拥有全国95%以上的生态系统类型、50%以上的动植物种类、67.5%的珍稀物种资源，同时也是世界十大生物多样性热点地区之一的东喜马拉雅地区的核心区域，被誉为"生物基因宝库"。"十二五"阶段，云南省启动实施了生物多样性战略与行动计划，先后发布了《丽江宣言》、《腾冲纲领》和《版纳约定》，并率先在全国开展极小种群物种保护、国家公园建设试点和野生动物公众责任保险等工作，生物多样性保护成效显著。截至2015年，全省共建设20个国家级自然保护区，38个省级自然保护区，8个国家公园，4个国际重要湿地、11个国家湿地公园，27个国家森林公园，1个国家沙漠公园，总面积为218万公顷，占全省国土总面积的7.4%，基本建立了生物多样性保护体系，超过90%的国家重点保护植物、约80%的国家重点保护动物和40%以上的自然湿地得到了有效保护。生物多样性保护的主要问题包括：一方面，损失的生活环境、破碎化和退化的趋势尚未扭转，栖息地的破坏和破碎化成

第十一章　生态建设与可持续发展

为物种数量减少、分布面积减少和灭绝的主要原因；另一方面，商业市场对野生动物资源的需求通常会导致物种的过度发展。

第二节　主体功能区建设

根据功能区划分结果，全省产业空间布局思路为：强化以滇中城市经济圈为主的国家级重点开发区的产业升级与人口集聚；重点推进滇中、滇东南、滇东北、滇西、滇西北、滇西南城市群核心区的工业化与城镇化进程；协调其他限制开发区的特色农业发展与生态环境保护功能；严格实施各类自然保护区的生态建设与人口转移任务。

一、国家级重点开发区空间布局

（一）总体布局

滇中国家级重点开发区，包括昆明、玉溪、曲靖和楚雄四个州市，具体涵盖：五华区、盘龙区、官渡区、西山区、东川区、呈贡县、晋宁县、富民县、宜良县、石林县、嵩明县、禄劝县、寻甸县、安宁市、麒麟区、马龙县、陆良县、师宗县、罗平县、富源县、会泽县、沾益县、宣威市、红塔区、江川县、澄江县、通海县、华宁县、易门县、峨山县、新平县、元江县、楚雄市、双柏县、牟定县、南华县、姚安县、大姚县、永仁县、元谋县、武定县、禄丰县42个县（市、区）。该类型功能区是全省政治、经济、文化中心，工业基础好，坝区国土开发密度高，资源环境承载能力强，人口集聚度高，已经被国家列入重点开发的18个区域之一。该区围绕经济增长、产业结构、质量效益、节能减排、环境保护和吸纳人口等发展目标，发挥滇中新区的产业发展与创新引领作用，推动昆明城区非核心功能疏解，推进与曲靖、玉溪、楚雄、蒙自等周边城市协同发展，以昆明都市区为主核，以曲靖城镇组团、玉溪城镇组团、楚雄城镇组团、蒙自城镇组团为次核，对接国家和云南省发展轴线，打造"中国—南亚"发展轴和"中国—东南亚"发展轴，强化群内各级城镇点阵联动发展，促进综合交通建设、特色产业发展、生态环境保护等一体化进程。

(二) 产业定位

一是要改变通过大量消耗资源和大量排放污染实现经济较快增长的模式。二是要改变依靠大量占用土地扩张产业的方式，优化调整布局结构，强化产业园区建设，推进产业集聚，提升主导产业的规模和辐射带动功能，增强区域整体功能，同时借助全省建设面向西南开放"桥头堡"的战略契机，积极承接国际国内产业转移。三是改变资源消耗和污染排放过大等粗放经济增长方式，加强科技创新及其在工业中的应用，做好科技成果转化的联系、协调、支持工作，用现代科技改造传统产业，提高产业技术水平，提高产业增长质量和效益。同时积极鼓励资源节约型、环保型产业的增长，淘汰高消耗、高污染的产业和企业。四是改变行业依靠大量占用土地扩张的模式，调整优化空间结构，加强工业园区建设，促进产业集聚，提升主导产业的规模和辐射功能，积极承接国内外产业转移，提升参与全国和国际分工与竞争的层次，更好地发挥带动全省发展的龙头作用。

二、省级重点开发区空间布局

(一) 总体布局

根据国土空间综合评价，云南省省级重点开发区包括隆阳区、腾冲县、昭阳区、鲁甸县、镇雄县、水富县、古城区、华坪县、思茅区、宁洱县、临翔区、云县、个旧市、开远市、蒙自市、建水县、石屏县、弥勒县、泸西县、河口县、砚山县、丘北县、景洪市、大理市、祥云县、宾川县、弥渡县、瑞丽市、芒市29个县（市、区）和甸阳镇、水长乡、龙山镇、田园镇、角奎镇、洛泽河镇、麟凤镇、威远镇、勐马镇、勐朗镇、南伞镇、耿马镇、孟定镇、金水河镇、开化镇、马塘镇、天宝镇、都龙镇、新华镇、剥隘镇、打洛镇、磨憨镇、永建镇、西邑镇、那邦镇、平原镇、章凤镇、六库镇、片马镇、金顶镇、通甸镇、建塘镇32个乡镇。该类型功能区是全省各州（市）的较发达区域，工商业基础较强，人口集中度较高，坝区面积较大，可供开发潜力大，是全省重点开发区。围绕全省"促廊兴群"发展战略，该区重点产业布局如下：以昭阳—水富—宣威—会泽等县（市）为核心的滇东北城市群，打造昆明—昭通—成渝、长三角经济走廊。以清洁载能型和劳动密集型产业布局为主要导向，重点加快发展生态农业、能源化工、矿产、商贸物流、旅游等产业，促进形成滇东北重化工产业区。以个旧—开远—蒙自—弥勒—文山为核心的滇东南城市群，打造昆明—文山—北部湾、珠三

第十一章 生态建设与可持续发展

角经济走廊和昆河经济走廊。以特色产业发展和外向型产业布局为主要导向,重点加快发展观光农业、矿产、烟草、生物、旅游、商贸物流、出口加工等产业,促进形成滇东南特色经济和外向型产业区。以大理—保山—腾冲—瑞丽等县(市)为核心的滇西城市群,打造昆明经瑞丽到仰光的昆仰经济走廊和昆明经腾冲到吉大港的昆加经济走廊。以生态环保型产业和外向型产业布局为主要导向,重点加快发展特色农业、生态、生物、旅游文化、轻工和出口加工型等产业,努力建成全国重要的边境开放合作区和旅游目的地,促进形成滇西外向型产业区。以古城区—香格里拉—六库等县(区)为核心的西北城市群,打造昆明—丽江—迪庆、滇川藏大香格里拉经济走廊。以生态环保产业、旅游文化产业、生物多样性保护与开发为主要导向,重点发展特色农业、生态、生物、旅游文化、清洁能源、矿产等产业,努力建成全国重要的水电基地和旅游目的地,促进形成滇西北生态产业区。以思茅区—临翔区—景洪市等县(区、市)为核心的滇西南城市群,打造昆明至磨憨辐射泰国曼谷的昆曼经济走廊。以特色产业发展和外向型产业布局为主要导向,加快发展热区农业、旅游文化、生物、能源、轻工、出口商品加工、商贸物流等产业,促进形成滇西南特色经济和外向型产业区。

(二) 产业定位

一是要加强基础设施和产业配套能力建设,改善投资创业环境,促进产业集群发展,壮大经济规模;二是要积极发展农产品加工产业,延长产业链,增加附加值,加快循环化产业园区建设;三是面向国外、国内两个市场,拓展区域合作,依托开放口岸、经济走廊,大力发展边境贸易、物流和出口加工业,推进外向型经济发展;四是要加快城镇化步伐,加速资金、技术、产业和人口集聚,承接国家级重点开发区域的产业转移,承接限制开发区域和禁止开发区域的转移人口,建成支撑全省经济发展的重点地区。

三、限制开发区(农产品主产区)空间布局

(一) 总体布局

根据国土空间综合评价,全省农业功能区[①]包括施甸县(不包括甸阳镇、水

---

① 限制开发的农产品主产区是指具备较好的农业生产条件,以提供农产品为主体功能,以提供生态产品和服务产品及工业品为其他功能,需要在国土空间开发中限制进行大规模、高强度工业化和城镇化开发,以保持并提高农产品生产能力的区域。

长乡)、龙陵县(不包括龙山镇)、昌宁县(不包括田园镇)、巧家县、盐津县、大关县、永善县、绥江县、永胜县、墨江县、景东县、景谷县(不包括威远镇)、澜沧县(不包括勐朗镇)、耿马县(不包括耿马镇、孟定镇)、红河县、洱源县共16个县。本区域国土面积包括基本农田保护区和农垦区,共计9.55万平方千米。其中,云南农垦辖区主要位于云南南部和西南部,点状分布在西双版纳、普洱、临沧、德宏、红河、文山、保山、昆明8个州(市)、29个县(区),总面积为2100平方千米。本区是全省农业生产的主要区域。其工业化、城镇化发展不均,发展特色农业和农产品加工业潜力较好。

(二) 产业定位

限制开发区中的农产品主产区是保障粮食产品和主要农产品供给安全的基地,以农业为首要任务,切实保护耕地,提高农业综合生产能力,是全省农业产业化的重要地区、现代农业的示范基地。一是要发掘本地优势,因地制宜发展特色绿色产业,推进优势农产品向优势产区集中,建设一批无公害蔬菜、高档花卉、优质烤烟、优质稻米和优质畜产品规模化、集约化生产基地,推进现代农业。二是要围绕特色农产品基地,积极布局和发展生态效应、经济效应高的特色农产品加工业,推进农业产业化。三是大力实施退耕还林(草),恢复林草植被,加强以农田水利为重点的农业基础设施建设,实现经济效益、生态效益和社会效益相统一。

四、限制开发区(重要生态功能区)空间布局

(一) 总体布局

云南省限制开发的重点生态功能区[①]共包括彝良县(不包括角奎镇、洛泽河镇)、威信县(不包括麟凤乡)、玉龙县、宁蒗县、镇沅县、江城县、孟连县(不包括勐马镇)、西盟县、凤庆县、永德县、镇康县(不包括南伞镇)、双江县、沧源县、屏边县、元阳县、金平县(不包括金水河镇)、绿春县、文山市(不包括开化镇、马塘镇)、西畴县、麻栗坡县(不包括天宝镇)、马关县(不包括都龙镇)、广南县、阜宁县(不包括新华镇、剥隘镇)、勐海县(不包括打洛镇)、勐

---

① 限制开发的重点生态功能区是指资源环境承载力较弱、大规模集聚和人口的条件不好,在涵养水源、保持水土、防风固沙、维系生物多样性等方面具有重要作用,并关系全国或更大区域生态安全、生态系统重要,不宜大规模、高强度工业化和城镇化开发,需要统筹规划和保护的地区。

第十一章 生态建设与可持续发展

腊县（不包括磨憨镇）、漾濞县、南涧县、巍山县（不包括永建镇）、永平县、云龙县、剑川县、鹤庆县（不包括西邑镇）梁河县、盈江县（不包括那帮镇、平原镇）、陇川县（不包括章凤镇）泸水县（不包括六库镇、片马镇）、福贡县、贡山县、兰坪县（不包括金顶镇、通甸镇）、香格里拉县（不包括建塘镇）、德钦县、维西县42个县（市、区）及35个乡镇。扣除重点开发区镇、基本农田和禁止开发区面积，本区国土面积为9.46万平方千米，占全省面积的24%。其中包括国家级限制开发的重点生态功能区，即川滇森林生态及生物多样性功能区和滇黔桂等喀斯特石漠化防治区。

（二）产业定位

限制开发区是保障全省生态安全的主体区域，应在此基础上形成定位清晰的空间格局。一是开发强度严格控制在规划目标之内，限制开发区以提供农产品和生态产品为次要功能。二是适当发展现代生态农业、生物资源产业、清洁能源产业、旅游文化产业等资源开发和加工。三是通过有序转移人口，逐步加大财政转移支付力度及适度发展资源可承载的产业，使限制开发区域的公共服务和生活条件得到明显改善。

五、禁止开发区

（一）总体布局

云南省境内禁止开发区面积为6.41万平方千米，占全省总面积的16.28%，呈斑块状或点状镶嵌在重点开发区和限制开发区中。其中，包括世界级地质公园1个、世界遗产3个；国家级自然保护区17个、国家级森林公园27个、国家级风景名胜区12个、国家级地质公园5个；省级自然保护区44个、省级森林公园12个、省级风景名胜54个。

（二）产业定位

根据法律法规和相关规划，对本区实行强制性保护，控制人为因素对自然生态的干扰，严禁不符合主体功能定位的开发活动。一是以"保护优先，开发有序"为原则，以文化多样性为灵魂，以缓解友好为要求，调整产业结构，转变经济增长方式，合理利用具备一定旅游功能的禁止开发区域，促进人与自然和谐发展。二是坚持开发式扶贫的方针，以提高低收入群体的收入水平和生活水平为出发点，发展教育、医疗、生态保护与建设相关的生活和生产性服务业。

第三节　保护坝区与"城镇上山"

推进城镇化的过程是资源和要素在空间上优化的过程，最重要的是土地资源的集约利用、高效配置。人口多、平地少是云南省城镇化的最大制约因素。据统计，2000~2015 年，云南省城镇化率由 23.4% 上升到 43%，同期全省各类建设占用耕地 271 万亩，其中 78% 为坝区的优质耕地，全省面积在 10 平方千米以上的坝子，目前已被建设用地占用近 30%。据测算，按照目前城镇化发展速度，占全省面积 6% 的坝区资源将在 20 年后消耗殆尽。基于坝区耕地保护与城镇化建设两者间的"社会困境"，云南省作为全国坡地开发建设项目试点地区，提出了"保护坝区耕地，促进城镇上山"的战略，是新型城镇化的一种探索创新。

一、"城镇上山"战略

在高原地区人地关系地域系统中，坝区承载着居民生产、生活、生态的多重职能，成为高原人民赖以生存的福地。实施"城镇上山"，就是扭转坝区不断被侵蚀的困局，恢复坝区的生态、耕作与生活功能。首先，从古代高原地区聚落空间布局看，聚落和小城镇多布局在坝子边缘的缓坡上，邻近坝子而不侵占良田，"城镇上山"即是这种传统生态文化的延续。其次，从生态功能看，部分坝区分布于湖泊、河谷和湿地地带，其水土涵养、生态保护的功能尤为重要，"城镇上山"即是恢复坝区生态功能的体现。最后，"城镇上山"是对低丘缓坡的集约利用，遵守林地红线和地质规律，向荒山要空间，建设人地和谐的高原特色城镇形态。

二、"城镇上山"成本收益评价

为了对"城镇上山"的社会经济成本收益进行分析，将云南"城镇上山"的社会经济成本收益指标体系分为三个层次：目标层、准则层、子准则层。目标层为"城镇上山"的社会经济成本收益指标，准则层为一级指标，子准则层为二级指标。详细的各级指标符号及释义如表 11-1、表 11-2 所示。

第十一章 生态建设与可持续发展

表 11-1 云南省"城镇上山"的社会经济成本评分

目标层	一级指标	二级指标	9~10 分	6~8 分	3~5 分	0~2 分	地区
云南省"城镇上山"的社会经济成本指标	"城镇上山"土地置换和房屋建设成本指标	土地置换成本	土地质量差异很小	土地质量差异较小	土地质量差异较大	土地质量差异很大	2
		房屋建设成本	高于坝区建设成本	比坝区建设成本高	比坝区建设成本高一点	与坝区建设成本相当	5
	"城镇上山"基础设施成本指标	供水与排水支撑系统	需重新构建	可与原有部分城市共享	可与原有城市共享	可完全共享且距离较近	6
		能源支撑系统	需重新构建	可与原有部分城市共享	可与原有城市完全共享	可完全共享且距离较近	5
		交通支撑系统	需重新构建	可与原有部分城市共享	可与原有城市完全共享	可完全共享且距离较近	9
		城市通信系统	需重新构建	可与原有部分城市共享	可与原有城市完全共享	可完全共享且距离较近	5
		城市环境系统	原有环境破坏严重且重构难度较大	原有环境破坏不严重但重构难度较大	原有环境破坏不严重且重构难度不大	原有环境基本可以再利用	6
		城市防灾系统	系统复杂且难度大	系统不复杂但难度大	系统不复杂且难度也不大	与坝区构建的支出相差不大	3
	"城镇上山"公共设施成本指标	教育设施投资成本	要求的密度更大,投入更多	要求的密度较大,投入较多	要求的密度较小,投入较少	与坝区相比,没有太大差别	9
		医疗卫生设施投资成本	要求的密度更大,投入更多	要求的密度较大,投入较多	要求的密度较小,投入较少	与坝区相比,没有太大差别	8
		体育设施投资成本	要求的密度更大,投入更多	要求的密度较大,投入较多	要求的密度较小,投入较少	与坝区相比,没有太大差别	6
		公共广场投资成本	要求的密度更大,投入更多	要求的密度较大,投入较多	要求的密度较小,投入较少	与坝区相比,没有太大差别	7
	"城镇上山"环境成本指标	资源耗减占用成本	资源损耗严重	资源损耗一般	资源损耗较少	与坝区相比,没有太大差别	2
		环境保护预防成本	需投入大量人力物力	需投入较多人力物力	投入的人力物力不多	与坝区相比,没有太大差别	6
		环境治理成本	需投入大量人力物力	需投入较多人力物力	投入的人力物力不多	与坝区相比,没有太大差别	4
	"工业上山"驱动力成本指标	运输成本	远离运输干线且距市场较远	远离运输干线但距市场不远	接近运输干线且距市场不远	与坝区相比,几乎没有差别	4
		要素成本	获得的难度较大	获得的难度一般	获得的难度较小	与坝区相比,差别很小	6
		市场信息获取成本	获得的难度较大	获得的难度一般	获得的难度较小	与坝区相比,差别很小	6

续表

目标层	一级指标	二级指标	9~10分	6~8分	3~5分	0~2分	地区
云南省"城镇上山"的社会经济成本指标	"城镇上山"运营成本指标	政府行政成本	行政难度有很大增加	行政难度有较大增加	行政难度增加不大	行政难度增加很小	2
		企业运营成本	运营难度有很大增加	运营难度有较大增加	运营难度增加不大	运营难度增加很小	3
		居民生活成本	不便程度有很大增加	不便程度有较大增加	不便程度增加不大	不便程度增加很小	5
	"城镇上山"搬迁成本指标	专用设备搬迁成本	搬迁难度很大	搬迁难度较大	搬迁难度较小	搬迁难度很小	1
		普通物资搬迁成本	搬迁难度很大	搬迁难度较大	搬迁难度较小	搬迁难度很小	4

表11-2 云南省"城镇上山"的社会经济收益评分

目标层	一级指标	二级指标	9~10分	6~8分	3~5分	0~2分	地区
云南省"城镇上山"的社会经济收益指标	"城镇上山"土地置换和房屋建设收益指标	土地置换收益	质量差异很大	质量差异较大	质量差异较小	质量差异很小	9
		房屋建设收益	土地出让金差异很大	土地出让金差异较大	土地出让金差异较小	土地出让金差异很小	7
	"城镇上山"基础设施收益指标	"城镇上山"基础设施收益指标	引致的城市便利程度非常大	引致的城市便利程度比较大	引致的城市便利程度比较小	引致的城市便利程度非常小	4
	"城镇上山"公共设施收益指标	"城镇上山"公共设施收益指标	引致的外部效应非常大	引致的外部效应比较大	引致的外部效应比较小	引致的外部效应非常小	6
	"城镇上山"环境收益指标	"三废"综合治理率	环境改善非常明显	环境改善比较明显	环境改善不太明显	环境改善非常不明显	6
		环保投资/GDP	非常注重环保	比较注重环保	注重环保一般	不太注重环保	5
		单位产值能耗率	非常大	较大	一般	较小	3
		土地复垦率	非常明显	比较明显	较低	非常低	1
		绿化率	高	较高	较低	低	9
	"工业上山"驱动力收益指标	间接收益	聚集效应非常明显	聚集效应较为明显	聚集效应一般	聚集效应较小	8
		直接收益	直接经济效益可观	直接经济效益较可观	直接经济效益一般	直接经济效益较小	7

第十一章 生态建设与可持续发展

云南"城镇上山"的社会经济成本收益评价工具实现了客观统计数据与实施者主观经验的结合,兼顾了一般"城镇上山"项目评价的科学性与可行性。为检验评价工具的信度,本书结合层次分析法和实地调研,形成了对大理海东的成本收益分析,评价结论为:海东的收益要大于成本,从经济角度考虑"城镇上山"是可行的。

三、"城镇上山"的实施对策

(一)制定实施差异化土地出让金价格标准

参照辖区内坝区建设用地开发平均收益与低丘缓坡建设用地开发平均成本,采用加权平均法测算制定土地出让金基准价格。在土地出让金基准价格的基础上,根据建设用地一级土地开发成本,对不同坡度的用地确定梯度价格。

(二)设置"城镇上山"奖补财政专项资金

发挥政府投资对社会投资的引导作用,专项资金用于"城镇上山"实施企业的奖补、贴息支出,降低企业建设成本和财务成本,拓宽企业建设资金融资渠道,形成"城镇上山"建设的多元化投资格局。

(三)设置"城镇上山"一级土地开发PPP项目库

随着财政体制改革,地方政府城市建设平台公司转型已成定局。由于"城镇上山"一级土地开发具有社会生态效益属性,溢出价值难以核算将成为引入市场投资的瓶颈。设置"城镇上山"一级土地开发PPP项目库,以公私合营、特许经营权转让、资产出让等形式开展招商引资,可以实现一级土地开发的模式创新。

(四)出台"城镇上山"社会事业财政转移支付倾斜政策

整合现有涉及社会事业财政转移支付的项目,加大对"城镇上山"片区科教文卫、公共交通、生态绿化等方面的政府投入,提升区域公共设施配套水平,实现公共服务的"洼地效应",增强经营主体的综合竞争力。

(五)引进推广"工业上山"园区集群开发模式

统筹旧厂搬迁与园区建设,明确园区产业功能定位,以企业集中、产业集聚、效益集群为目标,变地块招商为园区招商,推广"华夏幸福"产业园区开发模式,实现"工业集群上山"。

(六)建立"城镇上山"跨行政区占补平衡指标交易制度

按照约束坝区新增建设用地规模,鼓励"城镇上山"、"工业上山"的原则,

云南经济地理

在省内试点"城镇上山"跨州市占补平衡指标交易制度，实现建设用地资源优化配置、"城镇上山"社会生态溢出价值价格化。

（七）争取国家坡地开发试点的优惠政策

云南省成为首批列入全国坡地开发建设项目试点的五省市之一，可以在增加住宅土地供给量、新增工业用地供给量、裸露山体生态修复、跨省级行政区占补平衡指标交易等方面先行先试，抢占先机。

第四节 六大流域生态屏障建设

云南拥有良好的生态环境和自然资源禀赋，处于我国长江上游（金沙江）、珠江源头（南盘江），也是红河、澜沧江、伊洛瓦底江、怒江四条国际河流的发源地和上游地区，是世界十大生物多样性热点地区之一的东喜马拉雅地区的核心区域。拥有全国95%以上的生态系统类型和50%以上的动植物种类，生物物种及特有物种均居全国之首，是举世瞩目的"生物资源基因库"。根据全省土地利用、农业、林业、畜牧业、水土保持、自然保护区等区划、规划和研究成果，以流域面积覆盖全省的金沙江、珠江、澜沧江、红河、怒江、伊洛瓦底江六大江河流域为单元，流域带动区域，将全省生态环境建设划分为六个类型区域。

一、金沙江流域生态环境建设

云南境内金沙江流经1560千米，流域面积为10.95万平方千米，占全省流域面积的28%左右，涵盖昆明、曲靖、昭通、迪庆、丽江、大理、楚雄7个州市，48个县（市、区）。从自然环境看，金沙江两岸山高坡陡，最高海拔达5596米，最低海拔为267米，最大落差达5329米。坡度大于25度的土地面积占比为47.6%，其中迪庆州、丽江市地处横断山脉，坡度大于25度的土地面积分别高达62.1%和45.7%。流域的水土流失量居全省六大流域之首，水土流失面积达4.29万平方千米，占流域面积的39.14%，每年流失土壤1.67亿吨，平均侵蚀模数为1521吨/平方千米，在输入江河的泥沙中有60%以上来自坡耕地。流域内宜农耕地资源不足，人均仅一亩，在人口快速增长与农耕地需求增加的作用下，人们盲

第十一章　生态建设与可持续发展

目无序地毁林开垦、陡坡耕种、过度放牧，掠夺式的生产方式普遍存在，造成流域生态环境的恶变。从社会环境看，流域人口大多分布在高海拔山区和干热河谷地区，流域内贫困面广、贫困人口多、贫困程度深、脱贫难度大，局部村寨已丧失基本生存条件。为此，云南省实施金沙江流域生态环境建设，实施封山育林、人工造林，保护和停止采伐天然林，实施高坡耕地退耕还林（草），防治水土流失，推进基本农田建设。在建设区域上，重点推进丽江、大理、楚雄、昭通等地水土流失治理，重点实施农、林、牧、水结合，开展多种方式的综合治理；坚持以小流域为单元集中连片进行综合治理，综合生物措施、工程措施与农业技术措施，发挥系统集成效应；坚持市场导向，大力发展林下经济、经济林果等高原特色农业，促进农民增加收入；针对失去生存条件的局部农村村寨，实行异地搬迁、产业开发扶贫。

二、南盘江流域生态环境建设

南盘江为珠江上游，其发源地位于曲靖市沾益县马雄山，云南省境内干流总长为677千米，流域面积达5.83万平方千米，流经昆明、曲靖、玉溪、红河、文山5个州市的30个县（市、区），森林覆盖率仅为18.4%。南盘江流域气候条件较好，光热资源丰富，人口密度较高，土壤垦殖率高，长时期高负荷的农业开发导致土壤干、酸、瘦、薄，生态环境恶化。加快南盘江流域生态环境治理，建立中下游经济发达地区的安全保障体系，对珠江流域生态环境治理工作意义重大。南盘江流域生态环境建设的重点领域包括：一是以县（市、区）为基本单元，保护好存量天然林，大力实施植树、种草，逐步消灭宜林（草）荒山，提高流域森林覆盖率。二是以林牧业为主，实施封山育林、人工造林、种草养畜，发展林下经济和特色畜牧业，降低坡度耕地垦殖程度，减少水土流失面积。三是以红河、文山两州为重点治理区域，采取多种途径和措施，改变农村能源利用方式，保护好传统的薪炭林，从根本上遏制植被减少的趋势。四是推进坝区农田水利设施建设，提高农产品产量和品质，扩大高产稳产农田，走高产、优质、高效和精细农业之路。

三、澜沧江流域生态环境建设

澜沧江干流在云南省境内流程为1170千米，流域总面积为8.97万平方千

· 279 ·

米,流经迪庆州、怒江州、丽江市、大理州、临沧市、保山市、普洱市、西双版纳州8个州市的32个县(区),是云南省水能资源开发的主要区域。该流域森林覆盖率34%,水土流失面积为2.58万平方千米,高坡度耕地占流域面积的62%。澜沧江流域天然资源蕴藏量大,由于长时期、高强度的森林采伐,大量高山针叶原始林和热带、南亚热带的原始雨林遭受破坏。此外,随着农业生产规模的扩大,毁林垦荒、扩种橡胶等现象日趋严重,威胁着流域生态系统的协调性。该流域生态环境建设的重点领域包括:一是保护好现有的天然林,杜绝境内的天然林采伐,保护流域生物的多样性。二是实施封山育林行动,防范森林病虫害、森林火灾,积极营造防护林、薪炭林和水土保持林。三是推进西北三江并流区大河流域国家公园建设,强化自然保护区管理力度,争取把迪庆州全部、西双版纳州和怒江州大部分规划为国家级自然保护区。四是推进农田基本建设,重点治理大理州和临沧市的水土流失,推进坡地改梯地进程,强化稳产高产农田建设,发展特色种植与林下经济。五是引导居民改变传统生产生活方式,推进沼气池、太阳能、地热能、风能等设施建设,形成以煤代柴、以电代柴等,妥善解决农村能源问题。

四、红河流域生态环境建设

红河流域在云南省流程为692千米,流域总面积达7.45万平方千米,流经大理、楚雄、昆明、玉溪、思茅、文山、红河7个州市,人口为1111.18万人。水土流失面积为2.32万平方千米,占流域面积的44.31%;坡度在25度以上的土地面积为4.92万平方千米,占流域面积的66%;森林覆盖率为24%。一方面,红河流域山区面积大,光、热、水、土资源条件好,有利于高原特色农业经济发展;另一方面,流域内岩溶石山集中连片分布,森林面积减少,陡坡开垦面积大,水土流失严重,生态系统较为脆弱。红河流域生态环境建设的重点领域包括:一是大力进行封山育林和植树造林,扩大自然保护区面积,保护培育森林资源和生物多样性,修复热带雨林生态系统,治理水土流失。二是加强农田基本建设,建设高产稳产农田,改造中低产田地,增加特色农产品产量,促进农业发展与农民增收。三是推进坡度在25度以上的陡坡地退耕还林(草),推广人工种草养畜,种植经济林果,保持水土,涵养水源。四是重点开展大理、楚雄、红河、文山4州治理工作,推进生态农业县建设,大力改造坡耕地,逐步实现梯田、梯

第十一章 生态建设与可持续发展

地化,建设小水窖、小水池、水坝塘等"五小工程"。五是发展节水农业,发展沼气池、燃料、太阳能,逐步解决农村能源问题。

五、怒江流域生态环境建设

怒江出境后又称为萨尔温江,干流在云南省境内长547千米,流域面积3.24万平方千米,流经怒江、大理、保山、临沧、思茅、德宏6个州的18个县(市),人口为463.7万人,水土流失面积为1.09万平方千米,占流域面积的32.73%。怒江流域生态环境脆弱,多数区域处于高山峡谷,层峦叠嶂、河流深切、山高坡陡,森林覆盖率为34.1%,水土流失严重,能源匮乏,生存环境极为恶劣,农业生产水平低下。长期以来,不合理的开发利用资源,刀耕火种等原始落后的农业耕作方式,导致林地和草地流转为农耕地、轮歇地及坡耕地,水土流失加剧,山体滑坡、崩塌、泥石流等灾害频繁。怒江流域生态环境建设的重点领域包括:一方面,保护天然林,恢复和增加森林植被,坚持封山育林,大力发展经济林果和畜牧业,治理水土流失,进行生态农业县建设;另一方面,推进坡度在25度以下的耕地改梯田梯地,建设稳产高产农田,提高农业生产水平和养殖业水平,发展农副产品加工业,推进农户实行异地搬迁。

六、瑞丽江、龙江流域生态环境建设

瑞丽江和龙江发源于腾冲县境内的高黎贡山,是伊洛瓦底江上游的重要支流,在云南省境内干流长332千米,流域面积为1.88万平方千米,流经怒江、保山、德宏3个地州,水土流失面积为5200平方千米,占流域面积的27.01%。流域内森林覆盖率为34.2%,分布有亚热带和局部北热带的光、热、水、土及生物资源,降水充沛而集中。居民粗放的生产生活方式导致瑞丽江、龙江流域生态环境问题频繁,体现为:生产生活用能源多靠砍伐薪柴,加上农村建房等需要,原始天然林面积锐减;山地原生植被由次生植被和毒害草所代替,加上毁林开荒,陡坡垦殖种粮、种甘蔗发展迅速,导致水土流失加剧,局部地区生态环境恶化,洪涝及泥石流灾害频发。瑞丽江、龙江流域生态环境建设的重点领域包括:一是大力封山育林,防止森林火灾,保护好现有森林,禁止乱砍滥伐,提高森林覆盖率,扩大自然保护区和风景名胜区范围,保护生物多样性,修复热带雨林。二是停止毁林和陡坡开垦种粮、种甘蔗,加强水土保持,改造坡耕地为梯田梯

地。加快农田基本建设步伐，改造中低产田地，变粗放耕作为精耕细作，建设高产稳产农田，实行集约经营，建设生态农业，发展农村生态旅游和边境旅游，改善生存和发展环境，防止不合理开发资源。

参考文献

［1］张广斌，聂彩仁.云南"城镇上山"的社会经济技术指标研究［M］.昆明：云南大学出版社，2015.

［2］许明军，杨子生.云南省城镇上山压力指标体系测算与分析［J］.地域研究与开发，2016，35（1）：40-44.

［3］国家发展和改革委国土开发与地区经济研究所课题组，高国力.我国限制开发和禁止开发区域利益补偿研究［J］.宏观经济研究，2008（5）：13-21.

［4］袁锋，吴映梅，武友德等.金沙江中上游限制开发区产业结构整合与战略定位研究［J］.地域研究与开发，2009，28（5）：32-36.

［5］曹洪华.生态文明视角下流域生态—经济系统耦合模式研究［M］.北京：科学出版社，2015.

［6］王玉宽，孙雪峰，邓玉林等.对生态屏障概念内涵与价值的认识［J］.山地学报，2005，23（4）：431-436.

［7］生态屏障、功能区划与人口发展课题组.科学界定人口发展功能区　促进区域人口与资源环境协调发展——生态屏障、功能区划与人口发展研究报告［J］.人口研究，2008，32（3）：1-14.

［8］董云仙，赵磊，陈异晖等.云南九大高原湖泊的演变与生态安全调控［J］.生态经济（中文版），2015，31（1）：185-191.

［9］曹洪华，李艳.流域生态—经济系统耦合过程的农业响应机制研究［J］.山东农业大学学报（自然科学版），2017，48（3）：360-364.

第四篇

战略与展望

第十二章 发展战略、措施与保障

无论从条件与资源方面、产业与经济方面，还是从区域与城乡方面看，云南省与全国其他省份相比，都有独特的特征和条件。实现"我国民族团结进步示范区，生态文明建设排头兵，面向南亚、东南亚辐射中心"的宏伟战略，必须实施优化云南空间布局、推进产业优化升级、构筑现代基础设施网络等发展举措。

第一节 发展战略与目标

民族、生态、沿边是云南的三张名片，习近平总书记2015年初到云南视察后对云南发展提出的"我国民族团结进步示范区，生态文明建设排头兵，面向南亚、东南亚辐射中心"，是云南将资源优势转化为经济社会优势的必要选择。

一、民族团结战略

云南省26个民族和谐共处的历史经验，不仅为云南社会的稳定发展提供了坚实基础，也为云南经济发展提供了强大动力。实行民族团结战略，可以推动民族地区加快发展，弘扬和传承优秀民族文化，构筑各民族共有的精神家园。

（一）坚持共享发展理念，推动民族地区发展

1. 消除贫困，着力解决共享发展难题

云南民族地区往往也是贫困地区，如怒江、迪庆等，民族地区人口脱贫是实现共享发展的艰巨任务。应通过实施"精准扶贫、精准脱贫"策略，扩大民族地区基础设施覆盖面，提高民族地区基础教育质量和医疗服务水平，推进民族地区

基本公共服务均等化，着力解决共享发展难题。

2. 促进教育公平，提升共享发展能力

人力资本是经济增长的源泉，也是提升共享发展能力的基本途径。应积极推动民族地区义务教育发展，全面提高教育教学质量，切实落实立德树人的根本任务，力争普及高中阶段教育，鼓励普惠性幼儿园发展，完善资助方式，实现家庭经济困难学生资助全覆盖，为民族地区人力资本积累提供坚实基础。在民族地区实施更加积极的就业政策，创造更多的就业岗位，推行终身职业技能培训制度，完善创业扶持政策，鼓励以创业带就业，有效提高民族地区的人力资本积累。

3. 完善公共服务体系，全面共享发展成果

云南民族地区往往山高路远，人均基础设施投入成本较高，导致当地基础设施薄弱，制约着民族地区共享改革开放发展成果。通过加大投入，完善民族地区公共服务体系，增加公共服务供给，是民族地区最关心、最直接、最现实的共享发展需要。应加大对民族地区、边疆地区、贫困地区的转移支付和加强对少数民族人员的帮扶，进一步加强社会保障、基本医疗和公共卫生、公共文化、环境保护等基本公共服务，努力实现民族地区的全覆盖。

(二) 坚持创新发展理念，弘扬和传承优秀民族文化

民族文化是少数民族的深层精神积淀，是少数民族在其历史发展过程中创造和发展起来的具有本民族特点的文化，也是本民族振兴的重要标志。历史上，民族文化中的不少观念与内容对于巩固和延续封建国家统治起过重要的作用，应该受到批判和抛弃。但民族文化中所蕴含的道德观念、哲学意识和艺术见解等精华部分，在培育民族优秀精神品格方面起着难以替代的重要作用。因此，对于民族文化，必须坚持创新发展理念，既要反对其封建、迷信等糟粕内容，又要弘扬和传承优秀文化。

1. 打造文化精品项目，推动文化旅游深度融合

云南 26 个民族也是云南经济社会发展的 26 朵花，这些鲜艳的"花朵"与产业结合必将硕果累累。以旅游为例，云南旅游业经过多年的发展，取得了许多宝贵的经验，其中重要的一条就是将旅游业与民族文化精品项目有机结合，充分挖掘民族文化的艺术见解和哲学思想，通过歌舞、影视剧的方式，结合自然风貌展现给游客，探索出一条将文化优势转变为经济优势的路子。云南省的文化旅游精品项目涵盖品牌、歌舞、影视剧等。文化旅游品牌有大理古城、丽江古城、云南

第十二章　发展战略、措施与保障

民族村等，塑造了东巴文化、纳西古乐、摩梭风情等人文资源品牌；大型民族歌舞晚会包括《云南映象》、《丽水金沙》、《蝴蝶之梦》和《印象丽江》等气势宏大、让人震撼的驰名中外的歌舞剧。影视剧包括高仓健、张艺谋联手摄制的影片《千里走单骑》，以及《茶马古道》、《铁血高原》、《一米阳光》等40多个影视剧组拍摄的影片。

2. 加强非物质文化遗产抢救和保护

非物质文化遗产指被各群体、团体及个人视为其文化遗产的各种实践、表演、表现形式、知识体系和技能及其有关的工具、实物、工艺品和文化场所。[①] 云南省的非物质文化遗产主要是各少数民族的文化遗产，抢救和保护非物质文化遗产，是保护那些至今仍为老百姓喜闻乐见的民俗、传统艺术等，如被列为国家级非物质文化遗产保护名录中民俗类的傣族泼水节、景颇族目瑙纵歌、彝族火把节、傈僳族刀杆节等（见表12-1），参加节日的人数逐年递增；保护仍有广大群众基础的民间歌舞和民间工艺。因为这些活态生存的文化遗产仍在广大乡村起着净化乡风乡俗、规约乡土社会秩序的作用，同时这些文化遗产也延续了众多城市

表12-1　云南省国家级非物质文化遗产保护名录

类别	目录名称
民间文学	彝族叙事长诗《阿诗玛》、格萨尔史诗、哈尼族四季生产调、拉祜族史诗《杜帕密帕》、阿昌族史诗《遮帕麻和遮咪麻》
传统音乐	彝族海菜腔、哈尼族多声部音乐"栽秧山歌"、傈僳族民歌
传统舞蹈	彝族烟盒舞、彝族葫芦笙舞、傈僳族歌舞阿尺木刮、傣族孔雀舞、壮族彝族铜鼓舞、佤族木鼓舞、藏族锅庄舞
传统戏曲	傣剧、花灯
曲艺	傣族章哈
传统美术	傣族剪纸、纳西族东巴画
传统技艺	傣族手工造纸技艺、纳西族东巴造纸技艺、阿昌族户撒刀锻制技艺、苗族芦笙制作技艺、白族扎染技艺、傣族慢轮制陶技艺
民俗	苗族服饰制作技艺、白族绕三灵、傈僳族刀杆节、怒族仙女节、独龙族卡雀哇节、景颇族目瑙纵歌、彝族火把节、傣族泼水节

资料来源：云南省非物质文化遗产网，http://www.ynich.cn/ml?cat_id=11110&type=9 & batch =－1&city=－1。

---

① 联合国教科文组织在《保护非物质文化遗产公约》中的定义。

人的"乡愁"。例如，被列为国家级非物质文化遗产保护名录中传统技艺类的阿昌族户撒刀锻制技艺、苗族芦笙制作技艺、白族扎染技艺、纳西族东巴造纸技艺、傣族慢轮制陶技艺等。

应该看到，有些文化遗产在现在看来可能过时，甚至产生不了经济效益，但从整个人类发展的历史看，它在当代社会中仍有很强的历史见证价值。如被列为国家级非物质文化遗产保护名录中民间文学类的彝族叙事长诗《阿诗玛》、格萨尔史诗、哈尼族四季生产调、拉祜族史诗《杜帕密帕》、阿昌族史诗《遮帕麻和遮咪麻》等，这些文化遗产应由政府出面大力保护，使其发挥更大的作用。在保护中，应该重视整体性原则，让众多的非物质文化遗产在自己适应的文化土壤中生存，因为一种文化一旦离开了其生存土壤，就失去了原初的特点和文化意义。对传统村落进行保护，就是为了给众多丰富的非物质文化遗产留住生存家园，从源头上保证非物质文化遗产的纯正性。

3. 推动文化产业发展

在保护非物质文化遗产的同时，必须牢固树立在保护中发展的理念，将资源优势转变为经济优势，为保护文化遗产提供经济支持。充分挖掘云南优秀民族文化资源，抓住国家推进文化大发展大繁荣的有利时机，用好用足国家政策，加快推动文化产业集聚发展，促进文化与相关产业融合发展，发展壮大文化产业。充分发挥人民群众在文化建设中的主体作用，不断挖掘人民群众的创造能力，生产出更多时代需要的文化精品。

推进文化产业与旅游产业融合，以文化提升旅游品质，以旅游促进文化生产消费；推进文化产业与科技融合，培育文化产业新业态；推进文化产业与金融融合，强化文化产业发展的金融支撑；建设一批创新力强的园区，培育一批竞争力强的企业，打造一批影响力强的品牌，培养一批专业化强的人才。

着力打造新闻出版发行服务业、广播电视电影服务业、民族文化旅游休闲娱乐业、文化信息传输服务业、文化创意设计服务业和民族民间工艺品业六大主导产业。坚持政府引导和市场推动相结合、巩固提升传统产业和培育壮大新兴产业相结合、突出特色和规模聚集相结合、培育国有文化企业与扶持其他所有制文化企业相结合、全面推进与重点区域发展相结合。

二、生态文明战略

云南兼具低纬气候、季风气候、山原气候的特点,造就了"彩云之南"、"动物王国"、"植物王国"、"天然花园"、"药物宝库"的美誉。全境自然风光绚丽,拥有丽江古城、大理古城、崇胜寺三塔、噶丹松赞林寺、玉龙雪山、梅里雪山、三江并流、西双版纳热带雨林、石林、哈尼梯田、洱海、滇池、抚仙湖、普达措国家公园等旅游景点。

中华人民共和国成立以来的近70年间,云南省同全国一样,经济社会发展取得了长足进步,虽然与全国横向相比属于欠发达地区,但纵向相比却发生了天翻地覆的改变,如基础设施从无到有,高速路网从射线变成网络,昆明至全省16个州市行政中心从6天变成了8小时以内到达,人民生活基本实现小康,等等。

但在追求GDP的同时,云南经历过数次重大的生态破坏,有些生态环境已经难以恢复,如中华人民共和国成立初期为解决中国橡胶产业的种植基地问题,避免海南岛橡胶林被台风吹断、割胶量下降的窘境,国家决定在云南北回归线以南人工种植橡胶林①,主要在西双版纳,其他地方包括普洱、临沧、德宏也有种植,大量的天然热带雨林被砍伐就地烧成灰变成肥料,以供种橡胶林所用。改革开放以后受利益驱动,橡胶农户采用高抗寒、高产品种将种植范围扩大,热带雨林破坏更加严重。根据遥感资料显示,1976~2003年,西双版纳热带雨林从占土地总面积的10.9%减少到3.6%,橡胶种植地从1.1%增长到11.3%,其中,2003年海拔1000米以上的橡胶种植面积是1988年的10倍。② 橡胶的大面积种植,尤其是橡胶上山,不仅减少了热带雨林的面积,而且加剧了当地旱季干旱、雨季水土流失的状况,土壤贫瘠化加速,野生动物与人类矛盾激化等。

可以持续的发展才是最好的发展,确保代际公平的发展是必须坚持的底线,要把青山绿水、蓝天白云留给子孙后代,云南必须实行生态文明战略,构筑生态安全屏障,加大环境治理力度。

---

① 天然橡胶的种植有一个很重要的热量条件限制,就是最冷时候的平均温度也不能低于15℃,所以中国的天然橡胶种植基本仅限于海南和云南北回归线以南的区域。
② 陈燕萍,吴兆录. 西双版纳橡胶抗寒种质资源的生态问题和流失风险 [J]. 应用生态学报,2009,20(7):1613–1616.

(一) 坚持绿色发展理念，构筑生态安全屏障

云南山区半山区占国土面积94%的现实，客观要求云南必须坚持绿色发展理念，实施"生态立省"战略，树立"绿水青山就是金山银山"的共识。应大力推进新型工业化和生态文明建设，着力推进绿色发展、循环发展、低碳发展。坚持环境优先，在资源环境可承载限度内发展和布局工业，实现工业发展与生态建设的有机统一、相互促进、和谐共赢。

云南省的生态破坏比较严重，但总体来看可以通过生态保护与建设，恢复并提升生态系统功能，尤其是修复重点区域生态可以巩固我国西南"三屏障两地带一区多点"的生态安全格局。"三屏障"指青藏高原东南缘生态屏障、哀牢山—无量山生态屏障、南部边境生态屏障，"两地带"指滇东—滇东南喀斯特地带、干热河谷地带，"一区"指高原湖泊区，"多点"指多个点状分布的重要生态区。从行政区来看，应重点围绕国家级生态保护与建设示范区进行生态保护和建设。

坚持绿色发展理念，在制度层面必须完善导向绿色发展的政策法规，如推进集体林权制度、国家公园试点和自然保护区管理、国有林场和国有林区等各项改革，完善国家公园管理条例，鼓励和支持云南森林资源资产评估协会开展工作，有效保护典型生态系统和重要物种，构建生物多样性保护体系，最大限度地释放云南林业的发展活力。力争在"十三五"期间，全省森林覆盖率达到60%以上，森林蓄积量超过18.53亿立方米，森林年生态服务价值达1.6万亿元，全社会林业总产值超过5000亿元，全力构建西南生态安全屏障，争当全国生态文明建设排头兵。

(二) 坚持生态发展理念，加大环境治理力度

云南要发展，现有与生态发展吻合度不高的经济活动必须向亲生态方向转化，树立生态发展理念，合理建设污染防治设施，综合考虑水、气、声、渣、土的污染源头、过程、结果各环节的防控，坚持污染防治和生态修复并重，统筹环境管理各方面、各环节、各步骤的协调统一，避免顾此失彼，形成生态环境保护的整体效应，构建全防全控和共防共控的综合体系。加强水源涵养区、交通沿线等的生态治理和植被恢复，全面实施城乡绿化工程。扎实推进石漠化区域生态治理工程，开展石漠化、干热河谷、高寒山区等地造林育林工作。

全省范围内严控污染排放总量，逐年有序实现污染总量减排。推动以总量减排为抓手的减排机制创新，加大优化总量控制的力度，开展区域性、行业性总量

第十二章 发展战略、措施与保障

控制，逐步建立覆盖所有固定源的企业排放许可制，完善减排工程调度、通告、考核，使总量减排成为总量管理、总量控制、总量预警的有效措施。

顺应公众环保意识增强的趋势，借力民众监督污染企业的力量，推动以引导公众参与为切入点的信息机制创新，建立环境信息公开制度，以环境质量信息和企业环境信息为重点，全方位、多层次、多载体地公布各类环境信息，全面推进大气和水环境信息公开、排污单位环境信息公开、监管部门环境信息公开。

三、面向南亚、东南亚开放战略

如果以亚洲作为一个整体的话，云南处于亚洲南北连线、东西连线之间的交叉点，是亚洲的"十字心"。云南是中国与南亚、东南亚相互联系的前沿，得天独厚的区位优势要求云南必须实施面向南亚、东南亚开放战略，主动服务和融入国家"一带一路"建设，以南亚、东南亚为重点方向，围绕政策沟通、设施连通、贸易畅通、资金融通、民心相通，全面提升开放合作的层次和水平，充分发挥我国与南亚、东南亚双向开放重要门户的作用，提升服务内陆省（区、市），走向南亚、东南亚的能力水平。着力建设区域性国际经济贸易中心，着力打造区域性科技创新中心，着力打造区域性金融服务中心，着力打造区域性人文交流中心，最终建成我国面向南亚、东南亚辐射中心。

（一）着力建设区域性国际经济贸易中心

得益于中国改革开放政策平稳执行近40年的成果，云南省与周边地区的经济发展梯度明显、互补性强，通过相互经济贸易，可以得到双赢多赢的局面。依托独特的区位优势，以及与周边国家传统的经贸基础，云南省在联动国内长三角、珠三角和成渝经济圈等发达地区市场，拓展与南亚、东南亚乃至非洲和欧美的经济贸易往来，融入国家"一带一路"建设和孟中印缅经济走廊等方面大有可为。

不同经济体之间的贸易往来，除了双方具有较强的互补性以外，还必须在制度、基础设施等方面有利于贸易顺利推进，提高贸易便利化程度。应积极推进电子口岸建设，促进贸易要素顺畅流通，着力推进由单纯口岸贸易向口岸贸易、服务贸易、离岸贸易转变。进一步完善市场功能体系和市场机构体系，提升服务层级，形成具有国际国内两个市场资源配置功能、服务经济发展的区域性国际贸易中心功能框架。推进昆明以及重要口岸城市商业结构调整，形成多层次的免税商业业态。构建形成区域商贸要素高度聚合、商贸环境开放宽松、服务业高度发达的面向南亚、东南亚的区域性国际经济贸易中心。

健全商品与要素市场,推动形成具有区域影响力的糖、粮食、木材、矿产品等大宗商品交易中心,以及花卉、果蔬、农机产品等商品交易市场,打造天然橡胶、三七、有色金属等一批具有辐射带动力和定价影响力的专业市场交易平台。积极推进构建面向南亚、东南亚以及全球的碳汇交易中心。大力发展总部经济,积极争取国际知名大型企业在云南设立总部、区域性总部、生产基地、研发中心、采购中心、结算中心等功能机构。依托口岸、城镇和交通干线,扩大边境贸易、加工贸易规模,创新发展跨境经济合作区。大力发展跨境物流,加快中越、中老、中缅国际大通道建设,推动与沿线国家在运输标准、海关、检验检疫等方面形成制度对接。打造昆明、红河、磨憨、瑞丽、大理、曲靖、保山等一批物流枢纽,加快商贸物流、大宗货物中转物流、国际采购、国际配送、国际转口贸易等各类物流服务发展,推动云南更好地融入全球生产流通体系。运营好昆明综合保税区和红河综合保税区,加快申报建设面向南亚、东南亚的瑞(丽)腾(冲)芒(市)自由贸易试验区。推动国家开展孟中印缅自由贸易协定谈判,提高区域贸易投资便利化水平。

(二) 着力打造区域性科技创新中心

与国内发达地区相比,云南的科技创新能力较弱,但与周边国家相比,云南的科技创新能力具有较大的优势,同时得益于中国统一的市场,云南面向南亚、东南亚的科技创新将会吸引全国创新要素布局云南。应建立和完善科技入滇长效机制,争取跨国企业研发中心、国际知名大学和国内一流高校科研院所和创投基金(机构)等创新要素在云南集聚设立分部或区域性中心,深入推进与清华大学、北京大学、中国人民大学、南开大学、北京航空航天大学、北京理工大学等知名高校的战略合作,在云南合作建立创新能力强、特色鲜明的全球性博士后工作站和院士工作站,成为面向南亚、东南亚创新资源交汇的中枢节点。

充分发挥云南省国际国内创新资源交汇的辐射带动功能,增强市场配置创新资源的作用,形成以企业为主体的产学研用相结合的技术创新体系,强化政府管理和服务创新,构建科技基础设施体系和统一开放的公共服务平台,形成国内外具有影响力的区域性科技创新中心,为建设面向南亚、东南亚辐射中心提供强劲动力。创建有区域影响力的高水平研究大学,鼓励有实力的研发机构在基础研究

第十二章 发展战略、措施与保障

和重大全球性科技领域积极参与国际科技合作、国际科学计划和有关援外计划，打造区域性创新技术转化、推广核心市场平台和高级创新人才交流平台。加快建设中国—南亚技术转移中心和中国—东盟创新中心。在南亚、东南亚国家合作建成一批联合研发机构、科技合作机构、示范基地、孵化器、科技产业园，推动二次研发的先进适用专利技术、专有技术、先进工艺、生产技术、管理经验等向南亚、东南亚市场辐射、转移和扩散。选择国家科技前沿与南亚、东南亚国家开展技术产业合作，对南亚、东南亚青年科学家来滇学习科研提供必要的支持和政策倾斜。

（三）着力打造区域性金融服务中心

金融是现代经济的核心，金融的本质就是为有钱人理财、为缺钱人融资，以增值为目标、以杠杆为手段、以信用为基石、以风险为边界的运作系统。改革开放近40年来，中国积累了巨大的资本需要寻找投资渠道，而周边国家需要外资投入推动经济增长，"一带一路"倡议正是实现这一匹配的重要举措。辐射南亚、东南亚，云南必须持续拓展金融市场的广度和深度，丰富金融市场产品和工具，推进金融市场对外开放，推进金融改革开放创新先行先试，营造良好的金融发展环境，形成具有较强创新和服务功能的金融机构体系，推进形成南亚、东南亚地区资金资产管理中心。推进离岸贸易和离岸金融功能的培育与发展，推进离岸金融业务的创新发展，完善离岸国际贸易和离岸金融示范区的政策与制度环境，逐步建立完善适应离岸贸易发展的宽松可控的外汇资金结算便利制度和具有竞争力的税收制度，为建设面向南亚、东南亚辐射中心提供强劲支撑。

推进沿边金融综合改革试点、昆明区域性国际金融中心建设，打造跨境人民币结算、国际票据交易、非国际主要储备货币交易等金融服务平台。推动跨境人民币业务创新，完善人民币跨境清算安排，促进人民币离岸市场发展，争取云南及早实现人民币资本项下可兑换，促进人民币周边化、区域化。加强与世界银行、亚洲开发银行、亚洲基础设施投资银行等国际金融组织，以及丝路基金、中国—东盟合作基金等的合作，鼓励符合条件的国内外金融机构来滇设立分支机构，支持和推动地方法人金融机构走向南亚、东南亚。推动跨境保险业发展，为跨境贸易企业提供风险保障。建设面向南亚、东南亚的大宗商品现货和期货交易中心、股权交易中心。引进和培养国际金融工作经验丰富、有全球视野的金融人才，提升金融业人力资本优势。加快建设昆明金融产业中心园区，打造金融机构、市场、产品、信息、基础设施、人才聚集地。

(四) 着力打造区域性人文交流中心

加强中国与南亚、东南亚的互联互通,云南除了积极推动经济融合、科技合作、金融融通外,必须推动人文交流的深度发展。发挥云南边疆地域、民族文化、历史文化、宗教文化资源等优势,密切与周边华侨华人的联系,厚植与南亚、东南亚合作的社会基础,积极开展与周边各国的高层互访、民间交流等活动,强化人脉资源建设,筑牢民间友好基础。强化与南亚、东南亚国家的旅游交流合作,加快发展跨境旅游,加强大湄公河次区域、孟中印缅等区域旅游合作,促进滇缅、滇老、滇越等边境跨境旅游交流合作,合力打造国际知名旅游目的地。依托已经建立的双边和多边合作机制、合作平台,加快建立区域性的国际文化市场。着力扶持一批创新性发展的特色文化企业,一批文化科技含量和附加值高的特色文化企业,一批具有较强国际竞争力、传播力和影响力的特色文化品牌和时尚文化精品,推动云南成为面向南亚、东南亚文化融合发展的区域性人文交流中心。

建立健全人文社会领域的交流合作机制,积极争取更多南亚、东南亚国家在昆明设立领事机构和分支机构。争取大湄公河次区域电力协调中心、铁路联盟秘书处等更多国际区域合作机构落户云南。提升中国—东盟科技论坛、中国—南亚论坛、澜沧江—湄公河六国文化艺术节、云南文博会等的影响力。依托云南大学、昆明理工大学、云南师范大学、云南民族大学、云南农业大学、中国(昆明)南亚东南亚研究院、云南省社会科学院等高校和科研机构,云南省第一人民医院和昆明医科大学第一附属医院等医疗机构,搭建人文领域专业化对外交流与合作平台,积极发挥大理大学、滇西应用技术大学、红河学院等院校的作用,推进中国(云南)国际职业培训中心建设,打造区域性国际人才培训基地、医疗服务基地、学术交流和文化交流中心。支持面向南亚、东南亚的民族语言文字出版,加强与南亚、东南亚民族的文化交流合作。推动与南亚、东南亚国家学历互认,扩大来滇留学生规模,设立供学生交流学习、生活创业的南亚、东南亚留学生之家。鼓励更多的云南学生赴南亚、东南亚留学,学习了解周边国家的语言文化,继续推进教育的国际化进程。支持引导主流媒体以多种形式"走出去",营造良好的舆论导向。

第十二章 发展战略、措施与保障

四、主要目标

经济保持中高速增长。主要经济指标平衡协调，发展空间格局得到优化，投资效率和企业效率明显上升，工业化和信息化融合发展水平进一步提高，产业迈向中高端水平，先进制造业加快发展，新产业、新业态不断成长，服务业比重进一步上升，消费对经济增长的贡献明显加大，户籍人口城镇化率加快提高，农业现代化取得明显进展。

人民生活水平和质量普遍提高。就业比较充分，就业、教育、文化、社保、医疗、住房等公共服务体系更加健全，基本公共服务均等化水平稳步提高。教育现代化取得重要进展，劳动年龄人口受教育年限明显增加。收入差距缩小，中等收入人口比重上升。我国现行标准下农村贫困人口实现脱贫，贫困县全部摘帽。

生态环境质量总体改善。生产方式和生活方式绿色、低碳水平上升。能源资源开发利用效率大幅提高，能源和水资源消耗、建设用地、碳排放总量得到有效控制，主要污染物排放总量大幅减少，主体功能区布局和生态安全屏障基本形成。

第二节 发展措施

云南要实现"我国民族团结进步示范区，生态文明建设排头兵，面向南亚、东南亚辐射中心"的宏伟战略，必须实施优化空间布局、推进产业优化升级、构筑现代基础设施网络等发展举措。

一、优化空间布局

空间结构引导区域统筹布局安排生产、生活、生态等空间来落实经济社会建设目标，对区域发展至关重要。遵循自然规律、经济规律和社会规律，云南应按"做强滇中、搞活沿边、联动廊带、多点支撑、双向开放"的发展思路，以昆明为核心，以滇中城市经济圈、沿边开放经济带以及孟中印缅和中国—中南半岛经济走廊建设为重点，以澜沧江开发开放和金沙江对内开放合作经济带为重要组成部分，以六个城镇群为主体形态，加快构建"一核一圈两廊三带六群"的全省经济社会发展空间格局。

(一) 强化昆明的核心作用

历史走到今天,昆明作为云南唯一大城市的地位难以撼动,作为省会城市,其拥有云南经济中心、政治中心、文化中心、科技中心、交通中心的独特优势。在全国空间布局中,昆明是中国城市群西南的重要节点城市,是国家面向南亚、东南亚开放的门户城市,是高铁、高速公路西南的关键节点城市,是大湄公河次区域合作中发挥对内、对外辐射带动作用的区域中心。云南省要发展,必须发挥昆明的主中心地位,提升昆明作为全省政治、经济、科技、文化、金融、创新中心的作用,努力把昆明建设成为面向南亚、东南亚的区域性国际中心城市。加强昆明市与曲靖市、玉溪市、楚雄州、红河州的互联互通基础设施网络建设,重点推进城际间快速轨道交通建设,促进各种运输方式有效衔接,将昆明市建设成为全国性和我国面向南亚、东南亚的区域性综合交通枢纽。充分发挥昆明市人才资源和各类创新平台集聚的优势,大力发展高新技术产业,全面提升创新能力,打造区域性产业创新中心。充分考虑滇池盆地的资源环境承载能力,向外转移与扩散重化工业和一般加工业,腾出空间重点发展战略性新兴产业和现代服务业。提高昆明城市规划、建设和治理能力,改善城市人居环境,建设开放型、国际化城市。建设经济繁荣、科教发达、文明和谐、适宜人居的现代化区域性中心城市,发展成为带动全省、辐射我国西南地区、影响东南亚的国际性现代化大城市。

(二) 发挥滇中城市群的支撑作用

城市群是由若干个密集分布的不同等级的城市及其腹地通过空间相互作用而形成的城市—区域系统。大力发展城市群可在更大范围内实现资源的优化配置,增强辐射带动作用,促进城市群内部各城市自身的发展,进而辐射区域经济社会发展。国家"十三五"规划纲要明确提出加快城市群建设发展的思路,全国范围内建设发展包括滇中城市群在内的18个城市群。滇中城市群建设迎来重大历史机遇,以昆明为核心的滇中城市群必须牢固树立协同发展理念,打造整体优势,把滇中城市群建设成为我国面向南亚、东南亚辐射中心的核心区、我国高原生态宜居城市群。

1. 加快推进基础设施一体化

滇中昆明、曲靖、玉溪、楚雄四个城市必须同舟共济,推动路网、航空网、能源保障网、水网、互联网的统筹规划和共建、共享,努力形成适度超前、互联

第十二章　发展战略、措施与保障

互通的现代基础设施体系。重点建设滇中城市经济圈高速公路网环线、连接线，加强国省道改造和农村公路建设，积极推进高铁、国铁及联络线建设，利用既有国家铁路、新建国家铁路和新建城际铁路，形成城际铁路客运网，鼓励主要城市发展城市轨道交通，打造昆明市全国性综合交通枢纽和曲靖市、红河州等区域性综合交通枢纽。着力构建国际化、广覆盖航空网，加快推进民用机场、航线网络和昆明长水国际航空枢纽建设，适时推进有关新建、改扩建机场项目，建设一批通用机场。完善能源保障网，构建以昆明、玉溪、曲靖、红河为主的滇中负荷中心，推进城市、工业园区电网建设，升级改造县城及农村配电网，提高城乡供电质量和用电水平。依托中缅油气管道和安宁石油炼化基地，完善成品油管网布局，开展成品油储备应急设施建设，配套建设压缩天然气母站及液化天然气项目，加快天然气储气库、城市应急调峰储气设施建设，不断推进城镇燃气输配管网建设。加强水网建设，重点加快推进滇中引水工程及配套工程，建设一批大中型水库和大中型灌区，完善供排水渠系和管网。加强互联网建设，超前建设信息网，建设面向南亚、东南亚的国际通信枢纽和区域信息汇集中心，加快第四代移动通信（4G）网络建设，实现城市、重要场所和行政村连续覆盖，超前部署下一代移动通信（5G）网络，所有行政村实现光纤通达。力争到2020年前后，实现经济圈州市通高铁、县县通高速，铁路运营里程达到2600千米以上，高速公路里程达2400千米，形成滇中全线双环电网，城市管道气化率超过90%。

2. 加快推进产业发展一体化

加快培育战略性新兴产业，加强产业对接和整合，引导优势生产要素聚集，积极培育新材料、先进装备制造、节能环保、现代生物、新能源汽车、电子信息等战略性新兴产业。巩固提升传统优势产业，促进烟草、有色金属、钢铁、煤炭等产业改造升级，继续做强电力交换枢纽。大力发展旅游文化、金融、现代物流、健康养生、咨询服务等现代服务业。发展高原特色农业，建设外销精细蔬菜生产基地、温带鲜切花生产基地和高效林业基地。健全产业合理分工的利益补偿和分享机制，大力推进昆曲绿色经济示范带和昆玉红旅游文化产业经济带建设，加快建设分工协作、优势互补、差异竞争、合作共赢的产业发展新体系。推动产能过剩企业开展跨区域、跨所有制兼并重组，开展国际产能合作，推动钢铁、水泥等行业走出国门，有效化解过剩产能。到2020年，经济圈三次产业结构将不断优化，战略性新兴产业增加值占GDP比重将达到20%，农产品加工转化率将超过70%。

3. 加快推进基本公共服务和生态环保一体化

整合、优化、提升公共服务和社会管理资源，构建资源共享、制度对接、流转顺畅、城乡统一、待遇互认、公平透明的基本公共服务体系，建立协调统一的跨行政区域社会公共事务管理机制。建立基本医疗保险关系转移接续制度，在省内率先推动社会保障卡"一卡通"，推动实现经济圈内三甲医院之间检查结果的互认。到2020年，经济圈九年义务教育巩固率达到98%，高中阶段毛入学率达到95%以上，每千人常住人口医疗机构床位数达到6张。

促进区域生态同保共育，完善生态安全格局，强化区域环境联防联控，建立滇中城市经济圈大气污染联防联控机制，切实加强整治跨界水污染和区域性大气、土壤及固体废弃物污染等，加大滇池流域、抚仙湖流域、牛栏江流域的保护与治理，加快环保基础设施共建共享，搭建环境监管协作平台，共建宜居宜业的生态文明家园。到2020年，经济圈三大水系监测断面水质达标率超过85%，城镇生活垃圾无害化处理率和城镇污水处理率超过90%，工业废水排放达标率达到100%。

（三）主动融入国家孟中印缅和中国—中南半岛经济走廊建设

主动服务和融入国家"一带一路"建设，积极推动铁路、公路、航空等互联互通基础设施建设，加快推进云南省与南亚、东南亚国家的国际产能和装备制造合作，发挥好在孟中印缅和中国—中南半岛经济走廊建设中的主体省份作用。

1. 积极参与国家孟中印缅经济走廊建设

面向印度洋，以中缅铁路、公路等国际运输通道为依托，打造以昆（明）保（山）芒（市）瑞（丽）为主轴，以保山—腾冲（猴桥）—泸水（片马）和祥云—临沧—孟定（清水河）为两翼的对外开放经济带。以沿线节点城镇为支撑，以互联互通、投资贸易、产业发展、能源资源、人文交流等为重点，以瑞丽国家重点开发开放试验区、临沧边境经济合作区、腾冲边境经济合作区、瑞丽跨境经济合作区等为平台，创新开放合作机制和模式，推动自由贸易协定签署和孟中印缅自由贸易区建设，全面推进与沿线国家和地区特别是南亚国家的交流与合作，积极参与国家孟中印缅经济走廊建设，全面提升云南西向开放合作的层次和水平。

2. 积极参与中国—中南半岛经济走廊建设

面向太平洋，以中越、中老铁路、公路等国际运输通道为依托，以建设昆

第十二章　发展战略、措施与保障

(明)磨(憨)、昆(明)河(口)经济带为抓手，以沿线节点城镇为支撑，以旅游文化、农业发展、轻工产品、绿色经济和人文交流等为重点，以勐腊（磨憨）重点开发开放试验区、昆明综合保税区、红河综合保税区、河口跨境经济合作区、磨憨跨境经济合作区等为平台，争取实现中越准轨铁路连通，积极参与大湄公河次区域合作，全面推进与东南亚国家的交流与合作，积极参与中国—中南半岛经济走廊建设，全面提升云南南向开放合作的层次和水平。

二、推进产业优化升级

"发展才是硬道理"，产业是国强民富的根本。实现云南民族、生态、辐射中心三大战略，强大的产业支撑是核心。云南的产业支撑必须顺应国内消费升级的新变化、国际产业结构调整和科技进步的新趋势，依靠科技进步和体制机制创新，构建"开放型、创新型和高端化、信息化、绿色化"的云南特色现代产业体系。实施创新驱动发展、质量强省和品牌战略，推动经济增长动能转换，实现产业发展迈向中高端。

（一）加快传统产业优化升级

传统产业也称为传统行业，是相对IT业、新材料等新兴工业而言的，主要包括冶金、电力、建筑、轻工业等。在20世纪和21世纪初，传统产业占据着不可或缺的地位，但相比新兴行业而言，又显潜力不足。与时俱进是这个时代发展的特点，传统行业与新技术、新模式相结合，仍然可以焕发出强大的生命力。

技术改造升级。以市场需求为引导，以企业为主体，以实施传统产业重大技术升级改造工程为重点，推动传统产业优化升级，盘活现有存量资产，修复增长动力。围绕冶金、化工、建材、轻纺等重点领域和技术设备、工艺流程、生产管理等关键环节，推广新技术、新工艺、新流程、新装备，不断提高传统产业核心竞争力。

化解产能过剩。运用市场机制、经济手段和法治办法，加强价格、产业等政策手段的协调配合，建立以能耗、环保、质量、安全等为约束条件的退出机制，优化存量、引导增量、主动减量，实现市场出清。按照"限量、重组、转移、退出"四种途径积极稳妥化解过剩产能。

拓宽产业空间。实施云南工业质量品牌行动计划，着力加强供给侧结构性改革，提高"云南制造"知名品牌的影响力。支持传统企业对符合产业政策、市场前景好、经济效益优的项目扩大投资，扩大生产规模，提高产品技术含量和附加值，提升效益。加快产业纵向延伸拓展、横向配套协作，发挥核心企业的龙头带动作用和大中小企业集聚功能的互补作用，打造若干产业集群。促进烟草提质增效，紧扣绿色安全、品牌提升，完善优质原料基地等关键环节，提高烟草核心竞争力和市场占有率。着力吸引国内外轻工业龙头企业和沿海产业链整体转移，做大做强以食品工业为主的非烟轻工业，大力提高消费品比重。推动冶金、化工、建材等骨干企业兼并重组，大力发展精深加工，提高资源综合利用效率，延伸重化工产业链，推动材料工业体系建设。以市场需求为导向，升级发展以水电为主的多元、低碳、绿色的能源产业。加快烟草、食品、包装印刷等企业应用电子商务转型升级。

(二) 培育壮大战略性新兴产业

战略性新兴产业是以重大技术突破和重大发展需求为基础，对经济社会全局和长远发展具有重大引领带动作用，知识技术密集、物质资源消耗少、成长潜力大、综合效益好的产业。包括节能环保、新一代信息技术、生物、高端装备制造、新能源、新材料和新能源汽车七个产业。[1]

培育产业发展新动力。云南省必须把发展战略性新兴产业作为引领先进制造业和现代服务业发展的主导力量，以最有基础、最有条件的现代生物、新能源、新材料、先进装备制造、电子信息和新一代信息技术、节能环保六个战略性新兴产业为突破口，集聚创新资源，提升自主研发和产业化能力，攻克战略性新兴产业关键核心技术，培育骨干企业，加强基地建设，推动产业链开发，加快培育新的经济增长点。以昆明市为重点，打造区域战略性新兴产业发展策源地。通过市场化机制形成一批特色鲜明、创新能力强的战略性新兴产业集群，打造区域经济转型升级新引擎。

完善新兴产业发展环境。发挥产业政策导向和促进竞争功能，构建有利于新技术、新产品、新业态、新模式发展的准入条件、监管规则和标准体系，营造有利于战略性新兴产业发展壮大的生态环境。建立由省领导挂帅的战略性新兴产业发展协调领导小组，完善工作机制，统筹协调战略性新兴产业发展。创新投入方式，完善财政激励政策，发挥好省级战略性新兴产业发展专项资金的作用，设

---

[1] 《国务院关于加快培育和发展战略性新兴产业的决定》，2010.

第十二章 发展战略、措施与保障

立新兴产业创业投资引导基金,继续组织实施新兴产业创投计划。贯彻落实支持新兴产业的税收优惠政策,支持战略性新兴产业集聚区开展众筹试点,建立贷款风险补偿机制,探索投保贷联动,引导金融机构加大对战略性新兴产业的融资支持力度。围绕战略性新兴产业发展,激发创业创新者活力,在加大引企、引资、引智,引才工作的基础上,制定更加开放的创新人才引进政策,实施高端人才"猎才计划",集聚一批站在行业科技前沿、具有国际视野和能力的领军型企业家、领军型技术人才,打造具有核心竞争力的战略性新兴产业领军企业。加大对战略性新兴产业产品和服务的政府采购力度,通过政府支持应用示范和建立保险补偿机制,促进首台(套)重大装备及关键部件和首批(次)新材料应用,鼓励民生和基础设施重大工程采用创新产品和服务。

(三)加快发展现代服务业

目前,判断世界上某一国家经济发达与否的一个重要指标是其服务产业占GDP的比重。据世界银行数据显示,2016年全球服务业增加值占GDP的比重达到60%以上。美国以金融服务业为主的第三产业占GDP的比重超过80%,服务业就业人口占全部就业人口的比例达到70%以上。服务业不仅成为经济体是否发达的标志,而且成为接受就业人数最多的行业。加快发展第三产业尤其是现代服务业,是全面实现云南三大战略的客观需求。应通过创新体制机制,放宽市场准入,优化政策环境,推动生产性服务业向专业化和价值链高端延伸、生活性服务业向精细化和高品质转变。

促进生产性服务业专业化。以产业转型升级需求为导向,加快发展金融、现代物流、科技服务、信息服务、商务服务、会展等生产性服务业,引导企业进一步打破"大而全"、"小而全"的格局,分离和外包非核心业务,向价值链高端延伸,推进农业生产和工业制造现代化,加快生产制造与信息技术服务融合,推动服务功能区和服务平台建设,积极培育新型服务业态,实现规模效益和特色发展,提高生产性服务业对产业转型升级的支撑能力。

提高生活性服务业品质。坚持规范化、便利化、精细化、品质化发展方向,积极对接和组织实施旅游休闲、教育文化体育、养老健康家政等国家重大工程。大力发展旅游文化经济,加快旅游开发与城镇、文化、产业、生态、乡村建设深度融合,实施旅游服务质量提升工程,深入推进旅游业综合改革试点,规范旅游市场,提升旅游服务质量,建设旅游强省。全面推进医养融合发展,发展壮大大健康产业,积极落实促进消费各项政策。加强食品药品及重要消费品市场监管,保障消费安全,着力打造以服务消费、信息消费、绿色消费、时尚消费、品质消费和农村消费为重点的提升型消费,挖掘消费潜力,培育消费新热点,不断扩大生活性服务业规模,更好地满足城乡居民消费扩大和消费升级的需求。

(四) 加快高原特色农业现代化建设

以云贵高原独特的自然生态环境孕育的特色生物资源为基础,以构建现代农业经营体系、生产体系和产业体系为重点,转变农业发展方式,走适度规模、产出高效、产品安全、资源节约、环境友好的高原特色农业现代化建设之路。

加强品牌建设。加强无公害农产品、绿色食品、有机食品、农产品地理标志"三品一标"认证管理,规范包装标识。开展农产品品牌推介营销和社会宣传,加大涉农商标保护力度,持续打造"高原特色"绿色有机农产品"云系"整体形象,提升品牌效益和精深加工附加值。健全高原特色农业地方标准体系,加强农业标准化示范区、园艺作物标准园、畜禽标准化示范场和水产健康养殖示范场建设,支持新型农业经营主体率先开展标准化生产。

做精特色经作。抓好优势农产品和产业集群发展,推进优势特色经济作物向最适宜区聚集发展。积极推进特色产业"千百亿计划",以做精做优为导向,改造提升烤烟、蔗糖、茶叶、橡胶、蚕桑、油料等传统优势产业,积极发展蔬菜、花卉、咖啡、食用菌、中药材、水果、辣木、玛卡等新兴特色产业。利用云南丰富的植物资源,加大野生植物培育利用。加强特色经作基地通水、通路、通电、通信、水土保持等设施建设,继续开展标准化生产,深入推进冬季农业开发,提升特色经作效益。

壮大山地牧业。加快畜禽良种繁育体系建设,加大地方特色优势资源的保护和开发利用力度。健全现代饲草料产业体系。大力推广标准化养殖综合配套技术,扶持规模养殖场建设,努力提高标准化饲养水平。打造全国重要的南方常绿草地畜牧业基地、生猪生产基地和畜禽产品加工基地。

做强高效林业。把云南建设成为全国重要的木本油料基地。在条件适宜地区大力发展核桃、坚果、油橄榄、油茶、青刺果、花椒、印奇果等特色经济林,促进林业产业提质增效、转型升级。大力推进木本油料产业的精深加工,加快推进速生国家储备林基地建设,推动珍贵林木、观赏苗木、森林旅游等产业发展。

发展开放农业。统筹国内国外两种资源、两个市场,将"走出去"和"引进

第十二章 发展战略、措施与保障

来"相结合,建设一批外向型优质优势特色农产品生产基地、出口加工物流园区和种子种苗繁育生产基地。启动农业产业跨境经济带建设,在边境沿线和周边国家建设一批农作物优良品种试验站和示范基地、监测站、示范中心,打造中国面向东南亚的农业标准、技术输出枢纽。加强与周边国家开展动植物疫情监测防控合作,推进跨境动物区域化管理及产业发展试点工作,共建无规定动物疫病区。

三、构筑现代基础设施网络

实现既定战略,一靠产业富有活力,二靠基础设施完善。构筑现代基础设施网络,就是要推动路网、航空网、能源保障网、水网、互联网建设,建成互联互通、功能完备、高效安全、保障有力的现代基础设施网络体系,破解跨越式发展瓶颈,为云南全面建成小康社会提供强有力的支撑和保障。

(一)构建内畅外通的综合交通运输体系

云南山高谷深,路网建设成本高昂,经过多年的发展,铁路、公路建设取得显著成绩,但与发达地区相比,并未形成快速网络体系。因此,云南应以发展畅通、快捷、安全、大容量、低成本的交通运输为目标,加快建设广覆盖的航空网、"八出省、五出境"铁路骨架网、"七出省、五出境"高速公路主骨架网、"两出省、三出境"水运通道,构建辐射南亚、东南亚的综合交通运输体系。

构建内通外联的综合交通走廊。以铁路、高速公路为重点,全面打通出省出境通道,实现昆明—保山—腾冲猴桥通往缅甸和印度、昆明—临沧—孟定(清水河)通往缅甸、昆明—景洪—勐海(打洛)通往缅甸、昆明—思茅—澜沧—孟连(勐阿)通往缅甸、昆明—墨江—江城(勐康)通往老挝、昆明—文山—麻栗坡(天保)通往越南、昆明—蒙自—金平(金水河)通往越南、昆明—香格里拉通往西藏、昆明—昭阳—彝良—威信通往四川、昆明—大理—攀枝花通往四川和重庆,促进形成昆明—拉萨、昆明—水富、昆明—富宁、昆明—河口、昆明—瑞丽、昆明—磨憨和沿边七个交通走廊。

建设功能明晰的综合交通网络。第一,建设广覆盖的基础运输网。构筑以航空为先导,干线铁路、高速公路为骨干,城际铁路、支线铁路、国省干线公路、水运为补充,农村公路畅通、城市公共交通设施完善、层次分明、功能明晰、覆盖广泛的基础运输网络。第二,建设高品质的快速运输网。加快推进上海—昆明、广州—昆明等高速铁路、高速公路云南段及昆明—玉溪、昆明—楚雄—大理

云南经济地理

高速铁路建设,尽早开工建设北京—昆明云南段高速铁路,畅通云南省与华北、华中、华南、西北地区的联系。加快昆明长水机场国际航空枢纽建设,打造丽江、西双版纳区域性旅游枢纽机场,加快建设干线、支线、通用机场,形成以昆明长水机场为核心、干支线机场为支撑、通用机场为补充的机场体系。开辟连接国内外重点城市、重点旅游景区(景点)的联程航线和直达航线,重点开辟昆明到南亚、东南亚的国际航线,逐步开辟欧洲、北美洲、澳洲、非洲的洲际航线,构建国际、国内、省内三级航线网络。第三,逐步建成专业化的货物运输网。推进交通基础设施、运输装备的标准化,以综合交通枢纽为载体,加强设施一体化和运营组织衔接,推进公铁、空铁联运。加快城际间货物快运、集装箱国际联运,打通铁路货运国际通道。发展全货运航线航班,优化国际国内货运中转联程、联程联运和通关流程。第四,建设高效便捷的城际轨道交通网和城市公共交通网。以轨道交通和高速公路为主,国省干线公路为辅,推进城市群内多层次城际轨道交通网络建设,建成六个城镇群城际交通网络。通过提高运输能力、提升服务水平、增强公共交通竞争力和吸引力,构建以公共交通为主的城市机动化出行系统,同时改善步行、自行车出行条件。

打造一体化衔接的综合交通枢纽。按照"统一规划、同步建设、协调管理"的原则,建成铁路、公路、机场、城市轨道交通等多种交通方式高度融合、顺畅衔接、高效集疏的综合性交通枢纽,实现各种运输方式在综合交通枢纽上的便捷换乘、高效换装。构建昆明内联外通、立体复合的全国性综合交通枢纽,加快建设曲靖、大理、红河等区域性综合交通枢纽,推动其他各类专业化的公路枢纽、铁路枢纽、航空枢纽、物流枢纽等加快发展。

推动交通运输服务智能绿色安全发展。实施交通"互联网+"行动计划。建设多层次综合交通公共信息服务平台、票务平台、大数据中心,推进综合交通服务管理水平提高和智能化发展。

(二)建设区域性国际化能源保障网

能源是可以直接或经转换提供人类所需的光、热、动力等任一形式能量的载能体资源。[①] 当今世界,能源和环境是全世界、全人类共同关心的问题。对云南而言,能源包括水电、中缅油气管道提供的石油和天然气等,未来数年,云南建

---

① 《能源百科全书》的定义。

· 304 ·

第十二章 发展战略、措施与保障

设区域性国际化能源保障网主要围绕这三大项展开。应继续抓好以水能为主的清洁能源建设,加快建设高效安全电网,打造跨区域电力交换枢纽,构建云电云用、西电东送和云电外送协调的输电网络。依托中缅油气管道,以石油炼化基地支撑中缅原油管道的规模化,实现原油通道的常态化。加快省内天然气网络及场站建设,建成国家重要的跨区域能源互联互通枢纽。

构建高效安全电网。加快省内 500 千伏主网架建设,重点建设大型电源澜沧江上游梯级、金沙江下游梯级电站送出工程,构建负荷中心主电网。加强 220 千伏电网建设,建成区域内输电网。以六个城镇群为重点,推进城市、农村电网建设,升级改造县城及农村配电网,提高城乡供电质量和用电水平。构建以昆明、玉溪、曲靖、红河为主的滇中负荷中心,以滇西南、滇西北、滇东北为电源支撑基地,形成全省 16 个州市"一中心、三支撑、全覆盖"的电网格局,到 2020 年,全省 35 千伏及以上电压等级电网交流线路总长度达到 10.5 万千米。

建设跨区域电力交换枢纽。继续实施国家西电东送战略,积极推进东送输电通道建设。在满足云南自身用电需求的前提下,稳定广东市场,抓牢广西市场,增强向东部市场的送电能力。加快与周边、邻近国家的跨区域电力联网,并依托大湄公河次区域的电力资源,建设中国面向南亚、东南亚的电力交易中心,打造跨区域电力交换枢纽。到 2020 年,西电东送总规模达到 3270 万千瓦。

建成成品油输送体系。依托中缅油气管道,完成中石油云南炼化基地一期建设,力争开工建设二期,全面建成国家西南国际经济合作圈油气国际大通道。完善成品油管网和仓储设施布局。到 2020 年,成品油管道线路力争达到 3516 千米,总设计输送能力力争达到 3028 万吨/年。

配套完善天然气基础管网。加快省内天然气支线管网建设,配套建设压缩天然气母站及液化天然气项目,加快天然气储气库、城市应急调峰储气设施建设,不断推进城镇燃气输配管网建设,形成以中缅天然气干线管道为主轴,由近及远逐步覆盖全省的天然气支线管网,以及布局合理、科学储配、辐射边远的天然气输配网络体系。到 2020 年,力争天然气管道长度达到 4200 千米,居民气化率滇中城市群达到 80%,州市级中心城市达到 60%,一般县级中心城市达到 40%。天然气输送能力达到 100 亿立方米/年,年消费量达到 32 亿~40 亿立方米。

(三)构建高效节约的水网

云南水资源丰富,但水资源在季节上和地域上的分配极不均匀,雨季雨量充沛，但难以存储，干季降水量较少，全省普遍缺水，尤其是省会昆明，是一座水资源严重短缺的城市。云南要发展，必须在水的使用上厉行节约，深入实施"兴水强滇"战略，坚持水资源节约高效利用，统筹考虑区域之间、流域内外、地上地下水资源的供需平衡，推进供水安全保障网、城镇供水工程、农村供水工程、农田灌溉渠系工程、污水处理网、智能化系统等建设，促进水资源的优化配置和高效利用。

构建供水安全保障网。以滇中引水为骨干，大中型水电站、水资源综合利用工程为依托，大中型水库工程为支撑，连通工程和农田灌溉渠系工程为基础，加快构建干流和支流水资源开发利用并重，大水电、大型水库与中小型水库联合调度的供水保障新模式，打造"河湖连通、西水东调、多源互补、区域互济"的立体性、综合型、多功能的云南供水工程安全保障升级版。到2020年，新增蓄水库容20亿立方米以上，水利工程年供水能力达到200亿立方米以上，水保障能力大幅提高。

提高城乡供水保障能力。以城市群为主体，建设点线面相结合的城镇供水网，实施农村饮水安全巩固提升工程，改善城乡供水结构，提高城乡供水保障率。到2020年，中心城市人均供水为200~300升/天/人，管网漏损率控制在12%以内，水质合格率达到95%；建制镇人均供水为100~200升/天/人，管网漏损率控制在15%以内，水质合格率达到95%。

加快城镇污水处理设施建设。建设与经济社会发展水平相协调、与城镇发展和规划相衔接、与环境改善要求相适应的污水处理网。到2020年，全省设市城市污水处理率达到95%，县城污水处理率达到85%，重点建制镇污水处理率达到45%。

大力倡导全社会节约用水。落实最严格的水资源管理制度，实施水资源消耗总量和强度双控行动，强化水资源承载能力刚性约束，逐步建立健全节水激励机制，深入推进节水型社会建设。推广高效节水技术和产品，加强农业高效节水灌溉。到2020年，全省新增高效节水灌溉面积500万亩。推进火力发电、化工、造纸、冶金、食品加工等高耗水行业企业节水改造。加快城镇供水管网节水改造，加强再生水、雨水、矿井水等非常规水源的开发利用。

（四）建设高速共享的互联网

以计算机、微电子和通信技术为主的信息技术革命，比以往任何人类革命对

第十二章 发展战略、措施与保障

经济社会方方面面的影响都要深刻得多，传统的许多产业业态都发生了深刻变化，"互联网+"正是产业业态变化的真实刻画。信息革命的载体即为互联网，世界上大多数经济体都已认识到互联网的基础性作用，云南也必须构建高速、移动、安全、泛在的新一代信息基础设施，优化信息基础设施布局，拓展万物互联、人机交互、天地一体的网络空间。

加快"宽带云南"建设。大力推动全省光网建设，加快推进光纤宽带网络升级改造，适度超前建设高速大容量光通信传输系统，建设国家级互联网骨干直联点和省互联网交换中心，加强以昆明为中心，连接国内外，辐射南亚、东南亚的光纤骨干网建设，积极利用普遍服务补偿机制，推动农村地区宽带网络覆盖和能力。普及第四代移动通信（4G）网络，实现城市、重要场所和行政村连续覆盖，打通边远山区信息孤岛，加速推动第五代移动通信（5G）实验网、试商用和商用网络建设，在全省旅游景点景区范围实现无线局域网（WLAN）免费全覆盖。到2020年，省级出口总带宽达到10000吉比特每秒（Gbps）以上，长途光缆长度达到7.2万千米，移动基站达到27万个。绝大部分城镇地区提供1000兆以上接入服务能力，全省所有设区市城区和大部分非设区市城区家庭具备100兆比特每秒（Mbps）光纤接入能力，所有行政村提供100兆以上接入服务能力，农村家庭用户宽带实现50兆以上灵活选择。

建设国际通信枢纽和区域信息汇集中心。以建设规模化数据中心为依托，推动网络、感知终端、存储、计算、系统等软硬件资源设施的合理布局，统筹基础数据库建设，推进建设面向南亚、东南亚的国际数据中心。完成中国电信昆明区域性国际通信出入口业务扩展工程。积极扩展国际通信和互联网业务，推广国内运营商的信息化产品。加快建设行业云及大数据平台等新兴应用基础设施，引进互联网、物联网、云计算企业来云南设立总部或区域基地。发挥云南区域信息汇集中心的作用，建设支撑区域各国交流合作的信息应用服务平台。

加强信息网络新技术应用。适时启动第五代移动通信（5G）商用，引导5G与车联网等行业应用融合发展。超前布局下一代互联网，推进向互联网协议第6版（IPv6）演进升级，推进未来网络体系架构、技术体系、安全保障体系建设。积极开展国家下一代互联网示范城市建设，加快骨干网、城域网、接入网和互联网数据中心、支撑系统演进升级，推进下一代互联网规模商用。构建下一代互联网与工业融合网络基础设施，面向大规模智能设备和产品的在线连接，推进大数据、云计算关键技术和新兴人工智能技术的应用，突破自主操作系统、高端工业软件关键技术，加快信息网络新技术应用，使云南省能够在信息技术应用和信息经济培育方面实现弯道超车。完善网络与信息安全基础设施，加强信息通信基础网络安全防护，强化基础信息网络和信息安全监管。

推进宽带网络提速降费。开展网络提速降费行动，简化电信资费结构，提高电信业务性价比。引导和推动基础电信企业主动作为，多措并举，降低网费，增强服务能力，丰富业务品种，提高服务质量。按照国家加强电信市场监管的有关要求，进一步强化对电信市场经营、网络建设、服务质量、资费行为、宽带接入服务及互联网间通信质量的监管。

第三节 保障措施

为了实现云南省建成"民族团结进步示范区，生态文明建设排头兵，面向南亚、东南亚辐射中心"的宏伟战略，规划保障和体制保障必不可少。

一、规划保障

切实加强组织领导，完善规划实施机制，确保规划任务目标顺利实现。第一，创新六大城市群一体化发展机制。按照交通同网、市场同体、环境同治、产业联动、信息共享的要求，加强区内统筹协调，构筑优势互补、合作共赢的区域发展新格局。强化在交通、水利、能源、信息等重大基础设施建设方面的合作，统筹基础设施布局与建设。统筹产业协调发展，促进区域内部产业错位发展。第二，加大政策支持力度。整合省级现有专项资金，重点支持列入规划的交通、能源、水利等重大基础设施项目建设和发展。优化投资结构，增强政府投资的示范和带动作用。支持富滇银行等地方金融机构发展壮大，条件成熟时可根据需要对现有金融机构进行改造，做出特色，支持云南省经济建设。支持符合条件的企业发行企业债券和上市融资，积极引进全国性证券公司，支持太平洋证券等区内证券公司做大做强。第三，加强规划组织实施。省政府要切实加强对发展战略实施的组织领导，制定规划实施意见，明确工作分工，落实工作责任，完善决策、协

第十二章 发展战略、措施与保障

调和执行机制。确定发展重点，制定专项规划，加快推进重点项目建设。加大改革创新力度，完善社会监督机制，确保规划顺利实施。

二、体制保障

云南省加快转变经济发展方式取得了一些新进展，但也存在一些问题，特别是在相当数量的经济和行政法律法规中，还保留着旧有经济发展方式的基本特征，成为转变经济发展方式的制度障碍。例如，在体制的设计上存在产权不明晰，导致市场难以在资源配置中发挥决定性作用；将追求财税收入最大化作为政府重要的执政目标，这是各地粗放发展的重要原因。在体制的实施中，政府主导经济增长的体制格局没有得到根本改变。这些都要通过以经济体制改革为重点的全面深化改革尽早加以解决。

在政策法律层面，要以建设资源节约型社会为着力点，构建可持续发展体制机制，为加快转变经济发展方式提供法律制度保障。要改变以消耗资源和牺牲环境为代价的粗放型发展模式，提高节能减排水平，淘汰落后生产能力，加大环境保护力度，加强污染综合治理，建设资源节约型、环境友好型社会。

在市场体制层面，要以调整经济结构为方向，深化市场经济体制改革，为加快转变经济发展方式奠定基础性制度保障。把结构调整作为加快转变经济发展方式的主攻方向，调整区域结构，促进区域协调发展；调整城乡结构，积极稳妥推进城镇化，推进社会主义新农村建设；调整产业结构，实行差异化产业投资政策，推动现代服务业和战略性新兴产业成为经济增长新引擎。

在制度实施层面，以促进企业自主创新为中心，切实转变政府职能，为加快转变经济发展方式提供制度落实保障。正确处理政府与市场的关系，明确政府的权限与责任，扭转政府过度干预造成的经济失衡问题。大幅减少和下放行政审批事项，提高公共服务效率，激发经济社会发展活力。要实施创新驱动发展战略，加快创新体系建设，使企业成为自主创新主体。

参考文献

[1] 联合国教科文组织. 保护非物质文化遗产公约 [C]. 2006：138-145.

[2] 林庆. 云南非物质文化遗产的保护和开发 [J]. 云南社会科学，2004（4）：94-97.

[3] 陈燕萍，吴兆录. 西双版纳橡胶抗寒种质资源的生态问题和流失风险 [J]. 应用生态学

报，2009，20（7）：1613-1616.

［4］国务院.国务院关于加快培育和发展战略性新兴产业的决定［J］.信息安全与通信保密，2010（10）：24-27.

［5］《能源百科全书》委员会，中国大百科全书出版社部.能源百科全书［M］.北京：中国大百科全书出版社，1997.

［6］云南省发改委.云南省国民经济和社会发展第十三个五年规划纲要［M］.昆明：云南年鉴社，2016.

第十三章 展 望

经济地理学涉及自然、社会经济、技术条件多方面的综合性问题，具有综合性特征。经济活动必然发生在一定的地域内，与一定的地理环境相关，因此经济地理学具有明显的地域性。云南经济地理正是立足于学科的综合性与区域性两大特征，聚焦现阶段云南区域和城市可持续发展的核心问题，充分发挥经济地理学综合性和交叉性的学科特点，进行多元化的具体议题和科学问题的研究。本书在遵循全国经济地理研究大纲的基础上，针对云南的特征设置了差异化研究视角和研究范畴。例如，沿边区位与陆路对外开放、高原坝子与城镇空间布局、主体功能区与可持续发展、资源型产业与转型升级等云南经济地理问题均被列为本书的重点论述内容。

基于人地关系地域系统学术思想，经济活动本身是不断变化的，而且展现出巨大的与发展水平和制度环境相关的时空差异。因此，本书继承了张怀渝先生于1988年出版的《云南省经济地理》的研究内容，注重用比较分析的方法，将云南省改革开放的发展成果纳入经济地理的研究框架中，思索和解释云南社会经济变革的空间内涵和过程。

从经济活动内容看：经济驱动要素由单一型向复合型演变，技术、创新、资金、人才等要素成为云南产业经济发展的新动力；产业结构由第一产业逐步向第二、第三产业调整优化，商品经济、园区经济、特色产业成为云南区域产业发展的新特点。

从经济活动区位看：持续的基础设施建设与较为雄厚的产业基础，促使滇中地区空间极化效应不断强化，形成以昆明为中心的经济增长极；国家"一带一路"行动计划和云南沿边开发开放等政策机遇，促进了跨境合作区与口岸经济的蓬勃发展；长江经济带与泛珠三角经济带等区域合作战略的实施，加速了云南参与全国产业分工的步伐。

从经济活动空间组织看：城市新区发展掀起了各级城市的"造城运动"高潮，以昆明呈贡新区、大理海东新区、曲靖北城新区为典型；产业新区成为产业结构转型升级的新载体，云南滇中产业新区、红河综合保税区、玉溪国家高新技术产业开发区成为产业要素集聚、产业链延伸、集群式发展的新平台；城市间要素流动与功能分工促进了城市群的形成，滇中城市经济圈、昆玉一体化、个开蒙建弥城市群等城市空间组织新特征不断孕育成形；持续的新农村建设与扶贫攻坚扭转了城乡二元化趋势，以产业、基础设施、社会发展和生态环境为主的城乡统筹建设提升了农村地区发展水平。

从经济活动与环境的关系看：生态文明建设取得长足发展，云南九湖保护工作、长江中上游防护林、七彩云南保护行动等重大生态建设工程持续推进，森林覆盖率、二氧化碳排放总量、水土流失面积等主要生态环境指标持续优化；主体功能区划规范了云南区域开发秩序，低丘缓坡综合利用有效缓解了坝子耕地保护与城镇建设用地蔓延的矛盾。

2012年11月29日，习近平同志在参观《复兴之路》展览时说："每个人都有理想和追求，都有自己的梦想……我以为，实现中华民族伟大复兴就是中华民族近代以来最伟大的梦想。"为了实现中国梦，我们确立了"两个一百年"奋斗目标，就是到2020年实现国内生产总值和城乡居民人均收入比2010年翻一番，全面建成小康社会；到21世纪中叶建成富强、民主、文明、和谐的社会主义现代化国家，实现中华民族伟大复兴。今日的云南，四千万人民民众昂首行进在实现"两个一百年"奋斗目标的道路上。展望未来，随着国家"一带一路"行动计划的实施，云南经济地理将迎来新的发展机遇。云南是"一带一路"连接交汇的战略支点，是沟通南亚、东南亚国家的通道枢纽，是承接重大产业转移和产业聚集的基地，是与南亚、东南亚交流合作的重要平台和窗口，是沿边自由贸易试验区，"面向南亚东南、亚辐射中心"的新定位将助推云南开启沿边开放的新格局。

经济地理学是一门非常活跃的学科，发展演化很快。应该承认，完成国家或区域目标是一个学科社会价值最直接的体现和获得社会认可的主要源泉。根据区域经济发展的新形式，研究社会经济活动的地域系统的形成过程和发展方向，揭示区域自然—社会经济—技术相结合的特点，为从事云南经济地理研究提出了新课题、新要求。显然，本书限于研究团队实力、丛书结构以及视野等，在内容综

第十三章 展 望

合性、系统性和创新性等方面存在不足,也期待进一步拓展和深化。总体上,我们认为今后一个时期云南经济地理的研究应聚焦以下几个问题:

(1)国家定位与云南区域功能实现。未来,云南应融入"一带一路"建设,以孟中印缅经济走廊、大湄公河次区域合作为重要抓手,以重筑南方丝绸之路、推进互联互通为重点内容,以多边、双边合作项目为基本载体,在推动投资贸易、产业发展、能源合作、人文交流等方面实现"面向南亚、东南亚辐射中心"的区域功能。

(2)区域均衡与云南跨越发展。从"十三五"规划看,西部成为经济增速较快的地区,是区域经济发展中的一大亮点,也显示出我国区域均衡发展战略的趋势。就云南而言,产业承接与新兴产业培育、滇中城市群建设与沿边口岸经济培育、优势资源开发与特色经济发展、新型城镇化与城乡统筹发展等经济活动的时空过程与驱动机制需要持续观察和分析。

(3)生态文明与云南可持续发展。生态文明是指人与自然、人与人、人与社会和谐共存、良性循环、持续发展为基本宗旨的文明形态。人地关系是地理学研究的主题。围绕"生态文明建设排头兵"的定位,云南生物多样性保护与开发、九大高原湖泊水环境综合治理、资源利用与清洁能源开发、节能减排与循环经济等关键领域的政策效应、时空过程与区域特征具有理论研究意义。

后　记

本书的编撰，目的在于梳理云南省当前资源利用、经济和社会发展的基本情况，结合当前云南建设"面向南亚、东南亚大通道"的区位优势、政策优势，遵循地理环境、资源利用和经济发展的规律，分析云南空间经济发展的优势和不足，为优化云南省生产力空间分布和要素组合，实现云南经济的空间均衡，达到持续性、包容性的目标提供思路。

本书由武友德教授负责框架设计和最后校审，王源昌、陈长瑶、杨旺舟、李灿松、曹洪华和李正具体负责各章节内容，吴映梅教授和李正升副教授参与了本书资料的收集和讨论。具体分工如下：第一章和第八章：杨旺舟；第二章和第五章：陈长瑶；第三章、第十一章和第十三章：曹洪华；第四章和第九章：李正；第六章和第七章：李灿松；第十章和第十二章：王源昌。全书由武友德教授校审，参与本书资料收集和讨论的人员还有吴映梅教授、李正升副教授。

在本书出版之际，特别要感谢安虎森教授、孙久文教授、覃成林教授等给予的建设性意见。本书整体框架的雏形在《中国经济地理》丛书编写第二次会议上形成，编写的方向由最初偏向区域经济转向经济地理；框架在《中国经济地理》丛书编写第三次会议中基本确定，在听取各位经济地理学专家的建议和意见的基础上，结合云南的实际进行了调整。此后，编写组倾尽全力，反复讨论，最终呈现给读者。在这里，我们要特别感谢经济管理出版社申桂萍主任在本书出版过程中给予的大力支持和组织工作，使得本书能够有序推进并最终出版；感谢出版社的编辑及校对人员，他们的大力帮助和无私付出使本书更加完善；最后感谢在调研过程中云南省各市区无私提供给我们第一手资料和数据，感谢各部门的积极配合，没有大家的帮助，就不可能有现在的研究成果。当然，文责自负，限于编写组能力和水平，有不完善之处敬请读者批评指正。

武友德

2017 年 9 月于春城昆明